自由生态学：
等级制的出现与消解

The Ecology of Freedom:
The Emergence and Dissolution of Hierarchy

[美]默里·布克金 著
郇庆治 译

山东大学出版社

【内容提要】 基于一种对生态学、人类学、哲学和政治学理论方法的综合运用，本书系统地追溯了我们社会中相互冲突性的自由与遗产支配——从人类文化的最初显现到当代的全球性资本主义。作者认为，环境的、经济的和政治的衰败，始于人类等级制地组织其自身的那一时刻。换句话说，在等级制被废除和人类创建一种更明智、可持续和平等的社会结构之前，我们时代所面临的困境将会延续。

图书在版编目(CIP)数据

自由生态学：等级制的出现与消解/(美)布克金著；郇庆治译. —2版. —济南：山东大学出版社，2012.5

书名原文：The Ecology of Freedom：The Emergence and Dissolution of Hierarchy

ISBN 978-7-5607-3556-6

Ⅰ. 自... Ⅱ. ①布...②郇... Ⅲ. 等级制度—研究 Ⅳ. D59

中国版本图书馆 CIP 数据核字(2008)第 033557 号

山东大学出版社出版发行

(山东省济南市山大南路 27 号 邮政编码：250100)

山 东 省 新 华 书 店 经 销

山东临沂新华印刷物流集团有限责任公司印刷

720×1000 毫米 1/16 28.5 印张 418 千字

2012 年 5 月第 2 版 2012 年 5 月第 2 次印刷

定价：50.00 元

总　序

在当代世界中，无论是在发达国家还是发展中国家，生态环境问题与社会可持续发展已被公认为是人类21世纪面临的最富有挑战性的难题之一。传统的工业化与城市化生产生活方式的反生态本质或不可持续性特征已暴露无遗，而同样清楚的是，在从根本上改变智力支撑着现时代的物质主义生存方式的现代化思维模式之前，人类很难找到一条通向明天的现实道路。因而，人类自从进入文明时代以来从未像今天这样需要挖掘与展现我们的理论反思潜能：通过重新思考我们与周围自然世界的关系特别是人类作为其中一部分而不是主宰者所应担当的适当角色，来重新构建一种可以使得人类长久地在地球上生存的经济、政治、社会与文化。正因为如此，我们不仅需要自然科学与工程技术意义上的生态学或"科学生态学"，而且需要（如果不能说更需要）人文与社会科学意义上的生态学或"人文生态学"。沿着上述思路，我们才能正确理解正在蓬勃兴起的、人文与社会科学视野下的大量边缘性与交叉性新学科的意蕴，比如生态伦理学、生态哲学、生态经济学、生态营销学、生态社会学、生态人类学、生态文化学、生态法学、生态文学等等。就此而言，笔者所指称的环境政治学或生态政治学也是这些诸多形成中的新兴学科之一。

环境政治的研究在欧美西方国家主要集中在生态政治理论、环境运动团体和绿色政党三个层面，但从更一般意义上说，环境政治还可以包括更为广泛的内容，比如民族国家政府的环境管治及其政策决

策、环境政府间和非政府间组织的跨国环境管治合作及其全球政治参与，等等。因此，从总体上说，环境政治学或生态政治学作为一门独立学科还远未成熟，从研究对象到研究方法都需要做深入的研究。

部分是基于环境政治学这门学科本身所具有的不成熟性，部分是基于对人类所面临的生态环境问题自身与时代特点的理解，笔者并不主张急于对环境政治学作出看似明确、实际上很可能制约其发展的界定，而是更愿意将其宽泛地规定为一种政治学视野下思考生态环境问题的新视角。具体而言，这包含着两方面的含义：其一，环境政治学可以大致地规定为介于政治学与生态学之间的一门交叉性、边缘性新学科。依此，我们可以不必像对待传统学科那样过分在意它的学科独立性或“名分”，而是给予其充分的自由扩展与深化空间，这样可能反而更有利于它的学科发展与成熟。其二，由于生态环境问题明显是一个具有超出了单一传统学科研究对象归属的“超普遍性”和影响到人类基本价值认知的“深层次”问题，因而，只有以一种超越传统哲学与政治学框架的视野与开放性，才有可能突破原有认知与思维模式的局限，才可能有真正意义上的环境政治学或生态政治学。从这个意义上说，一切反灰色的都是绿色的。

基于上述认识，笔者认为，环境政治学在中国发展的切入点或突破口应着眼于以下两点：一是要坚持研究方法上的比较政治学观点或方法。这其中既包括不同学科视野下对生态环境问题研究的比较，也包括世界不同地区环境政治学理论与实践的比较。对于前者来说，对生态哲学研究已有成果的消化吸收，是其他生态环境问题相关学科包括自然科学学科的理性元点，环境政治学也不例外；对于后者来说，我们并不认为欧美西方国家掌握着人类通向绿色未来的真理或“锁钥”，也不认为中国可以回避作为一个当今世界最大现代化进程中国家的历史责任与创造潜力，但我们的确认为，只有对欧美国家社会与经济生态化发展经验的分析借鉴才有可能成为任何绿色文明与社会创建的现实起点。二是要争取研究成果上尽可能广泛而及时的交流与分享。这其中一个基础性的手段当然是有选择地翻译介绍欧美西方国家学者在环境政治学领域的经典性论著,而它对于环境政治学理论与方法在中国的普及和中外学者学术交流的重要性都是不言而喻的。

编辑出版《环境政治学译丛》是在上述两方面意义上的一个尝试,目的是推进环境政治学在中国的起步与发展。需要强调的是,目前呈现给读者的这一统一的“环境政治学译丛”(共12册)是自2005年开始陆续翻译出版的。2005年翻译出版了《绿色政治思想》(安德鲁·多布森)、《生态社会主义:从深生态学到社会正义》(戴维·佩珀)、《环境运动:地方、国家和全球向度》(克里斯·卢茨)和《欧洲执政绿党》(斐迪南·穆勒—罗密尔和托马斯·波古特克)。2008年翻译出版了《自由生态学:等级制的出现与消解》(默里·布克金)、《生态社会主义还是生态资本主义》(萨拉·萨卡)、《当代多重危机与包容性民主》(塔基斯·福托鲍洛斯)和《地球政治学:环境话语》(约翰·德赖泽克)。2012年翻译出版了《绿色国家:重思民主与主权》(罗宾·艾克斯利)、《环境与公民权:整合正义、责任和公民参与》(马克·史密斯和皮亚·庞萨帕)、《全球视野下的环境管治:生态与政治现代化的新方法》(马丁·耶内克和克劳斯·雅克布)和《全球环境政治:权力、观点和实践》(罗尼·利普舒茨)。这些著作之所以被选,一方面是由于它们都已成为当代环境政治著述中的经典性作品或“必读书目”,另一方面则是由于它们作为一个整体分别展现了“环境政治学”、“生态社会主义”、“生态资本主义”等环境政治学整体或某一主要理论与实践流派的最新概貌。

当然,如果没有大量研究基金、学术机构和国内外同行所提供的帮助与鼓励,《环境政治学译丛》在最近几年内的连续编译出版是无法想象的。因此,笔者要特别感谢“中欧高教合作项目”、“德国学术交流中心—香港王宽诚教育基金会”、“哈佛—燕京学社”访问学者项目、欧盟—中国研究中心项目、德国洪堡基金会、中国留学基金委员会,以及教育部“优秀青年教师资助计划”、霍英东教育基金会青年教师基金、教育部人文社科重点研究基地(山东大学当代社会主义研究所)项目“生态社会主义研究”、教育部新世纪优秀人才支持计划、教育部人文社科研究规划项目“西方绿色左翼政治思潮研究”(09YJA710046)和国家社科基金项目“西方生态资本主义及其批评研究”(10BKS049)等所提供的主要财政资助。同时，在本译丛的编译过程中，我们还得到了安德鲁·多布森、斐迪南·穆勒—罗密尔、戴维·佩珀、托马斯·波古特克、克里斯·卢茨、萨拉·萨卡、塔基斯·福托鲍洛斯、约翰·德赖泽克、罗宾·艾克斯利、马克·史密斯、皮亚·庞萨帕、马丁·耶内克和罗尼·利普舒茨等提供的各方面热情帮助，他们为各自著作的中文版撰写了专门的前言，而且萨拉·萨卡先生还对自己的著作作了一些文献资料性的补充与完善。

同样重要的是，我的同事和合作伙伴刘颖博士、徐凯博士、张淑兰教授、李宏博士、蔺雪春博士、郭晨星博士、侯艳芳博士、郭志俊博士、杨晓燕博士、李慧明博士和博士候选人李昕蕾女士等，他们在从事繁忙的教学科研任务的同时先后承担了本译丛的翻译工作。在此，笔者一并致以最真诚的谢意。

最后，笔者再次感谢山东大学出版社对《环境政治学译丛》的出版所给予的大力支持和所付出的艰巨努力，并真诚地希望，它能够成为我们共同期待的环境政治学研究在中国进入一个新阶段的起点。

郇庆治

2012 年 4 月于北京大学

译者说明

译者对默里·布克金先生学术思想的了解，始于20世纪90年代中期的博士论文写作，目的是探讨社会生态学这一理论流派对欧洲绿色政党的政治意识形态与纲领的可能影响。那时，译者大致上将其界定为一个广义上的生态社会主义者。这倒不是因为他在多大程度上忠诚于正统的马克思主义或激进的社会主义传统（尤其是在他生活晚年），而是他明确地反对仅仅从一种后现代价值观或“生态中心主义”价值观的视角来理解与应对当代生态环境危机。他的名言“人类支配自然的观念本身来自于人对人的支配”，给译者留下了深刻的印象。也许正因为如此，译者于2005年底开始筹划《环境政治学译丛》的这一辑时，毫不犹豫地选择了布克金先生的这一代表性著作。两年后的今天来看，译者当时所作的显然是一个十分正确的决定。一方面，《自由生态学》的确是一本“确证布克金同时作为人类毁灭自身的方式和走向更美好未来的伦理律令的犀利批判者地位”的巨著。另一方面，译者对布克金先生学术思想的理解也变得更加深刻与全面。社会生态学更准确地说应该划归生态无政府主义或市镇自治主义（Communalism）的范围，而人们长期以来对后者似乎包含着过多的现代性偏见。

尽管曾一度拥有非常理想的机会（译者于2002/2003年曾生活在同属于美国东北部新英格兰地区的剑桥），但非常遗憾的是，译者终未能与默里·布克金先生会面。当译者开始联系本书的中文版权授权时，布克金先生于2006年7月30日不幸去世。这使得2005年由阿克出版社(AK Press)出版的这一《自由生态学》成为绝版，也显得更加弥足珍贵。译者坚信，我们对布克金先生的最好怀念就是在深入理解他的思想的同时推进他所向往的崇高事业——追求一种理性的、自由的和生态的未来社会。

在翻译体例上，尽可能地忠实于原著是译者一贯坚持的基本原则，即使个别地方可能因此而不太符合中文习惯。为了读者阅读的方便，译者还对首次出现的人名和地名等提供了其英文或母语的拼写。需要指出的有两点：一是与本译丛第一辑的处理方式不同，译者没有再将注释中的文献出处信息译成中文，而是保留了其英文样式。二是限于篇幅，译者只好忍痛割爱将文中页末的阐释性注释作了省略处理。

最后，译者要特别感谢山东大学国际政治专业的2006级研究生周娜和卢文娟，她们对本书译稿的初稿作了精心出色的校对并提出了很好的修改意见与建议，而对于定稿中很可能依然存在的诸多谬误之处，则理应由译者负责。

译　者

2007年6月于山东大学

作者志谢

我要感谢艾尔弗雷德·诺普夫(Alfred Knopf)公司已故的安格斯·卡梅伦(Angus Cameron)先生，是他在30年前最初签约了本书并不停地鼓励笔者在20世纪70年代初从事它的写作。我还要对切谢尔(Cheshire)图书公司的迈克尔·里约丹(Michael Riordan)先生表达诚挚的谢意，是他热情地推动了本书在1982年的首次出版。黑玫瑰图书公司的迪米特里·罗萨鲍洛斯(Dimitri Roussopoulos)于1991年再版了本书，使笔者得以在新版导言中修正和完善了在1982年版本中提出的一些观点。我同时要感谢詹妮特·比尔(Janet Biehl)女士，是她的建议与努力使得这一2005年新版本的前言变得通俗易懂。对于本书在联邦德国的翻译出版以及因此得到的很多建议与批评，我要真诚感谢自己的好友卡尔—路德维希·席伯儿(Karl-Ludwig Schibel)和我们共同的朋友、美茵河畔法兰克福的贝尔恩德·莱内韦贝尔(Bernd Leineweber)。此外，同样的谢意还要给予我的朋友阿玛迪奥·伯托洛(Amadeo Bertolo)和露塞拉·迪利奥(Rossella di Leo)，是他们促成了本书在意大利的翻译出版。

我的很多朋友和顾问为本书作出了贡献：理查德·梅丽尔(Richard Merrill)慷慨地提供了他在生物学方面的专长；我的孩子黛比和约瑟夫·布克金(Dabbie and Joseph Bookchin)则为笔者写作本书创造了温暖的家庭气氛；此外提供各种帮助的还有吉娜·布鲁门费尔德(Gina Blumenfeld)、丹尼尔·考多科夫(Daniel Chodorkoff)、戴维·艾森(David Eisen)、琳达·古德曼(Linda Goodman)和本书出色的文字编辑内奥米·斯坦费尔德(Naomi Steinfeld)。我还要声明，拉比诺威茨(Rabinowitz)基金会曾为笔者提供了一个研究基金，它构成了笔者在20世纪70年代初完成前四章时的必要性部分资助。

在本书的人类学部分，我在很大程度上受益于马克斯·韦伯(Max Weber)、保罗·拉丁(Paul Radin)和多萝西·利(Dorothy Lee)的著作。皮特·克鲁泡特金(Peter Kropotkin)和卡尔·马克思的论著，仍然是我一直真诚信奉着的主要理论传统之一。从回顾的视角看，我不再像过去那样迷恋于法兰克福学派的理论家，但他们的精彩阐述、他们在批判神秘主义基础上对理性的辩护和他们所展现的智力高度，依然像在很多年前一样激励着我。

《自由生态学》这本书具有自身的生命力，并非一成不变。因而，我真诚邀请读者们能够参与构建它所表达或应该表达的一种变化之中的观点。提出这种邀请对于50年前的作者来说，不过是一件平常事，但在一个大众媒体时代的今天，它们似乎已开始变得过时。因为，如今任何一种思想的表达都不得不首先考虑如何引起读者的注意。因此，我将以自己最喜爱的乌托邦主义者威廉·莫里斯(William Morris)的精妙评论(尽管它存在着性别歧视意义上的缺憾)作为结束：

人们为自己的理想而战并输掉了战争，尽管如此，他们所为之战斗的事物依然出现，而当这一事物被证明并非是他们想要的东西时，其他人则不得不以另一种名义为他们想要的东西而战斗。

默里·布克金

2005年2月于佛蒙特伯灵顿

目　录

2005 年版前言 …………………………………………………… (1)
1991 年版导言 …………………………………………………… (1)
1982 年版导言 …………………………………………………… (1)

第一章　什么是社会生态学 ……………………………………… (1)
第二章　有机社会观 ……………………………………………… (29)
第三章　等级制的出现 …………………………………………… (48)
第四章　统治认识论 ……………………………………………… (75)
第五章　支配的遗产 ……………………………………………… (106)
第六章　正义:平等与精确 ……………………………………… (128)
第七章　自由的遗产 ……………………………………………… (156)
第八章　从圣徒到营销商 ………………………………………… (182)
第九章　技术的两种意象 ………………………………………… (212)
第十章　技术的社会基质 ………………………………………… (234)
第十一章　自由的歧义性 ………………………………………… (262)
第十二章　一种生态社会 ………………………………………… (314)
结　语 ……………………………………………………………… (349)

2005 年版前言

《自由生态学》首版至今已将近 30 年，目前已经拥有总共 6 种语言的近 6 万名热情读者。鉴于它富有挑战性的深度与宽泛领域，读者如能掌握丰富的自然哲学、社会历史、激进理论和时事政治等方面的知识，将会更好地理解本书所传达的信息。

不足为奇的是，本书在某种程度上已经拥有自己的历史以及读者群，因而注定将会被从不同视角下加以理解。我经常提出一些假定，希望读者在新的环境与可能性下增加一些值得进一步探讨的主题。不仅如此，我还鼓励读者去阐发那些在我较早著作中只是部分阐述或隐含着的主题。因此，读者不仅被邀请参与笔者在不同层面上的理论分析，而且在很大程度上要承担一种作者的角色。在这一过程中，他们不断地提出并试图回答在一个社会急剧变化时期不断出现的新问题。因此，《自由生态学》绝不是我个人观点的“最后表述”。事实上，这种最终性在任何严肃作者的著作中都不存在，因为时代一直在变化、发展、消长，并随之开拓出激进意识形态的成长道路。昨日声称的“最后冲突”事实上开创了与那些公认的“铁律”相反的新的思想路径。比如，我们可以反思一下由民族国家制造出的各种进步与倒退：它们最初提供了公民（不同于动物血缘联系的）解放潜能，后来却演变为亲属关系的压迫潜能和无意识的生物命令，其中几乎没有什么可供选择之处。

《自由生态学》还对一个简单化的、僵化分类的环境主义理论和一个复杂的、处于发展中的社会生态学作了明确区分——它们无疑都是有着众多歧义的词汇。对于大多数读者来说，生态学这一词汇仅仅意味着比我在此称之为环境主义的概念稍微多一些的含义，也就是其中包含的作为人类、其他动物和植物生存与相互作用的栖息地。而我借助“社会生态学”这一术语，把生态学意指为生命形式从简单到复杂的辩证展现，或者更准确地说，从简单性到多样性的辩证展现。当然，这种阐释可以认为是存在争议的。人们有理由强调，多样性本身并不一定带来复杂性。但看起来很清楚的是，没有复杂性就没有多样性。因而，一个多样性的趋势是不能与我们的具有丰富生命形式的宇宙的出现相分割的——这一特定宇宙构成了我们生活于其中的地质的、生物的，甚至主体性宇宙中的众多“选择”。这一特定宇宙还构成了人造宇宙或“第二自然”，它是我们人类试图强加于非人类的进化或“第一自然”的产物。

我必须充分强调这样一种对“自然”的双重界定，这是笔者在本书中试图作出的最重要区分之一。更宽泛地说，我们必须区分一个自我创造的自然和一个人类创造的自然。古代哲学（尤其是柏拉图和亚里士多德的著作）就是围绕这一问题展开的，它试图把上帝在宇宙中的位置界定为一个能工巧匠而不是一个思想家。毫无争议的是，通过把人类界定为不仅仅是“宣布”其存在而是塑造了宇宙的能工巧匠，反叛性的欧洲神学家把人类归结为一种创造性的类属，而不是神秘性“词汇”的源泉。总之，“第二自然”顾名思义是“创造出来的”，而不仅仅是“自我宣称的”。上帝变成了人类的创造物，而不仅仅是一个神秘的创造者。

反之，社会生态学是一种进化哲学，而不是圣·约翰《启示录》式的一种神秘主义复述。进而，人性既是生态学洞见向社会发展中的一种扩展，也是从生物界的第一自然向社会中的第二自然的一种扩展。《自由生态学》试图将这两种自然综合成一种第三自然。它试图把非人类自然和人造自然转变成为一种更加整体性的自然——一种有意识的、能思考的和有目的的自然。这种能思考的自然是道德的和理性的，而不只是生理的和生物化学的，而人性是自然进化在过去两百万年有机社会发展中所增添的最近出现的特性。

社会生态学中的社会性一词用于把自由社会主义的最高箴言纳入一种“生态社会”的概念。这种“生态社会”是一种体现了那些深刻影响了我本人的思想家的最高目标的社会，他们包括亚里士多德、斯宾诺莎、黑格

尔、马克思和克鲁泡特金。

社会生态学实质上是一个持续发展的宇宙的概念，实际上是一个借助多样性中的统一性而不断获得整体性(这一整体性在很大程度上是完全可以实现的)的宏大过程。这一过程具有将两种遗产或传统即自由遗产和支配遗产内在地连结起来的创造性潜能。这两种遗产相互作用，从而独立地和相互依赖地扩大着自由和支配的范围。这些遗产引发出了那些首先在马克思和克鲁泡特金晚年著作中作为历史的目的被阐述的主题。因而，形成一种演绎辩证法，以便把民主、美学、哲学、国家、政治和与之相关的社会与文化生活的“上层建筑”特性，作为生活与社会不可分割的组成部分——而不是像马克思那样简单地把其作为构成社会现象基础的经济的派生物——来应对是可能的。可以这样说，一种“多态性”历史理论，能够弥补那种盛行于机械马克思主义者比如弗里德里希·恩格斯、乔治·普列汉诺夫、列宁等人中的狭隘一元论。他们将马克思本人局限在其理论发展自身周期的经济主义的中间阶段上。

在社会生态学中，以民主为例，它自身变成了一种目的，并展现为自由遗产下的一种基本主题。同样，国家可以作为支配遗产的一种基本构成要素来探究。当然，国家也往往与自由遗产缠绕在一起，尤其当它把血缘联系世俗化为借助公民权实现的市民联系，后来进一步成为阶级统治的一种工具时。因而，关于这些遗产的两章构成了本书的核心结构和基本框架，或者说它的“双重螺旋线”。

厄斯特·布洛赫(Ernst Bloch)在其批判性著述中，几乎在他探讨的所有意识形态中都发现了一种“希望原则”。从我所生活过的八十多年的时间经历来看，我们很难作出这样一种一般性概括。然而，我却可以确定这样一个普遍性主题：它将终结于或者像马克思的共产主义理想那样的人类自由的不断扩展，或者终结于一个人类与自然世界关系持续危机与退化的时代。本书所提供的并不是人类发展后果方面的成功保证，而只是一个理性后果的可能性。

在《自由生态学》中，生物进化的简单化将成为一个世界解体的开端。相应地，被视为整体上是人类事务的理性延续体的历史将会消失，而人类本身将经历一个自我消解过程。有机世界的消失体现为自然复杂性的持续降低和意义、意识、机构与创造性因果关系的被全无目的的替代。这种消解将构成一种比人类20世纪所经历的社会危机所表明的分裂化和社会解体的可怕前景更具有根本性的冲突。如果人类的支配遗产被允许以自由遗产为代价而展现，这将是人类在未来一段时间将要面临的前景。假如我们想避免这一命运并实现自由遗产的潜能，我们就必须超越在下述诸方面的意识形态局限，比如一个神秘的无产阶级、一场模糊不清的阶级利益斗争和把我们束缚于很久以前世界的简单化目标。越来越明显的是，我们需要一个更清晰的关于人类思考和行动能力的观念，以便以一种主动而不是被动的方式面对现实，如果我们想平安度过这一人类历史上的最大转折点的话。

自1982年《自由生态学》首次出版以来，世界已经发生了很大变化。那时，20世纪60年代形成的乌托邦情感依然很有市场，而环境运动正在世界范围内扩展。绿色政治组织正在增加，尤其是在欧洲和北美地区。“希望原则”仍然具有一定影响，因为20世纪90年代即将发生的严重倒退还没有出现。然而，我必须强调，1917～1918年俄国革命期间和第二次世界大战期间出现的革命乐观主义，完全是一种历史误会。将革命社会主义的成功视为一种内在必然性的马克思主义，完全误解了这一战争间歇期激进主义的未来发展。随着工人阶级统治神话在二次大战结束后的破灭，随着一种世界社会革命胜利的必然性让位于资本的超级扩展，随着资本主义前所未有的繁荣，日益清楚的是，人类并未生活在资产阶级社会的末日。相反，资本主义也许迎来了自己新的黎明，或者至少是依然处于其发展的初级阶段。左派所有关于资产阶级社会正在衰亡的估计都是错误的，就像红色十月以后的那些狂热观点一样。我们在两次大战间歇期不知道——现在也不知道——我们究竟生活于资本主义的哪一个“阶段”。而现在变得清楚的是，我们如果仍像1917～1945年那样称资本主义为“垂死的”、“衰退中的”或“奄奄一息的”社会，将是赤裸裸的自我欺骗。无论喜欢与否，今日的资本主义在物质意义上依然发展强劲，这是一个左派必须坦然接受的客观现实。而且，我们依然不知道它在未来岁月中将会拥有哪些新形式和特征。

但是，对于我来说相当明确的是——当然我要十分谨慎地表达这一

看法，资产阶级社会只有停止对其自身生存的生物与气候基础的破坏，生态环境衰败的状况才会改善。如果这种社会要想生存下去，就必须创造出一种全新的人与自然间的分配。也就是说，我们或者创造一个促进生物进化丰富性和使生命成为更富有意识与创造性的现象的社会，或者创造一个拆毁这些生态要素的世界。而这就从根本上否定了一个听命于“增长抑或死亡”原则的社会：资产阶级出于资本扩张和人类剥削目的的不断强化竞争行为，推动着将有机社会降低为无机社会。资本主义已经使得社会进化与生态进化很难相容。

以上是《自由生态学》要表达的明确信息。现实中也许不再有无产阶级革命，不再有周期性的经济危机，不再有世界大战，甚至不再有迅即发生的阶级之间“不可避免的最后决战”。但是，除非科学与技术可以抑制对这一星球的污染和生态简单化，人类未来几乎注定要面临一场生态空间支持复杂生命形式能力被削弱而引起的危机。这是一种我们无法回避的冲突，因为它将直接挑战我们作为物种的生存。《自由生态学》所探讨的所有难题都聚焦于创造一个基于新的有机政治或“自由市镇主义”的生态社会的必要性。对此，笔者在它随后出版的另一著作《从城市化到城市》中曾详加讨论。

默里·布克金
2005 年 1 月 30 日于伯灵顿

1991 年版导言

大约 20 年前，笔者开始以一种十分明确的目的撰写《自由生态学》：推进一种整体主义的、社会激进的、理论上内在一致的生态政治理论，以替代在很大程度上技术主义的、改良主义的和单一议题性的环境运动，而后者在那时依然占据着主导地位。我要感谢 1970 年从艾尔弗雷德·诺普夫公司收到的一个出版合同和从拉比诺威茨基金会得到的一个小额奖学金，使得笔者可以在 1972 年完成了本书的最初 4 章。除了个别性的修改，这 4 章的内容与 20 年前几乎没有什么差别。在经过各种干扰导致的中断后，我在 20 世纪 70 年代末回到了这一手稿并使之最终完成。与此同时，最初确定的艾尔弗雷德·诺普夫公司的编辑的退休，使得本书已不可能再在那个公司出版。但不久，我又将本书稿呈递给了对此感兴趣的切谢尔图书公司。于是，它在 1982 年正式出版。

我必须充分强调，《自由生态学》体现了我对相对狭隘的、实用主义的和经常是社会中立的环境主义的集中关注，这种形式的环境主义在 20 年前的许多异质性环境团体中影响很大。事实上，这种环境主义在今天也依然享有重要地位。这些团体继续专注于具体性议题比如空气与水污染、有毒废弃物倾泻、食品的化学化等等；而这些努力当然值得我们全力支持。但是，这些环境主义者关于他们所面临难题的原因及其长久性解决方案的观点，在我看来，仍然是相当不充分的。就这些环境主义者所拥有的共同世界观而言，解决生态失衡仍依赖于一种工具性的、几乎是技术工程性的方法。显然，他们希望，通过最小化对人类健康与生活的伤害的改良，来使自然世界适应现存社会及其剥削性的、资本主义的规则的需要。而更加必要的制定一个社会激进变革的计划和培育一种对自然界的新的感知，往往处在他们实用性环境关心的视野之外。游说而不是激进政治，更好地体现了他们的社会观点。

在作为一个生态无政府主义者长期参与了反对污染、核电站建设和食品化学化的斗争之后，我决定进一步阐述一下我的有关观点，部分是批判性的，部分是重建性的。不同于实用主义的环境主义，我阐述了一种可称之为社会生态学的系统性观点。对于社会生态学家而言，我们目前面临的环境失衡深深植根于一个非理性的、反生态的社会，而它面临的基本难题是不可能通过渐进的和单一议题性的改革来解决的。我试图表明，这些难题源于一个等级制的、阶级性的和如今激烈竞争的资本主义制度，而这一制度促成了一种将自然世界仅仅视为人类生产与消费"资源"聚集地的观点。这种社会制度是尤其贪得无厌的。它已经将人对人的支配扩展成一种"人类"注定要支配"自然"的意识形态。

为此，通过回顾等级制和资本主义出现前的史前"有机社会"时代，我概括地探讨了非等级制的感知、习惯、价值和平等主义的文化信念，以及与今天创建一种激进的生态政治相关的古代有机社会的主要特征：最低限度保障原则，是有机社会由此确保了每一个人获得生活必需的物质手段；对财产用益权而不是财产所有权的信奉；互补性伦理，而不是一种命令与屈从的道德。在笔者看来，所有这些原则与价值过去是、现在依然是十分重要的精神财富，因而应在一个未来生态社会中发挥主要作用。笔者还认为，这些原则必须与理性、科学以及很大程度上的现代技术结合起来，并被重新设计以便促进人类与非人类世界融为一体。这种有选择的一体化，将会构成一种全新社会与感知的主导性实践。

与此同时，我探讨了有机社会的各种宗教信仰和宇宙论：它的自然主义宗教仪式、动物与动物灵魂的神秘人格化、丰产性在母神中的体现和它的泛灵论的世界观。我相信，反对古代迷信的启蒙战斗早已在北美和欧洲文化中取得了胜利，因而不会有人误以为我在主张泛灵论或女神崇拜的复活。尽管我非常尊崇有机社会中的很多特征，我从未相信，我们可以或应该将它单纯的宗教的、神秘的或魔幻的信仰或宇宙哲学，引入当代生态运动。甚至早在20世纪70年代末，我已经表达了如下担心：一个人如像我这样谈论生态学及其精神性含义，就很容易被误认为一个唯灵论者，同样，甚至一个人撰写有关复杂的有机论思想形式比如辩证法，也会被误解为一个神秘主义者。

但我那时几乎没有意识到的是，甚至在我撰写《自由生态学》时，所谓的新生态学便已开始浮出水面——主要在美国的阳光地带(Sunbelt)，而它们力图做的正是我所极力避免的事情。这些生态学流派开始重新启用那些表面上类似于被我称之为新时代浪漫主义(New Age Romanticism)的概念，并创造了一种不过是各种古代宗教迷信集合的神秘生态学。它们如今自称为“深生态学”、大地女神崇拜、生态泛灵论等等——所有这些都可以一般地概括为“神秘生态学”，并且借用了各种形式的新时代主义观念、魔幻的仪式和大量的宗教或准宗教习俗。这些神秘生态学家中的很多崇尚返老还祖者，主张一个向新石器甚至更新世时代“感知”的回归，或者在极端情况下向史前时代生活方式的回归。他们几乎都持有一种“生物中心性”的共同观点，这种观点主张，所有生命形式包括细菌和病毒从其“内在价值”看，都是平等的。“生物中心主义”是相对于“人类中心主义”而言的，后者正像它们多次提及《圣经》文本时所表明的，在很大程度上是一种宗教性观点，相信地球是“被创造”来供人类使用的。贯穿于很多神秘生态学流派的还有对“荒野”的偏好，荒野是相对于这个星球上被人类改变的地区而言的，其中往往流露出一种冷酷无情的马尔萨斯主义——将饥荒与疾病视为大地女神“盖亚”(Gaia)对人类干预自然和“人口过剩”的惩罚。生态女权主义也从对女性在儿童养育中历史作用的称赞，转变为对女性比男性“更接近自然”的崇拜。附加在这一偶像之上的是对“大地女神”的信仰，这种崇拜将会把妇女的父权制观念转变成一种有神论的“永恒女性”。简言之，我开始注意到一组发展中的神秘的、浪漫的和往往是相当愚蠢的生态学流派出现，而它们正在威胁着一种理性环境运动的完整性。我把这些神秘化生态学流派视为既愚蠢又幼稚的，尽管它们中的很多否认与笔者在本书中批评的70年代的实用主义环境主义有直接关联。

目前，平衡理性与技术和有机思考与精神性的努力，已经遭到非人自然中神秘化的、准宗教偶像的出现的严重干扰。的确，人们可以从广义上使用“自然”这一词汇——它不必蕴涵着对一个普遍性“唯一神”的粗俗化多神崇拜或者“荒野”的严重盲目迷恋的时代，已经成为过去。这一损害尤其应当归因于“深生态学”，甚至将憎恨扩展到文艺复兴的愤世嫉俗的反人类主义，冷酷无情的马尔萨斯主义和往往自相矛盾的、围绕着“生物中心主义”建构起来的那些观念。所有这些都使生态政治与哲学成为一个严重问题性的领域。

这一导言的目的是将社会生态学与这些不同形式的神秘化生态学流派区别开来，同时保留对实用主义环境主义的一种批评态度。更为重要的是，我希望纠正读者也许能够发现的，社会生态学与当今正在盛行的各种神秘生态学之间的任何相近性。尽管社会生态学如今必须面对新的环境，我仍然坚决坚持《自由生态学》所阐述的那些观点，不认为需要对它们作出任何调整，除了必须对这些神秘生态学流派基于不同目的使用的、与社会生态学相关的某些隐喻加以解释。我在本导言中真正想做的，是表达对本书中所包括观点、阐释和数据的一种更为平衡的看法。《自由生态学》仍是我个人观点与社会生态学的最综合性阐述，因而我不想贬低它在我著述中的地位。笔者著述的理论架构——如果可以这样说的话，是由差不多9本书连接起来的，而《自由生态学》可以视为它的核心所在。但我希望，本书读者也能够去阅读其他一些表述了一种社会生态学观点的著作，尤其是《城市化的兴起与公民权的衰败》、《重建社会》和《社会生态学的哲学》。[1]作为一个整体，这些著作提供了一个当今社会生态学的综合性阐述，并构成了它未来发展的基础。

最后，这种回顾性导言在某种程度上的重复是难以避免的。我不想再做像初版导言那样的对社会生态学的一般性概述，尽管我认为它对于理解本书是不可或缺的。但是，我将讨论其中的某些议题比如马克思主义与生态学，以便为读者提供笔者某些观点的更具体解释。但这并不意味着，读者无须再阅读另外一个导言：初版的导言是更加阐述性的，而本导言是更加论战性的。

我的所有著述旨在提供一个关于我们时代生态危机的社会根源的、内在一致的观点，和一个理性重建我们社会的生态无政府主义计划。笔者在此有意使用内在一致性和理性这两个词汇，因为它们对于形成中的大多数神秘生态学流派来说是令人厌恶的术语。不仅如此，它们用来挑战一种更加广泛的心理状态，这种心理状态已经成为英美世界和欧洲很大部分地区人们不可分割的组成部分。后现代主义，尤其是它的粗俗化形式，已经对形成一种内在一致的和理性的激进政治观的必要性产生了严重干扰。对理性本身的要求正在以对“多数主义”的热情的名义，通过“解构”而加以肢解。这种热情在现代极权主义的现实背景下是可以理解的，但它把任何经过严密理论思考而得出的观点都称之为“以言词为中心的”(logocentric)，却难以成立。后现代主义的这种被严重贬低的粗俗化形式，为“言词中心主义”增添了白人的、男性的、西方的和欧洲的等形容词前缀，从而排除了任何进一步讨论的可能性。即便是笔者在撰写本导言时也很难预测，大学校园中和媒体上将会出现什么样的新潮流派。

我们面临的困难是，似乎很少人还知道如何构建或发展观念。他们不加选择地四处搜集一些智力碎片，就像如此多被肢解的人工制品，并泰然自若地采用根本上自相矛盾的观点与传统。任何一种以内在一致方式理性探讨我们时代难题的努力，都被当作是一种精神病症状，而不是克服当前盛行的意识形态混乱的一种真诚努力。具有讽刺意味的是，后现代主义经常以一种堂吉诃德式的方式，无意中遵循一种它自己并没有清楚意识到的理性，并努力达成一种它拒绝向其批评者承认的内在一致性。

偏爱非一致性、反理性主义和神秘主义的思潮，并非只是当今时代智力衰弱的一种表征。它们还辩护并促动了这种衰弱。很多人由对人类生活客观条件的严肃关心，比如支配的制度形式、以剥削目的而使用的技术和人们日常生活中痛苦的现实等等，转向一种内向性的主观主义，从而导致过分集中于人类心理方面和“隐藏的”行为动机、文化工业的兴起和对学院派议题像学术生涯和精英教育等的关注。所有这些都表明了人们对社会与个人实际生活的忽视。

神秘生态学流派的大众化并不仅仅是一种智力失常现象，就像后现代主义的大众化所彰显的那样。相反，它们的大众化表明的是人们应对一个严峻和非道德化现实的无能和控制社会朝着一个日益压抑性方向前进的无能。因此，神话、异教神、“更新世时代”和“新石器时代”的信仰体系及其布道者，提供了一个幼稚的教士们可以躲避其中的替代性“现实”。

的确，当这种对主观性的巧言强调以神秘的气息和含混不清的狂热观念加以包装时，任何对现实的承认都被处在神秘之中的信仰所消解。理性被直觉所取代，切实的社会反对派被它们的影子所取代，因而是企图用宗教仪式、咒语和魔法来驱逐妖魔。

所有这些做法很难说是对解决我们时代的真实问题没有社会危害的。一个来自遥远过去的幽灵——我们古代祖先自我想象的产物，被祈求出来作为"地球智慧"名义下我们应当敬重的对象，而它实际上就像我们的观念在现实生活中一样是无效的。这种日益成为我们时代一个广泛性特征的新的替代性"现实"，通过大众媒体和出版工业而不断渗透。它有着难以抑制的膨胀欲望，以至于称赞巫师聚会、母神崇拜集会、各种形式多神论和泛灵论观念、"荒野"迷恋者和女权主义信奉者的扩散。在我看来，属于这一类的还有"深生态学"：它正在日益以一种"生物中心性"的词汇来欺骗善良的公众。

或许我们时代的激进主义者还没有认真面对的最严峻的现实是，当今的资本主义不仅是一种经济，还是一种社会。竞争、"增长还是死亡"的心态和市场无序等原则，已经从商业与工业领域中渗透扩散到家庭、个人、性别、宗教和社区关系之中，而它们在过去基本上局限于经济生活范围。这种商业原则的侵蚀体现在不加掩饰的个人主义、消费主义、职业主义、相互猜忌、严重暂时性的人际交往等，这些在我们时代都已变得如此普遍。二次世界大战结束以来的几十年间，我们不仅已经历了导致"孤独群体"病态现象的发展，而且已经生活在一个完全商业化的世界中。其中，我们本身与我们生产和消费的商品没有实质性区别。分散化已经不再是一种病态，而是一种以粗俗的后现代主义形式与盛行的人类条件相一致(而不是批判性的)的意识形态。当今的反理性意识形态，实际上是张扬而不是拒绝了缺乏思考和自我追求的、充满着追逐物质利益个体的"生活世界"。

从后现代主义到生态女权主义，这些意识形态有助于以精神焰火、护身符、魔法和鲜艳服饰等来巧妙地装饰新的人类商品，通过提供一种神秘的光泽来掩盖人们空虚的生活。资本主义根本不用担心神秘的和"生物中心性的"生态学，或者它们的大量代价高昂的人工制品。资产阶级在嘲笑这些荒谬理念的同时，迫不及待地商业化它们并将其纳入到新的利润源泉。的确，坦白地说，现存社会秩序中精英们首先关心的是利润、权力和经济扩张，那些与幽灵而不是制度化的权力、官方当局和财富中心论战的反叛者的态度甚或行动。

我在过去几十年中对社会生态学的创建基于一个十分宏大的目标：阐明一种哲学、一个自然与社会发展的概念、对我们时代社会与环境难题的深刻分析和一种克服当今社会与环境危机的激进的乌托邦式选择——时至今日，我依然不回避使用乌托邦的概念。在此，我想在初版的总体性评论基础上阐述一些具体性议题。

让笔者从如下的问题开始：人类在自然进化中的位置是什么？这不只是一个环境问题，而是有着深远的社会与哲学意蕴。人类与人类社会就很多方面而言是自然进化的产物；不仅如此，正是由于自然进化，人类得以在身体结构和心理上如此组织起来并与非人类自然主动地相互作用，结果成为一种创造物，可以使用工具与机器有意识地生产其生活手段和有组织地运用其劳动能力。正如黑格尔和 19 世纪的其他社会激进理论家所强调的，人类与非人类自然的相互作用或“新陈代谢”，不仅为人类提供了生活手段，而且将其规定为意识上与心理上日益复杂化的存在。人类从非人自然界的诞生及与其持续的相互作用，不仅是他们维持其物质性生存的手段，也是他们意识到其作为个体和一种独特物种的主要方式之一。无论称呼人类为现代人还是其他什么，他们的人性和他们所创造的社会，在很大程度上来自于他们使非人自然成为一种适宜的栖息地的努力。在那里，人们可以享受一种“好的生活”，并可望切实有助于自然进化水平的提高。

因此，人类在自然进化中占据何种位置的问题，提出了激进社会理论家需要面对的最根本性议题：人类运用劳动的方式，技术在改变环境以及人类精神方面的作用，人类应对非人自然时形成的社会关系形式以及最为重要的，他们创建的并将指导着其与周围世界相互作用的伦理。

在本导言中，我将避免对“自然”概念的不加任何限制的使用。的确，西方历史与哲学发展进程中的最大混淆，来自于对该词汇所人为强加的很多往往是自相矛盾的含义(于十年前完成《自由生态学》时，我在这方面并不比其他人好多少)。在其论文《自然的意义》提供的名单中，阿瑟·洛夫乔伊(Arthur Lovejoy)和乔治·伯亚斯(George Boas)把自然的定义归纳为66个，范围涉及从“出生”到“物质”，而且告诉我们说，上述名单“肯定是不完整的”。[2]我并不是一个对词汇做单向度界定的迷恋者，但是，“自然”定义的多维性不可能不影响到这一词汇的真实含义。比如，如何理解什么是“自然的”和什么是“非自然的”，什么构成了“自然的权利”，是当今伦理学混乱无序的主要来源之一。这对于“深生态学”的支持者来说尤其如此。对于他们来说，“自然”往往只具有十分狭窄的“荒野”含义，而荒野本身是一个尤其需要详加阐明的术语。因为，我们处在一个人类活动已经直接或间接地到达这个星球最遥远位置的时代，人们的现实影响已使“荒野”这一概念的成立成为问题。

为了防止我们的思考被一个过于狭隘的“自然”禁锢为一个非自然的“人性”(另一个需要深入阐明的概念)所侵蚀和毁坏的“原始荒野”，我们必须明确这样一个如此抽象和高度情感化理解的词汇究竟意味着什么。就广义而言，任何事物就其客观存在来说都是“自然的”——这当然包括在次原子水平上的存在、塑料桌子和阿拉斯加冰原上的狼等。“自然”这种纯物质主义意义上的界定，也许是更加容易接受的，而且比对它做狭隘或隐喻意义上的使用更准确。但从生态学的视角看，这样一个宽泛的界定是过于笼统的，并且缺乏我们称之为“意义”的、十分重要的伦理学特性。

从一种社会的和生态学的视角看，至少对于社会生态学家来说，“自然”不只是所有存在着的事物。正如我在本书中阐明的，自然是一种进化中的发展，应当被视为一种日益差异化的持久性过程：从被假定为导致了“大爆炸”的初始能源核到次原子粒子和主宰宇宙力量的出现，到我们从周期律表上知道的复杂元素，再到我们了解的各种天体的产生，然后是这些元素化合成分子、核糖核酸、蛋白质等等，直到有机物和智力类属在我们星球的出现。总之，自然是一个从无生命到有生命的、最终是社会性的渐进进化过程，虽然这一过程或许会出现某种分化。

遵循一个可以一直追溯到西方哲学起源的传统，非人自然可以认定为“第一自然”，作为对应，人类创造的社会的自然被称为“第二自然”。社会生态学很可能是当今唯一的理论学派，同时应对“自然整体”在这两个方面的发展并将其视为一个高度创造性的和分享的过程，而不是将其看作一个相互对立的和纯粹二元主义分裂的过程。相比之下，神秘生态学往往凭借其“生物中心性”的概念藐视人类和第二自然中的难题，却又经常把第一自然尊崇为“荒野”。这些生态学往往把人类物种视为一种进化异常，也许更糟糕，完全是一种生态灾难——生物圈中的一种“癌变”。

我们在神秘生态学中看到的是一种粗俗的简约主义。它无视生物进化已经产生的丰富差异性，而只看见一种普遍性的“整体”和“互相联系”，也就是主张一种不存在有意义的差异性的整体性。为了反对这种简约主义，社会生态学提出了一种进化辩证法、发展与出现、多样化与差异性的观点，也即将第一自然演变为第二自然理解成一个分享的和有意义的过程。“自然”这一词汇被有意识地保留在第一和第二自然概念之中，以便强调非人自然和人类自然都是自然进化作为一个整体的产物。相反，很多神秘主义取向的生态学却希望我们相信，那是一个“无处不在的”或在我们心中抽象存在的“超级自然”作用的结果，甚至看起来最世俗化的“深生态学”作者，也显示了一定程度的宗教性；而且不难理解的是，即使最政治化的母神崇拜者，也潜在的是非自然主义的——如果不是明显超自然主义的。神秘生态学中不加选择地使用“神圣”一词来指称自然现象，表达的是对非人类世界的“神圣性”的信仰，而不是一种好奇感。因而，这些生态学往往由此趋向宗教习俗和神学信念。

相比之下，社会生态学强调，当借用生态学来描述我们的世界观时，如果诉诸神性、神秘力量来解释第一自然向第二自然的进化，将是很荒谬可笑的。无论是宗教还是灵魂论的心理体验观点，都难以在一种生态学理论阐释中立足，或者生态学这一术语像它应该做到的那样应用于自然现象，或者它只是被剥夺权力的人类意识的一个时髦借喻，并促进了神秘主义或公然的超自然主义。

社会生态学家以一种避免了主观随意性的、往往是借喻性混淆的方式来使用“社会”一词，防止将社会等同于动物种群、兽群和生态共同体。对于社会生态学来说根本性的是，尽管动物形成生态共同体，但并不构成社会。社会是人类专属性的现象，而区别人类社会与动物共同体的是社会性制度的存在。在这方面，社会生态学的无政府主义世界观应该有别于克鲁泡特金的观点。克鲁泡特金不仅互换地使用“动物社会”与“动物共同体”概念，而且相信它们都来自于一种“社会本能”。或许，正如笔者即将阐明的，这种本能绝非是人类意义上的社会性，也不与我们所了解的人类社会的易适应性相一致。总之，共同体也许可以用来指称某种社会交往的必要条件，但它绝不是能够解释社会存在的充分条件。

毫无疑问，人类社会与动物共同体有着明显的不同。首先，动物共同体是相对固定的。即使那些最具社会性的动物比如蜜蜂，也主要是按照它们被基因结构所确定的方式来采取行动，而且它们的蜂房只是更大规模的再生产共同体。相比之下，人类社会是按照高度可变的制度构建起来的，不论它采取原始部落的、奴隶制的、封建的，还是资本主义的形式。社会必须基于一种明确的目的感来加以捍卫和保持。确实，在那些动物共同体能够较长期存在的地方，它们的成员几乎不展示有意识的目的性，即使有的话也很少。而人类社会不但是高度制度化的和可以改变的，而且被依存于物质与文化条件而剧烈改变的意识形态所装饰，就像人类历史上的重大革命所清晰表明的那样。

社会生态学对“第一自然”和“第二自然”这些术语的使用，在我们探讨从第一向第二自然转化的特殊性时将显得尤其重要。在追踪从第一自然向第二自然或者从非人类共同体向人类社会的转变时，我曾经更倾向于认同罗伯特·布里福尔特(Robert Briffault)关于人类长期的幼年依赖和逐步成熟的论文——它集中讨论了灵长类动物的母性联系，而不是克鲁泡特金关于基因所决定的“社会本能”的社会—生物学论点，这种本能在很多高级动物类型像豹和灵长类动物比如长臂巨猿中并不存在。

不仅如此，等级制这一严格意义上的社会术语，是只限于第二自然的特征。它指的是高度组织化和意识形态化的命令与屈从体制。从词源上说，它来自于古希腊语中意指“基督教的组织形式”的术语。对等级制的最大灾难性误用，在于将其以拟人的手法应用于非人自然中的各种存在。作为一个社会性词汇，等级制不能应用于动物间的所谓“支配与顺从”关系，即使这些方面的事实的确存在。很多被指称的“等级制”动物关系，实际上是非常主观武断的和有限的，对此我将在本书中详细阐明。它们的功能即使在同一种属的不同群体间也很大不同。更为重要的是，将等级制这一词汇应用于动物共同体，抹杀了它严格的社会性特征。

对等级制的进一步灾难性误用，在于将其应用于人类与第一自然整体的关系，尤其是声称人类“支配”第一自然，或者用来一般性地解释矿物、地质和无机物质之间的相互关系。这种对人类内部特有现象的拟人化影射，是根本没有依据的。遗憾的是，我对把这种拟人的形象从社会世界扩展到非人世界的持续反对，并没有多大效果。

事实上，我最近被指责为主张“等级制的”思想，仅仅因为我指出了人类被自然进化赋予了一定程度的智力、某种程度的表达能力、一种身体灵活性和一种生物世界中从未有过的文化传统。我关于人类具有使他们的意识在一种生态社会中服务于自然进化的潜能的观点，被“深生态学家”视为自我授权的甚或傲慢的。需要指出的是，社会生态学家是20世纪60年代作为激进社会理论一部分最早阐明等级制概念的人之一，而它已经变成了支持比如女权主义关于妇女压迫是超阶级现象观点的一种陈词滥调。那些思维方式明显是人类中心主义的人，比如母神崇拜者和那些阐释非人类世界时显然是性别主义的人，竟用人类中心主义指责社会生态学，这实在是一种奇怪的和不诚实的表现。

说人类比其他生命形式更先进，只是强调了如下事实，即人类是更复杂的、更差异性的，或者比其他物种被更多赋予了价值的特性。值得强调的是，承认这一事实本身，并不意味着人类建立了与非人自然的等级制关系。尽管我们也许是一种高度复杂的和主体性的有机组织，我们事实上相对而言更加依赖于海洋浮游生物等简单有机物，因为是它们提供给人类大部分的大气氧。相比之下，它们对我们的依赖则小得多。然而，社会生态学家从未主张，由于人类的复杂性和主体性特征，我们可以在某种程度上命令那些不可缺少的产氧生命形式。我将在后文中进一步阐述这一问题，这里仅仅强调以下看法就够了：这种差异性本身的存在——包括或多或少复杂性的差异性，并不预定或意味着等级制，最不适用的是人类与其他生命形式间的关系。

至于第二自然的文化进化，《自由生态学》的第 1 章在平等的有机社会和等级制社会间作了明确区分。一个合适的例子是把最早的人类社会视为平等的，其中，沿着年龄、性别和亲戚关系区分的差异性是在功能上相互补充的，而不是基于命令和屈从的。有机社会中最突出的是它对经验的非等级制的看法，这种看法承认人们在年龄和性别方面的实际差别，却不因此把他们在等级制身份团体中加以排列。有机社会往往遵循互补性原则作出制度性安排，其中人们的差异性构成一种关系类型，而不是一种命令和屈从的制度。这种社会是相互性的或互补性的，它们承担着不因其能力而有区别地照看所有成员生活的责任。成员之间相互尊重，而不是作出使人们担当主导性和服从性角色的判断。

相比之下，等级制社会明显是身份取向的，而对于后者现时代的我们是再熟悉不过了。太多的有机文化慢慢地按照等级性线索来组织这些差异。随着有机社会的成员结合成同时依存于利益、特权、年龄和性别等因素的身份团体，家庭联系很快制度化为老人主导制、父权制和军事化平等团体。然后，这些等级制做法导致了社会与经济精英的出现。再往后则是经济阶级和国家机器的形成。那曾经标志着第二自然出现的和谐，让位于明显体现为人类之间的利益对抗，从而终结了早期平等性团体中原始而质朴的和谐。

等级制首先是作为社会内部的一个内源性发展过程而出现的，这一发展逐渐地将人类脱离一种相对平等的关系而进入一个依据命令和屈从原则制度化的社会。“等级制的出现”一章，追溯了人类逐步走向一个复杂的等级制社会的逻辑上和人类中心主义的线性发展过程。即使在阶级出现以前，这一过程已经历了从最初的年长制，经过父权制、雏形基尔特（行会）、军事化团体、酋长制到最后出现的类似国家的组织形式。所有这些等级化的层次都以十分复杂的形式相互作用，将生命的生物性事实比如年龄和性别重新纳入各不相同的制度化形式。这种身份革新过程渗透了某些曾经造就了有机社会的值得尊重的传统，以便使等级制成为被支配者在社会上更容易接受的，最终使其存在的必然性深深植根于公众心中。

很明显，等级制虽然有很多形式，但它们有一个共同特征，即这些形式是基于命令和屈从原则而组织起来的体制。尽管它们形式多样,但对于社会学者来说至关重要的是,充分理解这些组织形式并消除等级制本身,而不是简单用一种等级制形式来替代另外一种。等级制的辩证展现已经是很长时间的各种支配制度演进之后的事情,比如在伦理、性别、年龄、职业、城乡关系以及其他的支配性群体方面,因而这是一种经济决定论的"阶级分析"和严格意义上的反集权主义方法并未清楚揭示的复杂制度。如果要想实现人类的自由,这种制度演进的复杂性及其内部相互作用,必须得到充分揭示和理解。

当然,把世界上的一切邪恶都归结为一个一元主义的"父权制",或者认为一旦女性或假定的"女性价值"取代了"男性主导性"及其"男性价值"等级制将会自动消失,对我们毫无用处。事实上,如果留意到女权(性)主义领袖人物之一的苏珊·布朗米勒(Susan Brownmiller)的"革命性"呼吁,我们可以相信,等级制支配将很难得到有效克服。布朗米勒写道,"我不是一个轻易使用革命性一词的人","但是,女性做到以50%对50%的比例进入警察队伍,是一个对于妇女权利实现来说极其重要的革命性目标"。我们完全有理由对这种幼稚的和严重倒退性的要求感到震惊。没有任何理由可以相信,一种性别均等的警察力量,或者一种性别均等的军队、国家机器和公司董事会(鉴于等级制是这些机构的固有特征),可以带来理性的和生态的社会。

同样,我们也不能因此而增进对父权制或"男性至上制"这种偏向男性社会取向制度出现的理解。就此而言,我们很难同意女权主义者的看法。后者认为,当一个新石器时代早期的充满关心、爱护和慈善的"女权制"村庄突然遭到来自印欧男权制骑兵武士的入侵时,等级制就出现了。那些侵略确实在促进有机社会向等级社会转型过程中发挥了一定作用,这是一个不争的事实。但是,像某些生态女权主义者那样仅仅用外部侵略来解释这种发展却提出了新的问题,即为什么入侵者本身是等级制的。同时,父权制的出现也不能通过仅仅发生在世界某一地区的侵略来解释,因为事实上它还形成在那些从未与其他文化发生过重大相互作用的遥远文化类型中。这样一种过于简单化的"解释"难以让人信服,它不仅违背了不同文化间的相互影响,还背离了我们今天所了解的历史事实。对此,詹妮特·比尔对女权主义者夸大了印欧人或“库尔干人”(Kurgan)入侵的考察，在很大程度上解释了这些议题。[3]

《自由生态学》关于等级制的复杂辩证法，不仅挑战了神秘主义和女权主义生态学引入支配难题的简单化，还质疑了植根于传统马克思主义阶级分析的单向度的经济主义简单化。我不想贬低阶级统治在解释当今社会生态难题中的重要性，但阶级统治必须被置于一个更宏大的等级制和支配整体背景之下。

如果说所谓的“唯物史观”在环境运动中发挥了任何意义上的领导作用，这主要是由于某些当代马克思主义者对马克思本人的著作持一种十分灵活的态度。马克思在两种不同意义上界定了阶级概念。一是在本质上消极的。“成千上万的家庭生活在把它们的生活方式、它们的利益和它们的文化与其他阶级区别开来的经济条件之下，并将它们置于与后者的尖锐对立地位”，他在《路易·波拿巴的雾月十八日》中写道：“就此而言，它们构成一个阶级。”这一界定之所以消极，是因为它武断地预定了试图要解释的东西。然而，在《德意志意识形态》中，马克思和恩格斯在更积极或具体的意义上界定了阶级概念。在此，阶级被视为一个不断增加的劳动分工的结果，并逐渐导致了父权制家庭、奴隶制社会、封建主义和资本主义。它主要是依据财产所有权来界定的——财产形式包括妇女、儿童、奴隶、农奴、资本或者资产阶级从劳动力市场上买到的无产阶级劳动力。

阶级由此与所有权紧密地联系在了一起，即使当财产被集体地拥有或管理时——不管他是古代世界中自由公民中的精英、中世纪的封建贵族，还是现代世界中的股东。概括地说，一种阶级关系是由谁拥有或掌握生产资料和谁的劳动被经济地剥削而形成的。如果阶级可以说是基于财产的拥有与控制而构建的，那么，等级制构成了更为微妙和隐蔽的现象。等级制不仅基于生物性事实像年龄、性别和亲戚关系差异，而且还基于社会性事实比如种族优越感、官僚控制和民族起源。这些“事实”严格说来并不带有经济或剥削功能的标记。事实上，身份和声望的获得，甚至是以让与自己的部分财产给贫困资助站为前提，就像西北印第安人在其捐赠仪式中所表明的那样。

马克思通过他的丰富著述阐述了大量的社会与经济观点，但他社会观的经济主义基础被证明是相当简单化的。他阶级概念界定的经济主义基础，也难以通过对其的各种文化特征的装饰而摆脱。马克思关于异化和具体化的概念——对于当代新马克思主义理论产生了如此大的激励作用——的巧妙性，离不开他对劳动过程和以交换为目的而生产的商品的集中关注，或者更进一步说，这是由于他关于无产阶级在变化社会中主导性作用的看法，而这一看法在我们现时代已经遇到很大困难。

但是，阶级的经济基础，尤其是剩余劳动的控制与使用，就马克思从启蒙运动中继承的宏大历史活剧而言是极端重要的。因为，它与马克思关于第一自然首先是一个“必然王国”的观念十分吻合，那些终究是短缺性的原材料必须通过人类的辛勤劳动而被开采、加工并变成有用的物品。从圣经中“原罪”神话开始，这一活剧就赋予第一自然以“吝啬的”、“难以控制的”和非赠予的领域的角色。这是一个人类劳动必须在某种程度上“驯服”或至少是因为亚当和夏娃的亵渎行为遭受“惩罚”的领域。19 世纪的经济学为这一神学活剧增添了自己的印记，把自身界定为对“稀缺资源相对无限需求”的研究，并注定了当代经济学作为“忧郁科学”的声誉。

马克思主义大大世俗化了这一神话，并将其扩展到了涵盖整个人类历史范围。按照马克思的观点，阶级一旦出现，就获得了其存在的理由，因为向人类提供“好生活”的历史最终目标要求对第一自然的支配。相应地，第一自然的支配要求通过一个有特权的、主导性的统治与剥削阶级实现劳动动员。因而，对于马克思来说，人类在生产过程中的被剥削——人类身体作为机器的使用，是使第一自然服务于人类需要的最早技术步骤，而人类的解放将随着共产主义的实现而彻底实现。

尽管马克思的最终目标也许是值得赞美的，历史进程中还从未出现过对阶级或国家统治如此强有力的辩护，而且为支配提供了几乎不可能比这更好的理由。而使马克思的这一忧郁活剧与众不同的是，他将其转变成了一种英雄史诗：一旦第一自然被征服、支配和自由地“开发”，阶级和国家将不再有持续存在的理由。作为一种无产阶级革命的结果，“人类”将会成为自主性存在，并实现其所有的关爱、智力和艺术潜能。

我不想去详细评述这一简单化活剧的所有方面。社会生态学的“活剧”与圣经的和马克思主义的社会主义版本相比，都是根本不同的。第一自然既不是吝啬的，也不是难以制服的。相反，不同于“深生态学”常常把“自然”理解为静止的、明信片风景式的荒野景观，第一自然被视为一个发展中的过程。社会生态学视野下的第一自然是极其丰富的，其标志是不断增加的差异性、神经系统的复杂性和多样化生态区域的形成。地球上确实存在一些明显不适宜生命生存的地方。但是，第一自然主要是在期待其满足的无理需求意义上才被视为一个苛刻的“必然性王国”。如果这些需求变得过于奢侈或完全非理性，第一自然的丰富性相对于它负载的需求而言也许会减低。当人们对“自然经济”的解释受制于总是面对着有限资源的“难以满足的需要”时，情况尤其如此，而“难以满足的需要”很遗憾的是掩藏在马克思《资本论》第3卷关于需要讨论之中的一个概念。很明显，人类的需要是高度受制于社会条件的。因而，它必须被当作社会议题而不仅仅是地球物理学或人口数量问题来讨论的。这里需要强调的是，进化是一个差异性不断增加的过程，其中日益复杂的有机体从相对简单的有机体中产生。一般地说，这将是一个生命变得不断复杂、不断具有神经灵活性和差异日益增加的过程，尽管存在着很多物种变得过于特殊化和局限于有限的生态地域的趋势。

因而，关于第一自然难以控制或“吝啬”的观点，与社会生态学所强调的、我们在化石记录和周围世界中看到的生命形式的多样性相矛盾。生物进食或被食用，它们因为被捕获或生存斗争而经受痛苦——所有这些将它们置于一个决定其未来存亡的选择性过程，这对于社会生态学的第一自然观来说都是一个不争的事实。然而，承继克鲁泡特金在《相互帮助》中阐明的一个传统，社会生态学也强调，生物的生存在很大程度上也依赖于它们的相互支持能力。这种“相互帮助”——借用克鲁泡特金的术语——尤其是进化创造的差异化过程和栖息地多样化，开辟了既存的或形成中的物种生物性发展的新道路。依据生命形式在多大程度上沿着向神经组织方向发展，它们能够作出适应新环境的初步性选择，甚至创造属于它们自身的新生态区域。

日益增加的主体性将有机组织变成自身进化中的主动性力量，而不再是自然选择中的被动目标。如今，它们的生存与发展取决于它们在与其环境的相互作用和试图改变环境的过程中所作出的初步判断。它们开始作出选择——有时还是非常复杂的选择,并且展现出一种我们可以将其与自由的初级形式相联系的模糊的目的性形式。从回顾的视角看,我们有理由说,自然进化并不是马克思赋予自然的、狭隘而限制性的“必然性王国”,而是一个展示了意识与自由趋向的高度丰富的发展过程,尽管这些特征即使在最复杂的非人类有机组织中看起来也不怎么清晰。

我并不认为,自然进化中存在着一个预先注定的目标,或引导生命不可避免地向意识与自由发展的“终极目的”(telos)。但我认为,实现意识与自由的潜能确实存在。读者可以将这种发展仅仅作为一种趋势,作为一种理性的可能性,或者只作为化石证据支持的一种客观事实,而不是作为一种被假定的“自然规律”。无论如何,西方哲学传统中存在着一个十分丰富的传统,该传统描绘了生命从比较简单的生命形式向较为复杂的智力种属的逐步进化,后者也通过改变它们的环境来满足它们的生存需要。从最低限度的有机物自我维持观念看,我们似乎有理由相信存在一种动力(nisus),它导致从被动的回应到主动的相互作用,从目的性到选择,最后到概念性思想和预见。我将这种进化方法称为辩证的自然主义,以便将它所体现的过程辩证法与弗里德里希·恩格斯等人阐述的辩证唯物主义中相当机械的“规律”和费希特与黑格尔的辩证唯心主义区别开来。

最后,自然进化确实产生了人类这样的生命,其可以在世界上理性地行动,可以较少地受制于本能而更多地受制于植根于概念思考和复杂的符号性交往形式的丰富智力。这些生命像有机物、哺乳动物和灵长类动物一样来自于生物世界,但它们同时也作为制造了大量我们称之为第二自然的文化制品和联系的创造物而分离于生物世界。

第二自然主要包括早期人类在 50 万年甚至更长时间内制造的工具,他们为了自身安全与生活有目的创造的栖息地和他们制度化组织起来的社会生活——先是家庭,然后是族群、部落、等级制、阶级和国家,最后是诸如哲学、科学、技术和艺术等文化成就。这种文化发展完全是专属于人类的。人类社会不仅是由社会历史过程中激烈变化过的、明确而可以改变的制度组成的,而且包括着同样明确而可以改变的、使各种制度的存在理性化的意识形态——一种借助广泛的符号性语言和书面历史材料表达的文化，而所有这些在非人类世界中是史无前例的。

更加史无前例的是人类改变第一自然的程度。不仅如此，更具重大影响的广泛性改变是由土著人造成的，尽管它的规模早已被后来的"工业化"人类所超过。我在本导言的后文中将较详细讨论土著社会带来的变化。在此需要指出的是，第二自然之所以区别于第一自然，并不是因为人类相比非人物种是不太"动物主义的"，恰恰相反，而是因为寻求这些变化是人类动物性的一部分，就像所有那些有能力的生物将会做的一样。人们借助他们被天然地赋予的特性来改变第一自然，比如概念性地思考和创造超生物性的工具与机器，并通过十分不同于非人物种行为与能力的高度集体性组织与目的性来做到这一点。不仅人类这些史无前例的生存能力是自然进化的产物，而且它们开辟了新的潜能领域——沿着社会的路线进化并制造一个深刻影响第一自然生命形式与进化的第二自然。

一旦人类社会最后呈现为一种与众不同的世界性现象，在单纯生物学意义上谈论生态议题就变得没有价值。的确，无论你喜欢与否，几乎所有的生态议题都同时是一个社会议题。事实上，正如我们即将看到的，差不多所有我们今天面临的生态失衡问题都有着社会失衡的渊源。因此，我确信，如今一种严肃的环境运动必须基于社会生态学，如果它想成为智力上连贯的、富有远见的和有利于环境的运动的话。

我有意识地强调这一点，因为我们时代的大量著述表明，它们过于热心地试图使公众的注意由社会性议题，转向社会中立的现象比如技术而不是技术的社会母体，转向科学而不是科学的社会滥用，转向理性而不是理性被简约为基于工具性目的的、"手段—目的"意义上的"技能"。借助这些简单化的努力引导公众把注意力从我们面临生态议题的社会基础上转移，在一个社会被空前弱化的时代，是与那些促进超自然逃避倾向的各种神秘主义和有神论一样的。在激进生态主义者中，对严重的地球变暖、臭氧层变薄和资本积累导致的其他增长后果等难题的抗拒，正在让位于对一个神秘的新石器和更新世时代的崇古性赞赏。随着这种垃圾性思想沉渣本身进入生态运动，甚至抗拒本身也被指责为"分裂性的"和"扰乱性的"。

当我们的生物圈面临着严重的生存危机时，第二自然中的真正分裂与混乱也从未像今天这样需要我们认真对待。同样，我们也不能忽视社会伴随着等级制与阶级产生而带来的深刻分裂。人们已经不能再用谈论物种比如食肉动物和食草动物的方式来谈论人类。对于它们来说，每一个体在这些相对同一的生物群体中在本质上是相似的。当我们讨论社会事务时，如果在纯生物学意义上使用这些笼统性词汇，比如人类、我们和人民，将是严重误导性的。尽管人类当然也像熊、狼、山狗一样是哺乳动物，但忽视第二自然演进过程中产生的等级制与阶级分化，会造成一种人类远未实现的普通人的幻觉。这种笼统性的人类物种观点把青年人与老人、妇女与儿童、穷人与富人、剥削者和被剥削者、有色人种和白人，全都置于一种与现实显然不符的相同地位。每一个人，无论他或她的具体情况如何不同，都必须要为地球的困境承担相同的责任。无论他们是埃塞俄比亚的儿童还是公司显要，都要因为当今世界的生态难题受到同等程度的指责。生态难题被视为非社会性的，并且被以一种基因学的、心理学的、个人化的和纯主观的词汇重新描述，这使得它们不再有政治或经济内容。这种相当传统性的方法，不仅回避了当今生态失衡的深刻社会基础，还会阻碍人们致力于一种能够带来社会实质性变化的实践。

神秘主义生态学谈论由“我们”、“人民”或“人类”等词汇所造成的生态危机，这一思潮将一个特权阶层置于一种有利地位，这一阶层非常急切地指责一个剥削社会的受害群体为当今时代的社会与生态弊病负责。这种观点所滋养的政治短视和社会迟钝比幼稚危害更大，它从最好的方面说是一种显而易见的迷惑人心，而从最坏的方面说则是一种彻底的反动。

相应地，鉴于等级制和支配的出现，社会的分化应该是现代生态运动必须严肃对待与挑战的最重要议题。需要强调的是，我们要想消除等级制，就必须知道它是如何出现的。如果我们要想除掉第二自然的内在缺陷，我们就必须探讨支配的各种具体表现形式的广泛特征。而除非我们超越依据所谓共有的“内在价值”（无论这一术语的具体含义如何）把人类等同于蚊子的幼稚观点，我们绝不能做到这一点。没有一个对等级制和支配的清晰了解，我们不仅不能理解社会与生物如何相互作用，而且难以认识到支配性的第一自然起源于人类之间的支配这一正确观点，同时还会逐渐失去我们本来拥有的、对最严重生态难题的社会渊源的初步理解。

基于同样原因，我们将会严重曲解人类在非人类和自身发展中扮演一个积极角色的潜能。我们将会无视如下事实——而这种做法已经在“深生态学家”中变得非常时尚，即人类的概念化推理、制造工具和设计超级技术，以及使用符号性语言工具进行交流等能力，都可以用于促进生物圈，而不只是伤害它。人类是创造性地推进第一自然的进化，还是对非人和人类种属等具有破坏性的影响，其中起着关键性作用的是我们建立的社会，而不仅仅是我们所形成的知识。

这并不是说，狮子在生态社会中将会与绵羊和平共处，或者，生物圈将会由于人类的友善变得平静可人。但是，第一自然的确可以在生物学上变得更加丰富多彩，从而有利于非人类和人类自己的生活，而一种生态化取向的人类理性与技术干预，可以带来很多正向意义上的进化——这些进化可以减少自然在自在状态下发生的危害性和偶然性事件所可能导致的破坏性影响。再次强调，如果我们创造适当的社会，一种新的可能性也许会出现，其中，盲目的必然性可以被清晰的理性所减缓，不必要的痛苦可以由于人类的关心与呵护而减少。

这确实是很多“生物中心性的”生态学家强加给社会生态学的一种论点吗？即人类是一种“超越于”或“高于”其他生命形式的物种。人类可以“主宰”生物圈吗？当超越于和高于等词汇由“生物中心主义者”应用于社会生态学时，是具有明显贬义的。但如果借用权威词典对超越的界定，这一词汇用来表达人类声称是“一种更高的位置、地位或权威”，那么，对社会生态学上述观点的所有责难，都是出于无知或不诚实。对我自己而言，我从未在自己的著述中使用超越一词来表示人类与非人类存在的关系。然而，人类明显不同于非人类存在毕竟是一个客观事实，即使最幼稚的、最无视社会现实的神秘主义者，也不得不承认这一点。

基于自然进化本身所产生的、区别人类与非人类生命形式的各种差异，我们可以相当客观地说，某些物种具有更强的适应能力，它们拥有更复杂的神经系统，因而使其能够作出促进自身生存与发展的更合适的进化路径选择。总之，在应对新环境方面，它们可以说比那些不太灵活和神经系统不太发达的其他物种更先进。但这绝不意味着可以推导出，一个先进的生命形式可以支配不太先进的生命形式。一个更先进的生命形式是更加“具有支配性的”，这一观念完全是一种人类中心主义的想象；它所体现的是精英主义的、为支配提供辩护的意识形态，而不是在自然或社会现实世界中必然存在的实际关系。这是很多支配性意识形态中的一个典型例子，很多内容被主观地附加在第一自然身上，以便把比如命令和屈从确立为不可改变的生活事实。我们可以认为，随着人类社会变得日益理性化，不断消除阶级与等级制和体验以尊重生命为标志的感知变化，超越和高于等词汇对人们来说将会变得更加不可能有真实意义，无论是他们相互间的关系还是他们与其他生命形式的关系。的确，随着人类的不断充分发展，特别是一种理性文化所提供的精神与智力能力，它对非人类自然的看法与关心将会变得更加明智。

由于大部分理性、科学、技术，甚至知识和才智在历史上都被迫服务于等级制统治，因而对于很多生态主义取向的人来说，它们是天然反对自由、关爱和一种生态世界观的。结果，我们对技术、科学和逻辑等词汇感到畏惧，就好像它们是完全独立的、不受约束的力量，而且这种力量在任何社会背景下都有一种不必考虑其道德基础的、相同的压抑性特征。先进的动物不必——事实上是不——“支配”不太先进的其他种属的观点，似乎使那些神秘主义生态学及其有神论的和“深生态学的”分支的支持者感到困惑。

接下来，让我们讨论当代生态哲学中最热门的也是最似是而非的一个议题：所有的物种都具有同等的“内在价值”这一观念。社会生态学在进化发展中看到进步的地方，“生物中心性的”支持者仅仅看到了道德平等特性在物种间的均质分布。比如，病毒的“自我实现”“权利”等同于大灰熊的同样权利，或者，大灰熊的类似权利等同于人类的权利。结果，所有物种都被假定拥有同样的“内在价值”。这些“生物中心主义的”幻像及其反人类主义的意蕴引入当今生态思考所造成的困惑，绝不能被低估。

第一自然也许有理由被视为一种生态伦理的基础，或者如果你愿意的话，也可以视其为一种道德行为的必要条件。社会生态学，通过把第一自然视为一种走向更高主体性的进化趋势，坚持认为应在一种理性的、自我意识的和相对“自由自然”的实现过程中建立一个生态社会。但正如我已指出的，第一自然本身是非道德的。“大自然母亲”，或者人们试图赋予这一星球的任何性别化亲缘关系的其他称谓，并不总是“知道得最多”，正如很多规模庞大但已灭绝物种的化石残余所表明的那样。事实上，很难说“她”真的知道多少，正如所谓“盖亚假设”的共同发明者詹姆斯·拉夫洛克(James Lovelock)所阐明的。比如，如果人们注意到一个只吃罐装猫粮的家养猫和一个非洲雌狮捕食行为之间的惊人相似性，就完全可以质疑，是否较为高级的动物便可以“知道”更多除它们从生物本能和从日常生活威胁中获得的生存技巧以外的更多东西。尽管动物行为的才艺性不能被低估，大多数动物所习得或“知道”的通常局限于简单的日常生活经历和它们间相对有限的交往形式。

然而，就道德的议题而言，所有动物或植物都没有形成一个基于个体权利与义务相互承认的“社会契约”，尽管它们之间的相互作用也许相当复杂。虽然克鲁泡特金等学者坚持这样的信念，把生命形式间的互助关系视为道德行为的开端，但那些关系通常是无意识的。它们几乎不包含我们称之为道德行为的有意识责任和理性行动。的确，非人类自然中“内在价值”的观念，仅仅是一种借饰(oxymoron)。人类也许的确有深刻的关心、同情和对其他生命形式的关爱，但对他们而言，把任何道德原则视为第一自然固有的东西，就像中世纪试图以司法方式惩罚捕获狼的“犯罪性”行为的做法一样，是十分幼稚的。

无论如何，人类是唯一存在的道德性主体。伦理学随着人类在进化过程中的产生而在地球上出现，就像生命随着从事新陈代谢和再生产活动的蛋白质的形成而出现一样自然而然。只有人类做到了把他们的行为制度化为基于公认的权利与义务和理性辩护的道德责任的明确关系。正如我在本书中表明的，人类道德体制还在不同程度上得到了习俗或传统行为方式、道德或命令迫使下的行为，以及理性或逻辑与概念化思考的支持。

即使我们承认这些行为方式间存在着巨大差别，人类仍然是世界上唯一可以称为道德主体的物种，就像它在世界上独自形成了互助性的制度化社会以及支持或变革这些制度的意识形态一样。第一自然根本谈不上“残酷的”或“友好的”，“无情的”或“关心的”，“好的”或“坏的”。伦理学只产生于人类社会，就像新陈代谢伴随着生命的出现。“内在价值”或我们赋予动物的其他任何什么价值，都是人类在一个没有内在的价值世界中的人为制造物，就像我们在神话传说中将语言和人类目的移植而产生的“坏的”狼、“羞涩的”猪和“狡猾的”狐狸一样。

“生物中心主义者”在“内在价值”名义下赋予生命形式的“权利”也是如此，更不必说河流、岩石、森林、山峦，等等。“权利”绝不会在第一自然中自发地产生，同样也没有任何证据表明，动物、植物和岩石为自己或其他“声称”具有这样的权利。很多动物展现了相互间关照的一面，尤其是在高级生命形式中的母子关系中。但是，“大自然母亲”作为单一性整体并不是关爱性的，而且明显不存在一种道德义务。在很大程度上，就像我们总是希望隐喻性地让“无处不在的”、“先验的”神灵存在于这个世界上，并通过这种拟人化的方式体现着我们自身和我们希望建立的共同体的观念一样，第一自然依然是一个道德虚无的领域。

这种虚无只能通过人类有意识提供的权利与责任来填充。第一自然中存在的任何“有用性”、“价值”和“权利”都是被授予的权利——人类自己赋予动物、植物、岩石、河流等以权利。这些“权利”不能从一个人类代理者之外毫无意义的、神秘的“内在价值”观念中推导出来，同样，它们在自然进化中出现人类之前也并不存在。

同样不能成立的是，第一自然中的生命形式中充满着相互“尊重”。所有的非人有机物都不会“尊重”“大自然母亲”，甚至不“知道”它作为栖息地之外其他意义上的存在。事实上，所有动物种类的基本目标只是努力生存。它并没有显示出内在或其他形式的“价值”考虑，无论是关于它的环境的，还是关于生存其中的其他生命形式的。狼如果饿的话，会吞食掉最后一个活着的驯鹿，而山羊如果需要食物的话，会吃掉地球上的最后一片草。如果不是动物相互间劫掠和地质因素的共同作用导致无数生命种类灭绝的话，我们将很难解释自50万年前的寒武纪时代开始到更新世时代的大规模物种消失。相反，我们很少发现相互“尊重”、“地球智慧”或一种基于“内在价值”的感知的证据。

我并不是说，我们不应当授予权利——甚至是司法性权利，就像法官威廉·道格拉斯（William Douglas）试图做的那样——给予非人类物种，甚至是森林、河流和某些重要的地质类型。从实践的观点看，这样做是一个保持和扩大我们要保护的生态区域的一个很有价值的方法，而至于保护的原因在此无须详述。一个严重堕落的社会并不怎么乐意尊重非人类自然，但这一现实并不能构成贬低人类这一独特生命形式的基础，因为只有人类能够思考、讨论，和在适当社会变化的基础上有效地授予第一自然以权利。无论我们在生态伦理学中发明什么样的权利或道德形式，一个不可改变的事实是，我们作为一个物种是地球上唯一的道德主体，只有人类能够形成这些权利、将其授予其他物种和保证它们的被确认。我必须强调，这些权利是否形成和被确认，完全取决于我们创造的社会形式及其所推进的感知，而不能通过神秘化一个相当无知的或"漠不关心的""大自然母亲"，或者相信一个像人类中心主义的"鹅妈妈"的故事一样不可信的"地球女神"。

就人类通过赋予其他生命形式以价值来创造道德系统的史无前例能力而言，他们明显地具备一个属于其自身的特殊价值。就他们能够充分意识到其行为及其生态影响而言，他们是生物圈中的超常存在，因为其他生命形式都没有这样强烈的意识能力。通过声称"盖亚"可以没有人类而照常繁荣而严重贬低人类的、新的反人类主义逆流，既愚蠢又卑鄙。这种声称剔除了有机进化中生存以外的任何意义，否认了像概念思考和符号性语言等特性的自然出现所带来的任何愉悦。借助把人类能力及其智力置于与动物生存同样的地位，"生物中心主义者"彻底抹杀了独特性物种的作用以及智力本身。面对一种对生命如此局限性的和简约主义的解释，人们也许质疑为什么在茫茫宇宙的无数天体中唯独"盖亚"应该受到崇敬。

由神秘生态学促动的对人类成就的阴险贬低，伴随着一种对所有人类相关性事物的憎恨：对理性、科学、艺术和各种形式技术革新的憎恨。正如一个"深生态学家"最近所做的，声称人类精神在道德上可以与"鸟的导航技能、海豚的声波定位技能和蚂蚁的社会交往技能"相比，而这忽视了一个基本事实，即人类对这些动物特征的了解要比它们对自己的了解多得多。不仅如此，人类依其智力优点和技术本领具有如此强的理解这些动物的能力，以至于能够复制甚至超越这些能力。作为我们的“深生态学家”观点基础的，是一种非常时尚的、对人类潜能与创造性的藐视。在英美经验主义传统中，在最盛行的神秘主义时代思潮和对一个日益超载社会的个人主义回应中，以及一种发展中的对人类生活的自我憎恨倾向和相应地对非人自然的补偿性“尊崇”中，我们可以发现这种藐视。

如果人们承认伦理学明显是一个人类创造物，承认人类可以通过其解释力为第一自然增添一种意义感，承认人类可以赋予价值并创造它们，那么，人类正是自然作为一个整体中价值的体现。尽管大部分“盖亚”构成物可以脱离人类的存在而生存，这样一个“盖亚”在物质序列中将不再比一个陨星更具有道德含义或价值。人类作为价值的体现甚或源泉，其生命已不再能与大灰熊或狼的生命相比，就像那些可爱动物的生命已经不能与一种无机存在比如岩石的存在相比一样。因为，随着人类的消失，价值也将消失，而且生物圈将会失去任何道德评价或“内在价值”讨论的基础，几乎没有道德主体能够欣赏其奇妙的特性。因此，人类具有极端的重要性，即使与其他生命形式中“最高贵的”类型相比也是如此。

我想再次强调，这种对人类生命的估价并不与一种互补性伦理学相矛盾。互补性伦理学反对任何人类具有支配第一自然的“权利”的主张，主要是假定人类有能力这样做，而不是假定第一自然是为了服务于人类而被创造出来。但是，这种伦理学的确非常鼓励构成整体的生命的多样性、进化与理性革新和生命形式的异质性，以便使互补成为可能。作为一种高度肯定蕴涵在生命中的新特性——比如适应环境的更大灵活性——而出现的伦理学，它会及时承认更高程度的感知以及精神的运用与愉悦、自我意识和自由，绝不会把这些特性置于建立在命令和屈从原则之上的等级制中。

一个被局限在林·马古利斯(Lynn Margulis)的普鲁卡里奥(prokaryotic)细胞群和斯塔克·利奥波德(Starker Leopold)严重虚幻性的、黄石公园中“原始性的”印第安人栖息地的世界，的确是“有生命的”，但它也将仅限于此。因为在这一世界中，没有人类来欣赏它，并赋予其伟大的意义，用解释来丰富它，甚至是创造它“神圣性”的幻觉。在缺少人类的情况下，现实将会失去精神所特有的丰富的神奇感和一种使精神促进被神秘生态家极力称赞的“相互联系”的感知。

这里展现了人类生命与其他生命形式相比所具有的非凡价值，即在宽泛的道德意义上对现象和进化进行价值评估的能力。如果读者像我们的“深生态学家”那样选择以讥讽质问的方式回应我的人本主义看法，即“是谁这样说的？”那么，我将只能这样来回答：他们能够这样提问的能力正是我所提出观点的证据。

如果我们来自造就了我们的自然进化，同时又分离于它，那么，我们应如何处理那种“分离性”呢？

神秘生态学家会希望我们通过最小化或完全废除它，来克服人类的这种“分离性”。谴责人类干预第一自然在很多深生态学家中已经成为一件时尚的事，除非它是为了生活与生存的最低需要。我们被要求“让自然自主地延续”，避免对第一自然做人类生存与生活所“必需”（一个往往被错误界定的概念）以外的任何改变。这种非干预主义的态度被广泛地附加给史前和土著人，并假定他们与周围的第一自然和野生世界融为一体。从奥尔多·利奥波德（Aldo Leopold）“无人分离”（not man apart）的术语推至其最终结论，神秘主义生态学家主张通过“回归更新世”来实现与第一自然的完全融合，就像“生物中心主义者”所做的那样。

但是，这些要求向我们提出了一系列难题。首先，更新世不是旧石器时代，尽管它们为了地质学意义上的方便经常合在一起说，因而我们讨论的是多样性的感知与文化。事实上，直到更新世晚期，直立人这一我们物种的直接祖先的发音结构才使说话成为可能。在那之前，那些希望回到那一时代的任何“深生态学家”还局限于吱呀咆哮。直到旧石器晚期，接近我们人类的、具有现代身体结构与大脑的猿人才出现。生活在更新世的冰川时期和冰川间歇期的、靠狩猎—采集维持生存的家庭与共同体，已开始使用一些简单的技术装配自己，但这些技术仍仅限于矛、火、简单石刮器等，它们用来捕捉动物和清洗它们的皮毛——这些技术并不包括很多“深生态学家”主观附加上的修饰。更为糟糕的是，我们知道，生活在更世晚期的直立人这一我们物种的直接祖先，很可能食用他们同一种群中的成员，这或许是出于宗教仪式方面的原因，但也不一定如此。

这些人类物种的前身和我们自己的祖先生活在一个气候异常的时代，其标志是冰川的推进与退出、气温的大幅度变动和一个没有规律的饮食。因而，他们的生活常常是充满风险的，尽管也有暂时性的相对丰盛。同样，他们也不具备当今白人中产阶级已经变得习以为常的、应付自然剧变的技术手段，比如寒冷气候下温暖的保障、充足的住所以及中产阶级如今享有的日常生活舒适——更不用说各种奢侈品和其他享受形式。他们缺乏一种知识的书面载体以便将一个复杂的观念传统传递下去，缺乏文字性材料来表达那些比应付日常生活需要所涉及的更复杂的思想与反思，缺乏图书馆以便可以在其中深入思考、研究和汲取古代人的智慧，总之，他们缺乏大量的智力与精神材料来使他们的世界观与感知变得敏锐。

对于“深生态学家”来说更合理的，也许是主张回归到这些遥远过去的“感知”，而不是一种生理学意义上的返祖。但是，我们同样会面临一系列需要回答的问题。我们希望知道，更新世和旧石器时代（亦称为“大型哺乳动物时代”）的狩猎者在面对各种动物时具备什么样的感知，就像上述两个时代名称所蕴涵着的那样。毕竟，旧石器时代的狩猎—采集者发明了石矛、非常重要的石矛投掷器（它使得刺穿动物坚硬的皮肤和肌肉变得容易）和弓箭（它使得可以在较长距离内产生致命性攻击）。他们的狩猎工具越是复杂与具有致命性，这些更新世和旧石器晚期的人类就越能对大动物的生存产生影响。如果我们想回归到那些时代的感知，我们需要知道的是，那时的人们是否像很多神秘生态学家声称的那样很谦恭地看待他们杀死的动物？或者，他们是否对动物采取一种更实用主义的方式，在捕杀前后的仪式上用魔法去抚慰“野牛的灵魂”和“熊的灵魂”。我们还想知道，那个时代的人们是否真的感到他们与周围动物融为一体？或者，他们已具有了一些分离于动物的人类自我身份感。我们还想知道，那个时代的人们是否真的像神秘生态主义者声称的那样选择了除非绝对需要否则不干预第一自然？或者，他们也实质性地改变了周围的环境。我们还想知道，那个时代的人们是否真的在处置“用于宗教目的的猎物”时扮演了一个对野生动物的“吝惜的食肉者”的角色？就像保罗·谢泼德（Paul Shepard）关于狩猎—采集者感知著作的书名所表明的那样，或者，他们对动物持有一种更加现世的态度，将其作为满足他们物质与主观需要的手段。

实际上，我们恐怕永远都不会知晓对这些感知问题的精确答案。如今神秘生态学家所演绎的关于更新世、旧石器和新石器时代的景观，是被严重浪漫化的，甚至不符合我们对这些时代的已有了解。如果我要试图分析土著人感知的特征，我必须采取一种尽可能诚实的态度，首先要确定哪些特性更可能适合于我们遥远过去的先祖。十分明显的是，考古学的大量证据并不支持关于早期人类的生态浪漫主义观点，尽管这些证据本身并不令人愉快。比如，研究者已经充分证明，更新世的高效狩猎者在大量捕杀更新世和旧石器时期存在的庞大哺乳动物过程中起了主要作用。其他研究者则清楚表明，更新世和旧石器时期具有严重生态后果的气候变化，很可能最终灭绝了猛犸象、乳齿象、毛犀牛、洞熊和大树獭，等等。

更新世和旧石器时期动物灭绝只是因为气候与气温变化导致其赖以生存的动植物消失的观点，已经遭到了一些严肃学者的强力挑战。比如，保罗·马丁(Paul Martin)已提出了这样的观点，认为是史前狩猎者在更新世晚期造成了“大规模的庞大动物灭绝高潮”。他认为，这一浪潮至少涉及到了200个种属，其中大多数没有相应的替代种属。[4]他在很大程度上属于思辨性的这一看法，基于动物灭绝与人类狩猎者出现之间的相关性，而不是事实性证据。这使得其他研究者比如卡尔文·马丁(Calvin Martin)在他的名著《动物守护者》中争辩说，北美庞大哺乳动物像乳齿象变得如此依赖于云杉—冷杉组成的生态系统，结果，当这一生态系统在距今8000年到1万年前开始消失时，它们也就只能走向灭绝。[5]然而，认为一个相当聪明的大象家族的成员会受制于如此小的生态区域，是令人怀疑的。事实上，1991年前后从一个保存完好的乳齿象遗存中发现的证据表明，它们完全可以在一个十分不同于云杉—冷杉区域的生态环境中依赖沼泽性植物而生存。因而，与卡尔文·马丁的看法不同，乳齿象很可能可以在各种各样的“生态区域”中繁衍。这些证据增加了不同于气候变化方法解释的、所谓“过度捕杀”观点的分量，并支持这样一种看法：早期狩猎—采集者自身促成甚或直接导致了更新世大量动物的灭绝。

在19世纪浪漫主义者和今日神秘生态学家大量关于史前人感到的对于他们猎物的“同类性”论述之后，我们是否应对上述结论感到吃惊呢？

我不认为如此，除非我们选择把隐含在我们视为一种“生态感知”中的复杂辩证法简单化，而不管这种感知是应用于史前的和土著的狩猎者身上还是我们自己身上。事实上，如此受到神秘生态学家推崇的早期狩猎者，也是以任何可能的方式满足其需要，这不应令我们感到惊讶。这些狩猎者是十足的机会主义者，与狼或山狗没有实质性区别。这恰恰因为，他们也是大写“自然”（一个已被滥用的词汇）的一部分，就像他们周围的所有生命形式一样。早期狩猎者并非生活在迪斯尼乐园中——那是一个虚幻的卡通世界，在那里，好客的“老鼠”与欢快的“兔子”和人类参观者亲密地接触。

另一个争议性议题是，史前人在多大程度上改变了其生存的野生环境。比如，我们知道，早期狩猎者并不是原始森林的虔诚保护者。正如斯蒂芬·琵恩（Stephen J. Pyne）在他著名的《火在美洲》中强调的，“所谓未被开发的森林在16和17世纪以前仍未出现，它直到18世纪末和19世纪初才被发明出来。对此，印第安人对火的使用应该负责”[6]。实际上，狩猎—采集者在全球规模上使用火来为食草动物开辟草场。中西部的大草原完全是由印第安人的火把创造出来的，使用的就是欧洲人很久以前开发其所属土地的方式。自人类发现火以来，今天的地球上已经几乎没有“未被开发的”森林存在，无论它们中单棵树的粗细与高度如何。18世纪的大森林，往往是已经被伐光和变为前哥伦布时代的草地与草原的林木复建。朗费罗在他诗歌中赞美的“原始森林”，大都是欧洲殖民者将印第安人已经把森林改变为草地后的重新绿化。欧洲殖民主义者允许重新植树以便制造轮船与房屋，并没有改变如下事实：这些森林绝不是“原始的”，而印第安人社会也绝非是不愿意“干预”“自然”的。

草地与森林供养的野生动物往往是被残忍地捕猎的，有时是被大量捕杀而不考虑其减少中的数量。在旧石器—印第安人促成了更新世时期的大动物灭绝很久以后，他们的后人又成群地捕杀了麋鹿，先是杀死其雌性首领，然后逐步射杀剩余的动物——它们往往由于惊吓而围成一个圈。无数的野牛惊慌之中奔下悬崖，困入沟壑，或大量被捕获和杀死，这都显然超出了满足狩猎者的必需。大规模的捕杀，还被人类竭尽所能地施予麋鹿、叉角鹿、野生白山羊和驯鹿。

我的观点必须被正确理解：我并不是要谴责土著狩猎者，或把他们的行为与今天的木材公司或肉类加工工业相提并论。旧石器—印第安人和印第安人的过度捕杀与森林砍伐，无论如何都无法与英美殖民主义者及其后裔在新大陆实施的可怕生态破坏与种族屠杀相比。后者所从事的破坏了印第安人过去500多年文化的贪婪与剥夺，是根本无法在道德上或文化上加以辩护的。欧洲殖民者与土著美洲人的相互作用，本来开辟了一个两种文化间彼此融合的可能性，但是，那一机会已随着欧洲殖民者——尤其是土地投机者、铁路建设者、木材大王和资本主义企业家——所实施的血腥屠杀与劫掠而丧失。

但是，对土著美洲人文化特征的大量考察表明，前哥伦布时代的狩猎者应该为野生动物的命运负主要责任，他们往往展示了很低程度的保护关切。在经过过度的捕杀之后，野生动物往往需要很多年才能恢复到原初水平。这种恢复也很难说会得到狩猎者宗教祈祷仪式的帮助，除非我们像现代魔术迷信者一样幼稚地相信，这些仪式真的能够有助于促进动物的繁殖。阿尔斯坦·蔡斯(Alston Chase)在他的经典名作《扮演黄石公园的上帝》中评论道，“由于他们的狩猎能力”，“黄石地区的印第安人——主要是肖肖尼人(Shoshone)及其近亲、班诺克人(Bannock)和莱姆希人(Lemhi)——曾经在户外食吃过同类。当刘易斯和克拉克1805年第一次遇到他们时，他们正在挨饿。其首领告诉探险者说，他们‘除了浆果外别无东西可吃’”。[7]

我不再继续讨论有记载的相关性例子，即土著狩猎者的过度捕杀如何剥光了大片的野生生命区域或烧光了“原始的”植物——简言之，在技术达到石器时代的工具水平之前是怎样干预“原始的”环境的。对于我来说毫无疑问的是——尽管很多神秘生态学家看来并不认同，史前人类实际上尽其所能地干预第一自然，并且往往相当深刻地改变它。他们的干预范围从野生动物的过度捕杀到草地的开垦，甚至到城市的建设，比如墨西哥阿兹特克(Aztec)地区的坦诺奇特兰(Tenochitlan)和安迪亚高地上的梯田，所有这些都发生在前哥伦布时代。这些都是不容置疑的事实。除非基于浪漫主义和神秘主义的一厢情愿想法，就这些事实所存在的分歧更多地与人类干预的细节或程度相关，而不是干预本身的真实性。

但是，我必须充分强调上述看法。我认为，真正重要的绝不是谴责土著人，而是考察他们针对生命与森林看起来似乎“不明智”行为的理由。狩猎—采集者是像其他生命形式一样的生物，因而像任何一种生命形式一样，他们会为了生存而不择手段。与此同时，这些人类的需要比其他生命形式数量更多也更复杂。作为被自然进化赋予更高智力水平的创造物，人类不仅需要动物和蔬菜食品来满足其基本需要，而且在一旦懂得如何保存肉类与植物后，还要求一种更为安全的食物供应。由于人类被天然地赋予的智力，他们会需要漂亮的衣服，甚至是一些“奢侈品”，比如舒适的床、家用的硬皮、羽毛和雕刻的骨护身符、装饰性珠状牙齿、神奇的人工制品、各种工具与医药和基于各种目的的彩色事物。人类之所以拥有比其他生命形式更为复杂的需要，并非是由于某种邪恶的特性，而是由于它作为独特动物在进化过程中获得的赋权。总之，这些需要造就了人类的行为，就像它们也造就了任何其他非人类存在的行为一样。而且，这些需要是一种作为长期进化发展结果的智力的产物，而不是任何抽象的“非自然”意义上的邪恶或神秘动力的产物。

不仅如此，就史前文明人是人类而言，他们可以概念化地思考，熟练地语言表达，强烈地感受到非安全。早期人类不应该因为能够比熊、狐狸和狼更智力化地行动而受指责，自然进化赋予他们更大的大脑和通过制造工具与武器来增进其生存和改进其生存环境的能力。他们有着惊人的记忆力，更为重要的是，他们拥有丰富的想象力。他们懂得装饰武器，在动物身上作画，在岩石和洞穴中设计，擅长类比性思维和神话创作，能够感受在其他动物身上很难发现或无法相比的同情心，等等。

然而，人类依然是“自然”的一部分。在更新世晚期和旧石器早期，正是人类与第一自然的“接近性”，再加上他们形成中的第二自然，使得他们以与当今浪漫主义观念相矛盾的方式行动。那时他们正在经历着一个从生物进化的领域向社会进化的领域转变。正因为如此，他们才同时展示了对他们向动物施加痛苦的漠视和在宗教仪式中对动物们的一种强烈亲情——几乎同时发生的矛盾性行为。就此而言，他们的感知是同时由动物主义的和文化的需要决定的，也就是凭借他们与第一自然的“融为一体”。相应地，他们这种与第一自然的“整体性”感，是通过一种我们今天

的黑夜”——一个黑格尔本人喜欢的隐喻。同样的批评可以应用于本体论的简约主义。如果没有“其他”、二元性和差异性，所有生命形式的差异性将会局限于一种昏暗的均质性，而有机进化过程将不会发生。就自然历史而言，生物圈将依然是一个被马古利斯的简易单细胞群所覆盖的“盖亚”。

如今，企图沿着一种神秘的道路回归“整体性”，注定将会倒退到一种超时空的、非历史的和朦胧的无忧岛(Lotus Eaters)状态。在荷马的《奥德赛》中，岛上的人既没有过去也没有未来，而只是无所事事地过着一种“过一天、算一天”的生活，像动物一样满足于最简单的吃、消化和排泄过程。这是一个没有“其他”感、没有自我感、没有自我意识的世界，除了简单生存以外没有任何感知的世界，它似乎处在一个同样虚幻的“宇宙自我”之中。要理解早期的感知及其发展，我们必须承认，人类必须在某一个时刻打破那种局限于特定生态地域的纯动物主义感知——如果我们可以称其为感知的话，以便使其进入和了解一个围绕它的更大范围的世界。人类必须把第一自然视为“其他”，就像他们实际做的那样，尽管很多各种形式的浪漫主义者感叹黄金时代过去的更新世、旧石器和新石器的消失。由于它们天然获得的能力，人类必须超越一个纯生存的领域而进入一个创造与革新的领域，通过其天然获得的适应环境能力来满足自身的需要，当然最好是逐步采取理性与生态的方式。

20世纪所产生的巨大心理波动，已经使我们十分谨慎于社会史、“其他”和与非人自然分离的二元性。但是，“分离”和“其他”是人类生活的事实，只是因为自然的进化产生了人类这种生命形式，而人类的特殊性正在于它以不断导致其区分于非人现实的有意识的“分离感”为前提。“其他”必须被视为一种等级化的现象，并且可能会导致形成某种形态的社会。它或许会最终导致严重破坏性的，以对立、支配和对抗为特征的关系形式，就像我们今天知道的那样——这一结果玷污了我们过去的社会史，并将很可能玷污我们并不确定的未来。

但是，“其他”也可以采取不同的形式，比如差异性、清晰表达和互补性，就像在人类早期历史中那样。当人类自更新世晚期或旧石器时代早期从第一自然中出现时，他们与动物之间的“其他”性关系在很大程度上是互补性的。狩猎者知道自己是在面对一个非人类的“其他”，但就像我在本书中早已强调指出的，泛灵论也许是一个请求性的而不是强制性的形式。早期的泛灵论给予这些文化一种合作的动力，暂且不管动物的灵魂必须得到抚慰这一事实。人们相信，猎物可以因此被诱惑着“接受”猎人的矛和箭，就像旧石器时代的绘画所表明的那样。甚至更新世晚期和旧石器早期人类对动物的过度捕杀，也许不是因为他们把“其他”视为一种对手或仇敌，而是因为他们幼稚地忽视了过度捕杀可能对更新世时代大动物带来的生态影响。就此而言，早期狩猎者的行为只是一种普通食肉动物的行为，与一种日益社会化的、泛灵化人类行为的结合体。

在标志着旧石器时代的气候剧变之后，人类环境变得更加稳定。而且随着园艺时代的到来，那时的史前文明人住进了永久性的村庄，近东和美洲的人类早期文化看起来已经进入了一个与周围动植物有相当平衡关系的时期。至少在美洲，野生动物的丰富多样和大片的森林表明，当白种人最初与美洲新大陆接触时，印第安人文化是以相当程度的生态稳定性为基础的。他们的“其他”感很可能是更友善的和互补性的，是基于差异而不是对立的。这种文化以一种差异的、多样性的和基本上是生态的简单世界观为基础。我顺便想说的是，本书第 2 章“有机社会观”就是集中讨论这一人类发展阶段，除了美洲外，还包括新石器时代早期的近东。

人类正是从对他们自我和自然差异的认可开始发展起来的一种丰富多彩的社会历史，而它也包括了等级制的出现。在这里，互补性的“其他”往往被形成中的等级身份团体所干扰，并慢慢让位于基于支配的“其他”。但是，互补性的“其他”和支配性的“其他”同时存在并相互作用，结果，第二自然开始意义非常模糊地展现。然而，尽管我们对等级制和支配性社会史的合理谨慎，今日具有生态取向的人们不能忽视这种社会史作为整体中的两方面客观现实——既包括它的很多缺点，也包括它所提供但未实现的、走向一个更好世界的替代性选择。比如，理性、科学和技术等，也可以使人类未来世界变得更好，如果它们服务于一种生态社会的话。

如今，我们仍然必须超越既存的第二自然而追求将第一和第二自然实现新的综合的可能性，我在它处将此称为“自由自然”。如果这一被第一和第二自然中的差异性所丰富的自由自然一旦产生的话，我们可以形成一种对第一自然既非“生物中心主义”也非“人类中心主义”，而是非人类与人类互补性的“其他”感。那将是一种沉浸在进化阳光照耀下的得以充分展现的统一，而不是一种淹没在神秘的更新世的或“盖亚的”简易单细胞有机物群的黑暗之中的统一。

让我更明确地概括一下自己的观点。我认为，如下观点是一种非历史的傲慢：回溯史前文明人的行为并用适合现代生态道德的标准来包装它，或者对他们对其他生命表现出的残忍或冷漠作出极端失望的回应。期待他们不会尽其所能地使用或改变周围环境来满足其需要，这是一种现代的非历史性的傲慢。如果我们不想象浪漫主义和神秘主义那样愚蠢，我们应当追问的不是人类是否应该干预自然——因为没有什么力量能够阻止他们实现其最基本的“自然的”潜能，而是他们如何和基于什么目的来干预。这些的确是我们必须追问的伦理问题，而且它们只能以思考的方式来解答：比如通过阐明人类社会发展的善与恶，通过确定在生命形式的演进过程中进化是否存在着朝着更强的主体性和意识性方向前进的趋势和通过更多地强调社会发展在所有这些议题解决中的关键性作用。

我们中的很多人——包括古代的重要思想家，之所以能够质疑等级制社会与“自然”包括人类自然本身的相互作用，并非是一种新发现的、我们与动物生命间的亲近性的结果，尽管这种亲近性也许确实具有一定作用。实际上，它主要是由于我们不断增加的人类感，我们不断扩大的向其他生命形式的移情，更不用说在人类同伴之间的情感。我必须充分强调的是，其他生命形式都不具备像人类一样向其所属群体的移情能力，但也许涉及父母关爱以及对自己所属群体成员的感情除外。还应该提及的是，某些动物具有对其人类所有者或看管者的亲情。当然，在这些情况下使用移情一词只能以一种高度拟人化的方式，笼统地假定本能、习惯和局部性的反思在形成“移情的”动物行为中不发挥主要作用。

至于人类已经将移情、爱护和关切如此广泛地扩展到各种生命物种，甚至作为一个整体的“自然”，我想再次强调，这些情感不可能在第一自然中找到。动物们没有任何“自然”是什么的观念，丝毫不比我们的远古祖先更多，它们完全沉浸于其中以至于不能将自然理解为一个整体或一个巨大的"其他",如果你愿意使用这一术语的话。它们很难看到所在特殊生态地域以外的更大环境,和与其分享这一环境中的生命存在。不仅如此,如果人类感知不能在人类与"自然"之间作出区分,如果他们不能获得自然进化所赋予的自我界定、自我意识和自我实现,他们将总是缺乏移情、关爱、审美和生态运动所要求的、对第一自然的亲情。同样,人类也永远不会成为可以理解与欣赏第一自然的道德代理人,更不可能创造一个将第一和第二自然最优秀部分吸收进一个社会整体与道德互补领域的自由自然。

自由自然的实现不能通过对"自然"的"重新陶醉"、"重新神圣化"或"神秘化",无论是约翰·缪尔(John Muir)改造了的加尔文主义、斯塔霍克(Starhawk)的神秘艺术、格雷格里·巴特森(Gregory Bateson)的控制论,还是"深"生态学主张的、将我们的"小我"融入一种"宇宙大我"。同样,自由自然不能由教授、作家、诗人、人类学家或生态福音传递者来实现,他们所能做的只是用言辞来表达对艰苦工作和"简单生活"的赞美。将最近的生态运动引入一种荒野崇拜的道德谎言,来自一个由邪恶巫婆、信奉大地女神教的沉迷妖僧和各种各样的精神治疗小团体组成的网络,尤其值得格外关注。借助其夸夸其谈的"自我授权"、神学意义上的"永恒"、"关爱"和"相互联系",这些神秘主义者实际上使自己偏离了隐藏在当今社会生态危机背后的严肃社会议题,退回到以神话、隐喻、宗教仪式和"绿色"消费主义语言表达的、个人化的"自我转型"与"自我丰富"战略。

对第一自然的尊重与关爱并不需要这些虚伪诡计、人工制品、返祖性做法或浪漫主义夸张,更不需要如此不断膨胀的反人类主义,它对非人类生命的爱往往看起来来自对人类生活的憎恨。自然进化及其展现的巨大创造性、丰富多彩性、日益增加的主体性和革新能力等特性,都值得我们去尊重与热爱。我们不需要创造出意识形态的制造物比如神——无论男性还是女性的——或使用神奇的艺术来欣赏第一自然自身的魅力,包括人类精神和人类能够道德地与自我意识地行动的能力这种奇迹。对第一自然的欣赏与热爱,应来自于一种理智视野的和审美视角下的自然主义,而不是一种超自然主义,后者把一种至高无上的类似人"存在"置于生物世界并大量地使用永恒性和"以地球为根基"等术语。的确,我们是否真正了解和完全欣赏第一自然，在更大程度上依赖于我们所拥有的，能把自己与郊狼、熊或野狼区别开来的智力与情感能力，而不是那些无感觉的事物比如岩石、河流甚至更为空泛的“宇宙”。

这种清晰的自然主义能否在当今生态运动居于主导地位还不确定。人们可以很容易理解和充分欣赏妇女反感犹太教和基督教的家长制、军事主义的信仰制度和一个男权世界对她们身份的忽视。但对于女性来说，通过采用一种新的异教的神秘主义、一种“充满爱”的多神论或一种毫不掩饰的女权主义，来回应这些社会与心理病态，只不过是用另一种错误信念体系或另一种社会与心理专制来替代原来的那些而已。谎言和教条信念也许初看起来十分友善，但将不可避免地束缚人类心灵并减低其批判锋芒。它们预定和促进了一种对信仰的偏好，而它的非理性特征使得那些信徒们容易接受各种新时代主义权威、牧师、女祭司、巫婆和大众文化吹鼓手的愚弄。

对于早期狩猎者本人来说，他们的泛灵论感知是一种混合性的祈福。很明显，在他们与作为“其他”的动物关系中呈现出一种合作精神，而这使他们对即将捕捉的动物的特性保持警觉。尽管如此，虽然史前人类的泛灵论的确在很大程度上包括一种合作向度，但我们现在知道，就其基于一种灵魂或超级自然信仰而言，它明显地以一种错误的自然世界观念为基础。除了把人类拘泥于僵硬的习俗和传统，泛灵论还涉及到对魔法的天真信仰——这使得土著人对技术特别是武器表现得十分脆弱。欧洲人用子弹威吓这些土著人，并血腥地矫正他们对咒语可以提供“保护”的迷信。

相信泛灵论有任何客观现实基础，就像很多神秘生态学家主张的那样，是十分幼稚的，就好像儿童愤怒地去踢一个绊倒他的凳子一样。依据我们今天对第一自然的知识，泛灵论的灵魂和魔法的客观基础，最多也就是很多北美印第安人沉迷其中的禁食、自我施刑、自动暗示以及类似歪曲了人类感性的那些观念。在一个史前社会中，通过扭曲自身感觉而诉诸于一个保护神的幻象，可以增加人的自我价值感、勇气和胆量，因而使人们成为一个更好的狩猎者。但是，这些观念并不比卡斯塔尼达(Castaneda)神话中说话的动物，告诉我们更多关于第一自然的现实。对于泛灵论如此重要的神话知识和对魔法的信仰，是一种自我欺骗。它们作为史前人的信仰是可以理解的，但对于现代人而言，只是清楚表明了如下事实，即它们是在何种程度上脱离了现实和在何种程度上缺乏真正的“地球智慧”。

鉴于宗教性仪式作为生态运动特别是女权主义一部分的发展，我们需要认识到，宗教性行为导致人们很容易因基于各种目的而被控制。的确，一些积极性宗教仪式可以使我们向不同年龄阶段的过渡变得容易，使我们准备好接受人生过程中的新责任，亲和巩固社区生活，减轻我们失去亲人的痛苦，强化人类团结，甚至表达对非人类自然的尊重。所有这些都是社会生态学充分肯定的行为方式。

但是，这些宗教性仪式必须谨慎地开展。这在今天尤其如此，因为大众媒体已经使我们对新的社会控制方法变得极端脆弱。而我们对人类批判性才能的强烈需要，正由于我们所面临的巨大生态难题而变得异常突出。如果宗教性仪式的使用使得它促成了一种对社会现实的非批判性方法，或创造了一种替代现实的幻象，如果魔法的欺骗取代了理性的明确因果关系解释，如果新的江湖骗子能将他们的处方应用于我们生活的最深层，那么，结果将是他们而不是我们决定着自己的行为，其中的参与者将很容易成为任人摆布的玩物，而不是自主的主体。多少有些滑稽的是，这一切将会在获得一种“新的”、“集体的”、“宇宙的”和“生态的”主体性的名义下发生。那些相信他们是森林中“树木”的、“相互联系”宗教仪式的参与者，所从事的是一种很容易使其自我身份丢失的、赤裸裸的自我欺骗行动。这种自我边界丧失引起的潜在破坏，是极为可怕的，因为人类自我已经由于一个高度商业化的社会而弱化和变得被动。因而，尽管宗教仪式可以应用于缓解人生不同阶段过渡所带来的心理不适，它也可以用来严重地取代生活本身，将其桎梏于一些人为制造的“传统”中。而且，多少有些像纳粹在纽伦堡的宗教仪式，通过不停地灌输，最终使个人完全服从于一种新的政治与心理专制。

20 世纪 60 年代围绕着生态运动的乌托邦气氛——同时体现为对民众和生物圈的关切，已经逐步让位于一种非乌托邦的悲情和反人类主义。生态学正面临着一种严重危险，即在应对被其拒绝的民众的过程中变得缺乏精神性和傲慢。尽管充斥着对“大地母亲”的赞誉之词，神秘生态学家只是笼统地面对“她”，虽然“她”已经青春不再并失去了“她的”养育能力。当然，生态运动中的这一趋势，并没有阻止严肃的激进运动——社会主义和无政府主义的运动等——对人类幸福的承诺。激进生态学对资本主义和等级制社会的早期对抗性立场，已经日益被对“技术”和“工业社会”的抗议所取代。它们是两个最为保险的甚至资产阶级都可以在每年的地球日庆祝活动中批评的社会中立性目标，只要人们较少触及社会不断商业化所基于的社会关系。对托马斯·马尔萨斯(Thomas Malthus)公然阶级偏见下观点的批评，正让位于对“人口问题”不加区别的抱怨，尽管现代资本主义——由于其竞争性市场经济特征——即使世界人口减少到现有数量的百分之一，也不会停止对这个星球的掠夺。早期生态运动的政治活力，正在被宗教的和准宗教的迷信、“个人的就是政治的”反团体心态和替代严肃反思与社会分析的神秘想象等所削弱。

“生物中心主义”的大众化存在着使人类渺小化的危险，尤其威胁着人类作为“自然”中道德代理者的能力——具有讽刺意味的是，这种智力与心理能力正是人类发展一种“生物中心主义”观点所必需的。除了这种渺小化可能滋生的反人类主义，“生物中心主义”的伦理要求还立足于一种循环论证基础之上。“生物中心主义者”不能向人类提出并不涉指其他生命形式的道德行为命令，同时又声称人类与其他生命形式所基于的“内在价值”是“平等”的。不仅如此，即使一个“生物中心主义的”社会能够出现的话，它也要借助所有可能的复杂技术手段来大规模地干预第一自然，并在纯粹的“深生态学家”难以置信的程度上纠正生态失衡。

“平等”这一观念——正如我在本书第6章中所阐明的——即使在仅应用于人类自身时，也忽视了个体在智力、才能、年龄、健康和身体强弱等方面的差异性。作为正义必然性结果的“平等”，很难与作为自由必然性结果的“互补性”相比较。一个互补性伦理占主导地位的自由社会，将尽力弥补人们在身体差异、智力程度和个体需要方面难以避免的不平等。而当“平等”观念被尝试应用于包括非人类世界的范围时，就变得更加不合适，因为物种之间的差异远大于人类个体之间的差异。任何形式的“平等”，包括人类之间的平等，都难以阐明非人类世界中由于年龄、身体能力和主体差异等“天然的不平等”所造成的区别，因而难以在支撑“生物中心主义”态度的移情中存在。换句话说，“生物中心主义”在伦理学上就像

“人类中心主义”一样肤浅和难以令人满意。

社会生态学用以代替“生物中心性”、“人类中心性”和“生态中心性”等其他充斥我们时代的各种“中心性”的“互补性”和“整体性”概念，基于“其他”的观念以及由此所决定的差异化。在本书开始，我试图提供一个有机社会中互补性与冲突之间相互作用或辩证关系的较为详尽的解释。然后，在后面的章节中，我将转向它们在古代、中世纪和资本主义社会中的相互作用，以及等级制如何出现这一重要议题。

但是，《自由生态学》不限于对等级制出现的阐释。正如它的副标题表明的，本书还是对等级制如何消解的阐述——不只是如何在将来实现一个生态社会的过程，还是（至少部分是）被支配社会阶层为推翻压迫他们的精英的统治而进行早期的反抗和提出激进观点的历史。这一历史中有特别值得读者注意的地方。我指的是历史上被压迫阶层表达了大量的历史性选择，并一度将其付诸实施以构建属于他们自己的自由社会。我们绝不能允许这些选择被遗忘，它们绝不应淹没在历史的尘埃之中，而应被视为人类既存制度、经验和试验以及大量从未付诸实践的真知灼见的丰富宝藏。我们必须将这些财富发扬光大。

有机社会中出现的最低程度保障、不平等者的平等和互补性伦理学（见第二章），是不朽的自由标准，尽管这一标准应该扩展出狭小氏族、族群和部落。古希腊在需要上的限制与平衡观念和雅典的直接民主制度，也是不朽的标准，尽管这一标准必须消除父权制、奴隶制和排斥性的公民权形式和古希腊人置于战争艺术的极高地位。基督教——尽管教会存在的各种缺陷——关于普遍性人类的观点，必须始终成为一种指导性原则，尽管不需要一个超自然的观点来支撑它。中世纪晚期城市中如此突显的、对立于民族国家的邦联制原则，也是我们可以向前人借鉴的实现自由的工具之一，尽管要剔除那统治了中世纪晚期很多城市的贵族制。向历史借鉴学习人们在其中所发明的、依然有所教益的人类主义生活方式和现实制度，并服务于我们创建一个自由社会，绝不是一种崇古返祖。

要创造一种基于差异、整体性和互补性而不是任何形式的“中心性”的社会，我们的看法必须是具体的，并避免生态运动中神秘化趋势所体现的含混不清特征。我已经在一系列著作包括本书中详尽探讨了一种生态与理性社会的具体内容，并试图为我们时代提供一种几乎是行动纲领性的计划方案。我将这一计划称为“自由市镇主义”。它是自由主义的（由19世纪欧洲无政府主义者发明而不是当代美国右翼有产阶级创造的一个术语），因为它主张一种对物质生活方式大众控制的新政治，比如土地、工厂、交通等等。它是“市镇主义的”，因为它主张一种对公共事务公民控制的新政治，主要通过面对面的市民大会。它还是邦联主义的，因为它力图促进以区域为基础的市镇及其经济的相互依存——部分是为了避免“自足性社区”很容易产生与自我膨胀的地方狭隘主义，部分是为了以理性与生态的方式应对社区间合作行动的需要。政策决定是由市镇公民大会来创议、形成和决策的；行政决定则是由被授权的、可以召回的邦联理事会代表作出的，并服从各市镇的监督。

完全可以成为当今社会重要公共生活形式的自由市镇主义，已经在从中世纪到19世纪的城市中有着悠久的历史。它以不同程度的民主来实践，以抗拒形成中的集权化国家。今日的市镇自由主义力图恢复和强化古希腊语中政治一词的原始含义——通过一个真正参与性的民主制度来实现对城邦事务的管理。

创造这样一个政治制度，如今是既可能又十分必要的。传统社会主义和无政府—工联主义关于发展一种基于无产阶级利益的阶级运动的政策——这种无产阶级利益将体现为一种反对资本主义的普遍性利益，已经没有任何成功的希望。资本主义已经发展到这样一种程度，它已经完全吸纳了马克思和工联主义者设想的阶级战争。如今如果还有可能出现一种普遍性利益，那将只能由一种由外部力量来造就——值得注意的是依据其“增长抑或死亡”本性的现代经济的生态限制，并因而威胁到生物圈本身。而且，如果任何形式的追求社会变化和第二自然与第一自然之间生态平衡的激进运动可以实现，它只能是基于一种参与性的民主，并植根于一种渐进的邦联主义的政治和可以最终挑战不断强权的民族国家的公民网络的逐渐形成。

借用过去激进运动中的术语，这种新的权力将是一种“双重性”权力。由于它可以形成一种超阶级的一般性生态利益，这种权力将获得相对于民族国家武力垄断的、不断增加的信心和道德权威。那种或许伴随着分散化而产生的狭隘主义的危险，可以由邦联主义加以缓解。相应地，一种直接民主可以避免由职业主义、官僚制和自上而下的代表制管治制度所产生的腐败“政治”。而通过公民大会得以表达的公民权可以避免一种国家主义的“政治”，这种政治基于私人化了的、匿名化的“选民”，而这些选民实际上不能控制他们的生活。

这里不可能开展讨论与自由市镇主义相联系的传统、实践和前景——制度、经济和公民与邦联机构间的相互关系，以及这一自治制度所蕴涵的新政治与公民。对这些观点的最详尽阐述可以在笔者的《城市化的兴起与公民权的衰败》一书中看到。[9]这里有必要指出的是，这种对我们现时代难题的政治与经济解决方案，也是一种生态的方案。如果我们要想从生物世界遭遇的种种痛苦中生存下去——其中围绕着无限增长的经济构建起来的社会对此负有重大责任，精英阶层对地球的所有权必须被终结。在我看来，自由生态学只有在一个彻底摆脱了特权与支配的、完全参与性的社会中才会开始出现。只有到那时，我们才能够使我们自身摆脱支配自然的观念，并使人类成为自然与社会进化中的一种道德的、理性的和创造性的力量。

如果现在来看《自由生态学》，我想强调在本书第 84 页（英文原著页码，以下同——译者注）的那些文字：称赞人类具有将“科学方法”即生态学和“非科学的幻想、想象和艺术方法”结合起来以改变世界的能力。但是，神秘生态学家对人类对第一自然的不干预或最低程度干预的强调——其座右铭是所谓的“让自然自主地延续”，是完全不能成立的。对此，我更愿意读者去查阅笔者对查尔斯·埃尔顿（Charles Elton）的引用：“世界的未来必须是被管理的，但这种管理不会像玩一个棋类游戏那样简单，而更像驾驭一条船。”现在来看，我想强调，尽管世界不能像玩一个棋类比赛那样对待，但正如查尔斯·埃尔顿指出的，它必须是“被管理的”。如果我们不为了生态恢复、野生地域管理和绿化造林的目的干预世界，无论我们人类自己还是我们希望保持的野生生命，都将没有未来。我们已经远远超越了所谓的“原始的”世界，而且再也不可能回归到那样一个世界。在很多方面，我们已经形成了一些新的感知，尽管它们在当今世界中依然很微弱，但已经比我们的早期祖先先进得多。

我还想强调，笔者依然信奉黑格尔的著名格言："整体的是真实的"（第97页）和把我们对自然世界的改变与第一自然的"自发性"结合起来。然而，我对生态稳定作为"多样性中的统一"和复杂性的一个功能的关切，需要作出一些解释。20世纪50年代和60年代初的生态意识——如果它确实存在的话，必须主张生态稳定性是农作物多样性的一个结果，以避免工业化农业中那时——现在依然如此——十分严重的危险农药在单一农作物种植中的过度使用。只有使昆虫和其他动物在一个物种丰富的农业环境中相互制约，才有可能减少或停止危险化学物质的使用。

如今，我对多样性和复杂性的强调基于一个更广泛的背景。在我看来，物种的多样性是极端重要的，因为它开辟了生命进化的新道路。有着更多物种的生态共同体通常是更复杂的，它们往往导致新的、更加主体性的和富有灵活性的生命形式产生，并提供了更大的进化可能性。在1986年的一篇论文"自然中的自由与必然"中[10]，我讨论了这一现象，并称之为"参与性进化"。

我很满意第二章"有机社会观"，它的主要观点在今天依然成立。它明显是一个论战性章节，通过强调其友善的方面来抵消其关于史前文化"野蛮性"的形象。我想击碎这一关于史前文化的丑陋画像，并更充分地探讨人类价值比如关爱、养育和早期人类的主体化或"自然"的人格化等的历史渊源。但是，由于今天如此广泛地对史前社会的浪漫主义神秘化，我想强调指出的是，史前文化从未对自然世界的大规模干预而懊悔，相反，它们的很多宗教性仪式和神奇习俗，是用来促进其干预行动的精神手段。我希望，本导言能够提供一种更为全面的关于温图（Wintu）和霍皮（Hopi）印第安人、伊哈尔米乌特（Ihalmimiut）爱斯基摩人和其他本书提及的史前文明人类的观点，他们是人类改变第一自然的代表。

我也想把互补性的讨论依据本导言中阐述的"其他"性而置于有机社会的框架下。当史前文明人类从特定的生态地域意识升入到一种更广范围的第一自然感时，他们已经注意到如下事实：他们周围的世界、他们捕获的猎物和他们培育的植物，尽管也许已经被高度人格化，但依然是"不同于"人类的"其他"。但是,这种观点中的"其他"最初并不是作为一种对手意义上的,更谈不上是用来被征服的。正如我在前文中指出的,它基于一种世界是丰富的、多样化的和生态的这一简单观念。我们必须十分谨慎地推进一种具有与"其他"观念的互补性而不是冲突性的世界观,而它必须具备世俗的和理性的根基:一种"准泛灵论",它基于一种对生命延续的尊重与赞赏而不是神灵或一个超自然的神话。

第二章中最有可能引起误解的段落出现在第 128～129 页。在那里,我使用了象征主义的方法,来说明"作为一种丰产尊崇的母神是如此悠久,以至于可以在旧石器时代的洞穴和营地中找到她的残存"(第 128 页)。我想强调的是,我这一段文字中从未把"她"意指为大地女神,或作为世界存在的一个女性神灵。同样,我也没有把"她"等同于第一自然。我对"母神"作为"自然多样中的丰富性"一种表达的概括(第 162 页),意指的依然是一种丰产尊崇,而不是一种具有繁琐礼仪的有组织的宗教。作为已充分发展的宗教的一部分——它往往由教士定点管理的,植物女神不同于早期的、普遍性的丰产尊崇。这些新的农业女神很容易服务于等级制,而不是平等的有机社会。这些迷恋于在教会庙宇中聚敛财富的女神和教士们,并不是在为女性祈福,更谈不上帮助为了"她"而辛勤工作的被压迫者。

在我的论述中,我也从未主张,我们可以回到土著的生活方式。事实上,我极力地警告那些认为人类可以或应该这样做的人。如果我们要想实现一个生态社会,人类生活方式必须借助我们通过长期的哲学、科学、技术和理性的历史发展而获得的远见、知识和数据信息加以丰富,并清除魔法、神崇拜和原始宗教。我们也不能忘记自己的历史。相反,我们必须吸收其中在道德上和智力上有益的内容,并抛弃那些道德上有害的方面。我们应该避免迷信、萌芽状态的等级制和任何一种等级化的感知。

第三章"等级制的出现"不需要做任何改动。近期的数据表明,我对早期社会中级别关系内在的或辩证的起源的探讨,具有远超出我预期的正确性。我只想说明的是,我所挑选的所有证据将年代的优先性给予了年长制的出现,而不是父权制,而萨满僧侣在部族社会中往往扮演一个凶恶的角色。有些生态女权主义者试图利用我对等级制发展的讨论来把等级制视为支配的唯一起源，这是具有欺骗性的并旨在为自己的目的服务。的确，正如詹妮特·比尔在她的《走向未来：重新思考女权主义政治》中清楚表明的，等级制在历史发展中形成了如此众多的形式，包括男性对男性的支配，因而将父权制作为等级制唯一的和最重要的来源，几乎是毫无意义的。事实上，我在第191页不厌其烦地引用多德斯(E. R. Dodds)的论述是想表明，父权制在家庭中对男性与女性拥有同样的巨大权力。在父权制家庭中，女性和男性都可能遭到专横的和残酷的对待。这甚至也发生在“女权制”首领比如萨拉(Sarah)身上，她诱惑亚伯拉罕把他的妻妾黑格和他们的儿子伊士马尔驱逐进入了沙漠。需要指出的是，本书第193页上引用马克斯·霍克海默(Max Horkheimert)和特奥多尔·阿多诺(Theodor Adorno)情感化论述是想说明，女性是“自然的画像”和“人类攻击性行为的重要动因”——一些重要女权主义者对此表示了赞同。而我通过一个注释的方式对他们两个人的评论作了明确限制，强调了女性在史前社会得以构建的家庭经济中的突出作用，以及在社会发展中的其他重要作用。

我在第六章“正义：平等与精确”中对正义与自由所做的区分，时至今日依然像在过去那样有效。考虑到在一个“生态民主制”中“深生态学家”把“平等”赋予所有物种的幼稚化努力，这一章的论述尤其重要。

第七章“自由的遗产”，在今天依然像在从前那样富有教益。诺斯替主义(Gnosticism)作为一种解放性的意识形态，现在已经不像过去那样吸引我。反而是很多神秘主义者和生态女权主义者对此很感兴趣，他们一旦了解到诺斯替神“索菲亚”是一个女性神后，就不加思考地接受这一严重二元论的甚至邪恶性宗教的所有话语。我反复写道，“诺替斯主义的任何一个流派在被描绘为一种基督教的‘异端支派’之前，必须谨慎处理”。比如，它的“摩尼教”(Manichean)支派，是一种完全不同的宗教，就像伊斯兰教和佛教一样；而它的“奥菲特教”(Ophite)支派，则完全是一个基督教的对立面(第258页)，有着相当程度的无政府主义色彩。我无法接受诺斯替教的精英主义、二元主义，或存在于“马西翁教”(Marcion)支派中的禁欲主义和非道德化(第260～261页)。我辩证地对待诺斯替主义要达到的目的是，使其显露出无政府主义的和批判性的锋芒。这是一个只能通过将其置于特定历史环境和其自身的发展过程才能解决的问题，而不能将其作为一种在不同时空中从未发生过变化的非历史性教条来对待。

在本书的剩余章节中，我也不认为需要做任何重要改动。我没有令人满意地对待希伯朗的超越主义，因为我未能强调它把“自然”的“永恒性”与社会的“易变性”所做的明确区分，从而使社会第一次具有了进行激进甚至革命性变革的可能性。这是理应受到批评的。我只是偶尔提到了这一观点。比如，我在引用弗兰克福特(H. A. Frankfort)的评论时说道，希伯朗的超越主义通过设定“社会史和人类行动的形而上学重要性”，带来了一场“革命性的和充满活力的教育”(第 175 页)。因而，它把人类思想与实践从不可改变的必然性“自然”世界、它的永恒循环和它的束缚性神灵中解放了出来。再次指出，詹妮特・比尔对此忽略作了很有价值的纠正。[11]

我视为本书最重要部分的第十一章“自由的歧义性”，在今天仍然是非常适宜的。它关于一个生态取向的理性、科学和技术的主张，依然经得起任何有思想的人们的推敲。唯一需要强调的是：我对霍克海默和阿多诺的批评太温和了。尽管他们阐述得精妙绝伦，我并不认为，他们的观点可以适用于当今时代，就像许多法兰克福学派信徒希望我们相信的那样。《启蒙辩证法》是一部令人陶醉的著作，但它对理性的辩护并不出色，而且它对理性的处理也缺乏一个明确的方向感。回顾起来看，并非偶然的是，它与阿多诺晦涩生硬的著述一起，被后现代主义者视为如今非常时髦的虚无主义文化的先声。

第十二章讨论的是“一种有机社会”，而结语概述了一种自然哲学和一种自然主义伦理的要点。为了防止本书的这一部分被误解，我想指出，我们已不能再回到理想化的“伊甸园”(第 449 页)，而理性“必须被允许成长为一种自由主义理性”(第 453 页)。但读者应该注意到，我为了激励争论的目的而有意识地使用了某些相关术语，希望能够将理论的洞见与那些旨在调动读者情绪的隐喻有机结合起来。我那近似泛灵论的评论比如“自然撰写它自己的自然哲学与伦理”，应当被视为一系列的激励性隐喻，尽管“自然”确实在“尽其所能地”工作——形成、多样化和创造日益复杂的现象。虽然引用了林・马古利斯对生命在创造其环境中主动角色的论述，但我从未接受而且坚决反对她对一个“盖亚”假设变种的信奉，这种假设将地球视为一个单一有机体。

在结束之前，我希望读者去阅读随后的初版导言。尽管它与这一导言有一些交叉，它在短短几页的篇幅中提供了一个社会生态学的理论概述。

如果生态运动只是传达一个绝望而非希望、对一种古代人类文化与感知的倒退性和不可能的回归的信息，而不是对人类进步和人类独有的向所有生命移情的信奉，它将永远不会获得任何真实影响或对社会产生意义重大的影响。我很容易理解，为什么绝望情绪在很多神秘生态学家——甚至在环境运动整体——中广泛存在，他们对"增长抑或死亡"的资本主义经济对生物圈和人类心智的影响感到无可奈何。虽然一种屈从性的、准宗教的、往往是反人类主义的生态学——它诋毁人类存在的独特性和在自然进化中可以发挥的重大作用，是对那种经济的一种可以理解的回应，但它也是对人类最重要潜能的一个否定：使世界变得更加美好和为所有生命提供一个更加富足世界的能力。

如果生态学要想在人类事务中发挥一种转型和创造性的角色，我们就必须恢复乌托邦动力，满怀希望，能够鉴别什么是好的、什么是人类文明中值得拯救的以及什么是必须抛弃的。而如果不变革社会，我们就难以改变资本主义在其中运行的灾难性生态方向。精神主义运动在人类社会中已经有着成千上万年的历史。它们无疑改变了很多人的思维与行为。但是，正如世界上所有伟大的宗教所表明的，它们从未创造一种生态化的人类主义社会。事实上，如果没有抗拒现实生活——公共生活以及私人生活——中物质与精神条件的观念，这种社会将永远不会实现。

默里·布克金
1991年5月20日

【注释】

[1] Murray Bookchin, *The Rise of Urbanization and the Decline of Citizenship* (San Francisco: Sierra Club Books, 1987), also published in paperback by Black Rose Books under the title *Urbanization without Cities* in 1991; *Remaking Society* (Montreal: Black Rose Books, 1989; Boston: South End Press, 1990); and *The Philosophy*

of Social Ecology: *Essays in Dialectical Naturalism*(Montreal: Black Rose Books, 1990); "Thesis on libertarian municipalism," *Green Perspectives*, PO Box 111, Burlington, VT 05402.

[2] Arthur O. Lovejoy and George Boas, "Some meanings of 'nature'," in *Primitivism and Related Ideas in Antiquity*(Johns Hopkins, 1985; reprinted, New York: Octagon Books, 1965).

[3] Janet Biehl, *Finding Our Way*: *Rethinking Ecofeminist Politics*(Montreal: Black Rose Books, 1991); published in the United States under the title *Rethinking Ecofeminist Politics*(Boston: South End Press, 1991).

[4] Paul S. Martin, "Prehistorical overkill," in P. S. Martin and H. E. Wright (eds.), *Pleistocene Extinctions*: *The Search for a Cause*(New Haven: Yale University Press, 1967), p. 75.

[5] Calvin Martin, *Keeper of the Game*: *Indian Animal Relationships and the Fur Trade*(Berkeley: University of California Press, 1978), pp. 169-171.

[6] Stephen J. Pyne, *Fire in America*(Princeton: Princeton University Press, 1982), p. 71.

[7] Alston Chase, *Playing God in Yellowstone*: *The Destruction of America's First National Park*(New York: Harvest/Harcourt Brace Jovanovich, 1987), p. 104.

[8] Colin M. Turnbull, *The Forest People*: *A Study of the Pygmies of the Congo*(New York: Clarion/Simon and Schuster, 1961), pp. 101-102.

[9] Murray Bookchin, *The Rise of Urbanization and the Decline of Citizenship*.

[10] Murray Bookchin, "Freedom and necessity in nature," *Alternatives* 13 (November 1986); republished in Murray Bookchin, *The Philosophy of Social Ecology*: *Essays in Dialectical Naturalism*.

[11] Janet Biehl, *Finding Our Way*: *Rethinking Ecofeminist Politics*, pp. 60-66.

1982年版导言

本书的目的是阐明一种内在连贯的、激进的社会生态学：自由生态学。它自1952年起逐渐趋于成型，那时，我首次清楚意识到了一代人之后影响变得如此广泛的环境危机。那年，我发表了长篇论文“食品中的化学物质难题”（它后来以专著的形式在德国发表，题为《有生命危险的食品》）。[1]得益于我早年的马克思主义知识训练，该论文不仅探讨了环境污染，还讨论了它深层的社会原因。那时，我已经将环境问题理解为社会问题，并将自然生态学的难题理解为“社会生态学”的难题。“社会生态学”这种提法那时还很少出现。

自那时起，我从未离开过这一主题。相反，它所涉及的领域变得日益广泛与深入。到20世纪60年代早期，我的主要观点可以简略地概括如下：人支配自然这一观念本身来源于现实中人对人的支配。对我来说，这是一种意义深远的概念顺序转换。我1952年后发表的很多论著，从《我们的人造环境》（1963年）到《走向一种生态社会》（1980年）[2]，大都是围绕这一主题进行探讨。随着讨论的不断深入，我的著述中日益形成一个不断清晰的理论框架：阐释社会等级制与支配的出现和那些能够带来一个真正和谐生态社会的手段、感知和实践做法。我的著作《后稀缺无政府主义》（1971年）是这方面的最早努力。[3]主要由1964年以来发表论文组成的该书，更多讨论了等级制而不是阶级、支配而不是剥削、自由制度而不仅是国家的废除、自由而不是正义、愉悦而不是幸福。对我来说，这些变化着的重点不是反文化的言辞，而是标志着对早期信奉的各种社会主义教条的偏离。由此，我阐明了一种自由社会生态学的新形式，或者像维克多·弗基斯(Victor Ferkiss)讨论我的观点时恰当地概括的那样，称之为“生态无政府主义”。

直到20世纪60年代，等级制和支配等词汇还很少使用。传统的激进主义者，尤其是马克思主义者，所使用的词汇仍然几乎都是阶级、阶级分析和阶级意识；他们所使用的“压迫”概念基本上局限于物质的剥削、严重的贫穷和对劳动的非正义滥用等。同样，教条的无政府主义者把他们的重点更多地放在将国家视为社会强迫的唯一来源。就像私人财产的出现在马克思主义教条中成为社会的“原罪”一样，国家的出现在无政府主义教条中也成为社会的“原罪”。甚至60年代的早期反文化运动也回避使用等级制这一概念，而是喜欢使用“质疑权威”这一说法，却不讨论权威的起源、它与自然的关系和它在创造一个新社会中的作用。

在此期间，我还集中于探讨一个基于生态原则的、真正的自由社会如何能够调节人与自然的关系。最后，我开始探讨一种基于适当的人类规模的新技术的发展。这种技术包括小规模的太阳能与风能发电站、有机花园和分散化社区掌管的地方性“自然资源”的使用。这一观点很快导致了其他的相关性看法——直接民主、城市分散化、高度的自足、基于社会生活的公社形式的自我授权，总之，由公社组成的非权威主义“公社”。

当我发表这些看法时——尤其是在20世纪60年代初到70年代的十年间，已经开始困扰我的是人们将在何种程度上会扼杀这些看法的统一性、一致性和激进关注。比如，像分散化和人类适当规模这样的观念被人们广泛接受，却没有涉及其太阳能与风能技术或生物农业技术等实质性基础内容。形形色色的具体观点大行其道，而试图将其结合为一个整体的哲学却显得虚弱无力。分散化仅仅作为社区设计的一个策略进入城市规划，而选择性技术则变成一个狭隘的学科，日益局限于学术圈和新兴的技术官僚。进而，每一个概念均变得日益与对社会的批判性分析相分离，也即与激进的社会生态学理论相分离。

对我来说明确的是，正是我观点的统一性——它们中蕴涵的生态整体主义而不仅仅是它们的个体性要素——赋予了其激进的活力。一个仅仅是分散的社会、使用太阳能或风能的社会、采取有机耕作的社会、减少了污染的社会，所有这些个别因素本身及其简单化的组合，都不可能创造一个生态社会。同样，渐进性方法，即使出于善良的目的，也不能解决哪怕是部分解决那些已经具有普遍性、全球性和灾难性特征的难题。如果有什么结果的话，部分性的"解决方案"只能成为掩盖生态危机深层原因的矫饰。它们会使公众的注意力和理论关注，偏离对必要社会变化的深度与广度的充分理解。

然而，如果结合为一个内在一致的整体并得到一种连贯的激进实践的支持，那么，上述观点完全可以一种深刻的方式挑战现状——真正与危机特征相称的一种方式。对这些观念的综合，正是我在《自由生态学》中希望实现的目标。这种综合必须植根于历史——其中社会关系、社会制度、变化中的技术与感知和政治结构的发展。只有依据这种方式，我才有可能期待确立一种历史感、对照感和持续感，并赋予我的观点以真实意义。依此，笔者理论综合中所体现出来的、重建后的乌托邦思考，才可以基于人类实践的现实。如果人类及其所依托的生态复杂性要想持续下去的话，应该做的事情应当变成必须做的事情。变化与重建应该产生于现存的难题，而不是善良的思想和朦胧的幻想。

我在本书的副标题中对等级制一词的使用，是具有挑衅性的。理论上非常必要的是，把等级制与被更广泛使用的阶级和国家等术语相对照，因为对这些词汇的随意使用会导致对社会现实认识的过分简单化。互换性地使用等级制、阶级和国家等词汇，就像很多社会理论家所做的那样，容易使之含糊不清，并潜伏着许多危害。这种在"无阶级的"或"自由主义的"社会名义下的做法，很容易掩盖等级制关系的存在和一种等级制的感知，二者——即使在没有经济剥削或政治强迫的情况下——将会导致非自由的延续。

在我看来，等级制泛指文化、传统和心理上的屈从与命令制度，而不仅限于经济与政治体制，对于后者的描述，阶级和国家等术语要更适合一些。相应地，等级制和支配完全可以在一个"无阶级的"或"无国家的"社会中继续存在。对于支配，我指的是老人对青年、男性对女性、一个种族对另一个种族、往往以"更高社会利益"代表身份说话的官僚对大众、城市对乡村的支配。或者从更微妙的心理学意义上说，我指的是精神对身体、空洞的工具理性对心灵和社会与技术对自然的支配。的确，无阶级的但却是等级制的社会今天依然存在（它们在过去表现得更明显），而人们在其中既享受不到自由，也不能控制他们自己的生活。

马克思的著作在很大程度上致力于解释这种概念混淆，他提供了一种相当明确的阶级定义。马克思得益于在一个相当客观的经济学框架下构建他的阶级社会理论。他的理论之所以被广泛接受也许体现了，相对于社会生活的其他方面，经济议题在我们时代已在何种程度上处于优越地位。事实上，"迄今存在社会的历史都是阶级斗争的历史"的观念[4]，有着相当程度的精妙之处。简单地说，统治阶级是一个占有或控制生产手段和剥削一个更大规模群体，即被统治阶级的特权阶层，而被统治阶级则提供生产力。阶级关系在本质上是基于土地、工具、机器及其生产等的所有权的生产关系。而剥削是指，使用其他人的劳动力来满足自己的物质需要、享受与娱乐需要、资本积累与生产技术更新的需要。可以说，马克思的阶级定义以他著名的"阶级分析"方法为基础，将阶级作为经济利益、意识和文化的物质基础的真实展现。

尽管包括了马克思所界定的阶级以及进一步由它导致的阶级社会，等级制所涵盖的内容要比阶级这一狭隘概念通常所具有的、主要是经济分层意义上的划分宽泛得多。但是，仅仅这样说并不能够界定等级制这一术语的含义，而且我认为很难对它作出一个正式的定义。我以历史的和实事求是的态度，将其视为一个由命令与屈从制度组成的复杂体，在其中，精英们拥有对其附从者的不同形式的控制，而不必剥削他们。这些精英也许极度缺乏任何形式的物质财富，甚至根本不占有任何财富，就像柏拉图描绘的"卫士"精英一样，在社会意义上是强权的，但在物质上是贫穷的。

等级制不仅仅是一种社会条件，还可能是一种意识状态，一种个人与社会经验在各个层面上对现象的感知。以亲缘联系、年龄团体和劳动的性别分工为基础的早期史前社会（在本书中笔者称之为"有机的"社会），以相当整齐而统一的形式存在。他们高度的内部统一感和平等主义的世界观，不仅扩展到人们相互之间的关系，也延伸到人类与自然的关系。史前文化中的人们并不把自己视为"万物之灵"（借用基督教太平盛世主义者的术语)，而是作为自然的一部分。人类既不高于也不低于自然，而是处在其中。

在有机社会中，个体、年龄团体、性别之间的，以及人类和生命与非生命现象的自然万物之间的差异，被视为一种“差异中的统一性”或“多样性中的统一性”(黑格尔的术语)[5]，而不是等级制。他们的世界观是生态化的，而从这样一种世界观中，他们几乎无意识地获得了一种价值体系，这种价值体系影响着对处于其共同体和生命世界中的其他个体的行为。正如我在随后章节中阐述的，生态学不承认什么“兽中之王”和“低等动物”(这些词汇来自于我们的等级制心态)。相反，它坚持认为，生态系统中的生物是相互依赖的，并且在维持自然秩序的稳定性方面发挥着互补性作用。

逐渐地，有机社会开始发展出不太传统的差异与分层形式。它们的原始统一性开始解体。生活的社会—政治或“公共的”空间在扩大，而共同体中的老人和男性获得日益突出的地位，此时，他们开始声称这一形成中的领域是部落劳动分工的一部分。男性对女性和儿童至上地位的出现，主要是由于男性在生活共同体中的社会功能的结果——那种功能绝非像马克思主义理论家试图让我们相信的那样，仅仅是经济意义上的。而操纵妇女的男性奸诈，则是很久以后才出现的。

直到这一历史或史前阶段，老人或男性还很少发挥社会支配作用，因为他们生活的公共领域对于共同体来说还不是特别重要。事实上，公共领域受到妇女主导的“家庭”领域的极其重要的制衡。在早期有机社会中，家务与儿童养育的责任要比政治与军事事务重要得多。早期社会明显不同于现代社会的地方，是它的结构安排和共同体不同成员所发挥的作用。

甚至在等级制出现以后，也依然不存在经济意义上的阶级或国家结构，同样也没有人以一种系统性的方式被剥削。某些阶层比如老人和僧侣以及后来一般意义上的男性，开始声称他们自己的特权——往往是基于社会承认而不是物质获益方面的特权。这些特权的性质——如果可以称为特权的话，值得我们做更深入的探讨，而我准备在后文中做一些更细致的讨论。只是到了后来，经济和阶级剥削才开始出现，最后出现的是拥有庞大的官僚与军事机器的国家。

但是，有机社会解体为等级制的、阶级和政治的社会，并不是普遍和同时发生的，而是经历了很长时间的反复。我们可以在男性与女性的关系中很清楚地看到这一点——尤其是就与改变着的社会角色相联系的价值而言。比如，尽管人类学家长期以来给予了高度发达狩猎社会中的男性以超乎寻常的较高社会地位——一种在他们先祖的食物采集群体中从未享有过的突出地位，但是，农耕相对于狩猎的优先性，以及女性在种植中所发挥的特殊作用，很可能在某种程度上矫正了早期性别之间也许存在的不平衡。所谓“攻击性的”男性狩猎者和“被动的”女性食品采集者，是在很大程度上被夸大的画像，这是过去的时期里男性人类学家强加于他们“野蛮的”土著居民身上的。但是，社会关系以外的某些价值方面的紧张关系与变化，肯定已经存在于原始的狩猎与采集社会中。否认男性狩猎者与女性采集者之间那时已经很可能存在的潜在紧张关系，将使我们难以解释等级制及其严重攻击性的世界观何以能够产生。对于男性狩猎者来说，他们必须先是捕杀食物，然后则是为了同类而战斗；而对于女性来说，她们必须先是搜寻食物，然后则是培植它。

尽管我所列举的变化是技术性的和主要是经济意义上的——正如食物采集者、狩猎者和园艺培植者等术语所蕴涵的，但我们不能声称，这些变化应该为性别间地位的变化直接负责。鉴于这一早期社会生活阶段的等级制水平差异——甚至在父权制生活共同体中，妇女并不是必然低于男性的，而年轻人也远不是任由老人来摆布。事实上，赋予一个阶层对另一个阶层特权，尤其是老人对年轻人的特权的等级制度的出现，在某种程度上是对体现在有机社会中的平等特征，而不是后来社会中的威权特征的一种自我纠偏。

当园艺培植共同体的数量发展到一定程度，可耕种土地变得相对稀少，而战争变得日益普遍，青年武士开始享有一种社会—政治的突出地位，这一地位使之成为共同体中的“显要”，与老人和僧侣分享公共权力。自始至终，女权制的习俗、宗教和感知与父权制的相并存，以至于严格意义上的父权制特征在这一转型时期通常并不存在。无论是女权制还是父权制，较早有机社会中的平等主义渗透到社会生活中的各个方面，而且只能缓慢消失，直到阶级社会牢固控制了大众价值与感知之后仍然存在着某些残存。

国家、经济阶级和对附属民众的全面剥削，产生于一个更加复杂和长期的发展过程，远不像激进理论家论述的那样简单。他们关于阶级与政治社会起源的观点，强调的是一种较早时期发生的、社会已充分发展为等级制形式的过程的顶点。有机社会内部的分工逐渐把老人置于相对年轻人、男性相对于女性、僧侣以及后来的教会相对于世俗社会、一个阶级对另一个阶级、国家对社会的普遍的优越地位。

对于我们时代具备常规知识的读者，我不需要过分强调团伙、家庭、宗族、部落、部落联盟、村庄、市镇等等前国家的社会形式。拥有特定的工作人员、官僚机器和军队的国家，在社会发展中出现很晚——那通常是进入人类历史门槛很久以后的事情。它产生之初，依然与同时并存的社会结构比如基尔特、邻里、趣好社团、合作社、城市会议和各种形式的市镇大会存在着尖锐的冲突。

但是，各种形式的等级制团体并不终结于把“公共的”社会纳入一种制度化的屈从与命令体制。逐渐地，等级制开始侵入不太明显的生活领域。精神活动被给予一种相对于体力工作的优越性，同样地，智力经验被给予相对于切实感知、“现实原则”被给予相对于“愉悦原则”等的优越地位，最后，判断、道德和精神都浸透着一种不可名状的权威主义——它对语言及其最简易的符号表达系统采取一种报复性的命令。社会与自然多样性的观点，被从一种视“差异性”为多样性中的统一的有机感知，转变为一种等级制心态，后者把十分微观的现象也排列为围绕着“低等者”和“优等者”等概念确立起来的、相互对立的金字塔。而且，开始于一种感知的东西，已经变为一种具体的社会事实。因而，重建多样性中的统一这一生态原则的努力，已经真正变成了一种社会意义上的工作——一种必须通过重构人类感知来重构现实世界的革命性努力。

等级制心态促动了人类对愉悦原则的放弃。它对“低等者”所承担的辛劳、犯罪与牺牲和“优等者”所随心所欲的娱乐与纵情是一种袒护。社会结构的客观历史，被内化为人们心理结构的主观历史。对于现代弗洛伊德主义者来说，我的观点也许是恶毒的，但事实上，不是工作原则而是统治原则，要求实施对人类内部自然的压抑。这种压抑会进一步向外扩展到外部自然，外部自然先是作为统治的目标，然后是作为剥夺的目标。这种心态一直以一种不断积累的方式渗透到我们的个体心理之中——不仅是在资本主义社会，也包括自人类历史开端以来更为久远的等级制社会。除非我们探究这一历史——它依然生动地体现在我们个体生活的早年经历中，我们永远不能摆脱其主宰。否则的话，我们也许可以消除社会上的不公正，但却无法实现自由；我们也许可以消除阶级与剥削，但却不会摆脱等级制与支配的束缚；我们也许可以驱除我们心理中对获利与积累的迷恋，但仍将难以解脱令人苦恼的犯罪感、自我贬抑和轻信切实感知的"邪恶"等负担。

本书阐述的另外一组区别是道德与伦理和正义与自由之间的差异。我用道德一词来指一个共同体中有意识的行为标准，它们尚未完全依从于理性分析。但是，我并没有把"习俗"一词作为道德一词的替代，因为行为判断的道德尺度的确涉及到某种理论的阐释，而不能简化为有条件的社会反应，即我们通常说的习俗。像其他世界宗教一样，摩西圣诫是通过神学的理由来辩护的，它们是耶和华的神圣旨意，而我们只有在今天才可以理性地挑战其非理性的基础。相比之下，伦理学鼓励理性分析，而且像康德的"道德律令"一样，必须通过理智论辩来辩护，而不能仅仅借助信仰。因此，道德介于未经思考的习俗与理性的伦理判断之间。如果不作出这种区分，我们将很难解释日益增多的、国家针对公民作出的伦理要求，而这些伦理要求尤其侵蚀着那曾经支撑古代社会中对家庭的父权制式完全控制的道德原则，以及这种父权制权威所构成的对更加政治化的社会比如雅典城邦的制约。

正义与自由、形式平等与实质平等的区分，是更加基本性的，并在本书中反复出现。甚至激进理论家也很少对此展开过讨论，他们往往仍然倾向于表达被压迫者追求"正义"，而非自由的的历史要求。更糟糕的是，二者被作为等价物来使用，尽管存在着明显的不同。青年蒲鲁东和后来的马克思正确地看到，真正的自由预定了一种基于承认不平等现实条件的平等——其中包括人们在地位与需要、能力与责任方面的不平等。依据每个人对社会的贡献所“公正地”赋予的并把每一个人视为“法律面前平等的”和“机会上平等的”，这种纯形式的平等在很大程度上掩盖了如下事实：年轻人与老人、弱者、承担责任不等的个体(更不必说现代社会中的贫富不等者)，很难在一个等价交换原则指导下的社会中享受到真正的平等。的确，有关术语比如奖励、需要、机会或财产——即使它被公社所“拥有”或集体地管理，需要做更深入的讨论。遗憾的是，革命性政治传统未能充分拓展这些主题及其特定形式下的理论体现。大多数形式的社会主义，逐渐拘泥于一种“经济正义”的要求，因而仅仅强调等价交换原则作为对资产阶级所建立的司法与政治等价交换原则的经济矫正。我的目的是详细阐明这些差异，从而表明混淆是如何产生的，以及如何能够真正消除之，以便使日后的研究不再有这一负担。

我在本书中阐明的第三个对照关系是幸福与愉悦之间的区分。幸福在此指的仅是对我们生存需要的满足，即生存所需的食物、住所、衣服和物质安全等等，总之，人类作为动物性存在的需要。相比之下，愉悦指的是对我们的期望，即我们智力的、审美的、感知的和休闲的“梦想”的满足。对幸福的社会追求，尽管如此普遍地被认为是解放性的，却往往以一种严重贬低或压抑对愉悦追求的方式发生。我们在很多激进意识形态中可以发现这种压抑性发展的证据，它们以牺牲艺术化的工作和感知快乐为代价，来辩护辛勤劳动和物质需要。不必提及的是，这些意识形态把上述感知的实现斥责为“资产阶级个人主义”和“纵欲主义”。但我相信，正是在对这些乌托邦式愉悦的追求中，人类才能实现其最耀眼的解放性辉煌。正是伴随着扩展到社会领域的这一追求，而不是局限于个人领域的享乐主义，人类才开始超越正义的王国，甚至一个无阶级的社会，而进入自由的王国——一个被视为人类潜能以最具创造性的形式得以实现的王国。

如果让我选择一个贯穿本书的对照，那么，它应该是看似冲突的“必然王国”与“自由王国”之间的关系。从概念上说，这种冲突可以一直追溯到亚里士多德的《政治学》。它提出了“天然的”或外部自然的“盲目的”世界和人类的或内部自然的理性世界。在理性世界中，社会居于支配地位并创造了自由实现的物质条件——自由的时间与休闲以便人们可以发展他自己的潜能与实力。这一活剧呈现了强烈的人类与自然、男性与女性和欲求与理性冲突的色彩，并渗透到西方“文明”的各种意象之中。这种冲突性支撑着几乎所有的理性主义历史阐释，并被意识形态化地用作对生活各个方面支配的辩护。具有讽刺意味的是，这种观念的神圣化在各种社会主义思潮中实现，尤其是在罗伯特、欧文和圣西门的社会主义思想以及最复杂的卡尔·马克思的理论中。马克思关于“与自然斗争的野蛮状态”的描述，更多的是一种维多利亚式傲慢的而不是启蒙时代式傲慢的表达。正如特奥多尔·阿多诺和马克斯·霍克海默所指出的，妇女在这场冲突中无关紧要，因为它严格地讲只是发生于男性与自然之间。从亚里士多德时代到马克思时代，人类与自然冲突造成的分裂被视为不可避免的：必然性与自由之间的鸿沟，也许可以通过技术的进步使人类具有相对自然的日益超越地位来缩小，但永远不可能完全消弭。使后来的少数明智马克思主义者感到迷惑的是，外部自然的压抑和服从离开了内部自然的压抑与服从，何以能够实现：如果不征服“人类的”自然，又如何能够使“天然的”自然秩序化呢？

我揭示这一智慧之谜的努力涉及到正确理解维多利亚时代的神秘的“野蛮状态”，探讨外部自然以及它与内部自然的关系，依据自由世界（社会）控制与解放必然世界（自然）的能力赋予必然世界以意义。我的方法是，从一个新的生态学视角重新考察技术的进化与意义。我试图表明，工作如何不再是具有吸引力的和有趣的，并变成了乏味的辛勤劳作。由此，我走向了一种对技术的性质与结构、工作和人类与自然新陈代谢的全面的重新思考。

因而，我想说明的是，我对于自然的观点是通过一种非教条的理性观念连接起来的。正如阿多诺和霍克海默强调的，理性曾经被视为现实的一种固有特征，确切地说是世界的自组织与动机性原则。它被看作一种内在性的力量——就像逻格斯，赋予任何层面上存在的现实以意义和内在一致性。现代世界已经放弃了这一观念，并将理性减低为合理化，即仅仅一种实现实践目的的手段。结果，逻格斯变成了逻辑性。本书将试图再现这种固有的世界理性的观念，同时要除去其中那些在现代知识性与世俗化社会条件下变得更难以为继的远古的、准神学色彩。在我看来，理性作为物质的自组织特性而在自然中存在；正是无机与有机层面现实中潜在的主体性显示了一种走向意识的内在动力。在人类身上，这种主体性展现为人类的自我意识。我并不认为，我的方法是独特的；大量关于支持自然中存在一种内在的逻格斯的著述，主要来自科学界的证据。我在此所试图做的，是以一种与众不同的历史学与生态学观点——摆脱了如此严重地损害着一种理性自然哲学构建的神学与神秘倾向，来思考理性。在结尾一章，我将试图探讨自然哲学与自由主义社会理论之间的相互关系。

我还必须从掩盖了其实质的未来主义残骸中复活真实的乌托邦传统，尤其是由拉伯雷(Rabelais)、查尔斯·傅立叶和威廉·莫里斯等人阐明的那种传统。如赫尔曼·卡恩(Herman Kahn)所概述的那样，未来主义仅仅把丑陋的现在外推到一种更加丑陋的将来，从而抹杀了未来的创造性的和富有想象力的方面。相比之下，乌托邦传统试图把自由渗透到必然，把游戏渗透到工作中，把艺术与欢娱渗透到辛勤劳动中。我对乌托邦主义和未来主义的对比，构成了对一种生态社会的创造性的与自由主义的重建基础，而这集中体现了人类作为自然产生的自我意识的历史使命和意义。

本书以一个描写上帝应该如何惩罚那征服自然企图的挪威神话开始，结束于一个消除那种惩罚的社会计划，惩罚这一术语的拉丁词根已经向我们预示了其包含的痛苦一面。在一个生态社会中，人类将成为他们由他们的想象力创造出来的神，是处在自然之中而不是高于自然的神，不再是"超自然的"存在。本书的标题《自由生态学》，就是要表达自然与人类社会在一种新的生态感知和一种新的生态社会中的和解——自然与人类通过人与人重新和谐而实现的重新和谐。

贯穿着本书的是一种辩证紧张关系。在自始至终的讨论中，我往往要涉及一些未能历史地实现的潜在可能性。阐释的需要常常迫使我谈论某一萌芽状态的社会条件，尽管它在现实中已经得到充分发展。我所遵循的次序原则是如何充分揭示某一概念，阐明它的完整含义及其意蕴。

比如，对于我对老年人在等级制社会形成中的历史作用的描述，有些读者也许会认为，我相信等级制在人类社会开始时就已存在。老年人在形成一个等级制社会中的突出作用，与他们在更早时期社会发展中的相对温和性作用相交叉，那时，他们事实上只发挥相对而言十分有限的影响。在这种情况下，我有必要阐明老年人如何构成了等级制最早的“种子”。年长制很可能是人类社会中第一个等级制形式。但是，由于我的叙述方式，有些读者也许会假定，老年人对青年人的统治在它事实上还未能产生之前就已存在。尽管如此，因年龄而产生的不安全几乎肯定在老年人中存在，而他们最终利用各种方式获得了对年轻人的主导地位以及相应的受尊重地位。

同样的阐释难题，也出现在我讨论僧侣在等级制形成过程中的地位，以及男性相对女性的地位等议题中时。读者应该注意到，任何被肯定性叙述且看起来完整的“事实”，实际上都是一个复杂过程的结果，而不是在一个社会或生活共同体中就得以充分展现的既存事实。贯穿本书的辩证紧张关系在很大程度上来自如下事实，我所应对的是一个发展过程，而不是像我们在传统逻辑学文本中看到的概念那样，是一些相互间关系非常明确的观点立场。

初始的、潜在的等级化精英不断取得进展，经历了前后相继的不同阶段，直到第一种等级制萌芽开始出现并最终成熟。它们的增长是不平衡的和相互交叉的。老年人和僧侣先是相互依赖，然后是相互争夺社会特权，其中大多数试图通过采纳一些有影响力的举措而获得个人安全。这两个团体都与形成中的青年武士群体结成了联盟，并最终形成了一个准政治的共同体和一个初级的国家。直到那时，他们的特权和权力才变成普遍化的制度，并试图对整个社会进行发号施令。然而，在其他时候，等级制的增加也许是停滞不前的，甚至会“倒退”到年龄与性别之间的更大程度的平等。除非统治通过外部征服的形式而实现，否则，等级制的出现在人类事务中并不是一种突然发生的革命。事实上，它是一个长期而复杂的过程。

最后，我想强调，本书是围绕着对史前非等级社会（它们的世界观、技术和思考方式）和基于等级与支配的“文明”的对照而组织起来的。第二章所涉及的每一个主题，在后面的各章中被分别加以详尽阐述，以表明人类“文明”所发生的巨大变化。我们日常生活和社会感知中往往缺乏的，是一种由于缓慢进展而发生的断裂感，是人类社会以一种不同于——往往是以残酷的对抗为特征——前工业化的和史前文明文化的形式发展起来。我们是如此地沉浸于我们的现代生活，而它已经吸纳了我们所有的感知和思考替代性社会形式的能力。因此，我将继续回到在第二章中简略提及的史前感知，以分析它们与后来等级制社会中的制度、技术和思考方式的不同。

本书的目的不是为了标新立异，而它的论点也不是要描绘出一个史前时代的完美王国。我所从事的并不是一种历史叙述：其中每一个事件严格地遵循着一种预定的年代顺序。人类学、历史、意识形态，甚至哲学与理性体系，贯穿于本书，而这种多视角特性难免会产生一些话题上的细节化和局部偏离——只要我认为它们对人类与自然关系的不断发展提供了有益的阐释。性急的读者也许想跳过那些过于细节化和偏离性的段落。但是，本书阐述的焦点是那些古怪的有时甚至难以理解的有机逻辑，而不是严格意义上的分析逻辑成长起来的观念。我希望，读者也愿意随着本书而成长，去感受它和理解它——以一种批判和挑剔的态度，但必须要对它所描绘的自由的生动发展过程和它所探讨的人类与支配的冲突的辩证性保持同情与敏感。

在解释了本书中所遇到的一些说明性难题后，我想强调笔者的一个信念，即这种过程取向的辩证法，比学界所偏爱的、被假定为更清晰的分析方法更接近于等级制现实发展的真相。当我们回顾数千万年前的过去时，我们对过去的思维与分析过多地受到一个长期的历史性发展过程的影响，而这种发展是早期人类显然缺乏的。我们往往倾向于把过去看成一个由巨大的社会关系、政治制度、经济概念与道德观念组成的整体和一个庞杂的个人与社会观念的混合物，而生活在千万年前的人们还根本不可能创造与概括出那些观念。那些对我们来说已充分展现的现实，对他们而言还只是未形成的潜能。他们以一种根本上不同于我们的方式来思考。我们现在理所当然地作为“人类条件”一部分的事物，对他们来说还是完全不可想象的。同样地，我们无法真正地讨论那些作为他们生活中不可分割的组成部分的大量自然现象。正是我们的语言结构，妨碍着我们对他们世界观的理解。

无疑，史前人类所持有的大量“真理”是错误的，这一判断对于我们现代人来说是很容易的。但我想指出的是，他们的世界观——尤其当应用于其生活共同体与周围自然世界间的关系时，有一种深刻的全面性，而这对于现时代的我们来说尤为重要。我将探究他们的生态感知，并试图表明它为何及如何走向衰败。我的重要目标是，确定我们究竟可以从他们的世界观中复活什么，以及如何将其融入我们自己的世界观。把古人的生态感知与我们主导性的分析性感知相融合，应该不会产生任何矛盾，如果我们能够以一种新的思考与感知方式同时超越两者的话。就像他们不能获得我们分析的“复杂性”一样，我们也不能回到他们思维上的“原始主义”。但是，我们也许能够获得一种蕴涵着对自然现象准泛灵论的重新灵性化的思维与感知方式——既是有生命的又是无生命的，而不必放弃科学与分析性思考提供给我们的洞见。

有机过程取向的世界观与分析的世界观的融合，一直是从前苏格拉底到黑格尔的古典西方哲学的传统目标。这样一种哲学远不仅仅是一种世界观或理解现实的方法。它还是哲学家们所称谓的目的论——把现实不仅仅视为简单意义上的物质，还看作是拥有意识自觉的能动的和自组织的物质。哲学传统已经使这种目的论的世界观成为一种理论框架，其中，思想与物质、主体与客体、精神与自然，在一个更高精神水平上实现统一。相应地，我把这种过程取向的现象观视为本质上内在生态性的，而且我非常不理解，为什么如此多的辩证哲学家未能看到一种辩证世界观与一种生态世界观之间的明显相融性。

我把现实视为过程的看法，也会冒犯那些拒绝承认人类在自然发展中的意义与价值的读者。我在有机的和社会的进化中看到的“进步”，肯定会遭到那些把“进步”等同于物质无限增加的一代人的质疑。我不认同这种等同。我的难题——如果可以这样说的话，或许是代际性的。我仍然推崇的时代是，在其中，我们可以阐明事件的因果，可以解释它们，可以使之成为有意义的。“内在一致性”是我最偏爱的词汇，它绝对指导着我所表达的一切。另外，本书并没有迎合环境主义著述中如此普遍的悲观主义。就像我相信过去有意义一样，我也相信将来同样会有意义。如果我们不能确信人类生活状况会不断向前推进，我们确实有机会在乌托邦式自由和社会牺牲之间进行选择。这里突显了本书可以公开承认的、一个旨在拯救的特征——一种哲学的与崇古的拯救性特征。“希望原则”，正如厄斯特·布洛赫所指称的，是我所看重事物中的一部分。因此，我厌恶过分拘泥于现实的未来主义，因为它在拒绝那些并非现存社会影射的新事物的同时也拒绝了未来性本身。

我已经努力避免把所有与随后讨论议题相关的思想纳入本书之中。我也不想把这些思想作为既成的东西呈现给被动的读者。我最推崇的辩证紧张关系是存在于一本书的读者与作者之间的：那些线索、建议、未完成的想法和刺激，鼓励着读者联系着自己进行思考。在这样一个高度流动性的时代，满足于呈现一种终结性的分析与结果是傲慢的；相反，我认为一部严肃著作的责任就是刺激辩证与生态的思考。对于一种过于“简单的”、“明确的”和不容置疑的——或者说过于精英性的，以至于读者不需要做任何补充与修正的著作，读者必须舍弃它。本书不是一个意识形态纲领，而是一个思想的刺激物——一个内在一致的概念整体，读者必须通过自己的思维努力使其得以丰满。

【注释】

[1] Lewis Herber, “The problem of chamecials in food,” *Contemporary Issues* 3/12(1952), pp. 206-241; Lewis Herber and Gotz Ohly, *Lebensgefährliche Lebensmittel*(Munich: Hans Georg Mueller Verlag, 1955).

[2] Lewis Herber, *Our Synthetic Environment*(New York: Alfred A. Knopf, 1963), reprinted by Harper & Row under the author's real name; Murray Bookchin, *Toward an Ecological Society*(Montreal: Black Rose Books, 1981).

[3] Murray Bookchin, *Post-Scarcity Society*(Palo Alto: Ramparts Press, 1970); also available from AK Press, Oakland(2005).

[4] Karl Marx and Frederick Engels, “The communist manifesto,” in *Selected Works*(Moscow: Progress Publishers, 1969), p. 108.

[5] G. W. F. Hegel, *Lectures on the History of Philosophy*(New York: The Humanities Press, 1955), p. 24.

第一章　什么是社会生态学

一个挪威传奇故事说，在远古某个时期，所有的存在物都分得了属于它们的世间领地：众神占据了一个名为“阿斯加德”(Asgard)的天上领地，人类生活在地球上的“米德加德”(Midgard)，而在它之下的是“尼弗勒海姆”(Niffleheim)，一个属于巨怪、侏儒和死者的黑暗寒冷领地。这些领地通过一棵巨大无比的树木即世界树连接起来。这一树木的枝节高耸天空，而它的根须延伸到地球的最深处。尽管这一世界树被动物不停地啃吃，但一股神奇的喷泉不断地为其注入生命使其永葆青春。[1]

创制了这一世界的众神，主导着一个并不稳定的平衡状态。他们驱逐其敌人巨怪到冰雪世界。他们用链锁缚住了芬里斯(Fenris)狼，并把米德加德的巨蟒控制在了海边。尽管存在着一些潜在的危险，总体性的和平居于主导地位，而且存在着数量充足的众神、人类和其他生物的必需品。智慧之神“奥丁”(Odin)掌管着所有的神灵；作为最聪明与强壮的神，他负责监督人们之间的战争，并选择战死者中的英雄进入其硕大的城堡瓦尔哈拉(Valhalla)赴宴。奥丁的儿子索尔(Thor)，不仅是一位强壮的武士——致力于抵御各种巨怪的阿斯加德捍卫者，还是一个秩序神，负责维持人类相互间的信任及其对条约的遵从。因而，世界上存在着分别主管富足、丰产、爱、法律、海洋与轮船的男女众神和广泛居住于地球上各种事物与生物中的诸多灵魂。

但是，当贪恋财富的众神绞杀了黄金制造者女巫古尔维格(Gullveig)以逼迫她说出秘密时，世界秩序开始解体。众神与人类之间的争吵随之变得十分普遍。众神开始违背他们的誓约；腐败、叛逆、竞争和贪婪开始主宰世界。随着原始统一性的解体，阿斯加德众神与米德尔德人类和谐共处的日子不复存在。残酷的是，世界秩序的解体将会导致众神在瓦尔哈拉城堡前惨遭屠戮，即所谓的世界毁灭(Ragnarok)。众神也将陷入一场与米德加德的巨怪、芬里斯狼和巨蟒的可怕战争。随着相互间争斗带来的破坏，人类也将走向毁灭，只剩下贫瘠的岩石与阴冷黑暗的海洋。但是，在所有这些解体并回到混沌状态后，世界将会被更新，摒弃那些曾经导致其毁灭的邪恶与腐败。从废墟中重建的这一新世界也将不会遭受另一轮灾难性终结，因为第二代众神将会从他们的先祖中吸取教训。叙述这一故事的预言家告诉我们，人类将自此生活于"无限的欢乐之中"。

这一挪威宇宙演化图示所蕴涵的不只是时间意义上的旧的"永恒循环"主题，仅仅强调诞生、成熟、死亡和再生的时间周期。相反，人们可以注意到，这一预言充满着历史的伤感；它属于还很少被研究过的神话领域，可以称之为"解体神话"。尽管世界毁灭传奇已经有着很长的历史，但我们还不知道，它什么时候出现在挪威英雄神话的进化中。我们的确知道，与西欧其他种族相比，承诺永恒报答的基督教在挪威民族中出现得较晚，并且在随后的数代之中缺乏坚实的根基。北方的异教主义很早以前就与南方的商业建立了联系。在北欧海盗洗劫欧洲时期，北方圣地已经被金钱所污染，而对财富的追求正在分裂着亲戚关系。通过战争中的英勇善战确立的等级制，正在遭到基于财富的特权体制的侵蚀。宗族与部落正在解体；原始世界统一性所依托的人们之间的誓约，正在被玷污；保持世界树常青的神奇喷泉，正在被商业活动的残渣所阻塞。"兄弟之间相互争斗与残杀"，预言家叹息道，"儿童否认他们的祖先，这是一个变动与贪婪的时代，直到世界不复存在"。

这种解体神话真正令我们感兴趣的，并不是它们的历史，而是它们的未来预言。像古代挪威人一样，或者更进一步说，像中世纪末时的人们一样，我们也感到世界正在走向解体，无论是在制度上，还是在文化与物质上。我们将面临着一个新的伊甸园式的时代，还是一个像世界毁灭那样的巨大灾难，我们并不清楚。但是，从一个意义模糊不清的现实中，我们很难相信将会有一个过去与未来之间的持久妥协阶段。我们时代的重建

性与破坏性趋势是如此相互对立，以至于很难达成和解。现实社会提供了两种尖锐对立的不同前景，一个是拥有基于社区信奉、相互帮助与新技术的生态感知的和谐世界，另一个是类似某种热核子灾难的可怕未来。正如现实所表明的，我们的世界或者将经历一场革命性的变革——这场变革是如此深刻，以至于人类将完全转变它与自然的关系以及其生活观念，或者将遭受一场有可能终结人类在地球上生存的灾难。

这两种前景之间的紧张关系已经颠覆了传统社会秩序的道德。我们已经进入了一个不再是由制度稳定而是由制度衰败构成的时代。既存秩序中的形式、取向、要求以及制度，都在发展着一种广泛的异化。这种异化的最明确证据出现在20世纪60年代，在那个十年的前半部分中，“青年反叛”扩展成为一种普遍性的反文化。明显超出大众抗议和青年无政府主义本身的复杂意蕴，是那一时期的标志。新的感知价值，新的公社生活风格，服装、语言和音乐方面的变化，所有这些都缘于一种对即将到来的社会变革的期盼，并影响到了整个一代人中的很大部分。我们仍然不知道，在何种意义上这一浪潮开始衰退：是作为一种历史性倒退，还是转变为一种致力于内部与社会发展的严肃计划。尽管这一运动的标志最终演变为一种新文化产业中的人工制品，这并不能改变其已经产生的深远影响。西方社会已经被这一运动永远地改变了——尽管学者们对它的学术水平进行讥讽和对它的“自恋倾向”加以批评。

这一无休止地消解制度与合法性的运动之所以变得如此重要，是因为它已经在西方社会的广大阶层中具有坚实的基础。被排斥感不仅弥漫于穷人中，也广泛存在于相对富裕的人群中，不仅是在年轻人中，也在老年人中，不仅是在明显受排斥的人群中，也在看起来享有特权的人群中。主导性的秩序开始失去传统上站在它一边的社会阶层的支持，而这一秩序在过去是深深植根于这些阶层中的。

尽管这种制度与价值的衰败非常重要，但它绝非是现存社会所面临难题的全部。与这种社会危机并发的，还有由于人类对地球的剥夺而直接导致的一种危机。现存社会所面临的不只是它的价值与制度的解体，还包括它的自然环境。这一难题并不是我们时代所特有的。近东地区干涸的废墟之地——曾经的农业技术和城市化的发源地，就是古代人掠夺性开发的铁证。但是，与工业革命以来，尤其是第二次世界大战结束以来所发生的大规模环境破坏相比，这种例子就显得微不足道了。当代社会对环境的破坏，已涵盖了整个地球。大量著述已经表明，几乎在地球上的每一个大陆上，每年都有大量的肥沃土壤流失，同样的情况还包括对覆盖生态脆弱地区的树木的大面积破坏，主要城市中致命的空气污染，来自农业、工业和能源生产的有毒物质在世界范围内的扩散，以及工业废弃物、农药残留和食品添加剂对人类周围环境造成的化学污染，等等。这种对地球的剥夺与污染，不仅损害了大气、气候、水资源、土壤和特定地区动植物的整体性，还破坏了所有生物所依赖的基本自然循环。

然而，现代人类的破坏能力也是其重建能力的有力证据。我们所展示的毁坏环境的强大技术能力，也包括着很多可以用于环境重建的必需要素。促进人类与自然和人与人之间和谐的知识与物质工具，在很大程度上已经存在，或者很容易被设计出来。很多过去用于制造潜在破坏性设施比如传统电站、能源耗费交通工具、露天采矿设备等的物理原理，也可以用来建造小规模的太阳能和风能装置、有效的交通手段和节约能源的住所。我们所严重缺乏的，是有助于我们实现这些值得期待目标的意识与感知——一种比这些词汇通常包含的蕴涵更丰富的意识与感知。我们对它的界定，不仅要包括以一种人类主义方式进行逻辑思考和情感回应的能力，还要包括一种对事物间相互联系的新型意识和对未来可能性具有想象力的洞察。在这方面，马克思是完全正确的。他强调，我们时代所需要革命的诗意或激情，不是来自历史过去，而应来自未来发展，来自潜在于社会生活现实的人类主义可能性。

这种新型意识与感知不应仅仅是诗意的，还必须是科学的。的确，在一个特定的层面上，我们的意识应当既不是诗意的，也不是科学的，而是同时超越二者进入一个理论与实践相统一的王国，一种把幻想与理性、想象与逻辑、设想与技术结合起来的艺术境界。我们不能遗弃我们的科学遗产而回到一种残缺不全的技术，从而继续受束缚于物质的不安全、艰辛劳作和禁欲。但是，我们也不能被一种机械化世界观和一种反人类技术所禁锢，从而继续受束缚于异化、竞争和对人类潜能的粗暴否定。诗意与想象力必须融入科学与技术，因为我们的进化已经超越了那种仅仅依靠神话与梦想来滋养的幼稚阶段。

那么，是否存在一种可以包容幻想、想象和艺术性等非科学因素的科学学科呢？这一学科是否可以涵盖我们所处时代的社会与环境危机所产生的难题呢？它又是否可以把批评与重建、理论与实践、设想与技术结合起来呢？

文艺复兴以来，在几乎每一个时期，自然科学的迅速推进与社会思想的剧烈变化之间都存在着一种密切的联系。在16世纪和17世纪，形成中的天文学和机械力学，由于它们关于太阳中心性和物体运动统一动因的解放性观点，与当时兴起的挑战宗教偏见和政治极权主义的、同样高度批判性和理性的社会意识形态遥相呼应。启蒙运动带来了一种对感性认知的新评价和人类通过自己的理性来把握过去一直由神职人员所控制世界的要求。后来，人类学和进化生物学推翻了人类事业的传统的静态观念，以及与之相关的作为神圣目的展现的创世神话和历史。通过逐步扩大其范围和揭示社会史的世俗性动力，这些科学以其人类进步的理想强化了法国大革命以后的新的社会主义教条。

鉴于我们目前所面临的极端失衡状态，我们时代需要一个全面与富有远见的知识体系——既是科学的又是社会性的——来应对所遇到的难题。在不弃置早期科学与社会理论教益的同时，我们需要形成一种更加全面的、对人类与自然世界关系的批判性分析。我们必须寻求一种更加重建性方法的基础，来解决由自然与社会之间显而易见的“矛盾”所引起的严重难题。我们不能继续受制于传统科学的思维方法，去肢解现实现象和研究其个别性碎片。我们必须把它们结合起来，看到它们之间的相互联系，并同时从整体性与特殊性的视角观察它们。

为了适应上述需要，我们已经创制了一种面向我们时代的独特科学：社会生态学。著名的“生态学”这一词汇，是由恩斯特·黑克尔(Ernst Haeckel)在19世纪创造的，用以表识对动物、植物及其它们的无机环境之间的相互关系的探讨。自那时以来，这一术语已经扩展为包括城市、健康和心理的生态学。一个词汇在如此完全不同领域中的扩展应用，对于我们这个急切获得某种智力内在一致性和概念统一性的时代来说，似乎是正合时宜的。但是，它可能被证明是极端有害的。像其他新产生的词汇比如整体主义、分散化和辩证法等一样，生态学正面临着成为一个空洞无物的术语的风险，缺乏必要的根基、环境或背景。它往往被用作一个隐喻和一个引人注意的标语，却失去了其在严肃理论前提下所可能蕴涵着的强大逻辑力量。

相应地，这些词汇的激进锋芒很容易被中立化。“整体主义”往往蒸发成一种神秘主义的感叹，一种生态伙伴关系和共同体的修辞性表述，从而完全流于日常问候语般的形式。那些曾经是严肃哲学立场的观点，已经被简约为环境主义的矫饰。分散化所广泛意指的是对大规模主义物流的替代性选择，而不是一种使亲近与直接民主成为可能的合乎人性规模。生态学的境遇也好不了太多。更为经常发生的是，它变成了任何一种一体化和发展的一个隐喻，就像辩证法这个词一样。

或许更成问题的是，生态学这一词汇近年来已经被等同于一种非常粗俗的自然技术工程形式，我们也许可以称之为环境主义。

我注意到，很多具有生态意识的个体互换地使用“生态学”和“环境主义”。在此，我将对二者在语义上做一个简易区分。对于“环境主义”，我指的是一种机械论的、工具性的观点。这种观点把自然视为由“客体”比如动物、植物、矿产等组成的被动性的人类居住地，它们仅仅是用来更好地为人类提供服务。基于这种理解，环境主义往往把自然局限为一种“自然资源”或“原材料”的储藏地。在这一背景下，在环境主义的词汇中很难看到一种社会自然的影子：城市变成了“城市资源”，而它们的居民变成了“人口资源”。如果资源这一词汇如此频繁地在环境主义关于自然、城市和人口的讨论中出现，那么，这已表明不仅仅是个词汇使用的问题。就我而言，环境主义往往把通过生态计划实现人与自然间关系的和谐，视为一种暂时休战而不是长期性平衡。环境主义的“和谐”是以新技术的发展为核心的，从而在最小化破坏人类“居住地”的前提下掠夺自然世界。环境主义并不质疑现代社会的根本性前提，即人类必须支配自然；相反，它试图通过发展能够减少由于对环境的无情破坏引起的危害的新技术来促进上述观念。

为了把生态学与环境主义以及对这一术语抽象而模糊的界定区分开

来，我必须追溯生态学这一概念的初始用法，并探讨它与社会的直接相关性。简单地说，生态学探讨的是自然的动态平衡，生物与非生物的相互依存性。既然自然也包括人类，科学则必须也包括人类在自然世界中的作用——具体地说，即人类与其他物种、与生物环境中其他无机物质基础之间关系的特征、形式和结构。从一种批判的视角看，生态学面向着一个十分宽泛的领域——人类与自然世界分裂过程中出现的广泛失衡。自然中的一种独特物种即智人，缓慢而艰难地从自然世界中发展出一种属于它自己的社会世界。由于两个世界是在十分复杂的进化阶段中相互作用的，谈论社会生态学已经像谈论自然生态学一样重要。

我想强调的是，对人类进化中这些阶段（它经历了从等级制、阶级、城市，最后是国家的连续过程）探讨的不充分性，是对社会生态学这一术语的嘲讽。遗憾的是，这一学科遭到了那些自以为是的人们的围攻，他们不停地试图去消解所有这些自然与社会发展的阶段，然后将其纳入一种普遍的"单一性"（而不是整体性）——一个弥漫着的"其中所有牛都是黑色的黑夜"，借用黑格尔的一个刻薄术语。[2] 仅仅我们广泛使用物种一词来指称人类周围的生命种类本身，也应能提醒我们注意到具体性和特殊性的事实——那些成为自然生态学探讨对象的极端丰富的具有差异性的生命与事物。探讨这些差异性，分析人类产生以及自动物存在向社会发展过程中的阶段性与相互影响——一种同时隐含着难题与可能性的发展，将会使社会生态学成为一个最强有力的学科，从中我们可以引导出对当前社会秩序的激进批评。

但是，社会生态学不仅仅是对人类与自然分裂的批评，它还提出了消除这种分裂的必要性。事实上，它提出了从根本上超越它们的需要。正如格特金德（E. A. Gutkind）指出的："社会生态学的目标是实现整体性，而不仅仅是把随机收集的、主观且未充分解释的无数细节拢在一起。"[3] 这种科学探讨的是生命共同体或"生态系统"中社会的与自然的关系。通过整体性地看待事物，也就是依据它们的相互依赖性，社会生态学试图阐明那些赋予一个生命共同体智力的相互关联的形式与类型，无论它是自然的还是社会的。在这里，整体主义是有意识地辨别共同体中的个体如何相互连接起来，其中的"几何学"（就像古希腊人很可能考虑的那样）如何产生了“整体大于部分之和”的结果。因此，格特金德所指的“整体性”，不能误解为一种将会导致宇宙涅盘般无规则解体的幽灵般的“单一性”，而应理解为一种拥有自身历史发展逻辑的清晰结构。

事实上，历史的形式像结构一样重要。在很大程度上，一个现象的历史就是现象本身。的确，我们就是我们之前所存在的一切，而我们最终将会远丰富于我们的现实存在。令人吃惊的是，生命形式的进化在自然与社会的进化中，尤其在我们的身体中保存完好，就像我们的胚胎发育所表明的那样。进化就存在于我们自身(以及我们的周围环境中)，它是我们作为一种生命的特征之一。

在此有必要强调的是，“整体性”不是一个不加区别的“普遍性”，从而使一个现象简约为与其他现象间存在的共同之处。它也不是一种可以代替构成自然与社会世界的巨大物质性差异的、无所不在的“能源”。相反，“整体性”有着丰富多彩的结构、连接和协调，从而使整体具有多样化的形式和众多的独特特征，而这些往往被那些严格的分析性思维简化为“无数的”和“随机”的细节。

对于熟悉法西斯主义以及其他极权主义意识的一代人来说，整体性、全体，甚至共同体等术语间只具有细微的差别。这些词汇容易使人联想到一种“整体性”形象，它们是通过均质化、标准化和人类的压制性趋同而实现的。这些担心还因“整体性”为人类历史进程设定了一个无情的结局而强化。这种“整体性”蕴涵着一种先验的、狭义宇宙目的论意义上的社会规律概念，并否定了人类意志与个体选择在社会事件过程中的作用。这些社会规律和宇宙目的概念，一直被用来实现个体对人类无法控制的先验力量的无条件服从。我们所生活的20世纪一直受到众多极权主义意识形态的折磨，它们只是强调人类服务于历史的需要，而否定人类服务于自身人性的需要。

事实上，这样一种极权主义的“整体性”概念，与生态学赋予这一术语的含义大相径庭。除了对其本身形式与结构大大改进的理解，我们现在还看到一条重要的生态学原则：生态整体性不是一种不可改变的均质性，恰恰相反，它是一种充满活力的**多样性中的统一**。在自然世界中，平衡与

和谐是通过不断变化的差异性、不断扩大的多样性来实现的。因而，生态稳定性不是简单性和均质化，而是复杂性和多样化的一种功能。生态系统保持其整体性的能力，并不依赖于环境的统一性，而是它的多样性。

这种生态学原则的一个典型例子是人们粮食种植中的生态化战略。传统的偏爱单一种类农作物的方法或单一农业，使农场主无数次遇到了灾难性后果，而这种大面积种植小麦和玉米的单一农业方法，已经被广泛接受并扩展到世界许多地区。由于缺少了混合性的植物种植——它往往能够提供由多样化的动植物所带来的相互制约与支持力量，一个地区的整体农业环境便会走向崩溃。由于没有了自然节制，比如鸟和小型哺乳动物，益虫也会变成害虫。缺少了蚯蚓、固氮细菌和足量有机肥，土壤将会退化为纯粹的沙土——一种可以大量吸收无机氮盐的矿物媒质，而这种无机氮盐在生态系统中本来可以更加循环性地且更合时宜地促进农作物的生长。在严重忽视了自然的复杂性和动植物生命的各种需要后，农业环境就会变得过于简单化；它的许多需要只能通过人工复合化肥和危险农药来满足，前者渗透到了人类饮用水源中，而后者残存在人类粮食中。高水平的粮食种植——过去通过多样性的粮食与动物来实现，而且不存在长期性的有毒物质残存，并且很可能更加富有营养，但现在只能通过单一性的农作物来达到，还往往要借助有毒化学物和极其简单的养分。

如果我们认定，自然是朝着日益复杂化的方向进化的，生命对这一星球的占领只能是生物多样化的一个结果，那么，人类应该放弃自己的傲慢态度，并对自然过程的任何干扰持一种谨慎态度。生物从它们最初形成与生存的原始水中栖息地，逐步扩展到地球上最不适宜生活的地区，并创造了覆盖整个星球的丰富生物圈，这一切只有在如下前提下才是可能的：生命有着难以置信的可改变能力和从过去长久发展过程中继承的巨大生命形式遗产。这些生命形式中的很多种，甚至其最原始与简单的形式，都还依然存在，尽管它们在不同程度上都因为自然进化而发生了改变。标志着植物生命起源的简单的海藻形式，以及标志着动物生命起源的简单的无脊椎动物，仍然大量存在。它们为更复杂的有机物提供了存在的前提，提供着食物、分解源，甚至大气中的氧与二氧化碳。尽管它们也许比这些“更高级的”动植物早近10亿年，但却仍与这些更复杂的后继物在精妙无比的生态系统中相互作用着。

假定科学能够无所不知地掌控这种有机界与无机界之间的相互关系复杂体，要比傲慢更为糟糕，而且是十足的愚蠢。如果多样性中的统一性构成了生态学的主要信条之一，那么，每一寸土壤上存在的大量生物使我们注意到了生态学的另一基本原则，即必须考虑到高度的自然自发性。"尊重自然"的著名格言，有着非常具体的含义。如果认定我们关于这一复杂的、结构多样的、不断改变着的自然生命形式万花筒的知识，可以使我们获得对它某种程度的"控制"从而来自由操纵生物圈，那将是一种完全的愚蠢之见。

因而，我们必须承认相当程度上的自然自发性，因为多样化的生态力量会产生多种形式的生态情景。"改造自然"所要求的是，我们只能促进源自自然现象的一种自发性发展的生物性变化。这绝不是说，我们必须屈服于一个超出人类理解与干预能力的神秘自然，一个要求人类敬畏与无条件服从的自然。或许，我们从这些生态学信条中可以获得的最显而易见的结论，是查尔斯·埃尔顿的如下评论："世界的未来必须是被管理的，但是，这种管理将不会是像一个棋类游戏，而是更像驾驭一条船。"[4]而无论是自然生态学还是社会生态学想要教育我们的，是如何弄清水势并辨识水流的方向。

真正使生态世界观具有独特的解放性意蕴的，是它向传统的等级制观念提出的挑战。但是，我想强调的是，这一挑战是隐含着的：它还必须通过一种生态学学科得以详细阐发，而这一学科难免弥漫着传统科学的偏见。生态学家们几乎没有意识到，他们的科学为一种非等级制的现实观点提供了强有力的哲学基础。像很多自然科学家一样，他们拒绝哲学概括的一般性结论，认为与他们的研究无关——这是一种植根于英美经验主义传统的哲学偏见。不仅如此，他们追随其其他领域中的同事，并模仿后者的物理学观念。这种可以一直追溯到伽利略时期的偏见，已经导致了人们对生态循环中系统理论的广泛接受。尽管系统理论在科学领域中有着其位置，但如果它获得一种相对于生态系统的定性化描述——这种描述基于有机进化、多样化和整体主义——的优越性的话，系统理论很容易变成一种涵盖一切的、量化的和简约主义的能源理论。尽管在生态

系统中系统理论对能源阐释的优点随处可见，但它对生态系统在量的方面进行分析的重视，并未能充分认识到生命形式不仅仅是消费者和热量的生产者。

在作出上述说明之后，我必须强调，生态系统以等级制的术语来描述是没有意义的。动植物共同体的一个物种之内是否真的包含着“支配性的”和“服从性的”个体，值得更加深入的讨论。但是，在一个生态系统中的物种之间排列等级，是一种纯粹的拟人化。正如艾丽森·乔利(Ellison Jolly)评论的：

> 动物等级的观念具有一个复杂多变的历史。发现了母鸡啄食秩序的施杰尔德鲁普—埃伯(Schjelderup-Ebbe)，将其发现扩展成一种普遍性的条顿式专制主义理论。比如，侵蚀一块石头的水，被认为是“支配性的”。施杰尔德鲁普—埃伯把动物的次序排列称为“支配”，而一些研究者部分承认了很多脊椎动物群体中的支配等级制。[5]

如果我们承认，每一个生态系统还可以被视为一种食物链，我们就可以把它想象成一种循环的、相互交织的动植物关系体(而不是一种人类处于顶端的等级化金字塔)，其中包括差异悬殊的生物比如微生物和大型哺乳动物。人们第一次看到食物链图式时所感到的迷惑，往往是难以发现进入这一整体的入口。实际上，这一食物链可以在任何一个关节点上进入，并在任何一个没有明显出口的位置离开。除了来自太阳的能源(并通过辐射而发散)，这一系统看起来是完全封闭的。每一种物种，无论是细菌还是鹿，都处在一个相互依赖的网络之中，不管这种连接是如何的间接。这一食物链中的捕食者同时是被捕食的对象，而即使“最低等的”有机物也可以使其致病，或者在其死后帮助消解它。

捕食并不是把一种物种与另一种物种联系起来的唯一方式。大量的著述已表明，共生性的互助主义在很大程度上是促进生态稳定和有机进化的主要因素。动植物不断地适应于相互间提供帮助——无论是通过互惠性的生物化学功能交换，还是通过更明显的物质性帮助与援助，开启了一种审视生态系统稳定与发展的全新视角。

一种食物链越是复杂，某一种或几种物种的丧失对其稳定性造成的影响就越大。因而，物种之间的差异以及系统整体内部的复杂性，具有十分重要的意义。在简单的生态系统中，比如在北极和沙漠地区，如果控制觅食动物数量的狼灭绝或者控制啮齿类动物数量的爬行类动物大量消失的话，食物链便会严重地崩溃。相比之下，在地球温带和热带，生物极端丰富，这便可以使其不因食肉动物或食草动物的大量减少，而遭受严重的生态失衡。

为什么从人类社会等级制中借用的这些词汇在描述动植物关系时有着如此重大的影响呢？生态系统中是否真的存在"兽中之王"和"低等苦役"？某些昆虫会"奴役"其他的昆虫吗？一种物种会"剥削"其他的物种吗？

这些术语在生态学中的任意性使用，提出了很多具有深远意义的问题。这些术语带有强烈的社会价值色彩，是如此显而易见，以至于不需要多加讨论。但是，很多人在讨论自然时显示了一种卑鄙的欺诈态度，因为他们事实上把自然作为社会的一个向度。一个咆哮的动物既不是"邪恶的"，也不是"野蛮的"，同样，它对外界刺激的适当反应无所谓"行为不端"或值不值得"惩罚"。因为在对自然现象作出这些拟人化判断的同时，我们否定了自然的整体性。更为荒唐的是借助等级制术语的广泛使用，赋予自然现象以"智力"或"秩序"。这样做所真正达到的是通过辩护男性对女性的命令是"自然秩序"的固有特征而强化人类社会的等级制。这样，人类支配便进一步转变为生物学意义上的基因法则，同时发生的还有青年对老年、女性对男性和男性对男性的附属。

随意使用等级制这一术语来描绘自然界中的差异性，往往使描述本身前后矛盾。"雌蜂王"根本不知道她是一个女王。蜂巢的主要活动是生殖性的，因而，如果使用"劳动分工"这一被滥用的术语来描述它，对于这一没有真实经济功能的巨大性器官来说没有任何意义。蜂巢的真正目的是创造更多的蜜蜂。动物和人类从中获得的蜂蜜，是一种自然的恩赐；在生态系统中，蜜蜂更擅长于通过传播花粉来满足植物再生产的需要，而不是满足重要的动物需要。社会理论家如此钟爱的关于蜂巢与社会之间的类比只是清楚地表明，我们的自然观在多大程度上受到以我们自我中心论的社会利益的影响。

以我们讨论所谓动物等级制的方式去讨论所谓的昆虫等级制，甚或完全忽视不同动物共同体所发挥的不同功能，是一种愚蠢到极点的类比推理。灵长目动物呈现为一种看起来包含着“支配”与“附属”性质的关系，源于十分不同的原因。但是，从词源或概念分类意义上说，灵长目动物都属于昆虫“社会”的“等级”类别——尽管它们有着十分不同的形式和不确定的稳定性。非洲草原上的狒狒，被认为是原始世界中最严格的等级化群体，但是，当我们观察其在森林栖息地的“次序排列”时，这种严格性就消失了。即使在草原上，雄性“首领”们是否真的“统治”、“控制”或“协调”其种群内部的关系，也是大有疑问的。上述术语中的任何一个都可以用来表达某种观点，而每一个术语在人类社会背景下都会具有明显不同的含义。看似父权制的灵长目动物的“妻妾”，在性关系上就像在妓院一样宽松，具体情况取决于一个雌性是否处在发情期、栖息地中所发生的变化，或者“族长”对此完全没有自信。

需要指出的是，狒狒属于猴类，尽管我们假设它们的草原居住环境与早期人科属的居住环境是相似的。在大约两千万年前，狒狒脱离了人科种属进化的轨道。与我们最接近的进化远亲——大类人猿，有助于彻底驳倒等级制的偏见。在四种大类人猿中，长臂猿根本就没有明显的“次序排列”。被很多灵长类动物学家视为最接近人类的黑猩猩，只形成了如此易变的社会“分层”和确立了如此不稳定的联系方式（这取决于或许受到研究工作者选择影响的某一区域的生态），以至于等级制这个词实际上成为理解其行为特征的障碍。猩猩之间看起来存在着很少可称之为支配与附属的关系。山地大猩猩，尽管受到广泛的赞誉，除了应对食肉动物挑战和内部攻击时外，几乎没有显示出什么社会“分层”。

所有上述实例有助于辩护伊丽斯·鲍尔丁（Elise Boulding）的抱怨，那些偏爱从等级制和父权制视角描绘动物与人类关系的学者所提出的“原始行为模式”，更多是“基于狒狒而不是长臂猿”。鲍尔丁评论道，与狒狒相比，长臂猿在身体结构上、在灵长类动物进化进程中更接近于人类。“我们对一个灵长类角色模式的选择，明显是由文化因素决定的。”她概括说：

> 谁希望像非攻击性的、吃素食的和分享食物的长臂猿？在那里，

父亲像母亲一样抚养孩子，每一个人都生活在很小规模的家庭团体中，而很少有外向性的攻击性行为。相比之下更好的选择是像狒狒，它们生活在大规模的、密切联系的、团结起来反对外部同类的团体中，在那里，每一个人都知道谁是负责者，母亲负责照看小孩，而父亲负责狩猎和捕鱼。[6]

事实上，鲍尔丁对于生活在草原上的灵长类动物作了太多的让步。即使支配这一术语扩展到包括雌“蜂王”和雄性“首领”狒狒，个体动物的强制性具体行为，也很难称为支配关系。某一行为并不能构成制度；单一事件并不能构成历史。植根于本能性动力的、高度结构性的昆虫行为模式，由于过于死板而很难说是社会性的。等级制直到像施杰尔德鲁普—埃伯那样在宇宙论意义上使用，支配与附属才能视为制度化的关系——这种关系是生物活生生地创造的，但既不能由其本能所固定化，也不能是过于敏感而易变的。也就是说，它们必须具有一个明确的强制性与特权化排列的社会结构。这一结构不依赖于看起来在某一生活共同体中居于支配地位的可变性个体，而是一个遵循着超出个体间相互作用或先天行为类型的社会逻辑的等级制。

这些特性在人类社会中是非常明显的。我们可以谈论“自我维持的”官僚制，而不必提及构成它的官僚机构人员个体。然而，当我们回到非人类的灵长类动物时，人们广泛认定为等级制、地位和支配的，恰恰是个体动物的可变性行为。简·范·拉维克—古达尔(Jane van Lawick-Goodall)所称的雄性“首领”黑猩猩迈克，通过在不停地敲打两个空煤油罐的同时残酷地掌管一个雄性种群而获得了其“地位”。[7]如果没有这两个煤油罐的话，迈克还能够变成雄性“首领”吗？她对此的回答是，动物对人造物件的使用，“很可能暗示了其具有超常的智力”。是否这些在智力上而不是在攻击性、任性或傲慢上的细微差别造成了雄性的“首领”，更大程度上证明了特定历史条件下的人类价值在某一灵长类种属上的影射，而不是动物行为学家所声称的科学的客观的事实。

很多看似等级制的动物特性，更像是一个连续链条上的变异，而不是我们在人类社会与制度中所看到的有组织的分层。甚至西北印第安人中的所谓阶级社会，正如我们即将看到的，是个体间在同一链条上的连接，

而不是一种阶级化的分层，后者是早期英美入侵者从自身社会经历出发幼稚地附加在印第安人身上的。如果行动不构成制度，事件不构成历史，那么，个体行为特征也不构成阶层或阶级。社会阶层是由更严格的要素构成的。社会阶层具有个体之外的自身特征，尽管个人赋予社会以实质性内容。

那么，生态学如何避免这种类比推理呢？它使得“伦理生态学”和“社会生物学”看起来很像是人类社会向自然中的扩展推广。那么，是否存在着这样的词汇呢？它们能够为多样性中的统一性、自然自发性和在自然与社会中的非等级制关系提供一种共同的含义。考虑到自然生态学中出现的很多信条，为什么只形成了这种单向度的结果呢？为什么没有把其他的、不太慈善的生态观念比如捕食和攻击引入社会中呢？

实际上，几乎所有上述问题都在20世纪初变成了社会理论中的主要议题。当时，城市社会学中的所谓芝加哥学派极力地把自然生态学的所有概念应用于城市的发展与“机理”中。迷恋于这一新科学的罗伯特·帕克(Robert Park)、厄内斯特·伯吉斯(Ernst Burgess)和罗德里克·麦肯奇(Roderick McKenzie)，十分成功地赋予他们的芝加哥个例研究以一种严格的生物学模式，而这一模式主导了后来两代人的美国城市社会学研究。[8]他们的理论信条包括生态演替、空间分配、区域分配、合成分解代谢平衡甚至竞争与自然选择。如果不是这一流派创建者的自由主义偏见的话，上述这些观念很容易使其陷入一种危险的社会达尔文主义形式。

这一流派基于一种隐喻式的简约主义，尽管取得了令人尊敬的经验性结果，但由于不加区别地使用，这些词汇已经变得没有意义。当帕克把某些特定城市公用设施的出现比作那些在“山毛榉或杉松树林”中达到顶点的“其他植物物种”的“演替性支配”时，这一类比是十分勉强且严重扭曲的。他把道德、文化、职业和经济团体比作“植物入侵”，暴露出他缺乏一种理论辨识力，以至于把人类社会特征简约为植物生态特征。帕克和他的同事所缺乏的是一种适当的哲学工具，从而确定一个连续发展轴线上把自然与社会现象统一与分离开来的各个阶段。结果，仅仅外表上的相似性，变成了完全的等同——所不幸的是，社会生态学总是被不停地简约为自然生态学。从自然进化上升到社会进化所产生的巨大变化，以及由此可能导致的生态学词汇的更有意义的选择，处在了这一理论流派的视野之外。

无论何时，当我们忽视了人类社会关系超越动植物关系的方式时，我们的观点往往岔向两个错误的方向。或者，我们会听命于一种死板的二元主义，以至于在自然与社会之间作严厉的划分，或者，我们会陷入一种粗俗的简约主义，以至于把一个混同于另外一个。在任何一种情况下，我们都会变得很难认真思考有关问题。我们仅仅满足于探求一个十分复杂难题的最简易性答案，而真正的难题是，分析"沉默的"自然经过了哪些具体阶段后逐渐成为有意识的人类自然。

使自然中的"多样性中的统一"不只是社会中的"多样性中的统一"的一种生态隐喻的，是社会生态学的基础性哲学概念"整体性"。我所理解的"整体性"，是指潜伏于一种尚未充分发展的可能性中的"整体性"在不同层面上的现实化，是一种丰富特性的展现。这种可能性也许是一粒刚播种的种子，一个新诞生的婴儿，一个新成立的社区，或者一个新建立的社会。黑格尔在其著名论述中以生态学词汇对人类知识"展现"的描述，依然是十分恰当的：

> 蓓蕾消失在花朵的绽放中，而人们也许会说，前者被后者所否定；同样，当果实开始结出时，花朵也将作为植物的一个虚假体现而凋谢，而果实则作为它的真理而出现。这些形式不但相互区别，还作为互不相容的事物而相互替代。但与此同时，它们的流动性特征使之成为有机整体中的一个必经阶段。在其中，这些形式不仅不相互冲突，而且每一个彼此之间都不可或缺，并且正是这种相互需要本身构成了生命整体。[9]

我之所以引用这一著名论述，是因为黑格尔并没有把它仅仅作为一个隐喻。他的生物学实例与他的社会主体物质，作为一个更大过程中的相似性方面以彼此超越的方式走向聚合。生命本身不同于非生物，形成于具有各种潜在特质的无机界，而这些潜质内在地产生于最初级的自组织形式所包含的逻辑。同样，不同于生物界的社会、不同于动物的人类、不同于人类的个体，也都是如此。就此，我们可以善意地把黑格尔的格言

“真实的是整体性的”[10]，改为“整体性的是真实的”。这一词汇顺序颠倒要表明的是，事物的真实性存在于一个它通过发展而实现的自我完善过程中，在这一过程中，它潜在的特殊性得以充分展现或汇入整体，就像一个儿童的潜能在后来的丰富人生经历与身体不断成长中得以实现。

我们一定要避免卷入在植物、动物和人类之间，或者在动植物生态系统与人类共同体之间的直接对比。它们之间并不存在真正的可比性。如果我们轻率地将它们等同的话，我们就会倒退到帕克、伯吉斯和麦肯齐等人那样的观点，更不必说当今很多社会生物学家的观点。不是它们差异中的特殊性而是差异的逻辑，把动植物共同体与人类共同体生态地联系起来。事实上，整体性就是完整性。整体充满活力的稳定，来自人类共同体中一种较高程度的完整性，就像在顶级生态系统中一样。真正把这些整体性与完整性模式统一起来的——不管它们在具体性和量化特征方面有多大的差异，是发展本身的逻辑。一个顶级森林系统是整体性的和完整的，就像一个特定社会形式是整体性的和完整的一样，是同一个统一性过程——或同样的辩证法——的结果。

当整体性和完整性被视为一种现象的内在辩证法的结果时，我们并不会冒犯这些现象的独特性，就像万有引力规律并不冒犯按照自身“规律性”降落的物体的独特性一样。就此而言，作为一个健全社会结果的人类全面性的理想，是作为一个健全自然环境结果的稳定自然理想的合法继承者。马克思曾试图把人类的身份与自我发现植根于它与自然间的创造性相互作用。但我必须指出，不仅是人类在自然世界中留下其印记并改变着自然，而且自然也在人类世界中留下其印记并改变着人类。借用等级制的语言来反驳它自身：不仅是我们人类在“驯服”自然，自然也在“驯服”我们。

这些颠倒的短语不应仅仅视为一些隐喻。为了防止人们认为我正在把整体性概念提升为一种抽象的辩证法原则，我想强调，自然生态系统与人类共同体以非常切实的方式相互作用。我们的动物自然从未如此地远离我们的社会自然，以至于我们可以使自己脱离我们周围或我们内部的有机世界。从我们的胚胎状态到成熟的大脑，我们部分再现了人类自身的进化过程。我们距离我们的灵长类祖先并不遥远，因为我们具有的在立体性观察、智力敏锐性和手指抓获能力等方面的能力都有着来自它们的生理遗产。我们作为个体逐步发展为社会的过程，也就是社会逐步超越自然而成为它自身的过程。

当然，这些连续性是显而易见的。往往不太明显的是，自然在何种程度上成为一个促使人类社会差异性出现的潜在领域。自然是社会发展——而不仅仅是社会出现——的一个前提，就像技术、劳动、语言和思想一样。而且，它并非只是威廉·配第（William Petty）所指意义上的一个前提——如果劳动是财富的“父亲”，自然就是财富的“母亲”。马克思所钟爱的这一形式，事实上由于把女性“被动”的父权观念强加给自然而使自然受到了怠慢。[11]自然与社会之间亲密关系的主动性，远远超出我们能够承认的程度。特定的自然形式——特定的生态系统，是构成特定的社会形式的必备基础。冒着使用一个高度争议性词汇的风险，我也许可以提出一种自然发展的“唯物史观”，从而把“被动的”自然——人类劳动的“对象”——转变为“主动的”自然——人类劳动的创造者。劳动与自然的“新陈代谢”，包括着上述两种方式，因而，自然与人类相互作用并导致它们在自然与社会世界中共同潜能的实现。

这样一种相互关系可以非常具体地加以叙述，而像“父亲”、“母亲”之类的词汇只能传达错误的信息。最近对生物区域作为各种人类共同体框架的强调，提供了一个需要重新调适我们的技术与工作风格以便与特定生态区域的需求与可能性相一致的例子。生物区域的需求与可能性，向人类社会对自然的主权和它基于自身需要的自治权利声称提出了严峻挑战。如果说在并非自身选择的条件下“人类创造了历史”（马克思的观点）是正确的，那么毫无疑问，历史也在并非自身选择的条件下创造了社会。掩藏在与马克思著名论断的文字游戏之后的向度，是参与社会历史创造的自然历史——作为一种主动的、具体的和实在的自然，这种自然也是其以同样复杂与充满活力的生态系统形式经过了日趋复杂的自身发展阶段的结果。结果，我们的生态系统在高度复杂与充满活力的生态区域中紧密相连。社会发展中隐藏的这一向度是何等具体——而人类的主宰性声称如何应遵从于它，只是在最近才变得十分明显，因为我们需要设计既能

有利于社会生产，又能适应于生物区域的替代性技术。因而，我们的整体性概念，并不是一幅可以展示给急切的社会生态学家们欣赏的、自然与社会关系的最终的画面。它是一个十分丰富的自然历史，日益主动与不断变化着——就像由童年坚定地走向并融入青年，然后由青年融入成年这一过程一样。

把一种历史感注入自然的必要性，就像把一种历史感注入社会一样迫切。一个生态系统绝不是一个偶然出现的、由动植物构成的随机共同体。生态系统具有属于它自己的潜能、方向、意义和自我实现。把一个生态系统视为天然的(科学主义在它的理论中立观察者命题中谆谆教诲的坏习惯)，就像把人类共同体视为天然的一样，是脱离历史的且肤浅的。生态系统和人类共同体都有一个赋予它们的内部关系以智力与秩序、它们的发展以方向的历史。

从一开始，人类历史就既是自然史，也是社会史——就像传统的亲族结构和劳动的性别分工所清楚表明的那样。至于自然史是不是依附于人类并阻止其理性实现的“黏质物”——借用萨特里(Sartre)的笨拙术语，将在后文中讨论。现在需要指出的事实是，人类历史永远不能脱离或分离于自然。像我们即将看到的那样，人类历史将永远展现在自然之中，无论我们称呼自然为一种“黏质物”还是一个丰产的“母亲”。将被证明是对人类才智真正检验的，是我们要促进的自然的类型——是一种有机的与十分复杂的自然，还是一种无机的和过于简单的自然。

人类对自然的介入不仅采取十分深刻的形式，而且采取日益微妙的形式，这些形式已超出了即使最富有经验理论家的预期。我们对这种介入的了解，像在过去一样，依然处在其“前历史”阶段。在厄内斯特·布洛赫看来，我们不仅与自然拥有一个共同的历史——暂且不论自然与社会之间的差异，而且拥有一个共同的命运。正如他评论的：

> 自然的最终展现，就像历史的最终展现一样，寄希望于未来。一种知识性技术而不是外在性技术(在某种程度上受到自然制约的)越是可以获得的，那么，我们就越会确信，自然中被冻结的力量将会重新得到解放。自然并不是一种可以归之于过去的东西；相反，它是一个还没有被清理干净的建筑场所，是本身还没有获得其作为人类房

屋建材的适当形式的建筑工具，因为这一房屋本身仍未以充分完整的形式存在。参与这一房屋建设的步履维艰的自然主体性能力，是具体意义上的人类乌托邦幻想的客观乌托邦的关联物。因此，“人类房屋”不仅存在于历史之中和基于人类活动之上，还首先基于自然构建地点的一种被调节的自然主体性。自然概念的边界并不是人类历史的开端，在那里，自然(一直在人类历史中存在并包围着它)变成了人类主权领域下的地点；相反，它应当成为人类生产非异化受调节物品的一个适当地点(服务于适当的人类房屋)。[12]

人们可以抓住布洛赫对与自然相互作用中人类主权的强调，和渗透在阐述那种相互作用的有机特征中的结构性措词进行批评。《希望原则》写于 20 世纪 40 年代，那是一个艰难的冲突多发期，这样一个概念性框架完全超脱于那时反自然主义甚至军事主义的时代精神。他的远见令我们的后知之明自愧不如，尽管其中充满着它特有的“通俗的”生态术语和令人不安的神秘主义。无论如何，自然与社会之间的差异已经得到充分阐述。现在，变得十分有必要的是，与布洛赫一起，把我们强调的重点转向自然与社会之间的共同性，但前提是我们应清醒地意识到避免从前者向后者的简单跳跃，从而忽视了把它们联系在一起和真正统一起来的许多发展阶段。

自发性影响社会生态学的方式与它影响自然生态学的方式相似——作为多样性与复杂性的一种功能。生态系统是极其多样化的，因而难以完全在厄内斯特·布洛赫指称的“主权领域”或者是坚持人类对自然的主权声称的意义上来理解。但是，我们也许可以追问，社会的复杂性和历史对人类的主权声称，是否也同样是真实的？那些自我授权的科学家或社会“卫士们”，拥有对决定社会发展的复杂因素的充分了解吗？而且，甚至在“人类房屋的适当形式”被发现并被赋予实质内容后，我们如何能够确信他们公正无私的服务意识？历史充满了领导人、政党、派别、“卫士”和“先锋”的曲解。如果自然是“盲目的”，当社会假定完全了解自己时，它也是“盲目的”——无论是社会科学、社会理论、系统分析，还是社会生态学，都不例外。的确，从亚里士多德到列宁的“世界精神”，并非总是能够很好地服务于人类目的。它们

已经显现了一种破坏社会环境的可怕傲慢,就像普通人的傲慢破坏了自然环境一样具有灾难性。

历史上的伟大转折时代表明,社会变革的洪流往往要以自发性的形式产生影响。在主客观条件难以在物质上、意识形态上和道德上持续的情况下,先锋队组织追求强制性的变化,结果造成了重复性的人为灾难。那些强制性社会变化不是由一种有教养的、见多识广的公众意识滋养的,而是由恐怖来推动的——而运动本身已经野蛮地背离和玷污了它们最为尊崇的人类主义与自由主义理想。我们生活的 20 世纪即将结束于一个严重威胁人类未来的事件的阴影之中,即十月革命及其可怕后果。一场自发的和轻易实现的革命是如何结束的,而被代之以列宁领导的十月暴动,很容易从时间上加以确定。但是,一个小规模的干部群体——在敌手的道德败坏与愚蠢帮助下,如何在“胜利”的名义下把获得了的胜利变成了失败,是很难解释清楚的。如果让这一运动听任于它自发性的大众动力与自决的话,它很可能早已经归于平静——很可能因而获得一些事实上增进了其外部社会发展的好处,这是我们从事后观察视角能够得出的最可靠判断。社会变化尤其是社会革命的最大敌人,往往是其领导人,他们的意志阉割了民众的自发运动。社会进化中的傲慢就像自然进化中的傲慢一样危险,而且是基于同样的理由。在两种情况下,情景的复杂性、时空的局限性和渗透到往往呈现为远见中的个人偏见,掩盖了比任何意识形态看法与需要都更接近于现实的丰富个体。

我并不是要否认意志、远见和知识的极端重要性,正是它们把人类自发性灌输到社会世界中。相比之下,在自然世界中,自发性在一种更为限制性的条件下发挥作用。一个自然生态系统在特定的可能条件下实现其最大程度的稳定,进而达到它的顶点状态。当然,我们知道,这并不是一个被动的过程。但是,当超出生态系统所能达到的水平与稳定性以及它所展示出的努力范围后,它便缺乏了动机,没有了选择的余地。鉴于生态系统所实现的可能性和亚里士多德称的“隐德来希”(entelechy)[13],它的稳定是它自身的结束,就像蜂巢的功能是生产蜜蜂一样。一种顶点状态的生态系统,标志着构成它的一个相互联系阶段的暂时结束。相比之下,社会领域提供了把自由与自我意识作为稳定的附加功能的客观可能性。

无论进展到什么样的水平，人类共同体都是未完成的，直到其充分实现自由意志与自我意识，或者我们所称的自由，而在我看来，后者这一完成状态不过是人类发展一个新阶段的起点。人类的自由在何种程度上依赖于它生存于其中的自然生态系统的稳定性，人类在生存之外的更广泛哲学意义上意味着什么，人类从与整个生命世界分享的历史中和它自身的社会历史中孕育了哪些特殊标准，这些是后文即将探讨的主题。

在这种非常复杂的观念背景下，我们必须尝试把自然生态系统的非等级制特征移入人类社会。使社会生态学变得如此重要的是，它驳斥了自然与社会中等级制存在的任何理由；它挑战了等级制在这两个领域中作为一种稳定或秩序原则的功能。秩序与等级制的这种联系破裂了，而且，这种联系的破裂并没有否定自然与社会之间的联系——作为社会生物学的武断对立面的社会学，往往会这样做。不同于社会学家，我们不必使社会世界过分自治于自然，以至于我们必须解除使自然逐步发展到社会的连续性。总之，我们不必接受社会生物学的武断信条，把我们与自然以一个极端的粗俗方式连接在一起，也不必接受社会学的幼稚信条，从另一个极端把人类与自然分离开来。尽管等级制确实在当今人类社会中存在，它不需要持续下去——无论是就它的意义缺乏还是自然现实而言，都是如此。但是，反对等级制的理由并不是它作为一种社会现象的独特性，而是因为它威胁到了今日社会生活的存在，因而不能继续作为一种社会事实；因为它威胁到了有机自然的整体存在，因而不能再继续这样做，“沉默的”和“盲目的”自然已经作出了严厉的裁定。

我们与非等级化自然的连续性表明，一个非等级制社会的随机性并不比生态系统的差。自由并不仅仅是摆脱限制，英美多数主义政治传统和制度异质性并没有产生一个真正的社会生态系统，这些概念一直在被争论着。事实上，正如本杰明·巴伯(Benjamin R. Barber)强调的，民主作为社会自由的最高体现已经在相当程度上被改变性质，从而产生了“代表对参与的逐渐替代。民主以其经典性含义是指由民众、平民和人民自己实现的统治，但现在，它往往被视为由人民授权的精英统治(借助代表制机构)。竞争着的精英争夺来自公众的支持，而人民的主权简化为参与

选择统治他们的专制独裁者的可怜权利”[14]。或许更重要的是，公共领域或亲历政治的概念已经由于一种表面的异质性——更准确地说，一种从制度性到个体性存在的原子化——而变得日益不可能，结果，政治无序代替了政治一致性。这种公共品行被个人权利的替代，已经导致了一种统一性伦理原则和人格的倾覆，而正是这种伦理原则赋予了公共概念、这种人格赋予了权利概念以实质性内容。

一个被经常提出的宽泛性问题是，自然在何种程度上是我们可以合法地诉诸于它的独立性现实呢？假定自然确实存在，我们又了解多少那并非只是社会的，或更严格地说是我们自身主体性结果的自然世界呢？自然是所有非人类的，或更宽泛地说非社会的存在，这是一个植根于超越理性话语本身的假定。它存在于整个知识理论的核心——一种强烈地分裂为客观性与主观性的认识论。自文艺复兴以来，知识存在于一个被人们的先天局限和洞察力隐藏的心灵之中的观念，一直是我们质疑一个可以称为自然的内在一致结构存在的根本原因。这一观念是一种反自然主义认识论体系的根基。

把判定知识的有效性作为一种正式的和抽象的探索的认识论观点，一直遭到了把知识作为发生学难题的历史学观点的反对，因为历史学所关心的不仅仅是正式与抽象意义上的了解。从这种历史视角来看，精神过程并没有它的独立性。它们看起来自治性的世界构建，事实上难以分离于它们被世界构建的方式——无论是社会意义上还是自然意义上，这个世界都是历史的。我并不是说，自然“知道”我们所不知道的东西，而是说，我们正是自然的“可知性”，是自然进化到智力、精神和自我反思阶段的体现。

在笛卡儿、洛克和康德认识论的抽象世界中，这一立场很难得到证实。文艺复兴和后文艺复兴的认识论，缺乏任何历史感。如果回顾精神发展的历史，它处在了一个如此严重社会主导性的背景、如此遥远地脱离了精神的生物学发生的历史层面，以至于根本不可能建立与自然的联系。它的“现代性”声称，是古希腊思想试图建立的自然与精神相互作用的系统性展示。但是，这种相互作用已经被精神与外部世界间难以逾越的二元主义所代替。在笛卡儿那里，二元主义发生在灵魂与肉体之间；在洛克那里，发生在感性和一个感知到的世界之间；在康德那里，发生在精神与外部现实之间。因而，自然的“可知性”难题，传统上是从一个很长的社会历史的认知终点，而不是它的起点来看。当从起点来看这一历史的时候，精神及其与自然间的连续性，将会呈现出一个十分不同的方面。一种严肃的认识论应该是心理和人类大脑的物理的人类学，而不是历史的文化碎片，恰恰是后者妨碍了我们把大脑在自然中的发生和在社会中的进化视为一种独特的自然现象演进。

基于同样理由，我不想赋予精神一种相对于自然的、事实上并不存在的“主权”地位。自然是一个永恒性的变化与多产的万花筒，因而很难作出简易而持久的分类概括。精神可以抓住这一变化的本质，但永远不会是它的全部细节。但正是在细节意义上，人类的傲慢被证明是最脆弱的。让我们回到查尔斯·埃尔顿的生动隐喻：我们已经学会了在自然世界这一深水中驾驭前行，但不是通过那些使我们登岸变得危险的、数量众多而位置多变的暗礁。相反，是我们对如此重要的沿岸具体情况的了解，比如经验告诉我们哪些是安全的、没有触礁危险的水流，使我们可以做到从容不迫。

从根本上说，有机的知识是人类调动起来的洞察力，从而在自然的范围内了解自然，而不必放弃对神秘主义或直觉辩证应用的分析。我们本身的思考是一个自然的过程，尽管深深地受到社会条件制约和社会进化进程的限制。我们使思想在有机历史中（从高度反应性的、构成更复杂有机分子感知基础的有机分子，进化到随后生命形式的大量萌发，再到神经系统的进化）产生回响的能力，是“获知”知识的一部分，它为思想提供了像我们从社会中获得的智力工具一样真实的有机性手段。与直觉和信仰不同的是，思想就像生与死一样真实可感，我们清楚地知道获知知识的开端与终点。因此，自然之存在于认识论，就像父母延伸到其儿女中那样真实。那些往往被错误地当作本能性知识抛弃的，是我们的动物时代留给我们人类时代、我们的萌芽发展阶段留给我们的成年时代的真理。当我们从自己的身体与心理中最终抛弃这些深层次的生存与思考阶段时，我们所做的比把我们的认识论狭义化为基于思想与自然之间严厉二分法的康德观点还要糟；我们已经把我们的智力与我们自己分离开来，把我们的

心理状态与我们身体的发展分离开来，把我们的远见与我们的事后知识分离开来，把我们的理解与远古的记忆分离开来。

在更具体的意义上，社会生态学为我们的时代与未来提出了哪些挑战性议题呢？在建立一种更先进的与自然的相互作用过程中，我们是否有可能借助使我们的农业实践、城市区域和技术适应一个区域及其生态系统的要求，来实现人类与自然的新的平衡呢？我们有希望通过农业的分散化而“管理”自然环境吗？如果那样的话，我们将会把土地当作一个由多样性动植物平衡的花园进行耕作。这些变化要求我们的城市分散化成为中等规模的社区，从而创造城乡之间的新平衡吗？要实现上述目标和避免地球的进一步污染需要什么样的技术呢？创造一个新的公共空间需要什么样的制度，哪些社会关系能够促进一种新的生态感知，什么样的工作形式能够使人类实践有趣而富有创造性，社区多大的规模与人口可以维持一种人们对其中生活的充分控制呢？未来社会需要什么样的诗意呢？此外，具体问题包括生态的、社会的、政治的和行为的都会接踵而来，但却受制于传统的意识形态与思维习惯。

我们对这些问题的回答直接影响着人类能否在这个星球上生存下去。我们时代的趋势明显地呈现为反生态多样性的方向，事实上，它们倾向于一种整个生物圈的过分简单化。土壤中和地球表层的复杂食物链，正在被工业技术在农业中的愚昧应用所粗暴阻隔，结果，很多地区的土壤已经退化为只能吸收简单的化学“营养”的海绵。单一种类农作物的大面积种植，正在削弱自然的、农业的，甚至地貌的多样化。巨大的城市带正无休止地在乡村蔓延，原有动植物被水泥、金属和玻璃所取代，大片的区域被笼罩在空中污染物形成的雾霾之中。在这一巨大的城市化世界中，人类经历本身变得粗俗而简单，听命于低劣的噪音刺激和粗野的官僚操纵。全国范围内的劳动分工、工业生产线的标准化，正在代替区域和地区的多样化，整个大陆正变为一个巨大的、喷发烟雾的工厂，而城市则变为外表鲜艳的、塑料的超级市场。

实际上，现代社会正在肢解长期有机进化所实现的生物复杂性。生命从比较简单到日益复杂的形式与关系，正在朝反方向倒退——自然环境变得只适合于支持更简单的生物种类。持续生物进化的这种倒退趋势，破坏人类赖以生存的生物食物链，将会使人类物种的生存成为问题。如果这种进化过程继续倒退下去——更不用说对各种有毒物质的控制，我们完全可以相信，复杂生命形式的生存环境将会被彻底破坏，地球将难以支持我们这一物种的延续。

面对社会与生态的双重危机，我们必须充分发挥人类的想象力，必须进行乌托邦式的大胆思考。这些危机是如此严重，影响将会如此深远，以至于很难通过传统的思考方式来解决——实际上正是这些感知导致了上述危机。1968 年 5～6 月学潮中的法国学生，在他们的标语中表达了这样一对明显不同的选择："成为实践性的人，做不可能的事。"[15] 即将进入新世纪的一代，可以进一步把这一标语修改为："如果我们不做不可能的事情，那将面临无法想象的后果。"

在挪威神话中，奥丁为了获得智慧，需要喝滋养世界树的神奇泉水。但作为交换，他必须弄瞎自己的一只眼睛。这其中的象征意义是清楚的：奥丁必须为他获得的洞察力接受惩罚，因为他因此拥有了控制自然世界的手段并打破了后者的初始和谐。但是，他的智慧是一个单眼人的智慧。尽管他对世界的观察更精确，但他的视野是单向度的。奥丁的智慧包含着一种双重意义上的抛弃，即约瑟夫·韦伯(Josef Weber)所称的"与自然的原始契约"，和与自然的早期统一相一致的观察诚实。真理获得了准确性、可预见性和可控性；它变成了通常意义上的科学。但是，正如我们今天知道的，科学是一种单眼神的单向度的观察，他的观点导致支配与对立，而不是相互平等与和谐。在挪威神话中，这种"智慧"导致了世界毁灭残剧、众神体系的坍塌和宗族部落的破坏。今天，这种单向度的"智慧"则蕴涵着核屠杀和生态灾难的前景。

人类已经历了一个很长时间的单向度和蕴涵破坏潜能的社会条件的历史，尽管它在技术方面取得了创造性成就。我们时代的宏大工程是必须睁开我们的另一只眼睛，从而能够全面地和整体性地观察，弥合和超越人类随着早期智慧而来的人类与自然冲突。当然，我们也不能自我欺骗，把那重新睁开的眼睛集中于原始人类的看法与神话，因为成千上万年的历史已经创造出了作为我们人性一部分的全新的现实领域。我们的自由

能力——包括个性、经验和意愿的能力，已经远远超出我们的先祖。同那与自然有原始契约的人类可能取得的成就相比，我们已经确立了一个广泛的物质基础，可以用于自由时间、娱乐、安全、观察和感知——一种更广泛的自由与人类领域的物质可能性。

但是，我们在掌握这些契约之前并不能废除它们。尽管我们也许没有意识到它的影响，支配的遗产依然渗透在我们的思维、价值、情感，甚至肌肉系统之中。当我们忽视历史时，它对我们的支配作用更大。能够促使人类超越这一支配遗产的，是它的另外一个遗产即自由：它存在于人类的梦想中，存在于社会大变革时代所涌现的伟大理想与运动中——反叛的、无政府主义的和狄奥尼修斯主义的。在我们时代，这些遗产相互交织，因而不同于历史上所存在过的具体类型，直至自由的语言可以与支配的语言互换使用。这种混淆就是现代社会主义的悲剧性命运，依此，这种理论阐发了它的大量新颖观念。因此，我们必须仔细分析过去，以便能够超越它并获得一种新的视野统一。如果要使整体性概念变得清晰起来并使我们重新睁开的眼睛看到一个全新的自由形象，我们就必须重新审视把人类与自然分离开来的冲突向度，以及人类共同体内部最初造成这些冲突向度的分裂。

【注释】

[1] 挪威神话及其阐释参见 P. Grappin，“German lands：The mortal Gods，” in *Larousse World Mythology*（New York：Hamlyn Publishing House，Ltd.，1965），pp. 363-383.

[2] G. W. F. Hegel，*Phenomenology of Mind*（New York：Humanities Press，1931），p. 79.

[3] E. A. Gutkind，*Community and Environment*（New York：Philosophical Library，1954），p. 9.

[4] Charles Elton，*The Ecology of Invasions by Plants and Animals*（New York：John W. Wiley，1953），p. 101.

[5] Allison Jolly，*The Evolution of Primate Behavior*（New York：MacMillan Co.，1972），p. 172.

[6] Elise Boulding，*The Underside of History*（Boulder，Colorado：Westview

Press，1976)，p. 39.

[7] Jane van Lawick-Goodall，*In the Shadow of Man*(New York：Delta Publishing Co.，1971)，p. 123.

[8]对于典型的芝加哥学派的观点，参见 Robert E. Park，*Human Communities* (Glencoe，Illinois：The Free Press，1952).

[9] Hegel，*Phenomenology of Mind*，p. 81.

[10] Ibid.，p. 68. 而贝尔的不准确翻译使黑格尔的这一著名格言变成了“真的是整体”。

[11] 马克思关于“人”和历史变化条件的评论出现在《路易·波拿巴的雾月十八日》中，参见 *Selected Works* Vol. I (Moscow：Progress Publishers，1969)，p. 398.

[12] Ernst Bloch，*Das Prinzip Hoffnung*，Band II(Frankfurt am Main：Suhrkamp Verlag，1967)，pp. 806-807.

[13] Aristotle，*Metaphysics*(Ann Arbor：The University of Michigan Press，1960)，103665-103666.“或者它们是有待实现的材料”，亚里士多德将其描述为隐德来希或“实现”。

[14] Benjamin R. Barber，*The Death of Communal Liberty*(Princeton：Princeton University Press，1974)，p. 5.

[15] 来自 Josef Weber 的引用，参见 Wilhelm Lunen(pseud.)，“The ring of the Nibelung，” in *Contemporary Issues*，5/19，pp. 156-159.

第二章　有机社会观

人类注定要支配自然的观念，绝非是人类文化的一个普遍性特征。至少，对于所谓的原始或史前人类共同体来说，这一观念是完全不存在的。我必须充分强调，这一观念产生于一个更广泛的社会发展过程：不断增加的人对人的支配。原初平等分解为不平等的等级制度，早期的宗亲团体解体为社会阶级，部落共同体演进为城市，最后，国家垄断了对社会的管理，这些变化不仅深刻改变了社会生活，而且改变了人们相互之间的态度、人类对自身的看法以及最终对自然界的态度。在很大程度上，我们依然受到从这些巨大变化中出现的难题的困扰。或许，只有通过考察某些史前人类的具体态度，我们才可以准确判断，支配在多大程度上影响着当今个体的最深刻的思想和最细微的行为。

直到最近，关于史前人类世界观的讨论由于如下意见而变得复杂，即认为这些人的逻辑运用与我们有着根本性不同。比如，列维—布鲁尔(Levy-Bruhl)不恰当地把“原始心理”称为一种“前逻辑”现象，或者，人们使用最近流行的神话学语言称之为“非线性思维”，这些都来自对早期社会感知的偏见性误读。从一种合乎逻辑的视角看，我们有充分理由相信，史前人也不得不从事“线性意义上的”思考，就像我们在处理生活中的日常性方面一样。无论它们作为一种智慧体现和世界观形式的缺陷如何，传统的逻辑运用对于生存是必需的。妇女采集植物，男子制造狩猎工具，儿童设计游戏，他们所遵循的逻辑程序与我们没有实质性不同。

但是，这种相似性并不是史前社会观讨论中的焦点。我们与史前人类的思维差异中真正重要的是，尽管后者也像我们一样进行结构性的思考，但他们的思考是在一个与我们根本不同的文化背景下发生的。尽管他们的逻辑运用也许与我们的是一样的，但他们的价值与我们有着质的不同。我们越是回到一种缺乏经济阶级和政治国家的社会——它们由于内部性的和与自然的密切关系而可以称为有机社会，我们越能证明一种生活观的存在，即那时人们依据它们的独特性而不是“高等”或“低等”来看待人、事物及其相互关系。在这种共同体中，个体和事物并不一定好于或坏于对方，它们间所存在的只是互不相同。事实上，任何一个都因为其独特性质而得到重视。个体自治的概念还没有它今天所获得的虚构的“主权”内涵。世界被视为众多不同要素的组合，其中每一个都与世界整体的统一性与和谐密不可分。就其不与所有个体生存所依赖的整体利益相冲突而言，个体被更多地从相互依赖性而不是独立性的视角来看待。多样化在共同体的一个更大范围内得到器重——被视为共同体统一性的一个极其重要因素。

在这种看法依然占据主导地位的各种有机社会中，“平等”和“自由”的观念并不存在，因为它们隐含在这种看法本身之中。不仅如此，由于它们并没有被置于“不平等”和“非自由”概念的并列地位，这些概念缺乏明确的涵指。正如多萝西·李(Dorothy Lee)在她关于这一看法的敏锐评论中指出的：

> 平等就存在于事物的本质之中，是这一文化本身的民主结构的一个副产品，而不是一种需要应用的原则。在这种社会中，没有人试图去实现平等的目标，事实上根本就没有平等这一概念。通常是，现实中不存在用于比较的语言机制。我们所能发现的，是对人、对所有个体不分年龄与性别的绝对的尊重。[1]

有机文化中缺乏强制与支配性的价值，也许可以通过多萝西·李所深入研究的种族即温图(Wintu)印第安人的句法得到充分说明。她注意到，现代语言中普遍用来表达强制的词汇，依据温图人的句法，都被设计来意指合作性的行为。比如，一个温图人母亲不会把小孩“带到”树荫下，而与小孩一起去。一个首领不会“统治”他的人民，而是与他们站在一起。李评论说，“他们从未或者甚至不会像我们那样说，‘我有一个姐姐/妹妹’，一个‘儿子’，或‘丈夫’”。“一起生活是他们通常用来表达我们称为拥有

的方式，而且，他们把这一词汇运用于他们尊重的所有事物，以至于人们可以说与他们的弓箭生活在一起[2]”。

“一起生活”这一短语所蕴涵的，不仅是人们之间深深的相互尊重感和对个人自愿主义的尊重，还有个体与团体之间的一种深刻的统一感。我们只需通过对美洲印第安人生活的考察，就可以发现这方面的充足证据。传统的霍皮(Hopi)社会整个是有助于团体团结的。共同体内几乎所有的基本工作——从种植到食物准备，都是通过合作完成的。与成年人一起，儿童参与大多数的工作。每一年龄层次上的个体，都必须拥有一种对共同体的责任感。因此，由于受到这种团体态度的普遍影响，这些霍皮儿童进入白人管理的学校后，很难被动员起来在竞争性比赛中赢得比分。

霍皮人这些强烈的团体内团结态度在其童年早期就已形成，并在随后的生活中继续得到巩固与加强。它们始于幼年时期的断奶过程——强调霍皮个体与团体间的相互依赖性，从而与周围白人对“独立性”的文化侧重形成鲜明对照。多萝西·伊根(Dorothy Eggan)在一个霍皮人社会化的研究中评论说，断奶并非只是一个“从母乳转向固体食物的过程”，“它还是一个逐渐从母亲身体与关爱的舒适中获得独立的过程，转移仁爱之心到其他个体的过程和从自身与外部世界中找到满足的过程”。就此而言，很多白人“从未做到断奶，而这在一个强调个人努力与独立的社会中产生了消极的后果。相反，霍皮儿童从出生之日起就开始从生物母亲那里断奶”。但是，这种断奶过程并非由于社会冷漠或母爱缺乏，恰恰相反，“很多人给予他舒适感，很多人朝着他笑，而且从很早开始，他可以获得家庭不同成员咀嚼过并喂送的食物。因此，对于一个霍皮人来说，他需要从中获得满足的外部世界对他来说绝不遥远”[3]。从这种个体与共同体的统一感中会产生一种共同体及其环境之间的统一感。从心理学角度说，生活在有机社会中的人们肯定相信，他们具有一种其相对简单的技术难以保证的、对自然力量更大程度的影响。这样一种信念还被团体性的宗教仪式及其神秘化程序所强化。然而，尽管这些宗教化仪式及其程序十分精致，人类对自然界或者确切地说对其周围环境的依赖感从未消失。虽然这种依赖感也许会导致人们过度的恐惧或敬畏，但在有机社会的发展过程中明显地产生了一种共生感，或共同体的相互依存和合作感，而这种情感超越了原始的恐怖与敬畏感。人们不仅安抚强大的自然力量或试图利用它们，还创造性地使用庆祝仪式的帮助（正如我们看到的那样）：它们帮助肉食动物数量的成倍增加，或带来气候与季节的变化，或提高农作物的产量。这种有机社会被视为自然平衡的一部分——一种林业共同体或土壤共同体。总之，它是一种适合于其生态系统的真正的生态共同体，人们在整个环境和自然循环中具有一种主动的参与意识。

恐惧与敬畏之间的微妙区分，在我们解释史前人类的某些庆祝仪式时变得更加明显。除了具有社会功能的庆祝仪式与宗教仪式，比如加入仪式，我们还会看到一些担当着生态功能的仪式。在霍皮人中，主要园艺庆祝仪式的功能包括，召唤宇宙有秩序的循环，按时到达（冬）夏至或玉米从萌芽到成熟的不同成长阶段等。尽管知道这种秩序和这些阶段是预先确定的，人类举行的庆祝仪式是那一预定过程的一部分。不同于那些严格意义上的巫术程序，霍皮人的庆祝仪式赋予人类一种参与而不是操纵的功能。人们在自然循环中扮演一种补充性的角色：他们促进了宇宙有秩序的运转。他们的庆祝仪式，是一个涵盖了从玉米萌芽到（冬）夏至到来的复杂生命网络中的一部分。正如多萝西·李评论的：

> 自然界中的各个方面，无论动植物还是岩石，有色人种还是主流种族，男性还是女性，死去的还是活着的，都在维持宇宙秩序的过程中发挥着一定作用。每一个体的努力，无论是人类的还是其他物种的，都会最终汇入这一巨大的整体之中。而对于任何个体而言，他的每一个方面都很重要。每一个霍皮个体作为一个完整的个体影响着自然的平衡，而且随着每一个体发展他的内部潜能，他也会提高其参与的水平，而整个宇宙也因此变得生机勃勃。[4]

当代生态描述往往有意模糊个体、共同体与环境融入一个“普遍秩序”的丰富意蕴。自从李作出上述论述之后，几乎她的每一个词汇都被“人类潜能”运动所廉价使用。实际上，史前文化往往开始于一种由我们时代的神秘主义者宣称得到的结论所组成的宇宙论。对于有机社会来说，令人困惑的宇宙论问题不是到处以各种形式存在的生命，而是死亡这一难以解释的非生命化与非存在化的独特状态。在某种意义上，“灵魂”存在于所有存在物之中；文艺复兴以来科学告诉给我们的“死亡的”物质

这一称谓，正如汉斯·乔纳斯(Hans Jonas)评论的，“还未被发现——因为，这一我们十分熟悉的概念还远不是显而易见的”。对于有机社会来说最自然不过的，是一个极其丰富多产且无处不在的、作为其可知性内在组成部分的“生命性”，是一个“占据了人们整个视野范围”的生命世界，“地球、风和水——产生、涌现、养育、破坏，显然并非只是‘纯物质’的存在形式”[5]。

人类对自然的直接介入并不是一种抽象概念，而多萝西·李对霍皮人庆祝仪式的解释也并不是对“原始人类的科学”进行的描述，因而并不像维多利亚时代人类学家所相信的那样。自然开始于生命。从人类意识的起源开始，自然就形成了与人类的共生状态——而不仅仅是二者间的和谐化与平衡。作为生命的自然，按时进食，救助每一个新生命，伴随每一个儿童一起成长，帮助每一支投矛或采摘植物的手，在火炉旁舞动的火影中取暖，坐在共同体理事会成员的中间——就像树叶与草地的沙沙作响是整个空中的一部分，而不仅仅是空气发出的声音。生态庆祝仪式确证了自然作为人类环境一部分的“公民身份”。“人民”(很多史前人类共同体自我称呼的一个术语)并未消失于自然之中，自然也未曾消失于“人民”之中。但是，自然并不只是人类的一个栖息地，而是一个能动参与者：用它的预兆建议人类共同体，用它的伪装保护人类共同体，以断掉的枝芽和零星的足迹把警示信息留给人类共同体，用低吟的风声警告人类共同体，用丰富的动植物滋养人类共同体，并且以它无数的功能与劝诫形式被吸收进了人类共同体的权利与职责关系。

实际上，生态庆祝仪式所真正做的，是把自然世界社会化并完成社会对自然的介入。在这里，尽管其本身的内容虚构得有些幼稚，但与把自然世界当作社会世界的“母体”、“背景”和“前提”的众多概念相比，庆祝仪式更能够充分真实地表达社会与自然间丰富多样的相互关系。远不是把自然仅仅当作一种“它”或“你”(借用马丁·巴伯的术语)，庆祝仪式把自然确认为亲属，一种有血有肉的、极端重要的状态，而公民等词汇永远也不会做到这一点。自然甚至在被神化之前已经被人为命名，在被提升为高于共同体的“超级自然”之前，已经先被人格化为共同体的一个组成部分。伊土里森林矮人和班图定居者都用同一个词汇即“恩杜拉”(Ndula)，来指称他们视为一个真实存在的森林，一种能动性的和功能不断发展的存在。

因此，在人类发展这一阶段上的自然*总是*具有社会性的——从本体论意义上说，人类的原生质保持着与自然的原生质的一种持久连续性。用有机社会的语言来说，人类共同体与自然成为亲属关系过程中所流动的血液，是借助人类共同体的独特活动来实现的：庆祝仪式、舞蹈、戏剧、歌曲、装饰和象征符号。模仿动物动作或鸟叫的舞蹈者所从事的，不仅仅是拟态，而是形成了一种与自然的生动统一，这种统一还延伸到了相互间的性交、生育和血液交换等密切关系。共同体团结这一术语的真实意蕴，是人们如今广泛使用的词汇比如管理员所难以表达的。凭借这种团结，有机社会可以“倾听”自然和为自然“说话”，而这种能力将随着“文明”历史地获得的超越地位而逐渐减弱。在那之前，自然绝不是寂静的世界或被动的环境，缺乏人类操纵命令以外的任何意义。因此，社会生态学起源于人类对其自身社会性的最初意识——并非只是作为认识论的一个认知向度，还是作为一种与自然世界的本体论共生。

我并不是要否认旧的认识论准则，即人类从社会的视角观察自然，并受制于既成的社会阶层与利益。但是，这一准则应更加明确、细致。社会一词不应当把我们淹没在智力抽象的海洋中，从而忽视一种社会形式与另一种之间的区别。我们很容易看出，有机社会的和谐自然观直接来自早期人类共同体内部的和谐关系。就像中世纪神学沿着封建生产与生活方式建构了基督教的天堂一样，所有时代的人们都把他们的社会结构影射到自然世界。对北美森林的阿尔冈昆人(Algonquians)来说，河狸住在属于他们自己宗族的兽穴之中，并明智地协作从而促进着共同体的繁衍生息。动物们也有着它们的魔法、它们的图腾祖先(兄长)，并被“大神”所激活，而“大神”之灵滋养着整个宇宙。相应地，动物必须被抚慰，否则的话，它们会拒绝向人类提供毛皮和食肉。构成有机社会生存基础的这种合作精神，是史前人类自然观和自然世界与社会世界相互作用的一个内在组成部分。

我们仍未找到一种能够精确表达这种深刻体现着合作精神的语言。“自然之爱”或“共产主义”等说法，更不必说当代社会学家所偏爱的晦涩

词汇，都浸透着我们自身社会与心态中存在问题的关系。史前人类不必去“爱”自然，因为他们就与自然一起生活，亲如一家，而这是一种比我们使用的爱更根本的关系。他们不会因此去区分我们的“审美”情感和他们对待自然世界的功能性方法，因为自然美从一生命开始就存在——始于个人经历的婴儿时期。那些在白人之间唤起钦佩赞美之情的诗歌般语言，当遇到为印第安人鸣不平的代言人时，则不再是“诗”，而只是对印第安人生活尊严的一种无意识的生动叙说。

对于有机社会及其价值的其他因素来说，也是如此：合作是如此根本性的，以至于难以用西方社会的语言来准确表达。从生命一开始，对待儿童中的强制行为在大多数史前共同体中就如此稀少，以至于西方人都对原始人对待他们难以管教年轻人的宽容性感到震惊。但是，在史前共同体中，父母对儿童并不是“放任自流的”；他们只是尊重他们儿童的个性，就像他们对待共同体中的成年人一样。在年龄等级制开始出现之前，父母的日常行为促进了年轻人自幼年到成年的一种不间断的连续性。法利·莫沃特(Farley Mowatt)是一个曾在加拿大荒地中的伊哈尔米乌特爱斯基摩人最后保留地生活过的生物学家。莫沃特注意到，如果一个男孩想成为一个猎手，他不会因为自己的自行其是遭到训斥，也不会被当作一种恩赐对象。相反，他的父亲严肃地为其制作一个微型弓和一些箭，而它们都是真正的武器，而不是玩具。然后，这个儿童就去狩猎，并获得了伊哈尔米乌特成年人可以得到的所有传统幸运语言的鼓励。当他回来时，莫沃特告诉我们说：

> 这个男孩受到了隆重的欢迎，仿佛此刻他与他父亲地位相同。整个营地都希望听到他的狩猎故事。他若狩猎失败，也会遭到一样的讥讽；而即便他杀死了一只小鸟，也会得到同样的称赞。他所受到的这些待遇与成年人无异。因此，他边玩耍，边学习，既不必考虑父母的许可与否，也不会受到恐惧的制约。[6]

伊哈尔米乌特人并不是例外。莫沃特所遇到的爱斯基摩儿童与成年人之间的、那种内在的非权威主义的关系，在能够延续下来的有机社会中依然广泛存在。它不仅包括儿童与成年人之间的联系，而且延伸到盛行的财产、交换和领导观念。在这方面，西方社会的术语依然不能提供正确的说明。财产一词意指对商品的个人占有，对工具、土地和其他资源的个人权利声称。从这样一种宽泛意义上说，财产在有机社会中是相当普遍的，甚至在那些只拥有相当简易技术的团体中。基于同样原因，甚至可以称之为共产主义的合作工作与资源分享，也是相当普遍的。在经济生活的生产与消费两个方面，工具、武器、食品，甚至衣服的占有形式等，涉及到一个十分宽广的范围——这在西方人看来是怪异的，从看似个性化的个体所有物到对一种庄稼收获或猎物在共同体成员中大多是仪式性的分配。

但是，相对这两种看似对立关系来说更重要的是用益权的实践，即在一个共同体中个体由于使用某些资源而形成的对它们的事实性占有。这些资源只要在被使用，就属于使用者。实际上，功能替代了我们空洞的所有权概念——不仅仅是作为一种贷款或“互助金”，还有对使用本身的一种无意识强调，而不涉及对财产所有者、工作，甚至互惠的心理联想。西方式的把个体与所有权、个性与技艺相等同——技艺充满着一种以自我为中心的形而上学，正如人类借助自身力量从难以制服的自然中艰难获取的工艺对象所表明的那样——那时还没有从“使用”这一概念本身和对所需物品的尽情享受中产生。实际上，需要仍然与工作相协调，以至于任何形式的所有权——无论是公共的或其他的，都还没有能够独立于追求满足的权利要求。一种集体需要而不是个人需要，与工作相协调，因为集体的权利声称内含于用益权相对所有权的优先性之中。因此，即使在个人家庭从事的工作也具有一种潜在的集体向度，其产品的收益将会有助于整个共同体。

公共的财产，一旦财产本身变成一种有意识的范畴，标志着向私人财产迈出了第一步——就像互惠性，一旦它本身也变成一种有意识的范畴，标志着向交换迈出了第一步。蒲鲁东对“相互帮助”和契约联邦主义的赞扬，就像马克思对公共财产与计划生产的赞扬一样，并没有带来相对于原始的用益权原则的、值得称道的进步。两位思想家都受制于利益观念和利己主义的理性满足。

人类早期发展中也许有过这样一个阶段，那时，利益还没有出现并取代互补性，人们可以公正地分享所需要的事物和服务。人类历史上也许

确实存在过这样一个时期，当贡特兰·德蓬森(Gontran de Poncins)漫游到北极最遥远的地方时，依然可以发现"纯粹的、真正的爱斯基摩人，不知道撒谎的爱斯基摩人"——并依此去处置、计算和判断社会利益之外的个人利益。[7]在这里，共同体获得了如此完美而真实的实现，人们需要的事物与服务浑然一体并具有鲜明的个性。

我们不应当鄙视这些几乎乌托邦式的人类潜能画面，以及他们给予与索取中纯洁无瑕的本性。依然没有用"我"来代替"我们"的史前人类，并不缺乏个体性(就像列维—布鲁尔主张的那样)[8]，而且就像他们的共同体一致性一样丰富。这是一种可以带来对对象傲视鄙夷的巨大财富。这时的合作远不只是一个团体成员之间的黏合剂；它还是对个体身份的有机融合，这种融合在保证个体个性的前提下，保持并促进了合作的统一性。把契约强行注入这一整体性，只会有助于毁坏它——把一种无意识的责任感变成一种基于计算的帮助关系，把一种潜意识的集体感变成一种沾沾自喜的互助感。至于互惠性，尽管被经常引用为集体性的最高体现，我们会发现，它更有利于形成团体间的联盟，而不是促进一个团体内部的团结。

总之，用益权与互惠、交换和互助等替代性术语，有着质的不同——所有这些替代物都受到了不同历史时代具体条件的相应影响。拘泥于这种有限的运算空间，共生总是被染上算术理性的色彩。人类精神永远不会超越一个精明自我之间"公平交易"的量的世界，而基于自我利益的意识形态从不掩饰其卑鄙的物质实利追求倾向。当然，社会力量会通过引入契约关系和培育自我的最实利性动机，来毁坏人类的集体性。就有机社会中诚实的人们以一种无意识的方式维持着用益权的价值观而言，他们面对一种形成中的契约世界的诱惑或强行介入时，依然是极其脆弱的。历史并不擅长选择与保持人类最优秀的特性。但是，我们依然有理由相信，由人类意识与大量古代记忆所强化的希望，可以长期留作我们意识自觉的一部分：人类过去做到过的，将来也可以做得到。

当一个日益复杂的社会环境的众多需求或难题把一个明确界定的权利与义务体制置于优先地位时，契约性关系——或者更准确地说，赋予共同体生活特定形式的“条约”和“誓约”——也许可以更好地服务于人类。环境要求越苛刻，史前人类就越有必要阐明如何使人们相互间负责和如何应对来自外部的对他们造成冲击的因素——尤其是来自临近共同体的——方式。最先出现的需要，是作为一种维持一定秩序与结构的力量，来制度化那些非常偶然的甚至带有愉悦色彩的生活方面。然后，共同体中性别的、宗族的、互惠的、联盟的和公共的领域，必须获得更加完善的结构。这既是为了应对更为迫切的自然压力，也是特别为了应对来自临近共同体的压力，后者提出了对一个共同环境的所有权要求。现在，这些要求被作为一种共享制度的共同体本身内部化了。利益性团体不仅的确出现了——后文中将详加阐述，而且具有讽刺意味的是，它们也产生于共同体内那些开始感到承担着更重责任与负担的个体。这些个体是雏形的“被压迫者”(往往是妇女)和那些我们可以称为的雏形的“特权者”。

男性和女性在史前人类共同体中相互需要，不只是为了满足性需求，还是为了二者相互给予的物质支持。他们的婚姻确立了一种最早的劳动分工——也是一种性别化经济的性别化劳动分工。这种分工往往把狩猎和畜牧的工作以及共同体的防御与对外关系分配给男性，而把家务、食物采集和园艺责任分配给女性。我认为，这样一种性别化劳动分工并非只是生物学意义上的，同样重要的，是一种基于承担各自角色性别的经济。而且也未必一定是，男性负责制定共同体物质活动在性别间分配的规则。在我看来，更为可能的是，妇女基于对她们极其神圣责任与个人权利统一性的关切来负责这种工作分配。只是在后来，更复杂和等级化的社会形式的出现，才使得她们的家务劳动角色成为不利因素。正如我们将要看到的，是男性的妒忌导致了这样的结果。这一点将在后文中进行仔细的分析。

在一个低生计消耗水平上和在一个相对原始的共同体中，以上两种形式的劳动分工对于所有成员的小康生活甚至生存，都是必需的。因此，性别之间能够做到相互尊重。的确，一个男性或女性在他们劳动分工中出色表现的能力，对配偶的选择和保持婚姻的完整性有着深刻影响——这种关系往往由女性来解散，因为她在居住、喂养和养育年轻人方面的责任明显超过了男性在担当这些重要功能上所发挥的作用。鉴于女性在早

期共同体中社会制度安排方面的事实性角色，我们对“原始的一夫一妻制”的强迫性的先入为主态度，看起来几乎是荒谬的——它是一种被严重意识形态化的和模糊不清的观念。

血缘联系以及基于它的权利与义务，体现在一个不成文的誓约之中，而这种誓约构成了早期共同体生活中唯一明显的维持统一的原则。而且，这种联结关系最初来自妇女。她成为社会性的真正原生质：把年轻人吸纳进持久性联合体的女祖先，年轻人血管中流淌着的鲜血的来源，造就了人们彼此间共同起源的人，造就了彼此间贯穿一生的生理与心理的相互认同的养育者。她是基本生活方式的女指导者，由于共同体中如此强烈的人性化，看起来就像是一个亲密无间的家庭氛围。年轻人最初依据母亲给予的血肉联系而相互间视为亲属，后来则依据母亲的回忆提供的强烈认同感来相互看待，而父亲在这方面的作用十分微弱，尽管年轻人具有与父亲非常相似的身体特征。

伴随共同血缘而来的，是规定亲属间必须相互给予明确支持的权威性誓约。这种支持涉及的不仅是分享与奉献，还包括给予那些严重伤害了某一亲属生命的人以严厉惩罚的权利。除了满足生存的物质需要之外，血缘誓约的声称提供了原始共同体所面临的第一种强制性规定。尽管充满着神秘性，它们是来自人类生活联合体的最早的共同反应。通过血缘誓约，共同体借助每一个生与死来确证自己。违犯这一原则，就是违犯这个团体本身的团结，也就是挑战这个团体的共同神秘感。因此，这种违犯无论来自内部还是外部，都是滔天大罪而不可想象。只是到了后来，有机社会中最根本性前提的变化，才使亲属关系及其权利声称成为一个可以进行有意识讨论的议题，同时也成为礼仪探讨中的一个主题。

然而，这些反应本身是过于约束性的、过于防御性的、过于僵硬的和自我封闭的，因而妨碍着更广泛的社会进步。它们不允许一种基于有意识联盟和进一步社会建构的社会团结。它们向内部退缩，对共同体外部的事物持一种警惕与质疑的态度——一种对血缘誓约所涵盖的有限范围之外的社会领域的恐惧。因而，越来越有必要找到把共同体置于一个更大社会背景之下的方式。人们的义务必须建立在超越自我封闭团体的基础之上，以便可以声称促进生存的新权利——简言之，这是一种在不幸与冲突时期可以把外部性团体纳入共同体服务范围内的更宽泛的责任与权利体系。由于血缘誓约的限制，共同体难以找到自己的联盟；仅仅基于亲属联系的共同体，不可能在没有共同祖先血统的其他共同体中得到承认——除非通过通婚来建立这种血统关系，从而在共同的亲属关系的基础上重建血缘誓约，因而，一种新的誓约——尽管次于血缘性誓约，必须被创造出来并赋予实质性内容。尽管克劳德·列维—施特劳斯(Claude Levy-Straus)有着相反的看法，妇女绝非是男性可以交换以便获得联盟的"物品"。女性是亲属关系和社会性的起源——共同体及其内在的社会性力量的发源地，而不是可以在小酒馆品尝与交易的糕点。

即使具有这样的"物品"也不是充分的，因为这些新誓约所需要的是一种与有机社会的用益权实践相对立的经济制度。因此，在事物可以变成礼物之前——我暂不讨论它们后来进一步被贬低为商品，它们必须首先变成某种象征。早期史前人类最为关注的，并不是一个事物在有机社会经济中的有用性，而是其作为互惠性以及共同承担义务的意愿的物质载体的象征意义。这些条约穿越了血缘誓约的界限并扩展成为社会誓约：这是人类从生物共同体迈向人类社会的最早显现，也是其超越普遍的动物性的地平线而具有一种普遍的人类性的第一道曙光。

随着史前共同体扩展它们已有的"亲戚"范围，社会因素很可能日益增加地渗透到传统的亲属关系之中。婚姻、互换、仪式性地接受陌生人为血缘亲属，以及共同体内部的制度比如职业群体与图腾团体等，必定会导致责任的缓慢巩固与分层，而这在大量习俗与仪式贯穿的、充满活力的有机社会中尤为突出。结果，从这种社会交往中，开始出现一种与旧的家庭空间相平行的新的公共空间。

在这种形成中的公共空间中不存在强制与命令，这可以从欧洲同化过程中幸存的少数有机社会中的"权威"证据得到说明。我们轻率地称呼的有机社会中的"领导者"，往往不过是些指导者，因为他们缺乏通常意义上的命令色彩。他的"权力"是功能性的，而不是政治性的。首领尽管确实存在且不只是殖民者心理的创造物，却没有强制意义上的权威。他们是建议者、教师和顾问，并因为其经验与智慧而得到尊重。他们所真正拥有的"权力"，往往局限于十分有限的任务，比如狩猎协调与战争远行，即

仅限于他们所承担的任务。因而，这是一种情景性的而不是制度性的权力，是一种周期性的而不是传统性的权力——就像我们在灵长类动物中看到的“支配”特性。

我们的整个语言中充满着历史上形成的但已经被严重抽象化的婉转术语。顺从取代了忠诚，命令取代了协作，权力取代了智慧，获取取代了给予，商品取代了礼物。尽管这些变化是随着等级制、阶级和财产的兴起而发生的客观历史事实，但是，当它们试图延展到全部语言和主宰整个社会生活时，就变成严重误导性的。当被用作探询人类记忆的工具时，这些词汇对比较过去与现在，以及揭示现存世界与人类行为主导模式的基本特征，毫无用处；相反，它们混淆过去与现在，以此装作是对过去的解释，并狡猾地遮盖了我们认识它的双眼。这种语言造成的蒙骗完全是意识形态性的，并服务于精英阶层。在极其复杂的历史之网的背后——它如此经常地阻止我们看到其起源以来的长期发展并用一种“后见之明”的意识形态来困惑我们，我们可以看到一种由欺骗所滋长的、更加令人困惑的语言象征手法。为了使历史回忆回到它的真实，从而显现出它对现存秩序提出的严峻挑战，它必须做到正本溯源，并获得一种对自我历史的意识。总之，记忆本身必须把自己的演变过程“读入”意识形态以及它宣称揭示的人类进化。

人类学规范要求我时常在我的论述中加入一些解释性的说明，比如针对我所使用的“选择性数据”、我对“偏执性推测”的偏好和我对可争议研究资料的“规范性解释”。相应地，读者应该认识到，如果对同一种材料作不同的解释，人们也许可以表明，有机社会是自我主义的、竞争性的、进攻性的和等级制的，并受到所有那些使“文明”人类痛苦的难题的困扰。作出上述说明之后，我将致力于阐明笔者相反的观点。对现有的人类学事实的仔细分析表明，像霍皮、温图、伊哈尔米乌特以及在本书中引证过的其他共同体，在文化上并非是独一无二的；在那些其中我们的现代价值与特性占据主导地位的地方，我们的确依然可以发现一种有机社会，这只能通过不间断的技术变化、外族入侵、应对一个极其恶劣环境时所面临的难题，尤其是与白人的接触来解释。

保罗·拉丁在概括数十年人类学经历、研究和实地考察时评论道：

> 如果让我简短地说明土著文明的特征是什么，我将毫不犹豫地说特征有三：对个体不分年龄或性别的尊重、它们达到的令人吃惊的社会与政治一体化程度和存在一个超越所有政府形式和部落团体利益与冲突的个人安全概念。[9]

这些特征可以概括为个体、不同年龄团体和性别之间的完全平等，用益权和后来的互惠，处理内部事物时避免强制，以及被拉丁称为的“不可简约的最低限度”——共同体中每一个体都拥有对“食物、住所和衣服”等“不可转让的权利”（拉丁的术语），而不管这一个体对共同体生活手段改进所做的贡献有多大。“拒绝任何人的这一最低限度权利就等于是说，一个人不再存在，或他已经死去”——总之，这违背被视为生命宇宙的世界的本质。

我并不是说，任何存在过的“原始的”共同体，都可以当作早期人类社会发展的模式。这些共同体是一个长期历史过程的残存。在这一过程中，人类日益远离一个把人性与动物性分离开来的古代世界。更可能的是，存在于拉丁“土著文明”中的团结以及对自然世界和共同体成员的高度尊重，在史前时期要更为强烈，因为那时还没有现代资本主义的对立性政治与商业关系，而这些关系严重扭曲了既存的有机社会。

但是，文化特性并不能在真空中存在。尽管这些特性会以十分不同且奇异的方式联结起来，现实中往往会形成一些带来大致相似的制度与感知的特定构型，而不论其时间与地点的差异。把史前人类与既存“原始人”联系起来的文化事实比如衣饰、技术和环境，是如此显而易见，以至于我们完全可以相信，很久前的西伯利亚獴犸象狩猎者——他们的皮大衣、骨质工具和冰川环境，与德蓬森时代的北极海豹狩猎者有着巨大不同。众多因素促成的人类身体结构类型，可以帮助我们理解一些相关的文化推断。

在一个史前狩猎营地或一个新石器园艺村废墟中发现的女性塑像，尽管其具有明显的魔法或宗教意义，表明那时的共同体很可能赋予女性以社会特权地位，因为它们在游牧部落的父权制社会中很难看到。事实上，这种共同体甚至可以通过母亲的名字追溯其家族谱系。（母系后代）

如果旧石器时代骨质工具上雕刻着礼拜式的动物图案，我们就有充足的理由相信，那时的共同体具有动物主义的自然世界观。如果史前房屋的地基缺少大规模的个人住处，而埋葬地点的装饰没有展示太多的财富，我们就可以相信，社会平等在那时的共同体中存在，共同体对其成员具有一种平等的观点。偶然发现的个别特性也许无法令人信服地支持一般性判断，但如果它们总是被一起发现，如果它们分布足够广泛因而可以构成整个社会时代的特征，我们就很难做到有悖常理地拒绝这些一般性结论。

无论如何，大约 1 万年前，在里海和地中海之间的一个区域，狩猎—采集的游牧部落开始发展一种粗糙的园艺体制，并在小村庄中定居下来从事混合农业。大约四五千年后，中部墨西哥的印第安人相当独立地重复了这一发展过程。培植或园艺的发展，很可能是由女性开启的。这方面的证据，主要来自于对神话的研究以及现存的、基于锄头园艺技术的史前共同体。在这一遥远的转型时期——那时一种对相对确定的土地共同体的归属感正在日益取代一种游牧观点，社会生活开始呈现出一种全新的整体性特质，也许最好称之为**女性至上**的社会（借用埃里希·弗洛姆的术语）。[10]使用这一术语并不意味着，女性对男性行使任何形式的制度性控制，或在社会管理中获得了一个发号施令性地位。我只是想说，共同体在把自身从一定程度的猎物与游牧动物的依赖中脱离开来的过程中，开始把社会形象从男性狩猎者转向女性食物采集者，从食肉动物捕获者转向农作物种植者，从营地之火转向炉膛之火，从与父亲相关的文化特性转向与母亲相关的文化特性。这种关注重点的变化首先是文化意义上的。“‘家庭与母亲’当然地在新石器时代农业的每一个阶段留下了印记。”刘易斯·芒福德（Lewis Mumford）评论说：“相关证据部分地也在新的村庄中心，但至少在房屋与坟墓的地基中。”人们可以同意芒福德的看法，很可能是妇女“照看庭院农作物并完成了那些伟大的选择与杂交工作，从而把野生物种变成了营养丰富的家养物种；正是妇女制作了第一个容器，编制了第一个草筐和烧制了第一个陶壶……如果没有这种长期的农业与家庭发展，便不会有过剩的食物与人力使城市生活成为可能”[11]。

现在，人们也许要求替换芒福德的某些词语，比如对农业的广泛使用，因为在开辟园林进行大规模的食物与动物生产方面，男性要比女性略胜一筹。我们更想把“家庭和母亲”限制在新石器的早期，而不是“任何一个阶段”。同样，食用植物种类选择的结束与新品种杂交的开始，在史前的农作物种植过程中只是一个十分模糊的分界。但是，芒福德上述评论的精神在今天甚至要比20年前更为有效，那时严厉而男性取向的人类学会以感情用事为由拒绝它。

确实的是，妇女把她的感知与实践影响写入人类历史开端的水准，是提高而非降低了。正是这些不同于其他生物的人类女性，使食物的分享成为一种持续的公共活动，甚至是一种包容外来者的友善性活动，因而使分享成为了一种独特的人类需要。的确，鸟和动物也哺育年幼者，并展示了对它们的超常保护。在哺乳动物中，雌性以乳汁和温暖的形式，把自己的身体提供给它们的后代。但是，只有人类女性才使分享成为一个普遍的社会现象，使得她的后代——先是作为兄弟姐妹，然后是男女成年人，最后是父母——成为一个不分性别与年龄的分享者。也正是人类女性，使分享变成了一种神圣的公共律令，而不再是一个情景性的或次要性的特征。

最后，我们不能忽视如下事实，女性的采集活动有助于唤醒人类的一种敏锐的方位感。她的养育情感不仅有助于创造社会的起源，还有助于创造文明的真正根基——一个男性傲慢地自我标榜的领域。在这里，“文明中的关键品性”不同于掠夺性的男性品性：它是更加家庭化的、更加和平的且更加人性化的。她的感知比男性的更深刻，更多地充满希望，因为她把古代神话中一个失去的“黄金时代”和一个丰富自然的信息，通过自身展现出来。但令人啼笑皆非的是，她一直以其特有的天才与神秘和我们在一起——她的潜能已经被残酷地削弱，但总是在男性声称为“文明”的血腥世界中呈现为一种良知。

在新石器村庄世界中培育的这种善良品质，或许像它的物质成就一样重要。密切的联系存在于土地的公共安排和母系后代中，以维持园艺文化的延续。氏族社会，尽管在狩猎部族中也许存在图腾崇拜的缓慢复活，很可能在此时达到了它的顶点，而与之相伴随的是土地及其产品的公共分配。“生活在一起”很可能变成了“分享”，如果二者在意义上确实有

所不同的话。在早期新石器村庄的残存中，我们经常可以感到曾经明显是一个和平社会的存在，遍布着丰富多彩的生命和慷慨博大的自然。尽管也有武器、防御性木栅和保护性沟渠的痕迹，但早期园艺社会看起来强调的是和平的艺术和好静的追求。从建筑地点和墓穴来判断，很少证据表明，社会不平等在这些共同体中存在，或者战争是他们之间的主要关系。

主导这一遥远世界的是母亲神的形象与象征——这是一种如此古老的丰产神，以至于其石质残存在旧石器的洞穴和营地中还能够找到。狩猎—采集者、早期园艺者、高级农耕者和“高度文明”的神父，赋予了她相互矛盾的特性——有些是十分友善的，有些是极其邪恶的。但是，如果假定新石器时代早期的僧侣还没有把残酷的形象赋予母亲神，也是不公平的。很明显，像得墨忒耳神(古希腊神话中掌管农事、婚姻与丰饶之女神)一样，母亲神不只是一个女性神，因为她充满了爱与悲，也不仅仅是丰产的象征——这是她最受狩猎—采集者喜爱的神奇方面。她无法抵御父权制的污染，这可以从《奥德赛》中明显看出来。其中，寻找岛屿的水手把妇女及其领地贬低为残忍的阴间妖女，会吞食轻信遇难的武士。

强烈地强化了母亲神作为一种给予神这种观点的，是与父权制中有条件的爱形成鲜明对照的绝对的母爱天性。在为社会研究所准备的挑战性论文中，埃里希·弗洛姆强调，家长制式的爱只是对孩子完成其义务及其表现方面的一种奖励，与这种爱相比，母爱“不依赖于任何由儿童来履行的道德或社会义务，甚至他们没有任何义务来回报她的爱”[12]。这种没有任何报答期待的无条件的爱，导致了个人完全的非客体化，使人性本身成为目的，而不是等级制和阶级的一种工具。假定母亲神不是这一洁白无瑕的身份感的象征，就等于怀疑她与女性的联系——简言之，等于是把她变成一个男性神，而这正是教会组织后来极其巧妙地去做的。奥德修斯(古希腊神话《奥德赛》中的主人公)在把得墨忒耳神贬黜为喀耳刻女魔(古希腊神话中的人物)的过程中，也揭示了迷人的女妖如何成功地使人类与野兽相互间感到一种共同感。然而，荷马史诗将会永远为我们掩藏了那种令人憧憬的可能性，她们的歌曲给予人类以生活的美妙乐章，而不是诱人的死亡旋律。

新石器时代早期村庄如何接近于普韦布洛(Pueblo)印第安人的村落——那些最冷酷无情的白人入侵者将会使用这样一些术语来描绘它，也许永远不再会有答案。然而，依然可辨的是，人类历史之初曾出现过这样一种村庄社会。在那里，把生活统一起来的看来是工作及其产品的共同处置；是一种与自然世界的丰产性关系，这种关系在丰产崇拜仪式中得到充分的展现；是一种人类与周围世界之间的和平关系。除了为了大规模兽群生存而清除的草地，狩猎—采集者可能基本上没有触动这个世界，但这样一种成就的取得明显是以它那时的相对不活跃为标志的。那时有着一种对环境艺术技巧的需求，追求把其中美丽的风景留给人类生活，以便精神以及心灵可以在那里舒适地呼吸。现在，当狩猎—采集者对其环境的这种寄生现象成为一种相对于当代人类疯狂性掠夺的善行时，我们往往会把这种自我抑制盲目拔高至被动无为的程度。然而，母系园艺成功地做到了面对地球并改变它，只不过是以一种优美、灵巧和自然而然的心态做到这一点。他们的文化遗迹是人类艺术性与自然实现的展现。新石器时代人工制品看起来体现了一种人类与自然的交流，而它所清晰表达的是人类内部之间的一种交流：一种共同体与生命世界之间的团结，而这种团结在共同体内部也有着强烈的体现。只要这种内部团结能够持续，自然将会是它的受益者。而当它开始衰败时，周围的世界也将开始衰败——然后则是我们通常称之为“文明”的支配与压迫的漫长冬日。

【注释】

[1]Dorothy Lee, *Freedom and Culture*(Englewood, New Jersey: Prentice Hall, Inc., 1959), p. 42.

[2]Ibid., p. 8.

[3]Dorothy Eggan, “Instruction and effect in cultural continuity,”in John Middleton(ed.), *From Childhood to Adult* (New York: The Natural History Press, 1970), p. 117.

[4]Dorothy Lee, *Freedom and Culture*, p. 47.

[5]Hans Jonas, *The Phenomenon of Life* (New York: Dell Publishing Co.,

1966), p. 7.

[6]Farley Mowatt, *The People of the Deer*(New York: Pyramid Publications, 1968), p. 42.

[7]Gontran de Poncins, *Kabloona*(New York: Reynal & Hitchcok, 1941), 照片标题。

[8]Lucien Levy-Bruhl, "The solidarity of the individual with his group," in V. F. Calverton (ed.), *The Making of Man* (New York: Modern Library, 1931), pp. 249-278.

[9]Paul Radin, *The World of Primitive Man*(New York: Grove Press, 1960), p. 11, p. 106.

[10] Erich Fromm, *The Crisis of Psychoanalysis* (Greenwich, Connecticut: Fawcett Publications, 1961), p. 12.

[11] Lewis Mumford, *The City in History* (New York: Harcourt, Brace & World, Inc. , 1961), p. 12.

[12]Erich Fromm, *The Crisis of Psychoanalysis*, p. 130.

第三章　等级制的出现

早期新石器村落社会的衰败，标志着人类发展进程中的一个决定性转折。在把最早的园艺共同体逐渐与古典“高度文明”分开的千年历史中，人类经历了城镇、城市和最后是帝国的出现——这是一个全新的社会舞台，其中，生产的集体控制被精英控制所取代，亲属关系被地域与阶级关系所取代，公众聚会或长者议事会被国家官僚机构所取代。

这种发展进展得并不均衡。在那些定居的农业共同体遭到游牧部落入侵的地方，不同社会形式间的转换也许曾非常频繁地发生，使得这种波动占据了其中相当大的比例。语言、习俗和宗教，看起来以一种令人眼花缭乱的速度相互替换；旧的制度（无论是上帝的还是世俗的）被新的制度所取代。但是，类似的这种剧烈变化是很少发生的。更经常的是，过去与现在巧妙地融合为一种与众不同的社会形式。在这些事例中，我们看到了传统形式被新目的要求所逐渐消化，旧关系为了新目的而继续被使用。通过这种“旧瓶装新酒”式的不断阐释，早期的社会形式也许一直保留在了后新石器时代的整个历史过程中。直到资本主义出现后，农民聚居的村落及其文化形式才不再作为农村生活的中心——这是我们考察人类自由遗产时一个十分重要的事实。

实际上，最彻底的转变发生在人类个体的身体结构上。甚至当母亲神持续在神话中占据一个主要位置时（但往往被赋予父权制所要求的邪恶特性），妇女已开始失去她们曾经拥有的与男性平等的地位——这种变化不仅发生在她们的社会地位上，也发生在她们的自我认识上。无论在

家庭生活还是在经济生活中，劳动的社会分工废弃了其传统的平等特征，而获得一种日益等级化的形式。男性声称他的工作相对女性工作的优越性；后来，手艺人宣称他相对于农作物栽培者的优越性；最后，思想家坚持他对体力工作者的控制权力。等级制不仅客观地建立在一个真实的世界中，而且主观地建立在个体的潜意识中。通过渗透到人们生活的几乎各个方面，等级制逐渐同化了人类日常话语的句法——主体与客体、人类与自然间的真实关系。差异则由其作为“多样性中的统一”中的传统地位，被重构为一种分离的和日益呈现为对抗性的线性权力体系——一种被所有的宗教、道德和哲学资源所确证的体系。

除了大规模历史性侵袭的气象影响，我们应如何解释这些人类发展中的巨大变化呢？其中黑暗的甚至是血腥的方面，是我们不得不为社会进步所接受的惩罚吗？我们对这些问题的回答，触及到了我们时代的主要社会难题之一：稀缺、理性、劳动和技术在使人类告别它“野蛮的”动物世界而进入“文明”世界中的作用，或借用马克思的术语，从一个由“必然”支配的世界到一个由“自由”支配的世界中的作用。[1]我在这里对支配一词的使用，并不是草率之举；它对于马克思理论的影响，我将在后文中详加讨论。这里需要指出的是，启蒙运动——或更准确地说，维多利亚时代的意识形态，是马克思与自由主义经济学家们大致共享的意识形态，这一意识形态以十分相似的方式解释了人类从新石器时代的“野蛮状态”到资本主义阶段的“人的提升”。这些阐释值得重新考察——不是为了批驳它们，而是将其置于一种 19 世纪社会理论难以达到的更广阔视野之下。

依据这些看法，历史自石器时代向现代的进展主要是由于与技术发展相关的原因：发达农业技术的发展、日益增加的物质剩余和人口数量的迅速增加。如果没有新石器社会最早带来的物质剩余增加与劳动力“资源”，人类永远不会发展出一个复杂的经济与政治结构。因而，“文明”的到来，应归功于早期系统的农作物栽培技术和日益先进的工具比如车轮、火窑、熔炉和织机。所有这些提供了日益丰富的食物、衣服、住所、工具和交通。由于这种粮食与技术的基本储备，人类获得了更多的空闲时间来探索自然过程，也逐渐走向相对稳定的生活方式，进而发展起了我们的城镇与城市，发展起了以谷物、犁和动物力为基础的大规模农业，以及后来的萌芽状态的机器技术。

尽管这种发展被认定是提供了人类自我实现的巨大可能性，但是，它也包含着一种明显的两面性，包含着邪恶和具有潜在危险的另一面。人类进步之河并不只是单向的：趋向物质安全与社会进步性的发展，也产生了导致“文明”时代特有的物质不安全与社会冲突的相反性力量。一方面，没有早期新石器时代引入的耕种经济，人类社会将会无限地停留在艰难应对生存的原始维持经济状态。依此，19 世纪的社会理论家认为，自然一般来说是“难以驯服的”，是一个吝啬的与欺骗性的“母亲”。自然只在世界少数地区显示了她对人类的慷慨。她也不是古代神话思想所创造的慷慨施予者。维多利亚时代的“野蛮人”，必须要随时与自然作斗争（或者说“搏斗”，借用马克思的术语）以维持生活——他们过着通常是悲惨而短暂的、有时尚可但从未是安全的、仅仅是最低限度温饱的质朴生活。因而，人类从一个自然稀缺限制性的世界的超越，被认为主要是一个技术性难题——把吝啬的自然力量置于社会指令的控制之下，创造与增加剩余产品，进行劳动分工（尤其是把手艺人从农业中分离出来）和支持智力上更富创造性的城市精英。因此，通过把更多时间给予他们去思考与管理社会，这些精英可以创造科学，扩大人类知识的全部领域和丰富人类文化。作为那个时代主流精神的显现，蒲鲁东悲情地宣称：

> 是的，生活是一种斗争。但是，这种斗争不是人与人之间的斗争，而是人与自然之间的斗争，而且每一个人都必须参与其中。[2]

马克思对“自然的重负”持有同样的看法。但是，他更多地把重点放在了人类相互间支配是人类对自然世界支配所带来的难以避免的特征。马克思和恩格斯都认为，在现代工业发展之前，前资本主义技术创造的新剩余产品也许确实不少，但它们还不足以供给一个幸运少数之外的人群以富裕与休闲。鉴于前工业时代技术的相对较低水平，社会生产的剩余产品只能够维持一个特权化的统治阶级，尽管在少数地理优越地区和在有利的气候条件下，这或许还是一种相对富裕的满足。但是，这种水平的剩余还不能把整个社会从需求压力、物质不安全和劳作辛苦下解放出来。如果这些有限的剩余产品在所有生产者中平等分配，那么，它将会产生一

种社会条件——其中,正如马克思评论的,“需要将成为普遍性的”,“而由于这种需求,人们为了必需品的斗争和所有旧的弊端必将会被重新制造出来”。因而,剩余产品的平等分配,将只会产生一种基于贫穷的平等社会,而这种平等只会使阶级统治重建的潜在条件永久化。总之,阶级的消灭必须以“生产力的发展”为前提,技术应发展到每个人都可以摆脱“需要”重负、物质不安全和劳作辛苦的程度。只要剩余产品只是少量的,社会发展将在一个灰色区域中展开,其中一边是遥远的过去,生产力过低而不能维持阶级,另一边是遥远的将来,生产力足够发达从而能够消灭阶级统治。

紧接着的是这一人类活剧的另一个侧面:它发展的否定性方面,并传递了一如马克思主义理论家所使用的“社会难题”的真正意义。技术进步会为它给人类所带来的好处而索要一定的代价。为了解决自然稀缺性难题,技术的发展要求把人类降格为一种技术性力量。人们变成了生产的工具,就像他们创造的工具与机器一样。相应地,他们将服从于同样的调节、理性化和控制形式,就像人类社会试图强加给自然和非人类技术工具的那些形式一样。劳动成为了双重意义上的媒介,一方面人们借以形成他们自我的方式,另一方面人们变成社会控制的对象。它不仅包含着人类力量展现为自由表达与自我发展的一面,也包含着人们由于劳动的绩效原则的压抑而表现出的屈从和自我抛弃。自我压抑与社会压抑构成了个人解放与社会解放的难以分离的对立面。

在此需要提问的是,我非常简短地概括的上述难题,是不是像较早社会理论家声称的那样是自主存在的呢?它是一幕必然发生的活剧——一种作为历史的本质与人类发展不可避免地交织在一起的对立关系吗?我们从自然中的“脱离”、我们“向文明的提升”和人类的自我实现,是否真的内含着一种报应——由于人对人的支配是人类对自然支配的前提,结果导致人类的自我异化和社会的自我灭亡,从而使得这一历史性设想的所谓“成功”变成一种无情的嘲弄呢?

在试图回答这些问题时,我们再次面临着由后见之明产生的悖论的困扰。如果我们从历史继承性的视角去观察过去每一个阶段的发展——

其中任何后一个阶段都是前一个阶段合乎逻辑的社会发展的结果，那么，维多利亚思想所呈现的活剧看起来是无可辩驳的。认为现在是过去的延伸的看法，当然有其道理，尤其是当它还不清楚自己未来的“命运”时。但是，“命运”的含义绝不应被简单化为“宿命”。历史也许会沿着不同的道路发展，并产生十分不同于我们目前所面临现实的“命运”。如果是这样的话，很有必要去追问哪些因素促成了众多可能性的某一特定样式组合。因为，那些造就了我们自己历史的因素，作为过去的坏习惯深深地遗存在我们的感知中——如果我们要想避免未来发展中的不利方面，这些习惯是必须要认真克服的。

让我们讨论一个在造就当代社会过程中发挥了重要意识形态作用的因素：自然的“吝啬性”。自然真的是吝啬的吗？劳动真的是人类从动物性中自我拯救的首要手段吗？如何能够区分稀缺、富足和后稀缺呢？遵循维多利亚时代意识形态的要旨，阶级社会的出现真的是因为充足的技术、劳动和“人力”的存在，以至于人类可以有效地掠夺自然，并使剥削成为可能甚至不可避免吗？或者，真的是某些经济阶层最先篡夺了技术和劳动的成果，后来又巩固了他们明确界定的统治阶级地位？

在追问这些问题时，我故意颠倒维多利亚时代社会理论家从事这方面讨论的方式。而且，我所问的不是支配自然的观念是否带来了人对人的支配，而是人对人的支配是否带来了支配自然的观念。总之，是不是文化而不是技术、意识而不是劳动，或等级制而不是阶级，开辟或妨碍了这样的社会可能性——它们深刻改变了现存的人类条件，并使人类生存前景变得日益暗淡。

当代我们对典型经济主义的“历史逻辑”的信奉，已使得对历史上反复出现的传统与革新之间的大量冲突作出认真而有意义的解释变得很困难。不是立足于它的起源来观察过去，相反，我们已经使过去与将来都服从于我们强加于现在的经济与技术的僵硬必然性。因此，我们事实上把现在当作过去的历史——一个典型的经济主义的历史，而忽视在生活风格、需求、性别地位、自由的界定和公共关系等方面深刻变革的需要。相应地，我们对人类社会发展所采取的态度，具有超出我们关于过去的意识本身的含义。以一种更开放和智力上更宽容的方式重新阐释过去，或许

可以为我们提供一个能够深刻改变我们关于解放的未来设想的远见。

我们会多么容易地滑入一种传统的历史态度，这可以从最近有关稀缺概念含义的激烈争论中看到。把稀缺描绘成需要的一种功能的观点，现已变得非常时尚。在它看来，如果我们的需要越少和工具箱越小，自然就会变得越“丰富”，甚至“富足”。这种观点的极端简单化形式，是借助需要来创造以下二者之间的一种平衡的。一方是人类创造一种丰富的文学传统、科学、方位感知和一个宽泛的分享人性概念的潜能，另一方是一种口述传统、魔法、游牧生活方式和基于亲属关系的狭小地域感对人类上述潜能实现的限制。实际上，依据需要与资源来强调物质富裕本身表明，这种应对稀缺的功能性方法已经屈从于它所迷恋的经济主义立场。它只是借助一种狩猎—采集者的视角，重新创作一种资产阶级观点影响下的 19 世纪社会理论关于资源与需求的计算体系。

冒着暂时偏离主题的危险，我想一般性地讨论一下稀缺议题，然后再回到我对等级制起源的具体解释。稀缺并不是一个可以主要依据需要或需求来描述的功能性现象，显然，如果没有生活资料的充足性，生活本身是不可能的，而且如果这些生活资料没有一定程度的剩余，生活将会退化为残酷的生存斗争，而无论需要的水平究竟如何。这种社会条件下的空闲时间，并不是可以促进魔法、艺术和神话以外智力进步的自由时间。在很大程度上，一个处在生存边缘共同体的这种“时间”，是一种“痛苦时间”。在这一时间中，饥饿是一种遍布整个共同体的恐惧，而减少饥饿则一直是共同体的首要任务。很明显，人们必须在以下三个方面找到一种平衡：生活资料的充足，相对自由的时间以便最大限度地实现个人的能力和充分承认人类潜能的因而是真正人性化的自我意识、互补性和互惠性程度。当我们界定稀缺时，除了需要与需求的指令，还要引入一种超越“会思考的动物”[借用保罗·谢泼德(Paul Shepard)的说法]的人类概念。

这些辨析提出了第二个也是更为复杂的难题：稀缺既不能影响人类的生存，也不能妨碍人类潜能的实现。因此，稀缺可以同时以其生物性影响和文化的后果来界定。在某一关节点上，社会可以干预需要的形成，并造成一种特定形式的稀缺：一种表征着社会矛盾的社会地引致的稀缺。

这种稀缺甚至可以在技术发展看来已经使物质匮乏完全没有理由存在的情况下发生。我想强调的是，我在这里所指的，不是那些社会发展将其转变为需要的新的或奇异的需求。一个扩大了人类生活的文化目标的社会，即使在现存技术可以实现生活资料的充分剩余的条件下，也会制造出物质稀缺。

稀缺议题不只是一个数量或种类问题，还可能是需要的社会性矛盾的人格化体现。就像资本主义导致了为生产而生产一样，它还导致了为消费而消费。资产阶级"增长还是死亡"的生产行为准则，对应的是"购买还是死亡"的消费行为准则。而且，就像商品的生产已不再与它们作为真实的使用对象的使用价值相关一样，需求也不再与人类的真实需要感相关。商品与需要都进入一种盲目发展的状态，并具有了一种拜物教的形式和非理性的向度，这看起来主宰了生产与消费它们的人们的命运。与马克思著名的"商品拜物教"的概括相对应的，是"需要拜物教"。实际上，生产和消费获得了与技术发展水平、主体对生存条件的理性控制无关的先验性质。相反，主宰生产与消费的是一个无所不在的市场，一种不仅存在于商品之间，而且存在于需要创造之间的普遍竞争——这种竞争使商品与需要摆脱了理性认识与个人控制。

实际上，需要成为了一种生产力，而不再是一种主观性力量。需要变成了盲目的力量，就像商品的生产变成了盲目的行动一样。由于受制于外在于主体的力量，商品生产与消费超出了人们的控制，好像商品的生产不是为了来满足人们的需要。需要的这种自主性，正如我们可以看到的，是以主体的自主性为代价发展起来的。它表明了主体性本身以及用个体的自主性与自发性去控制人们自己生活的条件的一个致命缺陷。

要打破"需要拜物教"的束缚并消除它，就必须恢复选择的自由，而这是一个与自我选择的自由密切相关的工作。自由与选择等词汇的重要性必须得到强调：它们相互关联地存在，并与只有在一个自由社会中才有可能存在的自主个体的理想相联结。尽管一个狩猎—采集共同体中也许不存在困扰着我们的那些人为需要，但它必须更多地受制于严厉的物质生存律令。这种自由并不是选择的结果，而是生活资料有限的结果。那真正使之"自由"的因素，是我们工具箱的有限性，而不是我们关于物质世界

的广泛知识。然而，在一个真正自由的社会中，需要是由意识和选择来形成的，而不只是由环境和工具来形成的。一个自由社会的富裕，将从物质的富足转向文化与个体创造性的富足。因此，需求将不仅依赖于技术发展，而且依赖于它在其中赖以形成的文化背景。自然的“吝啬性”和技术的发展水平当然是重要的，但在界定稀缺与需要问题上只是次等性的因素。

总之，需要与稀缺的难题必须被视为一种挑选难题或选择难题。一个需要与需要竞争，就像商品与商品竞争的世界，是一个充满拜物教的和消费无限制的严重扭曲的世界。这一无限制的需要世界，是由强大的商业广告机器、大众媒体和日常生活的离奇琐碎化促成的，伴随着个体与任何历史真实联系的脱离。尽管选择以生活资料的充足性为前提，但这并不意味着存在一种商品的无限丰富性，这种丰富性削弱了个体理性挑选使用价值的能力，以及个体依据质量的、生态的、人类的和哲学的尺度界定其需要的能力。理性选择不仅预定了一个以最少劳动获得的生活资料的充足性，而且预定了一个理性社会作为前提条件。

如果要使消除稀缺或后稀缺具有任何解放意义的话，它必须被这样来看。这一概念预定了个体具有挑选他们需要事物的物质可能性——不仅是可供选择的充足数量商品，还同时是工作在质与量意义上的转型。**但是，如果个体不具备自主、道德远见和理性选择智慧的话，所有这些成就对于后稀缺这一概念来说都是不够的。**拜金主义和单纯的富足是盲目的。选择由于需要与为消费而消费的联系变得无效——广告与大众媒体使商品的获得成为一种强制性律令，使“需要”变成了缺乏理性判断的“必需”。对于具备理性选择能力的个体来说，真正重要的是一个自主个性与自我的实现。借用马克思的概念，就像工作界定了主体的身份并提供了其转变或改造现实的能力感一样，需要也界定了主体的理性并提供了其转变或改造工作所创造商品的性质的能力。在这两种情况下，主体都必须形成一些判断，它们在某种程度上体现为理性的或是非理性的、自由自主的或是处在外在力量的控制之下的。后稀缺以前者为前提，而消费主义以后者为前提。**如果说资本主义或社会主义的目标是增加需要，那么，无政府主义的目标是增加选择。**尽管消费者虚幻地相信他们是在自由地

选择，其实是处在一种由人为的必需控制的他治状态之下；相反，自由主体是自主的，并自发地实现其基于理性思考的需求。

总之，需要的历史发展中真正重要的不是需要数量的减少或扩大。相反，只有在作为主体自由与自发发展的一个功能的需要挑选过程中，需要才会变成高质量的和理性的。需要与“需要者”的主体性以及他们的个性得以形成的背景密不可分。在需要的形成过程中赋予使用价值的自主性，显示了物品使用者的个人素质、人类力量和智力的内在一致性。**因而，不是工业生产力创造了多种类的使用价值，而是社会非理性创造了各种类型的使用者。**

当稀缺分别应用于“野蛮人”、农夫、奴隶、农奴、工匠和无产者时，有着不同的意味，就像它应用于酋长、庄园主、主人、贵族、行会头目或商人时一样。“野蛮人”、农夫、奴隶、农奴、工匠和无产者的物质需要之间，没有什么实质性差异，但是，一个的确存在的不同来自如下事实，他们各自对需要的界定在很大程度上由于需要的结构间差异而改变。往往是，这些被压迫阶级的需要是由它们的统治者制造出来的。人类学中关于白面包历史的例子可以很好地说明，与高贵身份相联系的品味——而不是物质上的小康与生存——如何以需要的拜物教的形式成为了低层阶级的强制性需要或生存资料。同样，低等阶级对其统治者需要的顽强拒绝，则扮演了一个补偿性角色——赋予被压迫者一种相对于富裕者的道德与文化优越感。在这两种情况下，需要的拜物教妨碍了人类理性地使用技术和有意识地挑选其需要。

我们自身的稀缺与需要概念，更是这种需要拜物教的有力证据。直到最近，需要仍然保持了与物质现实某种程度的联系，并受到理性某种程度的控制。对于围绕着过去的稀缺与需要概念的所有文化差异来说，它们的拜物教与我们时代相比都是微不足道的。但随着一个彻底的市场社会的出现，无限生产与无限需要的理想已经被完全神秘化了——社会主义教条和资本主义教条发挥了同样的作用。古希腊社会理论家比如亚里士多德试图给予市场的限制——尽管那时人们打破这些限制时也会受到崇拜，已经被彻底消除，而客体或使用价值开始渗透到城邦政治之初社会制定的人类崇高目标。实际上，过去时代的理想已经如此严重地被事物

所妖魔化，以至于它们很快就变成了事物而不再是理想。如今，荣誉更重要的是作为一种信用等级，而不是一种道德诚实感；个性是一个人的占有或拥有总量，而不是一种自我意识和修养感。人们可以无限地去列举这方面的事例。

在毁坏了所有这些伦理与道德的制约手段之后，市场社会也就毁坏了自然、技术和物质生活之间的几乎每一种历史关系。自然的“吝啬”不再是解释稀缺中的一个要素，稀缺也不再被视为解释需要创造或满足的技术发展的一种功能。现代资本主义的文化与技术联合起来，不但制造了稀缺的危机，还制造了富裕甚至是对富裕期望的危机，而那些关于“减少中的资源”的闲言碎语暂且不论。西方社会也许可以接受经济危机、通货膨胀和失业的现实，但大众意识却依然没有否定关于那个正在耗尽其原材料与能源资源的“吝啬”自然的神话。富裕，其实现更多地受阻于结构性经济原因而不是自然原因，依然契合着当今社会的主流文化。把影响广泛的维多利亚隐喻与当代的隐喻结合起来：如果说“野蛮人”必须作出英雄般的技术举动，以便把自己从一种“青面獠牙”般的丛林世界中解放出来并达到一种他们时代的人性感，那么，现代社会的消费者必须作出同样英雄般的伦理举动，以便把他们从超级市场中解放出来并恢复他们自己的人性感。

要摆脱现代超级市场，人们需要的也许是比伦理更强有力的动力。他们也许需要一种数量上无比充足的富裕，使得目前主宰性的需要拜物教不得不自我瓦解。因而，古希腊时代以来充满着意义色彩的伦理限制，在今天也许是不充分的。我们已经走到一个对需要进行历史评估的时刻，其中，可以用来创造摆脱物质稀缺状态的挑选需要的**能力**，被一种物欲感知严重地扭曲。因而，社会必须广泛致力于恢复它的挑选能力。谈论社会“贪得无厌”的物欲，就像我们具有资源意识的环境主义者往往做的那样，正是现代消费者最不愿意听到的。用人为的短缺、经济失衡和物质剥夺来削弱社会，肯定会把需要的神秘化移向一个更具欺骗性的社会信条，即稀缺的神秘化。这种信条——已表现为“救生圈伦理”、“应急分配”和资产阶级的一种新的“青面獠牙”式画像即**生存主义**，是走向生态法西斯主义的第一步。

如果稀缺和需要等术语是如此受制约的，那么，当人类确立了自己的生存与物质小康之后，为什么历史背叛了过去所多次创立的大量人类主义理想呢——尤其是当资源的一种平等分配使之成为可能的时候？正如古代文献所表明的，历史之初形成的一种长期趋势是，少数人对较多财富的获得不可避免地等于多数人相应地拥有较少的财富。美索不达米亚和埃及的浮雕，以及后来柏拉图和亚里士多德的论述都清楚表明，部落"巨亨"出现的前提不仅涉及到物质充足，还包括文化自卑感。权力、人格和社会声望，与无权、人格泯灭和大屠杀密不可分地纠缠在一起。从社会意义上说，"大"与"小"不是指绝对规模的差异，而是相互对照意义上的差异，就像"需要"与"奢侈品"、"稀缺"与"安全"之间的差异一样。即使就亚里士多德那样富有洞察力的观点来说，古希腊人的伟大也只是自然对野蛮状态下极度匮乏的一种补偿。这种在统治者与被统治者关系倾向上如此强烈的观念，所偏好的依然是公共展示而不是个人财富、给予而不是占有、艰苦而不是舒适、自我限制而不是奢侈。正是前面而不是后面的这些特性，提高了人们的"健康生活"。很多被认为是前资本主义世界中的奢侈的，实际上是权力而不是娱乐的广泛展示。压制往往是权威而不是剥削的确证，而当我们假定使用皮鞭只是为了压榨劳动而不是得到服从时，我们就会误读历史。实际上，过去的统治者把被统治者当作自己的儿童，而不只是从事苦役者——这种特征既适合于等级制，也适合于技术。

这些等级化价值是如何从我迄今为止讨论的平等社会中产生出来的呢？哪些社会条件在阶级与国家出现并赋予这些价值不可挑战的权力之前使其成为现实的呢？忽视早期新石器时期生产力与人口增加的重要性，就像把它视为解释早期社会的互补性价值演变成后来社会的自我中心主义价值的唯一因素一样，是过于简单化的。不断增加的剩余产品和"人力"，是解释人类步入历史过程中一个绝对不能轻视的因素。

但是，这里我们也同样面临着一个与传统阐释不同的佯缪，即物品与劳动的剩余是在走向"文明"的过程中必然产生的。新石器时代的村民作为一种人种，更多的是一种集体人，而不是像今天的我们一样的经济人。远古村民的社会观是由用益习惯和不可简约的最低限度原则，而不是由

占有和竞争的物欲所决定的。如果他们来到贪婪无比而原子化的资本主义世界,他们会为资产阶级社会的冷淡关系与贪得无厌的自我中心主义而震惊。因此,这些村民在应对那些新剩余产品时所面临的心理的、制度的和文化的难题,一定是十分巨大的。他们如何能够在处置这些难题的同时,又不违背共同体的用益权规范、互补性和不可简约的最低限度保障原则呢?他们如何能够在面对财富分化的新可能性时,保持共同体的和谐与统一呢?

依据现代社会的标准来回答这些问题是不可能的,因为这些标准还没有被制作出来。很多其他标准,尽管往往与我们的标准相冲突,被接受了——其中最著名的是非资本积累而不是资本积累,这又以西北海岸印第安人的炫财冬宴仪式最为典型。甚至当我们观察部落生活以外结构更政治化的社会时,我们也可以看到丧葬建筑中的无节制奢侈和豪华公共建筑建设,其中最为典型的是埃及的金字塔和美索不达米亚的金字形神塔。与基于阶级分析的传统理论不同,统治关系较少依赖于所有权、个人财产、财富和占有——总之授予权力的对象,而较多依赖地位的象征性权重、公共代表权、宗教权威和新石器村落崇敬的商品非积累化。

因此,早期新石器村落的道德前提在千年以后也没有完全被抛弃,直到资本主义的出现。在资本主义条件下,这些价值被操纵、限制,还往往被怪诞地扭曲。但是,它们依然梦魇般地残存于新的关系类型中——来自过去的一种威胁性力量,总是作为人们对"黄金时代"的记忆存在于社会之中。很难理解,稀缺观念、新出现的剩余、技术进步和权威性价值,在这些面对着剩余产品分配难题的平等社会中,如何促进了阶级与国家的形成。新石器村落在拒绝阶级、私有财产、占有和等级制等社会规范时,很可能超过了"自由市场"资本主义在面临克服英国的农业社会而进入一个市场经济[借用卡尔·波兰伊(Karl Polanyi)的术语]时的难度。[3]就像我们必须在中世纪世界中寻找萌芽的资本主义精神,看它如何瓦解了封建社会的庄园和行会一样,我们必须在原始的共同体中探询早期萌芽状态的结构,看它如何把有机社会转变成阶级社会。这些结构必须被视为比阶级更根本性的结构。它们是基于年龄、性别、准宗教与准政治需要的等级制,并由此创造了阶级得以形成的权力与物质关系。鉴于有机社会对用益权、互补性和不可简约的最低保障原则的强调，我们很难相信，阶级统治、私人所有权和国家的出现与最终成熟，主要是因为剩余产品使它们的存在成为可能。

在最平等的有机社会中，存在的也不是社会均质性的社会团体。共同体的每一个成员，是由其在日常生活中基于年龄、性别和古代血宗所担当的角色来界定的。在早期有机社会中，这些角色看起来不是沿着等级制的顺序排定的，同样看起来也不包含着人对人支配的含义。一般地说，它们只是确定了个人对于共同体的责任：就像原材料在一个复杂的人类关系结构中的功能性地位一样。血宗决定谁可以或不可以与另一个人结婚，而通过婚姻联系起来的家庭往往必须相互帮助，就像由血缘直接决定的亲属关系一样。年龄给予了相应的经验与知识上的优越地位。最后，性别决定了共同体基本的劳动分工。

甚至在物质剩余开始实质性增加之前，每一个体扮演的角色已开始从一种平等关系日益向一种基于服从与命令制度的精英关系转变。这样一种主张将会提出一系列挑战性的问题。这些新出现的精英都是谁呢？他们在早期社会中特权的基础是什么呢？他们是如何把有机社会中的共同体形式——基于用益权的形式、家庭经济、互惠性和平等主义——变成后来的阶级与剥削性社会的呢？这些问题并不是学术性的：它们要应对的是那些依然停留在人类潜意识中的情感化观念，尤其是性别、年龄和先祖等生物学因素对社会关系的影响。如果这些观念得不到认真分析并分清孰是孰非，我们很可能会把原始的支配遗产带入我们的社会未来。

在前文引述的三个角色中，与性别和年龄相关的角色是最重要的，而且相互交织于社会阶级与经济剥削出现以前的等级制发展过程中。然而，为了明晰的目的，我们必须分别考察这些角色。个体社会化为与性别相关的角色是基于生物学的事实，这是不言而喻的事情；男女性之间的身体差别，明显导致了不同性别之间的能力差异，至少在物质不太发达的社会是如此。但是，这些能力的性质和它们在多大程度上通过女性在史前社会中的地位体现出来，是值得争论的议题，因为相关观点过多地受到人类学著述中仍未给予充分分析的文化偏见的影响。梅尔维尔·雅各布

(Melville Jacobs)正确地警告我们说：

> 源自英美的人类学家面临着反思把他们关于妇女地位的观点与感受映射到其他社会文化制度的难题。从最坏处说，如果人类学家恰好来源于西方文明传统，而其中妇女在基督教的中世纪只具有较低地位，那么，他们关于女性地位的判断至少应受到怀疑——如果他们没有得到本地居民的逐字逐句评论，并详细分析它们及其实际行为。这显然不是一种一两天能够完成的研究。[4]

这种研究对于大多数文化来说仍然有待完成，尽管在现代人类学中仍存在着高度的争议性。

事实是，男性对女性的偏见持续主导着这一还很少得到研究的敏感领域。尽管他们也许不承认，男性(包括人类学家较早的一代)往往认为，女性在身体上是“是虚弱的”，而她们在自然中的物质生存内在地依赖于男性。在更极端的情况下，他们把女性看作是情感上“脆弱的”和天生地缺乏“抽象思考”的能力。

这些观念在客观的研究中都得不到支持。尽管妇女在身体上一般要弱小一些，而且在同一种族范围内也要矮小一些，但虚弱一词是在相对意义上的：它是相对于男女性间的肌肉组织差异而言的，而不是相对于自然世界强加给人类的生存任务而言的。尽管存在着大量男性偏见，几乎一生中都致力于艰苦工作的女性，能够像男性一样从事最需体力的工作，就像对史前共同体的很多人类学阐释所清楚揭示的那样。如果有机会的话，女性当然也可以像男性那样学会狩猎；事实上，她们在采集过程中也捕获一些随机发现的小动物。在很多文化中，妇女不仅采集共同体的植物性食物，也承担大部分捕鱼的任务。如果家庭的住所比较小的话，它也往往是由女性而不是男性修建的。在长途跋涉中，妇女显示了像男性一样的忍耐力，而且她们往往背负同样甚至更重的负载。

在那些女性还没有被限制为可怜的被动存在的地方，她们的刚毅情感与成熟行为往往使男性看起来像捣乱的小孩。至于她们的“抽象思维”能力，妇女很可能为史前人类贡献了大量的宗教设计师——史前共同体中真正的“集大成者”，就像在凯尔特人和北欧人中女萨满教僧和女先知的普遍主导性所表明的那样。我们同样不能忘记的是，在古希腊城市特尔斐，被男性领导者视为行动指南的神谕就是由女祭司发布的。如果是由男祭司来解释这些隐晦的信息给恳求者，那么，这或许是对一个更原始习俗的父权制限制，因为那时女先知与冥间的"母权"女神在有机社会中享有一个更加突出的宗教地位。

男性加诸于女性如此多的"天生性"缺陷。而对女性早期地位的详尽分析表明，在食物采集与狩猎共同体中，她们享有远高于我们通常所相信的与男性平等的地位。男性与女性在各自分管领域中享有一种专属性的角色，而且他们的角色在经济上是如此互补性的，以至于不可能使男性对女性的支配成为一种静态的社会形式，而具有偏见的白人评论家却依此来辩解维多利亚时代父权制的行会情感。在日常生活中，女性集中在一个以家务活动和食物采集活动为主的姊妹交往关系中，而男性则集中在一个狩猎者的兄弟交往关系中。其中，两性是完全自主的。现代社会中的"家庭"与"社会"间的严厉区分，在有机共同体中并不存在。在那里，家庭与社会是如此紧密地联系在一起，因而，离开了家庭的男性基本上是一种非社会性的存在——一种无处存在的存在。尽管即使在很多平等性共同体中，男性也倾向于把自己视为家庭的"首领"，但是，他的地位在很大程度上是暂时性的，而且并不因此授予其特别的或家庭的权力。也就是说，它只是一种男性自负的形式，因为生活中的客观事实使他的这种伪称变得无效。妇女的食物采集活动通常提供了家庭中的大部分食品。她不仅采集食物，还着手做饭，制作家人的衣服，生产家庭中的容器比如草筐和陶器。她比男性更多地维持与年轻人的联系，并在他们的成长中扮演一种较多的"发号施令"的角色。如果她的丈夫过于专横，她可以毫不留情地把他赶出家门，或者她可以直接回到自己原来的家庭——在那里，她和她的儿童将肯定会得到照顾，而无论她的家庭如何考虑她的决定。随着年龄的增加，她的经验将会变成一种受尊重的源泉，她在很多情况下会变成一个"女家长"，即家庭中事实上的首领，如果不是形式上的话。

史前共同体中女性确实缺乏的是像男性那样的流动性。人类儿童的缓慢成长与依赖性——对于实现文化连续性而言绝对必需的长时间的精神塑造，限制了母亲自由行动的能力。劳动的原始分工——把狩猎工作给予男性而把家务工作给予女性，基于一种铁的生物学事实：很难期望一

个照看着吵闹幼童的妇女，去从事对于捕获大动物而言必需的秘密行动与长距离奔跑。因此，正是母婴关系的特征，限定了女性只能去从事相对静态的生产活动。不仅如此，如果说一个妇女在从事艰难任务的能力上并不弱，但当她去参加反对来自其他共同体的武装男性的战斗时，则绝对是一种“弱性”。妇女需要她们的丈夫不仅当狩猎者，还做家庭和团体的卫士。男性之所以成为共同体的卫士，并不是因为他们拥有的篡权本领，而是因为在一个物质不太发达的文化中他们的身体更适合去捍卫他们的共同体，抵御外来的敌对劫掠者。

以另外一种方式，伊丽莎白·马歇尔·托马斯(Elizabeth Marshall Thomas)生动地描绘了一个揭示上述客观现实的场景。当她与她的小组接近一个充满疑虑的布须曼人(Bushmen)族群时，这一族群“退缩到一起，妇女躲在男人的背后，而胳膊中抱着她们的儿童，充满敌意地注视着我们”[5]。这是一个典型的原始画面。这一场面肯定在人类历史上无数次地发生过——胳膊中抱着儿童的妇女躲在她们的保护者男性身后。而且，这也是一个预示性的画面，蕴涵着早期社会后来发展中的主要含义。因为，不只是狩猎，还有防御和后来的战争，是男性劳动分工的一部分。就这些责任需要人们与资源间有意识的行政协调而言，它们不只是客观的生物学意义上的生活事实，而且也是独特的社会性事实，或者是现代社会中我们可能称之为的政治性事实。

随着族群在规模与数量上的增加，随着它们开始分化为家族、部落、部落联盟并相互开战，一个更大规模的、日益由男性占领的社会空间就出现了。男性往往变成家族的头目或部落首领，并充任部落联盟的议事会。因为，所有这些都是“男人的工作”，就像狩猎和放牧动物一样。他们具有运动能力和保卫其共同体与攻击敌对性共同体所需要的英勇，因而管理着一个超血亲关系的、独特的社会生活领域。

在那些母系后裔扮演着重要文化职能和妇女的园艺活动构成经济生活基础的共同体中，女性担当着形式上与男性十分相近的角色。通常，她是在家族层面上担当这些角色，而不是在部落层面上。不仅如此，她几乎不可避免地与男性分担其社会角色。在一个母系社会中，这些男性是兄弟，而不是丈夫。然而，母系共同体中妇女的社会突出地位所表明的是，男性在社会事务中地位的上升并不是由于妇女地位被有意贬低到一个“不谙世事的”家务领域。相反，它所清楚表明的是，至少在开始阶段，男性不需要从女性那里“篡夺”权力；事实上，社会的“权力”那时还没有被创造出来。社会领域及其男性在其中的权力，是自然形成的。那种平等地分配给两个性别互补性经济功能的原始平衡，缓慢地向男性倾斜并赋予其社会突出性。

但是，我在这里必须做一些说明。当共同体规模缓慢地向男性倾斜时，他日益增加的突出地位开始改变原始团体的秉性。社会领域的出现，并不只是呈现为劳动分工中角色的整合，还往往会表现为吸纳男性作为猎手、卫士和武士。无疑，这种向男性取向文化的发展进展缓慢，并且中间有过很多停滞，总体来说受到社会发展过程中来回波动的性别的经济角色的限制。在主要是食物采集的社会中，共同体在文化与秉性上看起来基本上是母权至上的；在早期园艺社会中也是如此。另一方面，在狩猎和畜牧占主导的社会里，父权至上的文化和秉性看起来更占优势。在史前的这种反复变动过程中，人们可以感受到社会规范与心态沿着男性取向的缓慢进展，这甚至发生在成熟的等级制和经济剥削出现之前。随着城市的兴起，社会生活的生物学基础基本上瓦解了。亲属联系被一种公民联系所取代，自然环境被一种人工环境所取代，家务领域被一个政治领域所取代。不只是父权至上性，而且是父权制——这在有机社会中是不存在的，就彻底形成了。

但是，父权制的出现要晚得多。现在，先让我们分析一下两种性别间的秉性差异，并确定从母权至上向父权至上观的转变是否给史前社会引入了支配性因素。

在一个狩猎社会中的男性，是一个暴力的专家。从很早的幼年时期，他就自我认同于“男性的”特性，比如勇气、力量、自信、果断和健壮——这些特征对于共同体的福祉是必要的。而共同体则会奖励男性的这些特性，并促进它们在男性中的最终形成。如果他成为一个优秀的猎手，他将会受到社会每一个人的高度尊重：羡慕的男性和爱慕的女性，恭敬的儿童和富有进取心的青年。在一个始终面临生存难题而不得不与他人分享资源的社会中，一个优秀的猎手是所有人的财富。

同样，妇女是一个儿童看护与食物采集的专家。她的责任集中在养育与维持生计。从儿童时代起，她将会被教导认同于“女性的”特性，比如爱心和温柔，并且被培训从事相对稳定的职业。而共同体则奖励她的这些特性，并促进它们在女性中的形成。如果她培养了这些特性，将会因为她对家庭的责任感、她的技能和艺术性而得到高度尊重。在一个母权至上的社会中，这些特性将会被提升为社会规范并被描绘为共同体的秉性。现在，我们可以在很多依然从事园艺业的美洲印第安人中和亚洲村落中发现这种秉性，即使亲属关系是父系的。同样，在一个父系社会中，“男性的”特性将会被提升为社会规范与秉性特征，尽管它们很少与母系的亲属关系制度共存。

没有充分的理由可以假定，一个父权至上的共同体仅仅因为具有“男性的”气质，就必须是等级制的，或把女性降低为一个附属性的地位。两种性别的经济角色依然是互补性的，如果没有相互间给予的支持，共同体将会走向解体。不仅如此，两个性别依然在各自领域中享有完全的自主。把我们自己的社会态度强加给史前社会，我们往往会忽视一个原始的家庭共同体与现代政治社会的巨大差别。随后在评述早期神话时，我将会阐明，权力在远古世界中还依然是一个严重未定形的和未分化的概念。只要这一成长中的公共空间还只是男性在劳动分工中角色的扩展，那么，它也就不过如此。尽管这一公共空间在不断扩大，它依然植根于家庭生活，并被后者所包围；因此，妇女在大多数父权至上的原始社会中依然享有神圣的权力。

只有当社会生活本身经历着等级制的分化，并呈现为一个按照它自身的规范组织起来的独立领域时，我们才可以发现家庭与公共领域之间的冲突——它把等级制扩展到了家庭生活，并且不仅带来了妇女的被抑制，还带来了她的被贬低。然后，这些在原始社会中被视为重要生存财富的“女性的”特性，下降到社会次等的层面。妇女的爱心被理解为弃权声明，她的温柔特性被理解为顺从。男子的“男性的”特征也发生了转变。他的勇气变成了进攻性，他的力量被用于支配，他的自信变成了自我中心主义，他的果断变成了压抑性的理性，他的健壮日益走向战争与掠夺的狡诈。

然而，在这些转变发生之前，重要的是了解等级社会用以支撑其道德与社会大厦的具体构件。有机社会的衰败是在其内部潜在发生的。早期共同体的原始统一——无论是内部间的还是与自然的统一，由于共同体的社会生活的不断扩展——它的生态的差异化——而弱化。然而，不断增加的男性主导的公共空间，依然被包围在一个由血缘联系、家庭关系和基于性别分工的工作责任组成的自然母体中。直到独特的社会利益出现时，与这种自然母体的冲突才会产生，并把有机社会的这种弱点或生成中的紧张关系变成了公开的断裂，最后则是人与人、人类与自然的统一的彻底中断。然后，权力及其泛化的差异化，不只是作为一种社会事实，而是作为一种概念出现。相应地，自由的概念也随之出现。

要发现史前共同体中的某一团体比其他团体如何更多地切断了亲属关系与劳动分工，从而形成了有别于原来把整个共同体连接在一起的互补性原则的、一种分离的社会利益的起始点，我们必须转向成年团体，尤其是共同体中的长者。一个人出生、长大、成年，然后是变老和死亡，是一种自然事实。就像这个人是男性、女性，或属于某一血缘宗系一样。但是，人越老，将会获得越多“非自然的”独特利益，而这些利益只能是社会性的。人生晚年是一个人身体力量不断减少的阶段，一个逐渐衰弱的阶段和一个明显依赖性的阶段。老年性团体形成了既不与性别分工，也不与血宗相联系的特殊利益。老年人的生存最终依赖于如下事实，即共同体已成为真正社会性的；共同体之所以供养他们，并不是因为他们参与了生产与再生产过程，而是因为他们在社会领域中为自己创造的制度性角色。

性别在经济上相互补充，但老人与年轻人之间的关系却并非如此。在史前共同体中，老人是知识与智慧的储藏库，但这一功能所强化的只是如下事实，即他们的能力主要属于文化与社会领域。因而，比也许缓慢获得一种社会权力感的自负男性更有过之的是，成年人和老年人往往会自觉意识到自己的权力是社会性的——关系着他们自己的生存。长者们共享一种独立于性别与血宗的公共利益。老年人从社会的制度化与等级制的形成中获益，这是因为，他们只有在这一领域中和作为这一过程的结

果，才能获得他们虚弱的身体拒绝给予其的权力。老年人对社会权力，特别是等级制社会权力的需要，是对他们失去的生物学力量的一种应变。社会领域是唯一一个其中可以创造这种权力的领域，而且，逐渐地，这是唯一一个可以减缓自然力对他们冲击的领域。因而，老年人是社会生活、社会权力及其等级制制度化的卓越建筑师。

当然，老年人也可以分担很多年轻人的工作。老年妇女可以照看儿童，并担负一些她们女儿应该承担的固定生产任务。同样，老年男性可以制作武器，并教给其儿孙更有效地使用它们。尽管这些工作减轻了年轻人的负担，但并不能使老年人成为共同体所不可或缺的。而且，在一个艰难而不安全的世界中，一个由必然性统治的世界中，老年人是共同体中依赖性最强的成员。在食物供应短缺和共同体生活面临危险的情况下，他们是首先可能被弃置的。人类学著述中有大量的例子表明，老年人在饥荒时期会被杀死或驱逐，而这种偶然性情况在某些共同体中会变成一种惯例——它们弃营迁徙时往往把老年成员留在最后任其自生自灭。

因此，老年人的生活总是被一种不安全感笼罩着。这种感觉超出了物质不发达共同体中所有年龄的人都多少具有的不安全感。弥漫于远古世界自然观中的歧义性——一种将敬畏或生态适应与恐惧相混合的不确定性观点，在老年人中更侧重于一种敌意感，因为就恐惧来说，他们比年轻人有着更多的对自然变迁的担心。老年人对自然的这种模糊的歧义性，后来产生了西方文明中压抑性的理性模式。这种剥削性理性使公共社会与家庭社会相对立，并动员了社会精英对支配的要求，社会精英在后来的历史背景下把不安全感变成了自我中心主义、索取和疯狂统治——总之，社会原则依其自身的辩证法演变成了反社会的原则。这是对情欲与身体憎恶的种子，而这种憎恶感也构成了蓄意攻击和咒人死亡愿望的原始母体。

最初，老年人借以创造某些自身权力的中介是他们对社会化过程的控制。父亲教给儿子获取食物的技能，母亲则教给女儿这一技能，而成年人差不多在所有日常事项上都会咨询他们的父母，从工作方式到节日礼仪。在一个史前共同体中，最综合性的知识宝库储存在老年人的大脑中。尽管这种知识充满了关心与爱，它并不是完全公正的；相反，它有意无意地包含着一些狡猾与个人利益。成年人所造就的不只是青年人的知识，就像在所有社会中一样，还包括青年人对成年人智慧的尊重，如果不是他们自己的权威的话。很多史前共同体施加给青少年的严厉的入会仪式的目的，像一些人类学家认为的那样，很多可能就是利用痛苦来把长者的智慧“铭刻”在年轻人的心里；而我要强调的是，这同时也会把老年人的权威感铭刻其中。厌恶自然必然性的老年人，变成了社会必然性的体现；自然世界施加给他们的偶然的“残酷性”，被转变成了他们对年轻人有意识施加的“残酷”。自然开始报复原始社会企图控制她的最早尝试。但是，这是指内部化的自然，是人类本身的自然。人类控制外部自然的尝试要晚得多，需要等到人类在智力上足以能够把他们的社会对抗转移到外部自然世界。然而，通过饮用神奇的智慧泉水，教育者被教育出了压抑性理性的秉性。挪威宇宙神话中自然所索要的代价已经提了出来：奥丁受伤的眼睛开始失去其远见性。

在远古社会中，我们必须注意到，仅仅建立在年龄基础上的等级制还不是制度化的等级制。相反，它只是最初级形式的等级制：等级制嵌在平等的母体中。因为，老年化是所有拥有正常寿命人的共同命运。就聚集到年长者那里的特权而言，所有人都会继承它们。由于这些特权随着共同体的命运不同而不同，它们仍然是过于脆弱的，以至于最多只能够作为年长者老年化过程中虚弱性的一种补偿。赋予共同体所有成员、无论男性还是女性以平等的远古平衡，因而延续在了给予老年人的特权之中。就此而言，它们不能被简单视为特权。

等级制未来发展中真正成问题的是，年长者如何试图制度化他们的特权以及他们最后究竟得到了哪些。拉丁在一个对年龄等级制的深刻分析中指出，食物采集共同体中的年长者“几乎总是担当这种或那种形式的医生”，而随着氏族农业社会的发展，又从“主要由他们控制的宗教礼仪和仪式性社会”中获得了“主要力量”。[6]社会权力开始呈现为对神秘力量而不是某种自然力量的崇拜。为了更好地理解这一辩证过程，我们的分析必须转向一种完全独特的社会感知与经验模式——一种相当现代化的模式：兼作萨满教僧的年长者的感知与经验。

萨满教僧是任何对社会等级制分析中的关键性人物。因为,他(有时也可能是她,不过其中男性居于主导地位)把年长者在远古社会中的普遍性特权,固定化为那一阶层中特殊部分的具体特权。他职业化了权力。他把权力变成了一个特定少数的特权——一个只有精心挑选的学徒才有可能加入的团体,而不是面向整个共同体的权利。他作为先知的特性从根本上说表达的是一种个体在社会系统中的不安全感。如果说男性狩猎者是一个施暴方面的专家,女性食物采集者是一个营养方面的专家,那么,萨满教僧就是一个制造恐惧的专家。集魔法师与占卜师于一身,他负责协调环境中的超自然力量和共同体的恐惧。韦斯顿·拉巴里(Weston La Barry)评论到,与"乞求万能上帝"的祭司不同,萨满教僧"在心理和社会上都要更原始一些……外在力量可以轻松自如地进出他的身体。他的自我界限是如此飘忽不定,他的幻象是如此的虚假"[7]。或许比这种区分更重要的事实是,萨满教僧是早期的人格化国家。与远古共同体中平等参与社会生活事务的其他成员不同,萨满教僧及其助手在政治操纵过程中是职业化的。他们有意败坏把家庭社会与政治社会区分开来的天真与非职业行为。正如拉丁指出的,萨满教僧们"即使在最简单的食物采集社会中也松散地联合在一起"。而"一旦家族政治模式出现,我们就会发现,他们正式地联合起来——或者集中在一个团体中,或者分散在不同地方"[8]。直截了当地说,拉丁所指的萨满教僧团体就是最早的政治制度。

韦斯顿·拉巴里在他对萨满教及其危机崇拜的广泛研究中,更多强调了这些教僧的政治重要性。

> 每一个信徒小团体自开始就是一个自治的实体,一个封闭的社会,一个政治单位,因而每一个教堂都是一个隐形的国家。由于过分侧重于其中的危机崇拜,大部分萨满教研究忽视了其政治的方面。北美和西伯利亚的萨满教僧……往往同时是他们团体的领导者和保护者;南美的萨满教僧则往往把对男性和宇宙等的魔法与政治权力结合起来。保罗·罗克斯(Paul Roux)同时研究了根黑斯(Genghis)可汗的萨满教僧对自然环境和政治事件的权力,而蕾内·得内比斯基—沃考维茨(Rene de Nebesky-Wojkowitz)则表明,西藏的国家神谕或仪式隆重的占卜是一种典型的萨满教式预测术。古代中国的巫

> 师，也是政治的萨满教僧。显然，亚洲与美洲的萨满教僧有着同样的传统根基，而且他的内在政治特征再次出现在北美的救世主式鬼舞预言家，南美、亚马逊和安第斯的神王与萨满教首领中。[9]

随后，拉巴里列举了世界几乎所有地区和差不多每一个早期文明中具有相似特征的数据，包括希腊—罗马人。

但是，萨满教僧在远古社会中的地位显然是不安全的。由于他施展魔法的宗教仪式所要求的报酬极高，因而如果一旦技术失败的话，他会遭到报复性袭击，甚至被公开杀害。因此，他必须总是寻求联盟，或更重要的，推动可以使他们得到共同体保护的彼此强化的权力中心的形成。作为一种准宗教创制者，这一原始的宇宙论者创造了大量的意识形态神话，而这些神话则把萌芽状态的权力具体化为实际存在的权力。萨满教僧也许与年长者一起完成了这项工作，后者依此提高了相对于年轻人的权威；或者与年轻人特别是更突出的武士一起实现了这一任务，后者希望形成自己的军事团体。萨满教僧从后两者那里得到了他极其需要的支持，来减缓其失误可能带来的严重后果。至于他也许与这些权力竞争并篡夺它们的权威，在这个发展阶段上是与我们讨论的问题不相干的。关键是，萨满教僧是政治制度与联盟的缔造者。他不仅为年长者具有魔法与政治色彩的权威提供了合法性，而且为了自己的政治权力需要，往往强化了一个父权至上共同体中“男子汉气概的”秉性。萨满教僧夸大了那一秉性中的进攻性与暴力性因素，并附加上了神秘成分和超自然力量。

现在，支配、等级制和女性对男性的附属开始出现。但在这一发展过程中，我们还很难描绘出有组织的经济阶级的形成和一个被支配性阶层的全面受剥削。的确，年轻人被置于一个家族或部落制的统治之下，相应地，年长者、萨满教僧和武士获得了与众不同的社会特权。但是，正是深深植根于这一社会之中的原始的用益权、互补性和不可简约的最低保障原则，使得这一早期世界的经济得以出人意料地顽强抵抗这些社会政治变化。拉丁评论说：“大多数土著部落不存在基于真正阶级区分的个人组合。”他还说：“这些部落中的很多已拥有奴隶。但是，尽管奴隶们由于没有地位因而在生活上是不安全的，但他们从未被系统性地强迫去做苦力

或被当作现代意义上的低等阶级。”[10]有时，这些社会中也有一些富裕的人。但正如曼宁·纳什(Manning Nash)评论的那样，“在原始与农业经济中，固有的均衡机制在防止个人或特殊团体积聚财富方面发挥着一种关键性作用”。这些均衡机制体现为多种形式：

> 面向亲戚或同村居民的强制性贷款；经济成功后的一个庆祝盛宴；抵消性支出比如西北海岸印第安人的炫财冬宴，通过这种方式大量有价值物品被毁坏；中美洲曾出现的对在公共与宗教等级制机构中任职的例行征税；或者平原印第安人让渡马匹和物品的做法。大多数小规模经济拥有一种散发钱财的方法，以阻止其向技术进步投资，而这防止了一种经济基础上的阶级化的出现。[11]

事实上，独立的财富这一资产阶级社会中最宝贵的个人目标，在史前社会中往往是被严重质疑的。通常，它被视为：富裕个体是一个江湖术士的证据——这个人通过其超凡能力的邪恶使用获得了财富。如此获得的财富是一种通过魔力变幻出的“珍宝”，从中衍生出了所谓的浮士德神话传说。它的“独立性”——摆脱了直接的社会控制，包含着对最基本的远古社会原则的违犯：血缘联系所强加的相互义务。不同于“文明”时代的区域体制，血缘宗亲体制的主导性意味着，即使存在等级制和地位差别，共同体仍由亲属组成；正如帕特里克·马洛伊(Patrick Malloy)指出的，那时的财富“必须用于扩大或强化社会关系”，而不能削弱或限制它们。财富只能在血缘宗亲体制的框架下获得，而且它会通过内部“均衡机制”的作用有效地回馈到共同体中。正如马洛伊精辟指出的那样，共同体中“最富裕的人”往往是“最贫穷的人，因为他已经把所有的物质财富让渡出来了”。他有着明确的义务，“提供礼物给有所请求的共同体成员，准备年轻人的结婚聘礼和承担其他对于共同体生存来说关键性的职能”[12]。

因此，自然依然以原始的血缘誓约约束着社会。这一誓约不仅为亲属关系作为远古社会生活中的最基本事实提供了合法性，而且为其复杂的权利与义务网络提供了合法性。在等级制与支配转变为社会阶级和经济剥削之前，在产品互换让位于商品的“自由交换”之前，在用益权被私人财产所有权替代之前，在“不可简约的最低保障原则”被劳苦替代为生活资料的分配形式之前——在这一极其复杂整体被肢解以及被一个阶级、交换和私有化主导的新系统取代之前，血缘誓约及其权利要求必须被打断。

直到一个全新的社会领域建立起来以支持阶级关系和人对人的系统剥削之前，等级制和支配仍将从属于血缘誓约。我们必须牢记社会发展中的这一前阶级，确切地讲是前经济阶段，因为如此巨大的“现代性”意识形态架构——资本主义，尤其是它的西方形式——已被创造出来，并在很大程度上妨碍着我们对它的认识。甚至被激进人类学家和理论家广泛称赞的那些概念，比如原始共产主义、母权制和社会平等，也在扮演着一种继续混淆而不是澄清这些迷障的角色。潜藏在原始共产主义观念中的，是支配着公共关系的“吝啬的自然”和“自然的稀缺性”这一邪恶的概念——好像事物的分享对于人类而言是外在性的，人们只能通过强制性的生存需要来克服在“现代性”语言中被等同于“自私”的人类“内在的”自我主义。原始共产主义还包含着财产的概念，尽管本质上是“共同的”，从而把自私等同于所有权。不同于任何形式的财产所有权声称的用益权，被作为一种公共制度的财产所掩盖了。的确，“共同财产”在概念与制度上与“公共财产”和“国有财产”或“集体财产”没有根本性区别，因而很难设想所有权的梦魇可以在一个“共产主义的”社会的感知与实践中被完全消除。最后，由女性而不是男性统治的“母权制”社会，只是改变了统治的性质，而没有使之废除。“母权制”只是变换了支配的性别，因而仍将会使支配继续存在。

因而，“自然的稀缺”、“财产”和“统治”正是在批评阶级社会、剥削、私人财产和财富的名义下才得以保留。通过遮蔽那限制等级制与支配向阶级社会、经济剥削和财产发展的远古社会的血缘誓约，阶级批评只是用经济限制代替了亲属关系限制，而不是超越二者进入一个更高的自由领域。通过回避用益权对财产的挑战、非等级制关系对统治的挑战和可以造就需要的伦理选择的富裕对稀缺的挑战，它重建了资产阶级的权利。结果，用益权、互换和不可简约的最低保障原则的更深刻层面，被一种较为表面化的批评所遮盖了：对私人财产的批评、对生活资料分配中不公正的批评和对劳动报酬不公的批评。马克思在哥达纲领批判中对正义的批评，迄今仍然是他对激进社会理论所做的最主要贡献之一，但它的经济主义局

限在整个著作中依然是明显的。

这些局限性在他历史感的欧洲中心主义色彩中表现得十分强烈，尤其体现为他对“资本主义进步作用”的强调和他对非资本主义世界的刺耳隐喻。难道真的像马克思强调的那样，在掌握了“资本主义时代的成果、世界市场和现代生产力”，并使之处在“最先进种族（尤其是欧洲人）的共同控制之下”后，“人类的进步”将“不再像那骇人听闻的异教徒偶像所展现出的那样——他们不饮用甘美饮料而吞噬被杀戮者的鲜血？”[13]这些评论以最坏的形式展示了维多利亚式的傲慢，而且很可能忽视了十分重要的人类“前历史”阶段，那时，非西方世界已经历了数千年的发展。

必须记住的是，阶级社会并不是人类整体的创造物。就其极端形式而言，它只是大多位于欧洲的人类“先进种族”中数量极少部分的一个“成就”。大探险时代以前占据着地球的大部分的人类，发展出了不同于资本主义甚至阶级社会的其他社会形式。我们绝对没有权利把它们视为停滞的社会，只是等待着“文明”社会对它们的温情爱抚和教化。其他社会的社会形式、技术、文化著作和价值观，被降低为仅仅是“人类学”而不是它们自己的历史，这是一种智力沙文主义的明证，即仅仅把自己的社会创造视为“史前”的“遗存”和只承认它自身社会发展过程的“考古学发现”。

我们傲慢地称之为的许多非欧洲社会的“停滞”，也许是一个与众不同的、往往是非常睿智的文化品性的创造与浓缩，而这些文化品性在伦理上和道德上是与欧洲人非常轻率地将其等同于“进步”和“历史”的掠夺性动力所不相融的。因为这些社会精心维护了欧洲人为了数量与自我中心主义而被迫牺牲的质量与价值观念而指责它们为停滞，更多表明的是欧洲人的历史与道德概念，而不是非欧洲人的社会生活概念。

只有现在，当我们自身的“异教徒偶像”比如核子学、生物战争和大众文化极大地羞辱了我们之后，我们才开始认识到，非欧洲文化也许遵循着比我们更精明和富有知识性的复杂社会道路。我们借助征服而声称对世界文化的主宰地位，已经让我们自食其果。我们不得不转向其他文化，去寻求更人道的价值、更敏锐的感知与更丰富的生态洞见，以及我们严重神秘化了的“生产力”的替代性技术——这种生产力已经开始使我们无法忍受并威胁着这一星球上生命的整体性。但直到最近，我们时代主导性的支配制度不仅使我们对自己社会发展的全部历史缺乏判断力，还阻碍了我们形成对其他社会发展模式的明确理解——有些比我们的要好得多，有些则像我们的一样坏，但一般不至于更糟糕。要想这些发展能够提供给我们可选择性的伦理与技术道路以便有一个美好的未来，我们必须首先重新考察迄今严重制约我们视野的、庞大的支配遗产。

【注释】

[1]Pierre-Joseph Proudhon, *What is Property*, Vol. Ⅰ(London: Bellamy Library, n. d.), p. 135.

[2]Karl Marx and Frederick Engels, *The German Ideology* (Moscow: Progress Publishers, 1964), p. 46. 翻译上稍作了修改以便更符合马克思的术语。

[3]See Karl Polanyi, *The Great Transformation* (Boston: Beacon Press, 1957).

[4]Melville Jacobs, *Patterns in Cultural Anthropology* (Homewood, Illinois: the Dorsey Press, 1964), p. 192. 鉴于这一评论的日期，雅克伯的观点很可能是男性人类学家中最早的这样一种批评之一。

[5] Elizabeth Marshall Thomas, *The Harmless People* (New York: Vintage Books, 1958), p. 64.

[6] Paul Radin, *The World of Primitive Man* (New York: Grove Press, 1960), p. 212.

[7] Weston La Barre, *The Ghost Dance* (New York: Doubleday & Co., 1970), p. 107.

[8]Paul Radin, *The World of Primitive Man*, p. 214.

[9]Weston La Barre, *The Ghost Dance*, p. 301.

[10]Paul Radin, *The World of Primitive Man*, p. 215.

[11]Manning Nash, *Primitive and Peasant Economic Systems* (Scranton, Pennsylvania: Chalder Publishing Co., 1966), p. 35.

[12]Patrick Malloy, personal communication.

[13]Karl Marx, "The future results of British rule in India," in *Selected Works*, Vol. I(Moscow: Progress Publishers, 1969), p. 499.

第四章　统治认识论

从等级制向阶级社会的转变发生在两个层面:物质的和主观的。明显物质性的转变体现在城市、国家、一种威权主义技术和一个高度组织化的市场经济的出现中。主观性的转变则在一种压抑性感知与价值体系的形成中得到了表达——以各种方式使整个经验领域沿着命令与服从的路线成为一种精神(状态)。借用一个宽泛的哲学术语,这种精神状态可以称之为统治认识论。像任何物质发展一样,这些统治性认识促进了父权制和一种自我中心主义道德在社会统治者中的发展,而在被统治者中,这些认识促成了一种基于内疚和自制的心理架构。就像攻击使我们的身体更适应战斗或飞行一样,阶级社会将我们的心理结构发展得更适合命令或服从。

抑制性的合理性——不能混淆于理性本身,使得从有机社会向阶级社会变化的特征变得十分模糊。理性一直把人类实现等同于一种自我意识、逻辑明晰和自我拯救以免沦入神秘的神话世界。甚至信仰与宗教事务也被给予合理的解释——就像高度系统性的神学源自少数根本性信念的推论。但是,这一巨大的人类化计划——从有机的到阶级的社会,是在没有明确伦理基础的背景下发生的,因而只具有有限的合理性内容。因此,阶级社会的出现自一开始就包含着一个悖论:作为实现伦理目标的一个工具或方法的理性,如何能够与被视为这些伦理目标的内在特征或意义的理性融合起来呢?

可叹的是,解决这一悖论并不像启蒙运动时期大思想家所乐观主义地相信的那样,是理性自身的问题。危机从一开始就缠绕着阶级社会。

至少在西方社会中，这些危机造成了一个相当难以克服的支配遗产，从而有可能把我们置于一种社会生活本身被吞噬的深渊。其结果是一种不合时宜的反理性主义的出现，它把敌意如此强烈和集中地发泄到了精神身上，却在相当大程度上忽视了支配遗产本身。通过精神向直觉的屈服，合理性向单纯冲动的屈服，内在一致性向折衷主义的屈服，整体性向神秘的“单一性”的屈服，我们很可能强化这一遗产，只要我们拒绝用理性分析的方法消除它。

在我们对启蒙思想的回应中，我们必须在不变成“理性主义的”、不把理性降低为单纯技术的同时拯救理性本身。社会从未像今天这样迫切需要明确理解我们使统治心理化的方式和支配的历史，因为人类的生存正面临着危机。无论如何，正是在理性的使用而不是使理性合理化的过程中，精神展示出它自身的希望与缺憾。抓紧时间使用我们的理性能力并反思它们，总比把它们全部遗失从而沦为一种历史遗产——因而最终灭绝精神本身——要好得多。

等级制社会向阶级社会转变的物质与主观层面并不能截然分开。使用维多利亚社会思想的语言，我们不能简单说某一层面是另一层面的“基础”；事实上，二者是相互交织在一起的。城市的出现，从历史开始就呈现为从亲属关系向地域关系这一基本转变的“结果”，然而，由于它在解散血缘誓约中是非常重要的平台，所以它只能被当作一个“原因”来看待。另外，尽管是从属性的，城市看起来还是在技术与意识形态方面的重要变化。事实上，从一般的逻辑因果关系视角看，城市生活从一开始就是含糊不清的。因而，我们必须谨慎地使用这些概念。

十分清楚的是，与其他单一因素相比，以更大程度的一体性把远古社会的价值与制度聚合在一起的血缘誓约，只有在血缘联系权利被公共联系权利替代后才可能被取代。只有在区域性体制开始解散亲属关系制度或至少减弱它的责任联系后，像兄弟姐妹这样的神圣词汇才不再是强制性的自然现实。自那以后，“兄弟关系”日益变成了物质与政治上的共同性，而不再是亲属关系上的共同性，“姐妹”则变成了缔结联盟的手段——把男性联合成基于军事、政治和经济需要的社会团体。

这些物质与主观性因素非常明晰地植根于城市与国家的发展，它们对社会和文化的影响不能被过高估计。人类是如此坚韧地依存于原始的血缘誓约，结果往往是，那些远古的社会形式即使在它们的内容被剥离后依然保持完整。在很多情况下，家族并没有立即遭到破坏；它们往往保持了下来，就像数代同堂的大家庭一样，可以理解为过去的影子。事实上，它们在某些社会中被巧妙地改造成为新生国家的工具——先是服务于最早的教会组织，然后是以残缺不全的形式服务于军事首领和国王。

在此，我们可以感受到从萨满教僧改造而来的早期神父的意识形态活动。通过从萨满教僧的脆弱性解放出来——他们的身体仅仅是精神的工具，教会组织获得了一个介于人类与日益拟人化的神圣之间的“宇宙经纪公司”的角色——神圣不再被混淆于普遍存在于有机社会中的自然神灵。神学开始获得相对于占卜的优越地位。看起来合理的对宇宙起源、运转和命运的解释——弥漫着统治认识论，开始取代魔法。通过强调人类作为“犯错误者”的“原罪”和众神的“不满”，教会组织可以获得萨满教僧不曾拥有的对失败的豁免权。萨满教僧的技术性失败——这使得他们在远古社会中的社会地位非常不安全，可以被新生的教会组织解释为共同体本身道德失败的证据。干旱、疾病、洪水、蝗灾和战争中的失败——这些出自圣经的早期人类苦难，被重新解释为愤怒的众神对共同体错误的惩罚，而不只是恶毒神灵的暗中捣乱。技术失败被有效地从教会组织转向了必须为其道德过失赎罪的堕落的人类。而且，只有教会的祈祷，附之以物品与服务形式的慷慨捐献，才能救赎人类，软化众神的惩罚性行动和重建人类与上帝间曾有过的和谐。慢慢地，祈祷和献祭变成了一种持续性的做法，无论是共同体还是教会组织，都不能够减缓它。当这种做法被制度化为一种惯常性而不再是偶然性举动时，它带来了与早期城邦并存的神权政治。神权政治的中心总是庙宇、教会的居民区、它的仓库、手工艺品商店和它的工匠与管理者的住处。城市生活始于一个不仅仅作为集会场所的圣坛，而且往往拥有一个城墙，而城墙的目的不只是为了防御，还是为了划定一个不同于自然空间的神圣空间。

思考这一崭新画面中错综复杂的意识形态线索时令人惊讶的是，它有着强烈的阶级与物质剥削色彩。通过把世俗的自然神灵和魔鬼变成似人的超自然神圣和恶魔，教会组织狡猾地创造了一个全新的社会与意识形态体系——使统治心理化的新方式。共同体的守护神日益成为共同体整体的代言人——逐渐获得了公开的社会控制权力的、一种原始团结精神的人格化与实体化。因而，当路德维希·费尔巴哈（Ludwig Feuerbach）宣称似人的众神是把人类形象扩展到比生活领域更宽泛的宗教领域中时，他是在无意识地误导我们。事实是，教会组织把这些众神形象纳入了一个切切实实的、社会支配与物质剥削的万神殿。

无论如何，从前由于用益权惯例而面向所有人的共同土地及其生产，现在被视为一个超自然神的授权，而他的人间使者负责传递其意愿、需要和命令。最后，这些使者获得了对共同体——它的劳动及其生产——的神权控制。尽管概念上自相矛盾，公共财产报复性地演变为上帝及其人间管理者的共产主义。从前处于共同体作为一个整体控制之下的公共整体，现在已经被神圣的“单一”所取代。这一“单一”神作为一个超自然万神殿中的庇护神，担当着使共同体及其团结人格化的角色，并把共同体变成了一个由教会精英统治的顺从会众。在远古世界中无所不在的自然神灵，被吸收进了监护神之中。代表多样化自然的丰产并有着众多亚神的母亲神，遭到了“神圣家族”的践踏，而它们的严厉道德规范只存在于抽象的天堂王国之中。

像教会组织一样，家族也转变为一种经济组织。从前被视为从事极其重要的共产化活动的载体的共同体，现在变成了被动性公共劳动的所在，仅仅是一种生产工具。在它们允许进行技术调节、剥削和合理化的范围内，共有特性依然被尊重——对沿着等级制构建起来的共产主义的剥削特征的一个远古时代说明。因此，最初未立即消失的家族社会，被用来反对它自身，以生产更多的物质产品。实际上，教会组织自身也已变成了一个家族，一个把自己提升到所有家族之上的、像希伯来利未人（负责协助管理圣所）那样的家族。它已经成长为一种全新的事物：阶级。

积聚起来的财富——现被视为人类奉献给众神的物质总和，已被剔除了有机社会赋予财宝的那些邪恶特性。在新、旧世界中出现的那些豪华庙宇，是积聚起来的财富被神圣化的一个例证；后来，战利品被视为对英勇的奖励；最后，贡税被视为政治控制的结果。而象征着人们在互助体

制中联盟的礼物，现在变成了为了超自然与政治的安全而缴纳的什一税与税负。不断发生的共同体家族变成劳动力、公有土地变成私人占有的不动产、抚慰性神话变成了压抑性宗教活剧、亲属关系责任变成阶级利益、等级化命令变成了阶级剥削，所有这些看起来更像是传统权利体系中重点的转移，而不是对神圣习俗的彻底决裂。把各种侵略的灾难性后果放在一边暂且不论，远古社会看来已经被误导而引入了阶级社会的新社会规则，却没有明显弃置有机社会的外壳。

但是，这些变化并非仅仅发生在宗教活动领域中。来自美索不达米亚的新近数据和罗伯特·麦克亚当(Robert McAdam)对中美与美索不达米亚的出色比较表明[1]，像教会组织的司铎领域一样，男性武士的公共领域与有机社会向阶级社会的转变紧密地联系在一起。僧侣拥有意识形态的权力——绝非无关紧要，但却是一种依赖劝说与信服的权力。武士具有强制性的权力，它是一种更多地依赖身体勇猛、武器和暴力的强制性后果的权力。尽管教会组织与军事社会的利益相互交织，有时还十分密切，二者之间往往还是会彼此不和，甚至互相对立。与处在共同体与众神之间充当祭司或说客的僧侣相比，面对其对手的武士在追求自己的利益时，要求往往是更高，当然也更彻底。这些不同历史人物所创造的意识形态和制度，都是不一样的，而它们所产生的社会影响也不相同。从有机社会内部产生的武士社会，比从有机社会外部产生的教会组织，在根除这一社会时做得更为彻底——这发生在它经历了等级制长时期的侵蚀并把萨满教僧习俗逐渐降格为一种大众魔法与医术之后。武士代替了他们的神权前任，显然得益于由神权政治所带来的意识形态变化。因此，正是武士首领和它的军事同伴——历史从中招募了古典意义上的贵族和庄园主，先是创造了政治国家，然后创造了自身有着教会残余的君主集权城邦。这种主要是军事性的团体，凭借其战争能力，穿越了家族社会的血宗体制，并最终拆断了它与社会生活的联系需要。再次指出的是，家族最终得以延续下来，就像阿兹特克斯的家庭组群(Capulli)和苏美尔人的宗教性家庭单位一样，尽管家族被不断地剥夺着社会权力。

神权政治是与部落生活的某些民主特征不相融的，比如大众集会和长老议事会。就教会组织的特权得到了尊重而言，部落民主和神权政治也许在制度上是相互强化的——一个应对国家的物质关心，一个应对教会和上帝领域的物质关心。在二者之间日益活跃的一个功能性分工，使兄弟般的军事社会团体成为了部落民主和神权政治追求公共权力的极大制约。教会与国家之间最早的冲突，事实上是一种三维性的冲突，其中包括了家族对民主权利的要求，但最终结果是，家族被完全排挤了出去。

正如我一直认为的，国家不仅是一种官僚与强制性制度的组合，还是一种心理状态，一种渐进形成的赋予现实以秩序的心态。相应地，国家无论是在制度上还是在心理上都有着长期的发展史。除了由于大规模的入侵，占领者彻底制服或毁灭了被占领者之外，国家的进化分成很多等级，在整个历史发展的进程中往往会导致进化形式的严重不健全或交杂不清，以至于很难用严格的政治术语对它们作出界定。

国家借助残酷的暴力进行统治的能力总是十分有限的。关于纯粹强制性的全能国家的神话，是一种能够最好地服务于国家机器的幻想。它使被压迫者产生一种敬畏感和无权意识，并最终导致社会沉默。如果没有来自甚至社会最底层比如私有奴隶和农奴的高度合作，国家的权威将会消失。面对国家权力时的敬畏与冷淡，是使国家这一权力成为可能的社会条件的产物。因此，无论对国家起源的自发性还是永恒性解释、对它出现的经济解释或基于占领(那些导致了准灭绝的短期占领)的理论，都不能说明社会如何从一种无国家的状况跳跃到了国家状态，以及政治社会如何能够在这个世界上迅速扩大。

同样，现实中也不存在某种跳跃，可以解释历史上出现过的国家与准国家的无限多样性。在早期的苏美尔人国家中，作为统治者的军事巨头(ensi)受到大众聚会的持续监督；在阿兹特克国家中，它面临着家庭族群和贵族之间的激烈争夺；在希伯来君主制中，它不停地受到那些诉诸于“贝都因契约”(借用厄内斯特·布洛赫的术语)的民主习俗的先知的干扰；而在雅典国家中，它制度性地植根于直接民主——所有这些，尽管相互间差异很大并且与现代意义上的集权官僚制国家相冲突，都是国家的未充分实现形式。甚至托勒密王朝高度官僚化的法老国家，也没有触及到埃及的大部分村落，尽管它确曾有征税与强征劳役的要求。在近东和

亚洲出现的早期集权国家，并没有像拥有大众媒体、高度复杂的镇压体制以及监督个人生活各个方面的权威的现代国家一样，侵蚀以社会为基础的共同体生活。我们今天所见的历史性进化完全的成熟国家，只有在传统社会、习俗和感知被重新加工以便与支配相一致之后才能出现，结果是人类失去了与作为它的起源的有机社会的所有关联感。

家族社会并不是一下子或突然消失的，就像国家不是一夜之间建立起来的一样。直到它们被中立化为一种社会力量之前，家族仍然在社会早期城市化阶段的大部分地区存在。为了自身的利益，武士社会借助经济力量加强了其军事力量，声称对被占领的而不是自有居民的土地的私人所有。实际上，对其他部落的占领带来了拥有大规模私人房地产的战争首领的增加，并往往把那些土著部落的居民变成了农奴。对于围绕战争首领建立起来的武士社会来说，最持久的战利品就是他们划出来作为自己领地的土地——房地产，然后，把它们建设成一种内部具有佃农、佃户、农奴和奴隶的领地等级制。从中美洲的数据来看，领地经济在规模与产量上最终开始超越家族经济。苏美尔人的记载和对阿兹特克社会的西班牙语解释，告诉了我们一个家族把土地逐渐卖给领主和农作物耕种者——自由的或俘获的——直到降为农奴或佃户地位的悲惨故事。在城墙以外更遥远的社会区域，村落生活依然保持着其大部分生命力。那些旧的生活方式一直延续至今，只不过采取了较为虚弱与相对退化的形式。但是，有着高度多样化习俗与礼仪的血缘誓约，所具有的更多是象征性意义。阶级社会已经取代等级制社会，就像等级制社会曾经代替了有机社会的平等特征一样。

这种从基于亲属关系、用益权和互补性的社会联系，向基于阶级、所有权和剥削的社会联系的深刻转变，如果没有与之相伴的技术变化就不会发生。如果没有大规模的、凭借动物力的、主要由男性管理的犁耕农业，去代替女性用于挖掘的棍棒与锄头，很难想象会有足够多的剩余产品来养活职业僧侣、手工匠、法(律)学家、法官、国王、军队和官僚制——总之，庞大的国家机器。除了其明显的阶级结构之外，阿兹特克社会并没有显示出超出最简单的普韦布洛共同体的技术进步。在美洲印第安人社会中，我们并没有发现在土地上开沟的犁、用于交通的车轮——尽管在阿兹特克玩具中出现过服务于农业目的的动物驯化。除了其伟大的工程性壮举外，农作物耕种还没有从一种工艺减约为一种产业。相反，在那些犁、动物、谷物和大规模灌溉系统构成其农业基础的社会中，远古公社制度及其公共分配制度依然被保留着。这些社会及其价值得以持续，或者没有发展出阶级，或者往往屈辱性地采取了与无情剥削它们的封建的或君主制度共存的形式——但很少能够对这些制度作出结构性与原则性改变。

更为通常的是，人类或者没有“进步”到阶级社会，或者只是以程度不一的方式实现了这一点。犁耕农业、谷物和手工艺品加工，也许为世界上很多地区提供了城市、阶级和剥削出现的必要条件，但是，它们从未为此提供充分的条件。欧洲社会尤其是其资本主义形式在历史上和道德上之所以是如此独特，是因为它超过了迄今为止的**任何一个**社会，包括作为它的起源地的近东社会，就其程度而言，最终经济阶级与经济剥削——也就是我们今天所称的经济学，殖民化了个人与社会生活的那些最深层方面。

城市在实现这种超越中的作用是无论怎样强调都不为过的。因为，正是城市提供了一个可以用来培养区域主义的特定地域、培养公民权的公共制度、用于交换加工产品的市场、用于发展阶级的教区间与邻里的排他性以及形成国家的庞杂结构。城市的木材、石头、砖块和泥灰，赋予社会的、文化的、制度的，甚至道德的变化以更大程度的可触及感，否则的话，它们将会保持其在人类历史长河中仅仅作为一个片段的偶然性特征，或者被重新吸收回归自然状态，就像一片被重新绿化的弃置地区一样。借助其持久性与不断增长特性，城市明确了来自社会而非生物世界的、来自工艺的而非自然的、来自政治而非共同体的权利要求。作为阶级社会的急先锋，城市击退那些一直试图东山再起的基于亲属关系、用益权和互补性的权利要求，并肯定了利益与支配对分享与平等的控制权。因为，对于征服者的军队来说，消灭一个拥有特定文化的城市，就是去毁灭这种文化本身；而收回一个城市，无论是耶路撒冷还是罗马，就是重建它的文化及这种文化的创建者。正是在血缘誓约的城市祭坛上，城市吸干了亲属关系的内容，却拔高了它的形式，直到这一外壳仅仅被视为一个人口生育单位，也就是我们委婉称之为的“核心家庭”。

尽管这些走向阶级社会的客观变化也许是巨大的，但它们却不及人

们在主观领域必须实现的变化挑战性大,直到资产阶级竞争下的阶级、剥削、索取和竞争心态成为人类心理架构的一部分。如果我们只从统治认识论和支配或者只从阶级关系和剥削来认识人类自然,我们就会发生严重误解。霍华德·普雷斯(Howard Press)评论说:“(人与自然的)分离是一种原始意象性的悲剧。”[2]但是,分离有着不同的方式。尽管这种“悲剧”对于个体发现他们的独特性和身份也许是必要的,但是,它不一定非要采取个体间争夺与竞争的社会形式。

关于自我的现象学迄今依然关注自我形成的和解性与参与性方面。我,从“它的”混乱中脱离出来,从婴儿把自己从充满着感觉系统的无差异经验中区分开而必须穿越的神奇边界线上出现,并不是对抗的产物。恐惧是后天学习的,它是一种社会的经验——就像憎恨一样。一种被普遍接受的意识形态认为,自我中心性的扩大是个性与个体性得以产生的可靠媒介。这是一种资产阶级的骗局——资产阶级自我中心主义的阐释。这一观念与皮亚盖特(Piaget)终生进行的对孩童时期研究的成果相矛盾。正如他评论的:

> 借助一种看似矛盾的机制,正如我们在描述较大儿童的自我中心主义思想时看到的,恰恰是当主体最自我中心化时,他对自己了解得最少,而且实际情况是,他通过把自己置于宇宙之中来发现自己。[3]

相应地,皮亚盖特发现,语言、反思性思想和一个时空的、因果的和宇宙的组织之所以可能,是因为“自我能够通过发现它自己而独立于它自身,并把它自己作为众多事物中的一个事物、众多事件中的一个事件”。

如果没有“众多事物中的一个事物、众多事件中的一个事件”(在皮亚盖特的意义上)的话,早期人类绝对不会生存下来。撇开社会达尔文主义暂且不论,擅长运用强大的神经系统能力并进行智能化与概念化思考、计划与筹谋的人类,很可能已经在一个霍布斯式的相互混战中归于毁灭。如果具有谋划能力的理性用于分裂和破坏,而不是团结与创造,人类的人类特性将会早已反过来对准它自己以及服务于它的物种,而不必等到后来设计出如此复杂的现代武器设备。

有机社会的和解性感知在它的外部世界观中得到了表达——尤其是

在泛灵论和巫术。从根本上说，泛灵论是一种精神的和解性宇宙观，而不是一种攻击性的概念化形式。所有存在都具有“灵魂”——“简单地把心灵与存在相等同”，借用黑格尔的术语——是可以切实感知的。这种观点贯穿在了朴素的史前人类的日常实践中。当爱德华·泰勒(Edward B. Tylor)在他对泛灵论的经典研究中，指出美洲印第安人“会把马作为一个理性存在来劝说”时[4]，他告诉我们的是，事物之间的边界只是功能性的。印第安人和马都是主体，等级制和支配在他们的相互关系中根本就不存在。“人与动物间一种绝对的心理差异感，尽管在文明世界中非常盛行，在较为‘低等’物种中很难找到。”这些关于“低等物种”的认识，与我们自己的观念有着质的不同。

史前认识论趋向于统一而不是分裂：它把动物、植物，甚至自然力量和完全无生命的事物给予人格化看待。在我们心中只是抽象物的东西，在史前人类的泛灵论心理中获得了生命与具体内容。比如，对于泛灵论者来说，人的灵魂是他的呼吸、他的手、他的心脏，或者其他具体性的存在。

这种泛灵论观点的变体将会在有机社会以后的很长时间内弥漫于人们的心理之中。我们在理解古希腊哲学看似矛盾特性时的困难，来自于它的泛灵论观点与世俗理性之间的张力。泰勒斯和爱奥尼亚的思想家——尽管表面上都是理性主义者，因为他们的观点是世俗性的并基于逻辑理性，把世界视为有生命的，将其作为一种有机体来看待，或者正如科林伍德(Collingwood)评论的，“事实上，把其看作一种动物”。世界是一种“充满着灵魂的存在……其中包含着具有自身灵魂的更小规模有机物；因而按照泰勒斯的看法，一棵树或一个灵魂都是一个独立的有生命的有机体，同时还是世界这一更大生命有机体的一部分”[5]。这种泛灵论观点，在古希腊哲学中一直延续到亚里士多德时代；因此，我们才会在把古希腊哲学划分成“唯心主义”和“唯物主义”两大类型时遭遇到困难。

巫术这一泛灵论者用来操纵世界的技术，看起来违背了上述感知的和解性认识论。人类学家往往把那些巫术程序描述为“原始人”旨在“征服”事物使之遵从其意志的幻想性技术。然而，更进一步的观察表明，正是我们把这种征服性心态读入了远古世界。通过魔幻性地模仿自然、自

然力量或动物与人的行动，史前共同体把它们的自身需要转移到外部世界；需要强调的是，外部自然从一开始就被概念化为一个互助共同体。在对动物的操纵性行动之前是人们礼仪性的祈求言辞，即诉诸于一种理性的存在——一种主体，以便获得它们的合作与理解。祈祷仪式总是先于行动，表明了存在着平等参与者之间的交流，而不仅仅是强制。一种动物比如熊的许可，是它将被杀死的整个狩猎过程的内在组成部分。当它的躯体被送回到营地时，印第安人会把一根管子放在它的嘴中，并吹响它以示抚慰。作为巫术与仪式的内在特征，这些简单性模仿蕴涵着人类与“客体”的统一，一种对“客体”的主观认可。[6]当然，后来，这些言辞逐渐与行为分割开来，并变成了一种父权制/上帝的权威性命令。然后，模仿被减低为一种制造社会顺从与同质性的战略。但是，以魔咒和劳动号子等形式的言辞礼仪，依然会使我们意识到一种基于相互认可与分享理性的更远古感知。

我并不是说，有机社会缺乏一种体现在这种现实统一性中的特殊感。对于泛灵论者来说，熊就是熊，而不是野牛或人类。泛灵论者像今天的我们一样仔细地区分个体和物种——往往更加注重其细节，就像旧石器时代洞穴画表明的那样。把个体熊变成一个熊灵魂的抑制性抽象，以及否认其具体特征的熊灵魂的普遍化，我猜想，是泛灵论灵魂创造过程中出现的一种进一步发展。通过使个体熊服从于操纵性的人类掠夺形式，这种形式的概括标志着外部世界走向客体化的第一步。正如泰勒主张的，在熊灵魂存在之前，很可能只有个体的熊。他指出，如果“一个印第安人遭到一个熊的攻击，往往是这个动物愤怒之下的故意性行为，或许是为了报复他对另一个熊造成的伤害”[7]。像熊这样具有意志、目的和懂得愤怒的动物，绝非仅仅是一种熊灵魂的显现，而是一个自立与自主的存在。

通过从个体熊中抽象一个熊灵魂，从特殊中概括出一般，以及赋予这一抽象过程以神奇内容，人类正在形成一种新的解释外部世界的认识论。如果个体熊仅仅是一种动物灵魂的显现或附属性现象，那么我们就可以通过把特殊归入一般和拒绝具体事物的独特性，来使自然客体化。泛灵论观点的重点，就因而从适应与沟通转向了支配与强制。

这种智力发展很可能是逐渐发生的。神话中最古老的奥菲士（古希腊神话中的音乐神，擅长唱歌及弹竖琴）传说，依然基于一种动物的守护灵魂而不是主人的观念。奥菲士借助魔力使动物世界呈现为和解与和谐。他是一个“你死我活”的残酷世界中的和平使者。从奥菲士传说中，我们可以感受到历史中存在过这样一段时间，其中与动物的共处和对灵魂概念的抽象化并不是一个相互排斥的过程。但是，稍微转变一下传说的重点，我们就从一种动物卫士的形象走向一种动物主人的形象。这种重点转移很可能是由萨满教僧来完成的，正如艾瓦尔·波尔森（Ivar Paulson）所提出的那样，他们这些教僧相应地体现为猎物的保护者——它们灵魂的控制者，和猎手的助手。[8]萨满教僧神奇地把狩猎目标引入猎手的区域：他是真正的高手。同时作为年长者和职业巫师，他建立了一个颠覆传统的泛灵论观点的新的、准等级制的领域。

被称为理性的、概括与分类的神圣过程，看来很早就已呈现为一个十分复杂而矛盾的形式：对自然的虚幻性操纵开始于人类的真实性操纵。尽管萨满教僧试图赋予这个世界以更大一致性的努力，终将变成人类拥有的对外部世界更多控制的社会权力，但正是这些教僧尤其是其后继者僧侣，最初为了便于控制而分裂了这个世界。作为女萨满教僧或女僧侣的妇女，也像男性一样没有能够免除这一现象。在任何一种情况下，韦斯顿·拉巴里的观点都是正确的。他说，早期狩猎—采集者像其他团体一样把他们世俗权力的社会结构映射到了超自然的层面上。“神话与一个狩猎族群的社会结构是十分符合的。神话及时准确地体现了社会制度，因为宗教不过是那个时代社会结构的反映。”[9]

不仅如此，我们可以想象，萨满教僧和僧侣绝不会到此为止。他们会不停地概括、加工，再概括、再加工。他们与年长者和武士最早形成的联盟，以及后来他们随着日益复杂的农业社会出现而面临的冲突性议题，不断地考验着他们的意识形态创新才华，并导致了新的概括与加工。在他们死后，那些较著名的萨满教僧与僧侣转而变成了宗教创作的原始素材。结果是泛灵论与宗教之间达成妥协，萨满教时代进入教会组织时代。早期的神通过结合动物面孔与人类身体或者相反，体现了这一新变化，就像我们在斯芬克斯狮身人面像和弥诺陶洛斯牛面人身像中所看到的那样。不可避免的是，这种持续不断的置换产生了一个完全人类化的万神殿，甚至包括它们反复无常的行为。

随着社会缓慢地走向等级制和阶级结构，众神们也紧步后尘。在那些仍然残存着母系传统的等级制社会中，最重要的神是母亲神，她象征着丰产与土地——性别与园艺相交叉的领域。在一个充分发展的父权制社会中——把男性、他的动物和犁耕引入农作物种植，母亲神获得了一个男性伙伴，而且，随着父权制的日益盛行，她逐渐把自己的突出地位让位于这一男性同伴。这一进程持续前进，在穿越“文明”的门槛后进入了城市社会，直到众神们的社会化导致政治神谱的形成。如果共同体在大会上协商，众神们也是；如果对原始城邦民主制的战争导致了一个超级统治者的出现，那么一个权力至上的上帝也将会出现。只要世界处在萨满教以及尤其是教会的控制之下，它将继续根置于一种宗教基质。同样，只要人对人的支配继续存在，世界也就不会把自己从神话和宗教中解放出来。社会分裂由于神话和神学而变得模糊不清：甚至武士首领也希望他的社会地位可以通过成为一个僧侣或神而被认可。权威主义的力量被装扮得像一种自然力量，就像那人格化或看起来操纵他们的众神一样。

在那些自然被农作物种植者触及到的地方，人类很容易设计出作为土地与家庭一部分的神：民间男神和女神，他们的行为往往是由季节更替或人类祈求所决定的。战争、灾难、饥荒和严重不幸的确发生了，但它们是依照自然秩序的背景发生的。比如，美索不达米亚的神也许看起来比执掌埃及命运的神，更加难以驯服和严厉；在前者土地上流淌着的河流与后者相比更加难以预测，其破坏性也更大。然而，尽管这些差别十分重要，在这两种伟大农业文明中众神的差异是程度上的而不是性质上的。对它们而言，自然仍是一个提供着关爱与忧患的养育之母。自然把丰盛的农业收成和安全施予尊重她的共同体，并且不停地展示着其慷慨宽厚的一面。

与这些适于耕作的土地形成鲜明对照的，是贝都因的干旱草原和干燥沙漠。在这里，就水权与兽群产生的存在于父权制武士—牧羊者间的不安全性与冲突，是一种严峻的人类生存状态。因而可以理解，这里新出现的神圣有着一幅比农业地区居民中的自然神灵和神圣更可怕的面孔。

在此，自然看起来更像一个可以随意地毁灭人类及其兽群的握紧的拳头。在这里，劳累一天后没有可以温暖自己灵魂的家庭壁炉，有的只是游牧者的营帐和随时变幻的周围环境。这里也没有中间穿插着溪流的肥沃土地。对于贝都因人来说，只有天空是蓝的，悬挂着火红的太阳。被笔直山峰与高原所切断的宽阔的地平线，容易使人产生一种空间无限感，先验的与超俗的玄妙感。妇女对于农业耕作者来说是富饶与相对友善的自然的体现，但在这种荒凉的世界中却没有任何象征性位置——只剩下生育儿子和作为放牧者与武士的工具。她所面临的更多是被贬低而不是被剥削。

这些由于气候变化或原来土地上的人口压力而从农业中脱离的游牧部落，是一个被放逐的、被迫不停地迁移的族群。他们遭到了冥间众神的诅咒，这些众神依然作为一个失去的伊甸园中的鬼魂缠绕在其心中。作为放牧者，他们是一个主要在家养兽群中生活的族群，其中的每一个只是可以转让的数目；家长拥有动物的绝对数目才是对他财富与特权的测量。一个人的权力与命运，可以通过准确的数字来确定：兽群的规模与儿子的多少。这些人群中——历史上最典型的是希伯来人——所表达的，是一种典型游牧民族的感知：他们将会创造一种新型的统治认识论和新的众神——基于无限、男性意志的苛刻表达以及往往是自然的残酷否定。正如弗兰克福特等指出的：

> 希伯来思想的主导性信条是上帝的绝对超越性。耶和华并不存在于自然之中。土地、太阳和天空，都不是神圣的；甚至那最强有力的自然现象，也只是上帝伟大的体现。上帝甚至是不可言说的……他是无限神圣性。这意味着，他是独一无二……人们已经正确认识到，希伯来人的一神教，与他们坚信的上帝的无条件性特征相关。只有一个超越一切现象的上帝——不受任何具体体现形式的限制，也即一种无所不能的上帝，才能是唯一并构成所有存在的基础。[10]

隐藏在这种宇宙演化论背后的是一种矛盾的合理性的辩证法，当理性被内置于神话中时，同时是解放性的和压抑性的。无疑，真正的智能力量应用其中，但它们用神话时代的材料来展现自己。泛灵论思想从个体动物到物种、从熊到“熊的灵魂”的变化，显然是把一个自然力量的概念变

成一个人类宗教概念的预演。众神的出现，是人类自身作为一种自然力量显现在自然之中的精妙证据。

人们很容易得出的看法是，草地尤其是沙漠作为主导性环境把人类带入了对自然的臣服关系，而贝都因人则被卷入了一场与自然间的更艰苦的“斗争”。但是，这样一种画像将是过于简单化的。因为对于贝都因人来说，严峻的游牧环境往往被视为纯洁之源，尤其是道德与个人的自由。对于伟大的希伯来先知而言，最著名的人物像阿摩斯，沙漠好于任何其他的土地，因为人们可以从中找回与非正义作斗争的个性力量与道德品行。因此，那些随着他们的兽群漫步与自由思想的放牧人具有的高贵品质，比农作物耕种者更接近于众神。与沙漠的联系，使他浸染着一种正义感。犹太人对我们西方感知贡献的重要性，不仅仅在于它给予已经处在农业社会的等级制以父权制的刺激——我在此基于启发性目的强调这一点，还在于它所注重的道德品行与超越心态——把在农业部落中非常盛行的自然的具体形象概括为一种超自然，其抽象性既显示了极高的智力水准，也包含着很大的偏执风险。

由于希伯来人的贡献，宗教展示了一个不断走向抽象、分类和系统化的趋势。尽管其中存在着显而易见的矛盾，希伯来圣经提供了人类如何进化到社会的具有相当程度内在一致性的阐释。甚至在希伯来人对自然现象的贬低中，我们可以发现与神话思想的断裂、与幻想现象的断裂，和在现实主义与历史意义上应对生活的意愿。作为上帝意志的社会史，取代了作为灵魂、精灵和神圣事物的宇宙演化论的自然史。正如弗兰克福特等人强调的：

> 希伯来人提出的不是一个思考性的理论，而是一个革命性的和充满活力的教育理论。关于一个单一的、无条件的和超越性上帝的教义，拒绝了长期延续下来的价值，而主张新的价值，并假定了它对于历史和人类行动的重要性。[11]

结果，男性的命运走到了理智舞台的核心：正是他的以及他的物种的命运，尽管以“上帝选民”的形式，构成了在希伯来圣经中的核心性主题。

但是，一种对立性的合理性弥漫在这一“革命性的和充满活力的教育”理论中。对于希伯来人而言，统治认识论是作为先验性的秩序概念而产生的。支配变成了独一无二：它通过意志分割不可分的事物。仅仅把希伯来耶和华降低为一种对多神教自然或存在于世界其他地区人类众神的一神教的预占，是一种过于简单化的阐释。实际上，这种努力在犹太教获得崇高地位并以基督教的形式变成一种世界宗教之前，就已存在了几个世纪的时间。希伯来人也不是最早把自己视为上帝选民的人；这是一种部落惯例，大多数史前以及后来的族群都在其伦理术语中有所体现，比如把自己描述为"人民"，而把其他人描述为"外来人"或"野蛮人"。

真正使希伯来圣经独特的是，它是自我演绎的：上帝的意志当然就是上帝。因而，不需要宇宙演化论、道德或合理性来解释它，而人类的责任就是无条件地服从。当摩西第一次遇到耶和华并问他的名字时，得到的回答是一个肯定式短语："我就是我"。然后则是，"我是把我派遣到你面前的人"。摩西面对的不仅仅是一个唯一的上帝或一个专断性的上帝，还是一个难以言说的上帝，它的超越性使它接近其自身存在与意志之外的所有事物。现在，具体存在彻底变成了仅仅是普遍性的产物；泛灵论和早期宇宙演化论借以使特殊发展到一般的原则，已经被完全颠倒了。事物出现的秩序不是从自然到超自然，而是从超自然到自然。

值得注意的是，鲁道夫·巴尔特曼(Rudolph Bultmann)评论说，圣经的创造观念，"不是一种思考性的宇宙演化论"，"而是一种相信作为主的上帝的表白。这个世界属于他，而他通过其权力来控制这个世界"。[12]现在，这个世界充满着等级制、统治者和被统治者，而在它们之上的是难以言说的抽象物，即主。从主的视角来看，人类是应该卑躬屈膝的创造物，而从我们的视角看，主是我们至高无上的家长。因为，主授权了诺亚将使"大地上的每一种兽类"、"空中的每一类禽鸟"，以及"陆地上的爬行动物和海中的鱼类"感到"畏惧"。泛灵论者神奇地实现了的与捕获动物的交流——先是作为一种个体性存在，然后是作为一个物种灵魂的显现物，并没有被转变成"畏惧"。动物可以感受到"畏惧"这一事实，仍然承认了它们的主体性——多少有些滑稽的是，人类同样具有"对上帝的敬畏"，但是，它是一种处在人类支配下的主体性。

同样重要的是，人们也因此被陷入一种人类支配关系之中。圣经的权力提供了一种超级力量：所有的主人可以用来反对他们的奴隶，统治者

用来反对被统治者，男性用来反对女性，年长者用来反对年轻人。因而，我们不难理解，为什么希伯来圣经变成了一种普遍化的文献：国家、学校、工场、民族和家庭的最高法则。正是这一超级力量的意识形态伪装，使得人们对一个日益世俗化世界被不断地置于由战争首领、神圣君主和家长组成的超级力量的统治之下的怀疑变得几乎不可能。弗兰克福特等人评论道，“希伯来思想并没有完全克服神话思想”，“实际上，它创造一个新的神话——一个上帝意志的神话。”[13]然而，耶和华的训谕中包括的不仅仅是神话。隐藏在希伯来圣经中的故事、场景和历史背后的，是把人类权威与进攻性行为联系起来的新生的哲学先验主义。结果，等级制的持续似乎成为了人类面临不可抗拒力量时关系到生死存亡的东西。

耶和华的意志完成了主客体之间不断增加的分离。更为重要的是，他的意志并没有把二者分为有可能走向一个更丰富整体的特殊性个体，而是一种对立性的关系：客体服从于主体。它们被分为对立的双方，其中蕴涵着抽象、普遍和精神对具体、真实和身体的否定。现在，精神对立于现实，智力对立于感受，社会对立于自然，男性对立于女性，个人对立于个人，因为事物的秩序都是由耶和华亲自决定的。人们不必诉诸于习俗、法律或理论，来解释这种秩序；先验性的上帝意志——独一无二的上帝，已经确定了这一切。他的万能不是人类可以质疑的。

依据统治权而不是互补性的世界秩序的宗教性分离，其中得益最多的是它的僧侣。对于新生的统治阶级和国家来说，它提供了一种非理性服从、通过意志进行统治的意识形态，和超自然惩罚的权力。它之所以能实现这一深刻转变，并非通过诉求于自然及其神灵——“熊灵魂”、以埃及宗教—泛灵论为代表的半人半动物神或苏美尔人与古希腊人的易怒的拟人化神，而是通过诉求于一个完全非实体化的、抽象的和难以言说的超自然，使得纯信仰的法典编纂不需要经验事实的限制。贝都因的沙漠景观，只是推动了这一意识形态，而没有能够形成它，因为“贝都因契约”往往使它不受限制控制权的政治要求落空。的确，大可怀疑的是，一种如此要求家长及其妻子、儿童和家臣恭顺与服从的意识形态，会产生于一个即将定居于农业生活方式的贝都因人之中。这种意识形态显然受到了僧侣和军事指挥者、严厉的法律制定者、斯巴达式士兵等的影响，这可以从摩西的一个人物肖像上清楚地看出来。主向耶和华要求一个羊毛帐篷作为其人间住所，这表明，在希伯来圣经的前半部分即邦联化的希伯来部落移向迦南时，这一意识形态已经形成。后来，在他们征服了这一土地后，它又被进一步加工，并成为一个更加人文主义的和严重唯心主义的伦理文献。

古希腊人把统治认识论从一种基于信仰的道德原则，变成了一种基于理性的伦理原则。尽管神话思想一直在古希腊文化遗产中存在，但它或者采取一个高度智力化的形式，或者被人类精神或理性(nous)所主导。古希腊人的理性领域，没有集中于超自然；它真正的核心是所谓的城邦国家(polis)。

像犹太人的家族一样，城邦也部分受到了一个严峻的自然环境的影响：希腊海边突起不平的山峰，促成了公社的高度自主性和个人在从农业到冶金与战争等各种任务中的高超技巧。非专业人员一词起源于拉丁语，但它精确地反映了希腊人倾向于在所有领域中都具备中等程度的能力和支持平衡与自足(autarkeia)的立场。这种立场在历史上的山区共同体中十分普遍，并影响到了居民的自立、个性、坚强和热爱自由精神。对于这些人来说，精神的独立性往往变成了一种目的，尽管这种孤立性也会产生一种狭隘的地域主义，并严重妨碍了视野的进一步拓展。

古希腊唯智主义主要集中在沿海和岛屿上的那些古代城邦中。在那里，源于山区的自由迁徙精神与海上交往中形成的世界主义精神，达成了一个难得的平衡。在这些城邦尤其是雅典中，一个新的二元主义出现了：家庭(oikos)与集市(agora)相互对立，后者逐步从一种市场转变为一个高度多样化的城市中心。集市或更宽泛意义上的城邦本身，正如汉娜·阿伦特(Hannah Arendt)指出的，"是一个自由领域"，回应了亚里士多德在《政治学》中的主题。家庭与城邦的相互联系发展到了这样的程度，"以至于生活必需品在家庭中的满足是城邦中实现自由的前提条件。无论他们如何反对城邦的生活，希腊哲学家均视自由只限于政治领域中为理所当然，而满足生活必需品主要是一种前政治现象。这一领域以私人家庭组织为特征，而且强力与暴力可以合法使用，因为它们是满足必需品——比如通过使用奴隶——和获得自由的唯一手段。由于所有人都受到必然性

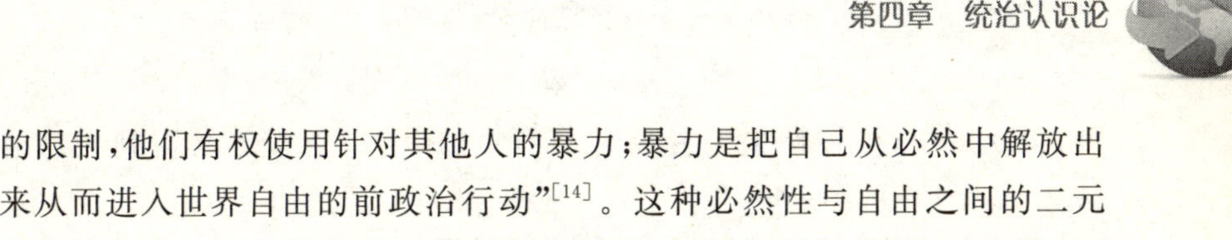

的限制，他们有权使用针对其他人的暴力；暴力是把自己从必然中解放出来从而进入世界自由的前政治行动”[14]。这种必然性与自由之间的二元主义认识论——在希伯来一神教思想中根本不会存在，基于对自然、工作、个体、理性、女性、自由和技术的全新假定，因而需要对它作出专门性的阐述。在此，我只概要地讨论其中的某些假定，特别是那些涉及支配的西方遗产的假定，而对它们的意蕴将另作探讨。

古希腊的合理性并不滋长对自然的排斥。一个被人类驯服的自然，尤其是农耕者整齐有序的田地和众神们庄严的园林，是一个令人向往的追求，它们让人们赏心悦目。这种形式的自然充满着理性，并体现着人类的创造力。古希腊人最为恐惧和排斥的是荒野、未被驯服的自然——正如哈夫洛克·埃利斯(Havelock Ellis)后来所强调的[15]，一种未开化的自然。野生自然不仅是前政治的，还是处在秩序领域之外的。无论是理性还是必然，都不能在一个由无法控制的丛林及其危险构成的混乱中找到立足之地。古希腊的人对自然的支配观念——这一观念像在现代社会中一样真实，难以在那里找到任何确定性与意义。在古希腊人的心中，城邦及其周围环境，一直进行着一场与难以制服的自然世界及其外籍居民入侵的战争。在它的领域内，城邦创造了一个不仅是为了话语、合理性和“好生活”的空间，也是为了家庭的空间，而家庭内部至少有着自己的秩序领域，尽管是前政治性的。强化城邦相对家庭的至上性的，是一种更普遍的二元主义，即秩序或宇宙(kosmos)相对于无意义的解体或无序(chaos)的至上性。所有的古希腊自然哲学家，都把这些智力坐标——尤其当他们以城邦的内聚性来反对离散化的力量时，作为他们的基本参照点。而对野生自然的关爱，要到欧洲中世纪时期才出现。

基于同样原因，古希腊理性主义并不贬低工作与物质享受。事实上，雅典的自耕农(重甲步兵)——作为农业公民构成了古典民主的军事骨干，与他雇用的助手和他能够买得起的奴隶一道工作。通常，这一小规模的劳动力享有同样的工资待遇与物质生活条件。古希腊人对人类身体、体育运动的热爱和对物质形态的尊重，是众所周知的。古希腊人严重贬低的——我们在此指的是它的精英，是与贸易和追逐利润相联系的劳苦。因为，市场中存在着一种威胁古希腊人的自足、平衡和限制等理想的力量，也就是说，当理性失去警惕时，宇宙秩序的理想很容易遭到无序的破坏。

在一个被广泛引用的段落中，亚里士多德以一种古希腊人特有的明确性表达了这一担心。有些人“相信变得富裕是家务管理的目标，他们生活中的第一要务就是无限制地增加他们的金钱，或至少不失去它。男性中这一意向的起因是，他们只专注于生活，而不是如何生活得更好；而且由于他们的愿望是无限的，他们也希望满足它们的手段是没有限制的”[16]。对于亚里士多德来说，这种无所限制的威胁不仅在于不平衡和依赖性，还在于形式的被颠覆——如果没有形式的话，身份本身将会消解，而且有意义的事物会被无意义的事物所替代。

因此，除了由平衡带来的均衡，古希腊人还追求一种他们曾引入西方智力传统的二元性的有序安排：自然与社会、工作与休闲、感觉与智力、个体与共同体等之间的二元性。这些二元性之所以存在并具有意义，就是因为它们对应性地存在，既相互对立，又相互连接。理性的作用是承认并协调二者之间的紧张关系，给予每一个对应关系中的后者以认识论与社会的优先地位，甚至被视为自由领域的城邦，也持续受到共同体是否能够维持一种集体利益与个人利益之间的平衡的困扰。马克斯·霍克海默评论说：“在雅典意识形态中，国家既高于又先于它的公民。”事实表明，至少在一个短暂时间内，“城邦的优先地位促进而不是阻碍了个体的成长：它造成了一个国家与其成员之间的平衡，个体自由与公共福利之间的平衡，正如《佩里克尔斯的葬礼演说》最清楚不过地表明的那样”[17]。

但是，在古希腊人的心中，秩序总是必须要抵制混乱：宇宙秩序抵制无序。这种图画对于理解古希腊人——以及城邦衰败以后的欧洲统治阶级，如何认识人类的社会地位具有根本性意义。尽管它对平衡与均衡非常赞赏，但古希腊思想的主基调是一种实在的等级化结构。它总是以理性与世俗的术语来表达的，但我们不能忘记的是，无序在一个相当大的人口群体比如奴隶、外来人、妇女和往往难以管理的自由人中得到了大量而实质性的体现，他们在城邦中被置于一个低等的地位，或者根本没有任何地位。

古希腊等级制认识论的主要设计师——柏拉图和亚里士多德，熟知那植根于前苏格拉底自然哲学的长久哲学传统。如何解释城邦中近半数的居民即妇女以及大量奴隶的受支配地位？如何拒绝给予城邦中大量存在并为共同体提供实质性服务的外来居民和自由人以公民权与政治权利？这些问题必须以理性的方式加以回答，而不能诉诸于神话，否则将为无序及其黑暗过去打开方便之门。

对于柏拉图和亚里士多德来说，一种理性的回答需要的是理智的客观性，而不是神谕和早期希伯来社会思想的神化意志。人类平等观念（圣经非但没有将其排斥在外，反而由其伟大先知所强调）必须依据一种自然主义的理由——古希腊人可以接受的一种有序的理性自然——加以驳斥。对此，柏拉图和亚里士多德都同意。但是，他们在这一自然的核心所在、人们的差异在命令与服从的体制中借以分层的现实载体上存在着分歧。

在很多方面上，柏拉图的手法更加趋于返祖性：个体能力与表现的差异来自他们灵魂的不同。适合统治的少数人——在柏拉图的理想社会（不恰当地命名为《理想国》）中是护卫，生而具有"金"和"银"质的灵魂。那些具有"金"质灵魂的人，由于其天生的精神特质，注定要成为城邦的哲学家即统治者，而那些具有"银"质灵魂的人，则要成为武士。这两类人在一种严格生活起居制度下得到相似的培训，以增强其强壮的身体素质，分享所有的公共物品与生活资料——把整个阶层化社会转变成一个大家庭的家庭式团结，以及对奢侈与安逸的斯巴达式的拒绝。后来，"金"和"银"质的灵魂在功能上逐渐分开——具有前者的人着重发展他们的智力与理论素质，而具有后者的人则着力于发展他们承担实践特别是军事责任的能力。

其他人——包括具有"铜"和"铁"质灵魂的农夫、工匠和商人，几乎没有被提及。显然，他们将享受由他们的护卫所营造的更安全的生活。但是，他们的生活方式似乎与柏拉图时代的平民百姓没有什么差别。因而，理想国本质上是权威主义的——就某些方面而言，则是极权主义的。为了社会整体的利益和使城邦免除"卑鄙的"观念与著述，哲学家—统治者可以公然地（借用柏拉图的用语，"高尚地"）向全体平民撒谎。在此，柏拉图臭名昭著地把荷马史诗以及他那个时代的戏剧包括其中，他把它们视为对人类心目中上帝形象的诋毁。

另外，在护卫阶层中的女性，享有与男性完全而无任何限制的平等。在把家庭从统治阶级生活中移出并代之以家庭共产主义形式后，柏拉图已经把前政治的必然性领域转移到了平民百姓身上。依据严格的逻辑法则，柏拉图找不出任何理由认为，护卫阶层中的女性应该与男性区别对待。因此，唯一可能限制她们活动的——比如在战争、体育、教育或哲学探索中，是她们的身体能力。她们完全可以像有相应能力的男性一样成为哲学家—统治者。发生在平民百姓身上的“金”和“银”质灵魂的“突变”，没有理由阻止他们进入护卫阶层。同样，如果护卫阶层的儿童中呈现出了“铜”和“铁”质的灵魂，那么他们将会被阻止在统治阶层之外并被放在平民百姓之中。

尽管有各种赞美之词，《理想国》在成稿后的几个世纪以后才被接纳。它不是一个乌托邦、一种共产主义社会设想或任何一种严格意义上的民主制。它是柏拉图的形而上形式世界中的一种理想形式，即理想国（eidos）。这里必须要强调的是，柏拉图的理性观点是一种无情的甚至是讥讽或幽默的等级制看法。从柏拉图的观点来看，城邦要想生存的话，就必须发展出一种“理性的残忍”，并严格地遵循支配的逻辑。没有等级制和支配，就没有宇宙和谐与秩序。因而，古希腊人——柏拉图唯一关心的对象，必须沿着一种压抑性认识论所要求的路线彻底地改变城邦。

对于亚里士多德来说，《理想国》的理性主义理想是放错了地方。它的理论纯洁性将其从他所意指的实践理性范畴中区别开来，而一种理性城邦的形成及其管理恰好属于实践理性的范围。因此，亚里士多德不支持柏拉图的“理性的残忍”，它唯心主义地应对使城邦秩序化过程中所面临的实际难题。他的《政治学》严厉地批评了这样的理想城邦观点，包括柏拉图本人及其追随者提出的有关看法。或许，没有任何一部著作超过了该著作对西方社会思想的影响。值得我们重视的，是亚里士多德强烈批评性的手法与关切。理性必须破除关于它自己的神话，尤其是柏拉图对待理想的做法及其试图把它从社会管理与重建所面临的实践难题中脱离的倾向。

亚里士多德在《政治学》中的主要关切首先是他那个时代的关切：奴隶制、公民权的特征、城邦的适当分类以便人们可以从中选择某一较好形式。自始至终，理性必须贯穿着伦理学和理性人追求一种“好生活”的期望，而这绝非仅仅是物质的。这一著作明确奠定了奴隶制与父权制，以及一个作为公民活动领域的精英体制的理性基础。对于亚里士多德来说，古希腊人被赠予了适宜的地理与气候条件，以及不仅统治野蛮人也统治奴隶与妇女的天生智力素质——二者都是“前政治的”，而且都受惠于他们男性主人“较高的”精神素质。鉴于女性和奴隶“低等的”理性，以及他们在形成政策与行为模式上的无能，他们像其主人一样，受益于主人“高等的”的理性、给予他们辨别方向的能力和对他们非理性行为的控制。奴隶制和父权制，实际上被视为理性的礼物，而不是对它的束缚。

尽管他们之间存在差异，柏拉图和亚里士多德都创制了具有内在连续性与逻辑性的社会理论，而这在他们的许多后继者看来是无懈可击的。他们二者不仅确定了一个理性社会哲学的基础，而且奠定了一个贯穿整个西方思想史的抑制性认识论传统。无数社会生物学流派都从柏拉图主义和新柏拉图主义中得到了启迪。亚里士多德理论则成为一种令人难以置信的复合性遗产，既影响了托马斯主义神学，也影响了“科学社会主义”——虽然它有明显的阶级倾向。

最为重要的是，两位思想家，以及古希腊思想本身，使等级制普遍化为一种理性存在——在可能的情况下也许是民主的，但在必要的情况下却是极权主义的。正是通过它的存在，城邦创造了西方公民权观念中的一种新传统，并给予这些观念一种史无前例的世俗性，从而为现代社会思想提供了可靠的基础。它还创造了困扰后来西方精神与实践的议题——和应对这些议题的一种完全压抑性的心态。无论如何，我们无法回避这种遗产的世俗性、坦诚和逻辑。同时受到希伯来思想的滋养，欧洲理智性产生于古雅典人，并在后来的时代中缓慢前进，直到我们现在。

在对信仰或理性基础上的等级制关系的坚定信奉上，希伯来人和古希腊人的心态是近似的。客观地说，我们迄今已经历了一个漫长的历史历程，具体表现为：教会组织狡猾地使氏族价值观反对有机社会；武士—

首领们及其追随者在男性主导的公共领域扩大过程中的兴起与领导性地位的确立；一种共有经济解体为一种领地经济；最后，城市作为一个消解了亲属关系与血缘誓约的新领域的出现，并代之以公民权、阶级利益和国家。我们已经看到，耶和华的先验性意志和古希腊认识的理性元素是如何沿着对立的路线构建了差异，并背离了泛灵论者的互补感以及沿着和解性路线对具体现实的阐释。

因而，支配遗产发展成为通过社会现实和个人感知中重点的转移，来挑动远古制度与感知之间的相互抵触。抽象与概括，无论是作为信仰还是理性，都不是用来实现整体性或完整性，而是用来制造客观与主观领域中的分裂性对立。其他可能的认识论——它们或许支持一种“对远见的更为灵活开放的态度”，借用阿尔文·古尔德纳（Alvin Gouldner）的术语[18]，却被忽视了，转向去支持“统治与控制的价值”。这种不必要的分裂性发展，可以视为对西方精神自称为“人类历史”真正代表的那种社会与感知的背叛。现在，我们已开始收获这种背叛的可怕后果，我们必须挑战那种历史的主宰性要求。

但是，这一背叛的进程并未随着上述制度与主观上的变化而终结。通过把等级制与支配内部化人类自然的永恒特性，它进一步深入人类心灵的核心。要使统治成为自我的内在特征，仅仅耶和华的意志与古代理性是不够的。这一特征不仅会导致人类对通过信仰和理性而实现的自我压抑的信奉，还会通过形成一种基于内疚与自制的自我规制的“现实原则”（弗洛伊德的术语）而进行内部监督。只有那时，被统治者才会达到对他们遭受的压迫与剥削的完全顺从，并在其自身内部形成一个国家——这一国家更多是依靠人们内心的“忏悔之声”的力量，而不是动员起来的现实暴力的力量来发号施令。

无论是弗洛伊德还是马克思，都没有能够帮助我们充分理解这一过程。他们每一个人都使用自己的方式，宽恕了“文明”尤其是西方文明在创制一种基于统治的现实原则上的罪过。“自我压抑”（弗洛伊德）和“自我克制”（马克思）概念的提出表明，针对追逐对自然统治——这同时是弗洛伊德和马克思的观点——的历史皮鞭，恰好抽在了这一维多利亚社会计划上——他们使支配成为文明辩证发展中一个不可分割的阶段或时

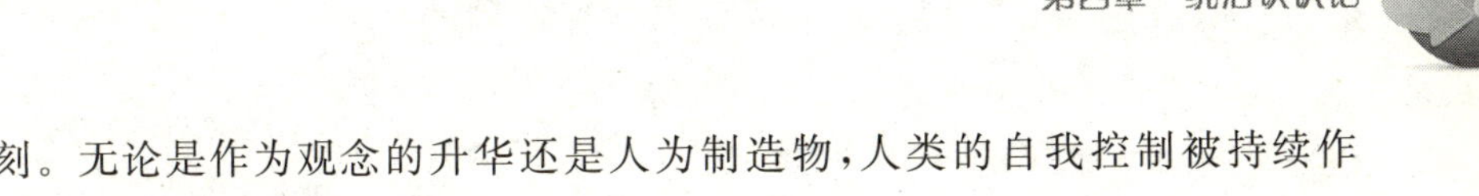

刻。无论是作为观念的升华还是人为制造物，人类的自我控制被持续作为社会发展的必要条件。

压抑、自我放弃和克制等词汇，如果在典型的心理学意义上使用，往往是压迫、剥削和无权等术语的委婉说法。而且，它们一直紧密地与"历史的目的"相联系，而从未服务于"文明"的目标，无论它们的具体形状如何，往往只是精英和统治阶级权力的扩展。在很大程度上，马克思和弗洛伊德的理论体系抹杀与掩盖了这种控制自我的企图在多大程度上是阶级利益扩展进自我的体现。但是，如今变得很清楚的是，这些利益正在形成一种冷淡的、充满内疚感的和颓废的心理，它不利于促进而是在阻碍社会的发展。人对人的统治——内部的和外部的，事实上已在侵蚀着自我本身。通过使个性日益无机化，它已开始摧毁自我，并使之便于压抑和约束。就当前的自我而言，它几无可改造或塑造之处。"文明"并非是在顺从人性而是在脱离它的基础上"前进"。

最近，社会生物学已经进一步强化了这种弗洛伊德—马克思主义的"范式"，如下观念明显是意识形态性的。它认为，作为生物进化结果的人脑，包含着原始自主的、"动物性的"和超过它们二者的更高级、更复杂的脑部件，那些"高级的"部件必须限制、抑制或约束那些"低级的"、"动物性的"部件的原始冲动，以免发生行为与社会紊乱。很明显，古希腊二元主义是它的源头。说我们的脑是分层的，因此能够自动执行许多功能，这在神经学上是完全正确的。但是，先是基于等级与阶级利益的偏见，把社会的功能归诸于脑的特殊层次；然后，把这些利益融入一种心理生物学，创造一个无所不包的概念——"文明"；最后，促成工作、自制、内疚、内部观念升华和克制的一种维多利亚式的整合，以服务于工业生产与剩余价值的需要——所有这一切，都不过是试图把耶和华的意志和古希腊人的压抑性理性的陈词滥调延续下去。

为了使这一意识形态的发展历程更为清晰，让我们回到某些支撑精神分析范畴的假定，并看看在人类学视角下它们在多大程度上能够成立。当谈到有机社会时，下列说法是有意义的吗？比如，社会生活创造了一种压抑性的"现实原则"，生产活动的需要要求推迟即时满足与愉悦，休闲活动必须让位于工作，而自由必须让位于为了安全目的而实行的社会限制，或者说，自我克制是社会生活的内在性特征，而内疚感是社会灌输到个体心中的约束以防止其规章与道德的衰败。

我承认，这些问题严重简化了弗洛伊德主义者和弗洛伊德—马克思主义者赋予一种压抑性现实的作用。但是，正是在精神分析论点被最简化的层面上，我们可以发现有机社会与等级社会之间的最重要差别。或许，对上述问题最好的一般性回答是：当现实中鲜有东西时，也就几乎没有克制或压抑的必要。从前人类学家所细致描述的、强加于人类自然的很多本能，现在被证明不过是些废话。人类自然的确存在，但是，它看起来是由那些社会需要日益渗透其中的意向与潜能构成。当社会过分刺激性别本能并相应地为它所带来的夸大效应感到受挫时，或者，当社会阻断了最低生物性别需要的即时满足时，性别本能就变成一种压抑的对象。甚至被视为一种欲望的实现或一种宽泛"原则"（借用弗洛伊德的术语）的愉悦，也是受到社会条件限制的。如果即时的满足由于自然世界而受挫，就不再需要自我克制的心理架构来"压抑"这种"需要"。这种"需要"——即使它存在，根本就不能够被满足，而对人类自然最人类化的理解是，人类可以了解这一严峻事实。

在有机社会中，社会生活或多或少地更接近于这种状况。由于自然强加给人类行为的这样一种一般性限制，个体面临的社会限制与自然世界所创造的那些制约基本上是重合的。儿童形成的"超我"和"自我"——弗洛伊德的范畴，看起来是（实际上也往往是）自然限制转变成社会关系的结果。儿童及其父母之间和个体与社会之间的严重紧张关系——压抑理论所预先假定的，由于如下事实而减缓：自然世界构成了社会世界的基质，并对它的发展形成了限制。用弗洛伊德的术语来说就是，"愉悦原则"是由"现实原则"构成的。**二者是难以相互区分的，因为还远未发展到像等级制和阶级社会中那样的差异程度。**因此，它们并非作为独立的原则而存在，而它们之间的对立也就没有意义。作为有机社会基本特征的适应性感知，还没有被为"文明"提供压抑性理性与制度基础的苛求的进攻性态度所腐蚀。

相应地，有机社会并不做我们经常会作出的所谓违犯社会规则的道

德判断。在史前世界中，文化关注的一般是一种犯罪的客观的后果和它们是否得到恰当纠正，而不是谁对谁错意义上的主观性状况。保罗·拉丁指出，“从某些来自非洲的数据看，一种犯罪总是指已经被发现的针对社会的错事”，“犯错者清楚知道其犯罪事实，而那些没有被发现的错事只是表明一个事实，即它们没有社会影响”。尽管一个“做错事者的心理”中也许有一种“精神的”向度，但却没有“希伯来—基督教意义上的原罪感”。社会对那个做错事者的所有要求就是，他或她承认已经作出了有悖于共同体和谐的冒犯之举。如果这一冒犯之举已经被矫正，这一行动不会招致任何进一步的惩罚。拉丁从功利主义的视角强调，“实际上，这是对做错事的最好与最有效的震慑”。他进一步指出，当一个班图人被问“当他犯某一种罪行时是否感到忏悔时，这一土著人回答说：‘不，它那时还没有被发现。’这其中既不包含什么玩世不恭的态度，也不是道德堕落的一个标志。它并没有对公共生活的和谐带来任何干扰”[19]。如果这一违犯行为被发现，这一土著人也许会感到羞耻，或由于公众批评而蒙羞，但是，他或她不必有犯罪感，尤其是不必有一种内部化的自我谴责与焦虑感，也不会因而唤起忏悔和赎罪意识。

不同于羞耻感和矫正某一社会违规行为后果的实践需要，犯罪感和忏悔意识随着道德出现而成为性格特征。从历史的角度说，道德观念的形成始于先知与僧侣的努力，后来，作为其最复杂形式的伦理学，是哲学家和政治思想家的探讨领域。这些观念反映了一种与有机社会所发生的完全不同的精神状态。说社会违犯行为是“坏的”和遵守社会道德规范是“好的”，非常不同于说一种行为有利于某一团体的和谐而另一种行为则扰乱了它。“好的”和“坏的”是道德性的或后来的伦理性判断。它们并不完全对应于人们的行为。使“好的”和“坏的”尤其重要的是，它们是社会规范悄悄渗入个体心理构架的证据：个体追问其良心时所作出的判断——社会化过程的极其强大的后果。我们随后将会看到，道德尤其是当它发展到作为伦理学的理性化形式后，促进了自我、个性和一种新的好与善行认知的发展。这里，我最为关注的是那些严重模糊性的情感化约束，即习俗。从这种观点看，道德是被设计来神秘化与掩饰一种曾经统一的、平等的行为体系。那一共同体的道德标准，不是集中在行为的“邪恶性”或一个父权制神和一个专制国家的不容置疑的命令，而是集中在行为对共同体的整体性与生存能力的功能性影响。[20]

随着有机社会的解体，特权开始替代对等，等级制或阶级社会开始代替平等关系。道德观念也就可以通过使社会价值依据意识形态而不是实践尺度的主观化，使有机社会的残存更加模糊不清。一旦行动可以从现实世界转移到这一神秘化的领域，社会的规则就可以随意用来神秘化现实本身，以及掩盖社会领域中出现的矛盾。

但是，这一过程只是一种更为关键的心理架构重建的意识形态方面。因为道德不仅为了对“非道德”行动的限制而声称对蓄意行为的控制权，还进一步承担了防御那些困扰着个体心理的“邪恶”思想的任务。道德不仅要求行为的“善行”，而且要求心灵、心理和精神上的善行。相应地，忽视了对行为的理性的对错评估，而把它交给了伦理学。等级制、阶级和最后出现的国家，渗透在了人类心理架构的表层，并在其中确立了非反思性的、强制与限制性的内部权力。就此而言，它们获得了一种“净化了的”权威，没有一种制度或意识形态可以挑战它。通过运用内疚感和自我克制，内部化的国家在现实国家诉诸于强制性力量使人们感到恐惧之前，就可以控制人们的行为。实际上，自我谴责变成了自我恐惧——社会强制以不安全、焦虑和犯罪感等形式的内置。

自我克制对于历史上的统治精英来说，变成了社会意义的和道德无价的，因为现在的确有些东西可以放弃：特权地位、物质剩余的占有，甚至是关于一种平等秩序的残缺回忆——其中工作是快乐的和有趣的，那时用益权和不可简约的最低保障原则仍然决定着生活资料的分配。在阶级统治的条件下，一种“愉悦原则”的确可以产生。而且，它与“现实原则”处于尖锐对立的地位，而“现实原则”的限制曾经与自然所强加的限制相一致。由于少数统治者可以通过奴役多数人来摆脱这些限制，这两种原则之间的紧张关系日益加剧；它不仅呈现为一种社会创伤的形式，即阶级冲突，而且呈现为心理创伤的形式，比如犯罪感、自我克制和不安全感。

但在这里，弗洛伊德主义的活剧彻底欺骗了我们——而且展示了一个极其反动的侧面。自然的限制构成了有机社会的唯一“现实原则”这一事实被忽视了；实际上，它被一个必须受到内疚感和自我克制制约的神秘的“愉悦原则”所取代。合作的自然被转变成一个充满着自我中心主义、争夺、残酷和满足即时追求的掠夺成性的自然。但是，由合理性、劳动和一种自我压抑的认识论构成的“文明”，产生了这样一种“现实原则”——把难以驯服的自然置于自己的控制之下，并为人类提供了文化、合作与创造性的基础。弗洛伊德对自然与“文明”的置换，包含着一个对人类学与历史的明显误读。事实上，一种起源于自然的限制的“现实原则”，被转变成了一种对即时满足的自我中心主义的追求——总之，基于社会支配的真正的“愉悦原则”还没有历史地创造出来，并赋予其意义。致力于促进用益权、互补和分享的人类的自然之家——借用布洛克的术语，被贬低为一个霍布斯式的所有人反对所有人的世界，而促进争夺、自我中心主义和占有的人类的“文明”之家，则被视为一个基督教—古希腊的富有道德、理智和创造性的世界。因此，弗洛伊德对“愉悦原则”和“现实原则”的重构，使支配、精英主义和统治认识论的胜利获得了持续的合法化。实际上，在弗洛伊德所称的“文明”状态下，存在着大量的支配、压抑理性和自我克制的特征，人类被贬低为霍布斯视之为残酷的动物性的“自然状态”。

羞耻在弗洛伊德的论域中没有地位，有的只是犯罪感。作为这一似是而非的“现实原则”服务对象的“文明”，结果竟成了独属于西方资本主义的阶级与剥削的社会——一种毫不掩饰的支配与社会特权的“文明”。在他们共同的“文明”取向上，弗洛伊德与马克思的观点具有明显的一致性。对于弗洛伊德来说，工作“比其他生存技术更有助于使个体接近于现实；在他的工作中，他至少可以牢牢地从属于现实的一部分，即人类共同体”。

归根结底，统治精英们所预占的，不是弗洛伊德的“现实原则”所服务于的“文明”的目标，而是“愉悦原则”的目标。不是由自然在促动着人类具有即时性满足嗜好的、难以驾驭的心理架构动物性，而是一种基于支配与剥削的、等级制的“现实原则”——统治认识论。真正野蛮的“暴民”——弗洛伊德惊恐地把它与进攻性本能相对于温和理性的超越地位联系在一起，存在于“文明”的顶端而不是它的底部。弗洛伊德对“文明”命运的悲观主义也许是有道理的，但并不是由于他所阐述的原因。真正的原因不是一个受压抑的人类——它的进攻性威胁到了今天“文明”的生存，而是它的超我的设计师：官僚制的制度及其自上而下统治社会的"受尊敬人物"。

【注释】

[1]Robert McAdams, *The Evolution of Urban Society*(Chicago: Aldine Publishing Co., 1966).

[2]Rhoward Press, "Marx, Freud, and the pleasure principle," in *The Philosophical Forum*, 11/1(1970), p. 36.

[3]Jean Piaget, *The Construction of Reality in the Child*(New York: Ballantine Books, 1971), p. x, p. xi.

[4]Edward B. Tylor, "Animism," in *Primitive Culture*(London: Murray, 1873), excerpted in V. F. Calverton(ed.); *The Making of Man*(New York: Modern Library, 1931), p. 646.

[5]R. G. Collingwood, *The Idea of Nature*(New York: Oxford University Press, 1960), pp. 3-4.

[6]Edward B. Tylor, "Animism," p. 538.

[7]Ibid., p. 539.

[8]See Weston La Barre, *The Ghost Dance*(New York: Doubleday & Co., 1970), p. 163.

[9]Ibid..

[10]H. and H. A. Frankfort, et al., *Before Philosophy*(Baltimore: Penguin Books, 1949), p. 241.

[11]Ibid., p. 247.

[12]Rudolph Bultmann, *Primitive Christianity*(New York: World Publishing Co., 1956), p. 15.

[13]H. and H. A. Frankfurt, et al., *Before Philosophy*, p. 244.

[14]Hannah Arendt, *The Human Condition*(Chicago: The University of Chicago Press, 1958), pp. 30-31.

[15]See Havelock Ellis, "The love of wild nature," in *From Rousseau to Proust*(New York: Charles Scribner & Sons, 1935), pp. 58-82.

[16]Aristotle, *Politics*(translated by Richard McKeon), in *Basic Works of Aristotle*(New York: Random House, 1941), 1257b35-40.

[17]Max Horkheimer, *The Eclipse of Reason* (New York: Oxford University Press, 1947), pp. 130-131.

[18]Alvin Gouldner, *Enter Plato* (New York: Harper & Row, 1971), p. 165.

[19]Paul Radin, *The World of Primitive Man* (New York: Grove Press, 1960), p. 249.

[20]W. C. Willoughby, *The Soul of the Bantu* (New York: 1928), quoted in Ibid, p. 248.

第五章　支配的遗产

等级制的道德起源发生在早期与古典的家庭组织形式中——在它的男性首领声称的道德权威中。《圣经》提供了大量的家长在处理与他的妻子和孩子们的关系中享有的控制权的证据。更坦率地说，他们是他的有形财产，就像他的兽群中的动物一样。家长对他妻儿的权力没有任何限制，有的只是同情心和来自他生育活动的非道德感所唤起的某些约束。无论儿子继承了父亲的形象与否，二者都要遵奉某种神的形象，而正是后者通过盟约与血缘把他们联合起来。父爱的索求特征——不同于母爱的无私特征，体现了男性挑战永恒的决心。希伯来家长不追求天堂或永恒的灵魂，因为它们都存在于他们子孙的物质现实中。

然而，更为有趣的是古希腊人声称的父亲的权威，他们的哲学家试图赋予道德观念以一种理性或伦理的而非神圣的约束力。最初，一家之主占据着一个相对于家庭其他成员的国王般地位。尽管古希腊哲学曾试图给予社会关系以理性向度，它向家庭侵入的能力最初是很弱的。正如多德斯对这一议题的出色研究中所评论的：

> 他对于自己孩子的权威在早期是没有限制的：他可以随意在孩子的婴儿阶段遗弃他们（即杀害婴儿），或在成年阶段驱逐一个犯错误或叛逆的儿子离开共同体，就像忒修斯驱逐希波吕托斯（Hippolytus），俄纽斯（Oeneus）驱逐蒂丢斯（Tyedeus），特洛菲奥斯（Trophios）驱逐皮拉迪斯（Pylades），宙斯本人把赫斐斯塔司赶出奥林匹斯山，因为后者与他的母亲站在一起。[1]

直到公元前6世纪，儿子还“只有义务，没有权利；只要他父亲活着，

他就只是一个无限期的未成年人”。就其经典意义而言，父权制意味着男性的老人政治，而不只是男性对女性的统治。年轻人，无论他们的性别如何，被严厉地置于家庭年长成员的道德与社会权威之下。

古希腊家长对其未成年成员私人生活的威严立场，被国家所大大减弱。国家自身声称对年轻男性的控制，以便获得它所需的官僚与士兵。但是，在晚期新石器时代进入铜铁“文明”的那一转型时期——具有强烈父权制的入侵者即将涌入定居的、往往是女性至上的文化，男性取向的家庭结构构成共同体的基本社会要素，并对社会生活产生了深刻的价值影响。的确，这些要素有助于准备政治制度与国家的道德基础——尽管多少有些滑稽的是，它们最终将会通过这一政治结构被消解。

甚至在社会阶级出现和僧侣确立对社会的准政治神权专制之前，家长以一种社会形式体现了国家后来体现为政治形式的权威体制。在下一章中，我们将详细考察导致正义与伦理学观念兴起的父权制家庭与国家之间的复杂辩证关系——在这种辩证过程中，父亲从最初的独裁者转变为法官，然后又从法官转变为教师。但是，直到父权制权力受到政治权力的制约之前，正是父亲不仅体现了一种前政治的社会支配道德，而且更具体地说，是一种导致自然支配观的道德。

这种支配性关系的最早牺牲品是人类的自然，尤其是女性的人类自然。尽管父权制代表着一种高度权威主义的老人政治形式——其中年长者最初作为一个整体来统治社会，但由于男性随着其公共生活领域的扩大而获得的相对家庭领域的社会优越地位，妇女日益失去了与男性的平等地位。男性至上和父权制先后形成。基于同样原因，女性先是变成了道德的原始意象性“其他”，最后则是道德的邪恶形象的人类化身。男性继续使他的社会反对女性的自然，他的生产商品的能力反对她的生命再生产的能力，他的理性主义反对她的“本能性”冲动，所有这些已经在人类学和女权主义文学中得到充分强调。相应地，女性作为一种形成其信条过程中的绝好对照物，进入男性的道德发展进程。就个人而言，她“对于（男性）文明所基于的效率”没有任何作用。霍克海默与阿多诺在他们关于女性地位的精辟分析中说道：

是男性必须进入一个危险的世界，必须去斗争与生产。女性不是一种独立的存在或一个主体。她并不生产什么，而只是照看那些从事生产的人；她是一种来自早已消失的过去的遗存，那时候的经济还是一种自足经济。[2]

在一个贬低自然的文明中，她是“自然的化身”——“弱小者”，而自然赋予的性别差异变成了“一个男性支配社会中最羞辱性的方面……一种进攻行为的主要刺激”。

然而，在这种男性“文明”中萦绕着一种女性并未消失或复古性的权力。任何一个男性取向的社会，都必须持续地驱除她与人类再生产能力相联系的远古权力——女性养育了人类，并为其提供一个“危险的世界”的温暖避难所，甚至最终得以实现那些远古物质成就，比如农作物栽培、陶瓷和纺织，而这些肯定都是女性的技术发明。正是女性的上述贡献，使那时的世界成为可能，尽管以一种与男性化社会原则十分不同的方式。

甚至在男性开始他的男性征服——阶级对阶级的征服——之前，父权制道德迫使他实现对女性的征服。她的自然的臣服及其被纳入父权制的道德关系结构，构成了一种原始意象性的支配行动，并最终导致了男性的关于被征服的自然的影像。自然和地球时至今日依然保持着女性气质，或许并非偶然。在我们看来像一种遥远过去反映的语言返祖现象的——那时社会生活已是男性至上的，自然不过是生活集聚地附近的住所，也许是男性持续地把自然当作女性和把女性当作自然冒犯的活生生的证据。

这种侵犯的象征意义早在远古庆祝仪式中已经出现，就好像是愿望先于行动，在纯粹戏剧性礼仪中的确认是日后现实的先驱。从伊图里森林的深处到教堂金光闪闪的围墙，女性在被提高到适当的突出地位后不断沦落为对男性的臣服。甚至中非矮人——特恩布尔的《森林人》，拥有夏娃或潘多拉的对等物，她交替地诱惑与救助男人，但最终却不能“支配”他。她与“文明”艺术的联系，弥漫着一种强烈的否定色彩。夏娃诱惑亚当吃了智慧树上的果实，只是为了用知识的灾祸来折磨他。[3]她的古希腊姐妹潘多拉，则使男性遭受失去其纯真后的疾病。在吉尔加麦什(Gilgamesh)史诗中，苏美尔人“妓女”凭借与恩基杜(Enkidu)睡觉，把他与其朋友——来自平原与森林的兽物——分开而使他彻底失去了人性。《奥

德赛》是借助历史实现的一种恶毒展示，其中，这一史诗通过把古代女神嘲笑为堕落的悍妇来驱除她们。

但是，父权制道德不仅把女性降低为一种一般化的黑格尔式的他物，因而加以反对、否定和抑制，就像西蒙娜·德博瓦尔(Simone de Beauvoir)大约30年前强调的那样；还把这种他性阐述为一种特殊的对女性好奇心与主体性尝试的憎恨。甚至在拒绝女性的“独立权利”时，男性也以如下的方式来确证它：谴责夏娃回应了蛇，潘多拉竟然打开了疾魔之盒，而喀耳刻拥有预知的能力。一种强烈的自卑与不完整感，体现在这一新出现的男性道德的每一个方面：邪恶到处存在，愉悦与感性是欺骗性的，而总是企图吞没宇宙的无序必须被持续阻止，以免自然重新荒芜“文明”。可笑的是，这里并没有对女性主体性的否定，而只是对她的潜能和她们重新回归生活可能性的惊恐。

因此，父权制道德必须把她带入对男性从未牢固确立的女性低等性画像的主动服从。女性必须被教导把她的自制、谦和与顺从心态视为其主体性的内在特征，总之，把她的完全否定视为一种个性。根本不能理解的是，为什么毫无意义的战争、男性的自负、夸张的政治仪式和文明制度的荒谬阐述，吞没了这么多不同形态的甚至是部落的社会，却没有认识到这些现象在多大程度上是男性活动的确证与其“高等性”的表现。从新几内亚人发动的愚蠢而持久的内部冲突，到政治形式极端精致的制度化，男性变得日益活跃，并为他的责任而“苦不堪言”——往往是因为他在远古共同体甚至在很多历史社会中无所作为。但是，他日益增加的对女性的诽谤和对他性的换位，结果把二者之间的关系从和解性变成对立性，在社会中产生了一种敌意的氛围——精神的卑鄙化、对被赏识的渴望、进攻性癖好和对残忍性的可怕夸大，从而使男性日益成为他自己同类的牺牲品。奴隶是已被长期奴隶化的女性的男性化身：仅仅是父权制道德占有与进攻的对象。尽管被黑格尔赞美为走向自我认同的第一步，对立性其他的建构，变成了这样一种认识论，即把人类贬低为仅仅是客体的聚集——这是一种心理上的压抑，并最终会导致仅仅作为劳动体现的傲慢的人类概念。

分别作为牺牲品和进攻者，女性和男性被带入一种道德体制的盲目共谋关系，这一体制先是拒绝他们自己的人类自然，最后是拒绝外部自然的整体性。但是，永远隐藏于这一随着等级制而出现的压抑性道德之中的，是这样一种潜在可能性：社会化所灌输的对人类主体性作用的粗暴否认，可能会引起反叛。等级制以及后来阶级统治所强加的道德限制，将是对人类理性的一个持续的公然冒犯。从道德的废墟中产生了一种新的应对对与错的方法——一种称为伦理学的理性的学科，它不存在等级制所灌输的行为类型。而从伦理学中，将会产生出一种评价善行、邪恶与自由的理性尺度，而不仅仅是谴责、原罪及其惩罚。伦理学也许试图包容道德并辩护它的统治认识论，但是，伦理学相对于它创造来辩护支配关系的理性标准而言，总是脆弱的。

自我否定和日益突出的统治矛盾产生了内在地威胁着"文明"稳定的紧张关系——不仅是国家在个体中所培养的心理意义上的，还包括国家通过制度化而创造的实体意义上的。正如柏拉图提醒雅典人的，奴隶的本性是难以驾驭的，而这不过是对一种时常会成为爆炸性社会现实的条件的哲学表达。在道德和心理灌输不能约束不断增加的社会与个人矛盾时，阶级社会必须诉诸于公开的强制——也就是我们称之为政治国家的制度化暴力体制。

在社会与充分发展的政治国家之间最终会出现那样一个历史转折点，由压抑性社会化与道德产生的心理约束开始失效。社会与个人矛盾再也不能通过话语的手段来解决。剩下的只能是诉诸残酷暴力的威胁。前资本主义从未回避这一可能性，或者用假装神圣的训诫加以伪装。它坦诚地承认，强制是用来反对社会与大众骚乱的最后手段。

人们可能猜测，国家作为一种有组织的暴力的工具，肯定来自暴力的公开使用。这一直是很多激进理论家比如蒲鲁东的论点。然而，这样一个如此简约主义的看法留下太多的问题需要回答，正如马克思和克鲁泡特金在他们的一系列著作中所表明的。国家不会像火山爆发一样突然出现在社会地平线上。游牧部落的入侵也许大大加快了它的发展，但从无国家状态到国家形式的跳跃，很可能是一种臆想。

事实是，国家是一种政治与社会制度、强制与分配功能、严重惩罚性

与规范化程序、阶级与管理需要等的杂合——这一混合性过程产生了非常真实的意识形态与实践悖论，直至今日都被广泛讨论的议题。比如，我们如何能够把国家与社会在市镇、经济、全国和国际层面上分离开来？完全做到这一点是可能的吗？国家与社会已经变得如此密不可分，以至于一个自由社会如果没有某些国家的特征比如权威的授予就已经不可能了吗？总之，如果没有马克思也许建议称之为的"非政治的"国家，或者他的某些社会自由主义追随者所坚持的"最低限度的"国家，自由是可能的吗？对这些问题的尝试性回答要等到本书的最后章节。在此，我们所关注的是国家与社会紧密结合在一起，以至于我们已很难将二者区分开的那些特性。

很明显，必须首先把社会强制与社会影响区分开来。尽管它们之间具有相似性，它们并不是等同的：韦伯描述的历史之初富有魅力的领导人与即将结束时的非个性化的官僚很难说是一样的。第一个是个性化的，而第二个是制度性的。沿着这一区分继续往前走，基于个性的等级制关系是非常松散的、个别性的和很容易解体的，就像种族学家们经常强加于原始人的"支配—服从等级制"一样。相比之下，官僚制关系是极其严厉的、僵硬的和刻意消除了所有个性的。它们往往是自我维持与自我扩展的。仅仅作为统治工具，官僚制结构是典型的等级制的；的确，它们是客观性权力的政治表达，一种只是偶然地被这些人即官僚掌握的权力，而他们是完全摆脱了个性与独特性的。相应地，对于现代社会中的很多领域来说，这些人已经几乎变成了一种国家(管治)技术，其中每一个官僚都是可以与另一个官僚，甚至最近时期的机械发明物相交换的。

社会强制与社会影响之间的区别，可以从那些政治尚未发展的、看似等级制的社会中清楚地看到。分层化相当明显的西北海岸印第安人，提供了这方面的一个代表性实例，而它又可以很容易地扩展到包括更复杂的波利尼西亚文化。这些印第安社会拥有奴隶，而且如皮特·法伯(Peter Farb)评论说[4]，很可能"一个最下等的公民，也清楚地知道自己所承袭的、与首领间距离明确的地位"。但事实上，它们很难被称为国家结构化的共同体。这一首领"没有政治权力，没有特别手段来支持其决定"。他的社会影响依赖其个人威望。他缺乏任何形式的"强制力垄断"。如果他未能履行其责任以满足共同体的需要，他可以被罢免。的确，尽管这些共同体有着高度分层化的结构，它们并不是任何现代意义上的“阶级社会”。分层依据某一个体在血缘上是否更接近于首领——借用法伯的术语，即一个“与首领之间距离”的问题。总之，血宗决定位置，而不是经济地位或制度分级。“坚持在西北海岸印第安人的社会中使用‘阶级体制’这一术语”，德鲁克尔(P. Drucker)评论道，“意味着每一个体都是一个阶级”——它更类似于原始的“等级制”[5]，而不是我们使之与一个阶级社会相联系的制度化分层。

国家出现的最基本特征是某些重要社会功能的政治化。从印第安美洲人到亚洲的最偏远处，我们发现了大量的证据，个人地位的作用——原则上非常类似于西北海岸印第安人的首领关系，逐渐地转变为政治制度，这种转型所涉及的不仅仅是强制，还包括对社会真实需要的满足。这些制度满足的主要需要之一，是生态上与文化上分散的地区间物品的再分配。在缺乏地方性市场的情况下，在尼罗河谷、美索不达米亚平原、秘鲁群山、印度与中国河谷中地位迅速上升的那些国王式人物，使农作物种植者、狩猎者、动物饲养者和渔夫的产品进入共同体，以及使城市管理成为可能。否则的话，共同体将只能接触到很有限的商品。尽管在区域层面上神殿的储藏室早已担当了类似功能，古代文明的君主将其提升到帝国的水平。

不仅如此，它们也往往用来度过“狂欢”和“饥荒”时期。约瑟的故事，不只是一个关于血宗责任与忠诚的《圣经》寓言。在先知梦境的神秘世界中，它清楚地表达了一种把社会与政治原则结合在一起的专制性意识形态。约瑟体现了一种混合性的角色——有洞察力的人与政治性官员，神话人物与善于计算理性的工作人员。如果说吉尔加麦什让我们意识到武士阶层必定是上帝向国王的社会化的产物，那么，约瑟让我们认识到一种更早发生的变化：部落萨满僧几乎注定要成为社会与国家之前重要的政治性人物，已是清晰可辨。事实上，他的故事使我们面临着一个关于过去的、挥之不去的悖论：从什么时候开始，政治管理者(从魅力型领导人到宪制理论家)的时代结束，而纯粹的社会管理者的时代开始？事实上，国家如何能够从它开始吸纳的社会性实用功能中区分出来，这些并不是可以

简单回答的问题,正如我们将会看到的,它们将伴随着我们重建一种自由与人性化社会未来的设想的努力。

约瑟也是最早的职业政治家之一,而职业化是中央集权制的基本标志——作为一种“业余”活动的社会管理的终结。效率准则本身变成了一种政治道德,从而代替了尚未充分表达的非正式的、很可能也是低效率的自由形式。除了耶和华之外,国家也是一个令人艳羡的上帝。作为一种自我维持的生存原则,国家一定会尽力预占、吸纳和集中权力。这种相对于社会其他特权的政治帝制形式,产生了一组形而上意义上的集权主义意识形态:启蒙运动把国家与社会相等同,黑格尔将国家定义为伦理观念的实现,斯宾塞把国家视为“生物有机体”,布伦特希利(Bluntschli)把国家看作是“集体意志”的制度化,而迈耶(Meyer)则把国家理想化为一种组织社会原则。人们可以无限地继续下去,并拼凑出一种很容易导向法西斯主义意识形态的混合国家观。

从历史的角度说,国家抹杀了管治与管理之间的区别。有机社会中所谓的原始人群能清楚地意识到这种差别。我们越是接近于自我组织起来的文化和相对简单的部落,“统治”就越是特例性的,即非制度化的管理体制。即使克劳印第安人的军事与宗教性社会(实际上是类似俱乐部的团体),也是管理而不是管治的例子。与基于服从与命令的持久性制度化结构不同——预设了政府即使在最初级层面上的存在,克劳社会的基本特征是功能的轮换,和某些情景性控制权仅限于非常有限的范围与特殊性的目的。这些社会享有的对共同体的控制权,总体来说是功能性的:它们主要是负责管理以野牛为目标的狩猎活动,其成功需要相互间高度的协调与纪律。

把这些活动称为“管治”而不是“管理”,并把它们视为一个充分发展国家的证据,而不是某些最基础性的政治功能,不只是一种文字游戏。它体现了最坏意义上的概念混淆。在所有类型的政治意识形态中,管治与管理等词汇的滥用把国家变成了一个自由社会的模板,尽管它的功能被减少到了“最低限度”。最后,这种混淆为国家的最大程度扩展提供了意识形态依据,尤其是东欧国家中的苏联式体制。像市场一样,国家不接受任何限制;它很容易变成一种自我生产与自我扩张的力量,其中,为支配而支配的制度化形式成为了现实。

国家不仅借助其吸纳社会功能的能力，为自己的生存提供了一种意识形态依据，它还从现实与心理的意义上改变了社会生活，从而使它看起来成为人类联合体中一种不可或缺的组织原则。换句话说，国家具有一种属于它自身的认识论，一种铭刻在心理与精神层面上的政治的认识论。集权的国家导致集权的社会，官僚制的国家导致官僚制的社会，军事化的国家导致军事化的社会——所有这些都借助适当的“治疗性”技术，发展使个体适应它们的观点与心理。

在围绕它而重建社会的过程中，国家获得了大量的附加性社会功能，而且它们现在看起来像是政治功能。国家不仅管理经济，而且使其政治化；国家不仅使社会生活殖民化，而且吸取它的内容。因此，社会形式呈现为国家形式，而社会价值呈现为国家价值。社会被以这样一种方式重组，以至于变得难以与国家区分开来。因而，真正的革命不仅面临着打碎国家，和沿着社会自由主义的路线重建管理的任务；它还必须要打碎社会，并沿着新的公共生活路线重建人类意识本身。因而，革命性运动目前面临的难题，不仅仅是重新占有社会，而是从根本上重建社会。

但是，国家与社会的这种融合，正如我们即将看到的，是一种较晚才发生的现象。依据我们时代的社会学著述的描述，国家最初往往是一种十分松散的、不稳定的，甚至是相当民主的制度组合，因而缺乏足够的社会基础。市民的大众聚会很少是完整的国家形式，甚至当它们的成员身份受到严格限制时也是如此。同样，酋长和初级形式的国王，也不会简单发展成为真正的政治制度。在古代的早期阶段，当议事会和集权的制度开始具有类似国家的形式时，它们很容易被解散并将管治权归还给社会。我们完全可以把雅典的脆弱政治制度称为准国家形式，而古代东方的所谓专制主义往往远离村落生活，以至于它们对传统共同体的控制是脆弱的和不系统的。

中世纪的公社仍然以国家与社会关系上同等程度的模糊性为基本特征。使克鲁泡特金在《相互帮助》中关于公社的讨论极其有趣的，是他十

分灵活地使用国家这一术语来描绘它的自我管治体制。正如他所强调的：

> 自我管辖是关键所在，而自我管辖意味着自我管理。但是，公社并不仅仅是国家中的一个自治单位——国家这一晦涩词汇那时还没有被发明出来，公社本身就是一个国家。公社具有战争与和平的权利，与邻居组成联邦与结盟的权利。它享有对自身事务的控制权，而不需要与其他公社分享。最高政治权力可以授予一个民主论坛，就像在普斯克夫(Pskov)那样，它的执掌者(vyeche)负责接送大使、缔结条约、立废王子，或者在王子多年不存在的情况下顺其自然；或者，最高权力授予商人贵族甚至领主贵族，或被其篡夺，就像在大量意大利和中世纪欧洲城市中那样。尽管如此，原则仍然是一样的：城市是一个国家，而且更令人关注的是，当城市的权力被商人贵族甚至领主贵族制篡夺时，城市的内部生活及其日常生活的民主主义，并没有消失：它们很少依赖可以称之为国家的政治形式。[6]

鉴于克鲁泡特金极其复杂的无政府主义观点，上述引用是值得注意的。而且，它们在很大程度上解释了国家作为一个渐进演变现象的形成。只有在下述情况下，国家才要求稳定、形式和认同，即个人忠诚被转移到了非个性化的制度，权力变成了集中化的和职业化的，习俗已让位于法律，而管治吸纳了管理。但是，从社会向国家的决定性转移，伴随着一种最重要的政治行为而发生：权力的转让。绝非偶然的是，无论是理论上还是历史上的激烈争论，都围绕着这一极端重要的行为而展开。从霍布斯到卢梭的社会契约论，承认了权力转让的几乎是形而上意义上的关键性。社会契约本身被视为一种个人消权行动，一种自我对社会生活条件控制的有意识投降。当然，对霍布斯和洛克来说，权力的转让受到生活安全(霍布斯)以及它通过劳动扩展到的财产神圣性的限制(洛克)。

卢梭的看法，比他的英国先驱更严格，也更坦率。在《社会契约论》中一个被广为引用的段落中，他宣称：

> 主权，由于其不可剥夺性，是不能被代表的。从根本上说，它存在于一般意志之中，而且不承认可代表性：它或者是它自己，或者是其他的什么东西，不存在这二者之间的其他可能性。因此，人民的代

理人不是也不可能是它的代表：他们只是人民的服务员，因而不能采取任何独立性的行动。任何没有得到人民亲自批准的法律，都是无效的和徒劳的，并且实际上不是法律。英格兰人民认为自己是自由的，但这是一种严重的误解：它只有在议会成员选举时才是自由的。一旦那些议员当选后，人民就变成了奴隶，从而变得一钱不值。[7]

离开了《社会契约论》的总体背景，这一段落很容易被误解。但重要的是，卢梭对代理和转让作了明确的区分：前者适用于直接民主，而后者适用于代议制民主。转让权利需要剥离个体最重要品性中的个性；它否认了如下这样一个观念，即个体不仅有能力应对其个人生活，而且能够应对其生活的最重要的背景即社会的背景。当然，早期社会并未依据自我及其正直性来应对权力转让议题，但历史资料表明，其中好像这些方面深刻地影响到了他们的行为。

转让权力难题在"城邦国家"的事务中得到了明确展现。的确，只是在地方化的社会领域之外，这一难题才变得模糊不清，因为它已经超出了人类的适当规模和可理解性。在亨利·弗兰克福特阐述的苏美尔历史中，最早的"城邦国家"是由"平等主义的大会"来管理的，它存在着"难以置信的平等"，甚至对多数意志的服从比如投票，也是很少见的。权力转让给一个数量上的多数，实际上被明显视为一种对原始整体性的背逆，至少是相对于它的部落形式而言。"大会在年长者的指导下不停地审议，直至达成可操作的一致同意方案。"随着城邦国家开始扩张，并为土地与水权而争吵，发动战争的权力授予了一个"伟人"(ensi)。但是，一旦城邦国家之间的冲突结束，这种授权就会收回到大会。然而，正如弗兰克福特指出的：

一旦城市开始兴起并在数量上不断增加，一种形成中的威胁就一直存在。相邻的地界、排水灌溉问题、通过追求交通安全而实现供应的保障——所有这些都可以成为相邻城市发生争执的议题。我们可以看到，乌玛(Umma)和拉加什(Lagash)间围绕少量肥沃土地而展开的长达五六代人的徒劳无益而且严重破坏性的战争。在这种情况下，国王(bala)似乎已经变成了持久性的。[8]

即便如此，现实中依然有大众叛乱的证据，很可能重建了旧的社会制

度，或者减弱了国王的权威。我们缺乏足够的材料来证实，这些议题曾经给苏美尔人的城市带来了内部冲突，但从一种部落主义向专制主义的跳跃，显然只是一个神话。

权力转让议题，在确证了国家能力的同时，在古希腊中获得了一种超常的自觉与清晰性。《佩里克尔斯的葬礼演说》，是城邦民主中最著名的遗存之一，就像被它主要的对手之一苏吉迪德斯(Thukydides)所复原的那样。[9]这一演说不仅赞扬了公民义务与自由，而且强烈地确认了个性与私人自由的要求。据说佩里克尔斯曾宣称，雅典法律"公正地对待所有个体的私人差异"，而且"阶级考虑"不会"与法律依据相冲突，同样，贫穷也不会成为障碍。如果一个男性能够服务于城邦，他不会由于其出身地位的微贱而受阻"。政治自由"也会扩展到我们的日常生活。在那里，我们不再妒忌性地监视彼此，我们不再会为邻居们做他们想做的事情而感到愤怒，我们甚至会宽容那些严重挑衅性的伤害性表情，尽管他们并不因此遭受明确的惩罚。但是，这种私人关系上的从容自在并不会使我们作为公民缺乏法律感。"

从这些令人振奋的个人评论中——因为它在此前的古典著述中从未出现过，这一演说确立了雅典城邦超越了传统共同体边界限制的一种强烈的世界主义感：

> 我们向整个世界敞开我们的城市，而且从不凭借不友好举动排斥外来人学习或观察的机会，尽管敌人也许偶尔从我们的自由中获益，因为我们更相信公民的天赋精神而不是制度与政策；在教育过程中，尽管我们的敌人从婴儿开始就通过一种严酷的纪律来培育男子气概，但在雅典，我们随心所欲地生活，但却足以能够应对任何合乎常理的危险。

佩里克尔斯对城邦正直的信心建立在他对其公民正直的扩大的信任上。在这里，雅典国家现实存在的公民权理想——社会演变出一个由自由个体组成的联合性共同体，并由他们来直接制定与管理政策，得到了一种直至最近才得以重新做到的清晰表达。对于佩里克尔斯来说，所有的雅典人都是有能力的个体，能够进行自我管理，因而有权利声称对其公共事务的不受干预的控制权。雅典人的天才不仅在于城邦的完美性，而且在于其公民的完美性，因为尽管雅典也许是“古希腊的学校”，佩里克尔斯质疑，“世界是否还能够产生出像雅典人一样的男性——在单枪匹马的情况下，他能够同时面对如此多的紧急情况并具有如此全面的技能”。古希腊的自足概念，进一步延展为基于自我全面性的个体自足，构成了雅典民主的真正基础。不必惊奇的是，这一开始于对雅典共同体歌颂的著名论述，结束于它对个体雅典人的最热情称赞。

几乎没有政治声明包括产生于伟大革命的人权宣言，能够与佩里克尔斯的演说相提并论。这一伟大演说展示了共同体与个体之间的一种精妙平衡，社会管理与个人权能之间的联系，而其中对个人权能的强调在后来的自由声明中很少再能达到如此的高度。雅典城邦不是将其“信任”寄托于“上帝”，而是自身。直接民主的实施，是对作为一种行动过程的公民权的确证。雅典人制度化地组织起来，从而把单个的公民从飘忽不定的原子个体变成一个内在一致的国家。它的常设性公民大会(Ecclesia)、轮换性的500人议事会(Boule)和陪审团法院——这一结构在数百个小规模城邦中被复制，是对一个公共领域的有意识的创造，它在部落社会中得到的主要是本能的推动，而在后来的数个世纪中也很少达到一种理性实践的程度。整个雅典制度按照如下原则组织：阻止政治职业化、防止官僚制的出现和有意识地维持一种能动的公民。我们也许可以指责这一民主没有把权力给予奴隶、妇女和外来居民，而他们构成了雅典人口的绝大多数。但是，这些特征并非只是雅典现象；它们在公元前5世纪的整个地中海世界都存在。唯雅典所独有的，是它为少数人口发明的制度形式——这些形式在更传统性的“文明”中演变成为仅限于极少数统治精英的特权。

由于权力转让与代理、官僚制和公民个人权能要求而发生的冲突，遍布整个人类历史。在中世纪的公社，在英国、美国和法国大革命，在1871年的巴黎公社，甚至在最近主张市镇与邻居自治的大众运动形式中，它们都反复发生。像一个奇异的护身符一样，这些冲突几乎都自动地指向解除国家的社会权利声称与社会的政治权利声称之间的联系。公共权能议题穿越了一种意识形态的外壳，而这种外壳掩藏了国家功能从社会的向分离的管治、从业余主义向职业化、从功能性关系向制度化关系、从全民

武装向暴力垄断等的转变。雅典制度是独一无二的，这不仅在于它的实践，还在于它是一种有目的的结果，而不是政治直觉或习俗的偶然性产物。雅典人创造他们的民主制度的实践本身，就是一种目的；它是被视为一种社会过程的城邦的等价物。

直接民主与直接行动的实践有着细微的差别。前者是制度化的和自我约束的，而后者是情景性的和往往是高度自发性的。但是，以面对面的形式制定政策的一个公众联合体和诸如罢工、市民不服从，甚至起义等行动的关系，可以依据公民享有对其公共生活不受限制的控制权利而确立。代表权的论证基于一种精英主义的信念，即只有少数有选择的个体（最好的情况是依据经验与能力来选择，最坏的情况则是依据出身）才能理解公共事务。现在，代表权的论证基于工具理性，比如现代社会的复杂性及其繁杂的规则要求。

古希腊民主获得了一种极其不雅的，甚至令人恐惧的“暴民制”的声誉。“暴民制”是它公元前5世纪的敌对者称谓的现代译法，可能是因为这表明，直接行动可以在不经过官僚制发展的情况下制度化。因此，直接行动可以成为一种持续的过程——一种持续的革命，而不只是一系列偶发性事件。如果可以表明，直接行动作为一种自我管理形式有助于稳定社会，而不是将其带入混乱无序，那么，作为暴力与支配力量的国家将会被置于历史的储藏室。

仍然有一些重要问题有待回答。在什么社会条件下，直接行动可以将其制度化为一种直接民主呢？而且，什么样的制度形式可望产生这种变化呢？对这些问题的回答，像我们提出的其他问题一样，要等到本书的最后。但我们在此可以问的是，什么样的公民或公众本身——什么样的公民权与自我原则，构成一种真正的直接民主的基础呢？使直接行动与直接民主合法化的普遍原则，是国家对如下信念的信奉：一种团结起来的公众——作为自由与自主的个体而实现的联合，能够以一种有能力的、面对面的方式处理好公共事务。

任何其他政治观念都没有能够像直接行动与直接民主一样，成为国家强烈的嘲弄与意识形态谴责的目标，因为它驳斥的是国家关系存在的理由。它用个人权能的理想代替了精英主义，业余主义代替了职业化，面对面民主意义上的有机国家代替了决策及其执行的代理化与官僚制，个体的重新授权及其通过对话与理性达成的一致代替了权力与暴力的垄断。从国家的视角看，公众对社会事务的“篡权”代表了无序相对于秩序的胜利。而且，如果说支配遗产还有支持等级制与阶级利益之外的其他目的，那么，它就是试图把对公共权能的信念从社会话语中驱除。尽管直接民主作为一种古代事物受到了较温和对待，但它被认为与“复杂的”与“精密的”现代社会不相融，而直接行动作为自我、自信和直接民主感知的培育基础，一直被指责为无政府性，或者说，社会生活退化为无序状态。

一种社会——即资本主义，同时在其民主与专制的意义上——在很大程度上成功地实现了这一驱除公共权能目标，而且只是在最近时期。资产阶级社会所达到的使公众控制社会过程的大众要求丧失信誉的超常程度，是这一社会内部发生的深刻结构性变化的结果。对地方自治的呼吁之所以是政治上幼稚的和返祖性的社会要求，是因为支配已不仅仅是一种遗产，它已经积淀在社会生活的各个方面。日益强烈的自治要求，也许体现了在何种程度上共同体本身——无论是作为市镇还是邻里，正面临着绝灭的境地。

使资本主义独一无二的是它赋予经济的巨大权力：它给予经济人(homo economicus)的至上地位。正如马克思所评论的——作为一个经济史学家，他称赞这种胜利，而作为一个社会批评家，他同样强烈地谴责它。

> 资本对文明的巨大影响(在于)产生了一个新的社会阶段，与其相比较，所有较早的社会看起来只是人类的地方性发展和自然崇拜。史无前例地，自然成为一种纯粹的人类的对象，一种纯粹的使用价值，而不再被承认是一种自为的力量；对自然自治规律的理论揭示看起来只是使其服从于人类需要的一个计谋，无论是作为一种消费对象还是一种生产资料。[10]

上述引文在很大程度上具有欺骗性，因为马克思比那个时代的任何人都更清楚地知道，基于伦理理由的对资本的恐惧及其控制它的企图，可以追溯到亚里士多德及其更早的时代。但是，这段话很好地描绘了资本

主义及其历史独特性的影响。在每一个前资本主义社会中，都存在着限制市场经济的制衡性力量（除了所有的“自然崇拜”外）。同样重要的是，很多前资本主义社会设置了它们认为难以逾越的障碍来阻止国家向社会生活的渗透。滑稽的是，与他那个时代的任何一个社会理论家相比，马克思更多地认识到村落共同体抗拒贸易与专制政治形式入侵社会的共同根基的力量。

在《资本论》中，马克思详尽探讨了印度传统社会具有的保持其原始身份和抵御国家的侵蚀性影响的能力。正如他指出的：

> 以那些规模小而且极其原始的印度村落为例，其中一部分至今仍然存在，它们基于土地的公共占有、农业与手工业的混合和不可改变的劳动分工，这些要素构成一个新共同体开始时固定不变的计划和行动基础……共同体中规范劳动分工的法则，具有像自然规律那样的不可动摇的权威，但当每一个工匠、铁匠和木匠等在他自己的车间按照传统的方式制作工艺品时，是独立完成的，不承认任何权威。这些自足的共同体不断地以同样的方式实现它们自我的再生产，即使偶尔遭到破坏，它们也会在原来的起点上恢复延续——正是这种生产组织的简单性，提供了对亚洲社会超稳定性之谜的解答，而这种稳定性与亚洲国家的不断解体与重建以及它们无休止的朝代更替形成了鲜明对照。社会的根本性经济要素不会因为波及该地区的政治风暴而发生变化。[11]

从上述引文来看，这是一种人们能够设想到的、对亚洲古代社会的极端经济主义和技术化的阐释，而它的精深文化看来完全没有能够进入马克思的视野。这种文化的“内核”是如此强大，因而除了自我毁灭外，没有任何东西可以超出其抵御经济与政治力量入侵的能力。

发挥同样作用的还有中世纪欧洲的基尔特、英格兰宗教改革时期的自耕农和西欧的农民。直到进入20世纪以后，城镇中的农民（或相对孤立的农庄）和城市居住者，依然相互连接成各自界限明确的邻里、数代同堂的大家庭、强烈的文化传统和小规模的家庭零售贸易。这些制度与资本主义美国以及欧洲迅速成长的工业与商业体制并肩存在。尽管市场经济与工业技术已经明显地确立了对这些区域的控制，社会本质仍然维持了其非资产阶级性质并试图抵御纯资本主义社会的要求。在家庭中(当然是父权制的和宗教性的)，在城镇或邻里中，在个性化的零售贸易和相对人性化的规模上，在灌输传统的正直、友善与服务品行的社会化过程中，社会仍然为自己保留了一个抵御市场经济的原子化力量影响的避难所。

然而，到20世纪中叶，大规模的市场运作已经殖民化了社会与个人生活的每一个方面。买卖关系——作为市场经济核心的关系，在社会与个人生活最基本的层面上构成了对人类关系的无所不在的替代。“贱买”和“贵卖”的原则，把卷入这一交换过程的各方置于一种内在的对立的地位；他们是各自商品的潜在争夺者。商品——不同于用来缔结联盟、促进联络和巩固社会性的馈赠，导致争夺、离异和非社会化。

除了从亚里士多德到黑格尔的哲学家所表达的、对旨在交换的商业与工业的离异性作用的担心，社会本身已经长期使用它自己的社会规范来减缓交换的影响——这依然在某些残存的面对面进行的古代买卖市场中存在。在这里，人们并不就商品要价、比较价格和进行市场交易中普遍性的所谓“讨价还价”。相反，社会规范要求的是，交换过程优雅地开始，并保持其公共生活向度。它始于饮料服务、交流信息与闲聊以及个人闲话，然后才是表达对各自手中物品的欣赏，并且只是简略地谈及交换过程。如果其中真的有什么交易的话，那么，它是一种契约，一种由经久性伦理律令来提供保证的合同。

这种交换过程中明显的非商业氛围，不能仅仅视为一种精明或伪善。它体现了前资本主义社会强加给交换的限制，以避免贸易潜在的非个性化，以及其中潜在的卑鄙性、贪得无厌的获利倾向、颠覆所有对个人物质利益的社会限制的能力、解散所有传统的交往与联合准则和使国家的需要服从于自我中心主义的关切。

但是，这些并不是贸易应当被谨慎地看待的唯一原因。前资本主义社会也许已经在商品交换中看到了无机性的、物品代替生动的人类关系的逆转。这些对象当然可以象征性地看作是联合、结盟和相互关系的标志——这正是从前礼物旨在代表的意向。但是，在剥除了这些象征性意义之后，这些物品或商品将会具有一些社会腐蚀性特征。如果不加限制

与规范，它们可能会侵蚀各种形式的人类联合体，并最终会使社会解体。从馈赠向商品的转变，可以产生商品向一种市场、人类血缘或伦理联盟争夺性或进攻性自我中心主义的退化。

商品对馈赠的胜利，只有在《资本论》最后部分详尽探讨的人类社会关系巨大变化基础上才是可能的。我在此不需要再总结马克思那令人胆战的描述和对资本主义积累过程的分析，它的“总规律”，尤其是英格兰农民15世纪以来的重大改变，作为联合的客观体现的馈赠本身，实质上已经消失。它仅仅作为礼仪性功能的一种副产品而存在。限制交换过程的传统社会规范，被一种完全非个性化的、损人利己的——当今，正变得日益电子化的——过程所取代。最重要的是价格，然后才是质量；仅仅作为象征符号而不是用来使用与交换的东西，以及它们意欲满足的“需要”，变成了崇拜的对象。现在看来，超常的力量已控制了自我本身。甚至古希腊社会理论视为对城邦统一性最大威胁的自我利益，似乎也处在了一种市场体制的控制之下，恰恰就是这种市场体制剥离了个体作为一种自主的买卖者在交换过程中自由活动的能力。

滑稽的是，源自古代商业与零售体制的现代工业，已经以贸易本身的自贬性理性化为标志，以一种报复性自虐的方式回到了它的商业起源。购物中心有着宽阔的空间用以停留机械交通工具，很少的销售服务人员，不停播放的“背景”音乐，堆满了货架的商品，精致的监视系统，缺乏任何温情与人类交往，严重欺骗性的包装，漠然与非人性化地记录着交换过程的排着长队的柜台，所有这些都表明了人类生活不同层面上联合本性的丧失，而这严重冒犯了所有的人类感知和那些用以满足人类生活本身的物品的神圣性。

在此极为重要的是，这种世界弥漫着个人的以及经济的生活。购物中心是现代社会的集中展现，是一个彻底经济化与无机化世界的公共活动中心。它把资本主义关系纳入个人生活的各个方面，并将其置于个人家庭生活各个方面的核心地位。购物中心那连接停车场与生产中心的高速公路，吞噬了共同体与邻里关系；它的大规模零售贸易需求，吞噬了家庭式的商店；围绕着它而大量建立起来的附属性分支，吞噬了农田；那些来回运送购物者的班车是自我封闭的所在，阻断了任何人类联系。这不只是对工业与市场的无机性回归，而且僵化与贬损了人类在一个日渐脆弱的家庭世界中相互间最密切的一种关系。伴随着上述无机性回归而来的个人与社会联系的大量解体，先是把数代同堂家庭转变为核心家庭，最后是把个人变成单身酒馆中的常客。

随着共同体被市场体制的挖空，随着共同体结构、连接方式与形式的丧失，我们也亲历了相应的个性的被挖空。就像那些把人类连接成充满活力的社会关系的精神与制度联系，被大众市场所腐蚀一样，那些构成主体性、个性和自我界定的原动力，也失去了其形式与意义。被资产阶级社会赞美为"现代性"的最高成就的、孤立地看起来自治的自我，结果竟仅仅是一个曾经相当健全的个体的外壳，而它作为自我的完整性只有在植根于一个相当健全与完整的共同体的情况下才是可能的。

随着自然中的无机特征取代了有机特征，社会与个性方面也是如此。自然世界的简单化与社会和个体的简单化形影相随，而生态系统的均质化与社会环境及构成它的所谓个体的均质化结伴而生。人对人支配与自然支配观念的密切联系，并不仅仅停留在观念水平上；它最重要的特征是，一种主导性的自然即一种无机的自然，取代了人类曾经极其崇敬地看待的有机自然。

我们永远不能把自己与自然分开——就像我们不能把我们与自己的身体分开一样。个性化机器人的技术"乌托邦"，依然是一个空洞的神话。试图使有机物适应无机环境的尝试，仅仅会产生一些无生命的、无机的和非个性化的机器人。因此，自然总是能确证其作为社会与个人生活的母体而存在，一种其中的生命肯定得以充分展现的母体。通过理性化与简单化社会与个体，我们并不能剥离其自然特性；相反，我们残酷地破坏了它们的有机特性。因此，自然绝非仅仅与我们同在，它还是我们的结构与存在的任何一个方面的一部分。把自然进化从更复杂的有机物形式退回到更简单的形式，从有机性退回到无机性，会导致社会与社会发展从更复杂的形式退回到更简单的形式。

我们的社会比早期文化更复杂的神话，需要正视现实；我们的复杂性仅仅是技术意义上的，而不是文化意义上的；我们的"个体"观念更多是神经质的和精神变态意义上的，而不是更加独特或更加丰富意义上的。"现

代性”在法国大革命前的几十年与19世纪40年代间达到它的顶点，然后，工业资本主义便强化了对社会生活的控制。除了少数例外，现代性的扩展已经产生了人类与社会的严重退化。自20世纪中叶以来，甚至它残存的伟大遗产——除了像60年代那样的短暂爆发，几乎已经从现实生活中的每一个领域消失。

已经在很大程度上取代了维持共同体与个体整体性的，是一种无处不在的、冷酷无情的官僚制。官方机构与官僚已经变成了为处于危机中的人们提供具体帮助的家庭、城镇和邻里，以及为个体命运提供力量与监护的超自然与神话人物的替代物。由于官僚机构已成为硕果仅存的社会性结构，社会不仅受到官僚制的控制，而且就像卡姆斯(Camus)经常说的那样，本身已经成为一种官僚制，其中每一个人都已降低为一个办事人员。这种意义上的个体已经变得等同于各种文件、证书和记录，标志着一个人在这个世界中的位置。比护照——曾经是古代公民权的标志——等文件更加重要的是，驾驶执照常常用来显示一个人的身份，而信用卡则成为了世界范围内的通用货币。

因此，支配遗产在国家与社会的日益结合中达到了顶点——与之相伴的，是家庭、共同体、相互帮助和社会义务的解体。甚至，一个人对个人命运的判断力也消失在官僚的办公室与文件橱柜中。历史本身将会呈现为官方机构的微型胶片和微机存储，因为这些机构现在构成了真正的社会制度。就像马尔库塞在他的《性欲与文明》开篇所评论的那样，心理范畴事实上已经变成了“政治范畴”[12]，只不过以一种远超出他最悲情设想的沉闷形式。超我不再由父亲甚或支配性的社会制度塑造，而是由那些掌管着生死、宗教归属、教育履历、“精神健康”与心理癖好、职业训练与工作经历、婚姻证书、信用等级与银行账户等方面记录的姓名不详的人士来塑造。总之，是由那些掌管着无休止的执照、考试、合同、评级和个性特征等界定个人社会地位的记录的人士来塑造。政治范畴已经取代了心理范畴，在很大程度上就像一种电子心电图仪代替了心脏本身。在国家资本主义条件下，甚至经济范畴也变成了政治范畴。支配在一个普遍的、无所不在的国家中，实现了它的使命；支配的遗产在一个丰富有机社会衰败甚至彻底解体为一个无机社会的过程中，走向了其终结，而这是一个自然世界与社会共享的可怕命运。

理性，原本希望用来驱除无知时代人类不得不听命于它的盲目性历史力量，现在却以合理化的形式成为这样一种力量之一的威胁。现在，它提高了支配的效率。西方认知思想的伟大计划——使人类成为具有自我意识的存在，正在面临着一个巨大深渊：人类自我与自我意识将会消失其中的一个巨大深渊。我们如何能够界定马克思曾经赋予无产阶级的那种历史性主体，以创造一个由自我与自我意识主导的社会呢？那种主体形成的现实背景又是什么呢？它是以工厂为代表的工作场所呢，还是一个新的解放性城邦？或者是家庭领域？大学？或反文化的共同体？

带着这些问题，我们将离开支配的遗产，转向那些也许能向我们提供一种解决方案起点的反抗性传统与理想。我们必须转向那总是与支配遗产相抵触的自由遗产。或许，自由遗产能够提供解决这些难题的某些线索——这些难题使我们的时代比以往任何时候都更加悬置于一种不确定性中，同时也更多地受到由于理性化与技术权力的歧义性造成的困惑。

【注释】

[1]E. R. Dodds, *The Greeks and the Irrational* (Berkeley: The University of California Press, 1968), pp. 45-46.

[2]Max Horkheimer and Theodor Adorno, *Dialectic of Enlightenment* (New York: Herder & Herder, 1972), pp. 247-248.

[3]Colin M. Turnbull, *The Forest People* (New York: Simon and Schuster, 1962), pp. 154-155.

[4]Peter Farb, *Man's Rise to Civilization* (New York: E. P. Dutton & Co., 1968), p. 137.

[5]P. Drucker, "Rank, wealth, and kinship in Northwest coast society," in *American Anthropologist* (1939), p. 58. quoted by Farb in Ibid., p. 138.

[6]Peter Kropotkin, *Mutual Aid* (Montreal: Black Rose Books, 1914), pp. 178-179.

[7]J.-J. Rousseau, *Social Contract* (New York: E. P. Dutton, 1950), p. 94.

[8]Henri Frankfurt, *The Birth of Civilization in Near East* (New York: Doubleday & Co., 1956), pp. 77-78.

[9]Thucydides，*The Peloponnesian War*（New York：Modern Library，1944），pp. 121-122.

[10]Karl Marx，*Grundrisse*（New York：Random House，1973），pp. 409-410.

[11] Karl Marx，*Capital*，Vol. I（New York：Random House，1977），pp. 477-478.

[12] Herbert Marcusse，*Eros and Civilization*（Boston：Beacon Press，1955），p. xi.

第六章　正义:平等与精确

“自由”的观念,在有机社会中看起来并不存在。正如我们在前文中看到的,这一词汇对于很多史前社会部落来说,是没有意义的。由于不存在任何制度化的支配结构,那时的人们还无法界定那时依然是其社会生活内在组成部分的一种社会状况——在他们自己形成的社会现实中,并不存在新石器晚期的和“文明”时代的那样精致的等级制与后来的阶级结构。由于“自由”与“支配”并不存在相互对立关系,他们缺乏对照与界定。

但是,正是这种“自由”与“支配”之间的缺乏区分,使得有机社会难以有效抵御等级制与阶级统治。天真与单纯使共同体在社会生活最基础层面上面临着被操纵的威胁。年长者、萨满教僧、后来的族长、教会组织和武士首领这些即将腐蚀有机社会的群体,只要稍微调整一下重点即把特殊需要变成一般需要就可以达到目的——从特定动物到它们的灵魂,从兽形神像到拟人化神,从用益权到公共财产,从魔鬼的财宝到国王的宝库,从馈赠到商品,最后,从简单的物物交易到完全的市场。

历史也许是血腥的,而它也许注定是一个普遍性的悲剧,尽管其中充满着英雄史诗般的努力,但却不得不归于失败。但是,历史并非是毫无希望的理想的组合和无数事件的无意义运动。随着天真的失去而出现的是一些新的观念,它们将会对社会发展产生或多或少的影响:意识形态的包装、智能力量的增长、个体性的不断增加、个性自主,以及一种不同于狭隘地域主义的普遍的人类感。人类从伊甸园中的被驱逐,正如黑格尔所说的,可以视为它重返的重要条件——但要在一个具备了解决伊甸园悖论的睿智的层面上。

在自由含义不断扩展的过程中，观念的普遍化获得了它最具欺骗性的智力形式。一旦现实的不自由导致了自由观念的产生，这一观念就开始具有它自身的发展逻辑，并产生出形式各异、内容丰富的议题与样式体系——一个我们可以从中学习和从中挑选我们制作有吸引力的香料所需要材料的多彩花园。从早已失去的自由状态社会中，产生了一个显然被修饰过的、往往是过分荒诞的黄金时代——它包含着就其普遍性而言比有机社会中实际存在过的更加解放性的规范。从一种“向后看”的乌托邦主义中——往往基于一种丰裕自然与不受约束消费的意象，出现了一种基于富足经济与不受限制生产意象的、“向前看”的乌托邦主义。在这两种极端之间，宗教与无政府主义运动形成了一种更平衡的、尽管同样丰盛的乌托邦观点，它们把分享与自治、自由与协作、愉悦与责任结合了起来。

几乎与这种乌托邦主义发展相伴随，尽管更多的是在“地下”意义上，我们看到了正义的公开出现——先是作为随着有机社会衰败而失去自由的替代，然后是作为新形成自由概念中不容置疑的主角。通过正义，我们可以听到个体权利的要求和一种普遍人性的理想，以表达人们对借助集体利益强加给个性与社会发展的限制的反对。但是，自由也会分裂并反对它自身，比如仅仅作为“幸福”（马克思）和过度“愉悦”（傅立叶），正如我们在随后几章中可以看到的那样。劳动也是一样——或者被视为每一个社会都不能摆脱的不可缺少的劳役，或者是人类力量与联合在艰巨的工作领域中的自由释放。

理性的内在一致性要求我们把自由遗产的这些不同要素连接起来。同时，它还要求我们把这一计划与自然连接起来，从而把理性不仅赋予社会史而且赋予自然史。我们必须深入探究这些使我们与自然以及我们相互间关系和谐化的价值、感知和技术。最后，理性的内在一致性还要求我们把这些同一历史的线索——自然的和社会的，连接成为一个整体，从而把差异性统一到一个有意义的整体之中。这一整体也将从我们的意义感中消除等级制，并把自发性释放出来，使其成为一种自觉与创造性的力量。

但必须要注意的是，观念、价值和制度并非只是意识形态超市货架上的商品，我们不能把它们像现成商品一样放入购物车中。我们借以形成这些观念的背景、我们与它们关联性的方式以及我们赋予它们的意义，是与构成我们的“整体”的组成部分与来源一样重要的。也许正确的是，就像希勒看起来相信的那样，古希腊人已经讨论过一切。如果的确是这样的话，每一个思想家和实践者也只是以十分特殊的方式谈论了它们，往往植根于非常有限的社会条件和非常特殊的目的。我们永远都不可能回到这些观念得以形成的环境——我们也不应该这样做。但我们需要明白，人类早期历史阶段与我们现时代、他们的观念与我们的观念，存在着差别。最后，如果要想使这些观念有益于我们的现在与未来的话，我们就必须创造出我们自己的观念背景。而且，我们必须找到这些观念得以产生的更早的背景——最重要的是不再重复它们。更直截了当地说，自由没有“创立者”，有的只是自由思想家与实践者。如果真有这样的“创立者”的话，它也亟待被埋葬，因为它所“创立的”自由总是必须不停地回应死亡的宣告。

被视为一系列理想与实践的自由，已经历了一段非常曲折的历史，而这一历史的大部分还没有被人们意识到。自由由那些未被明确阐明的习俗与人类冲动构成，直到被非自由侵犯之前它们并没有得到任何系统性的阐发。当自由被人们广泛使用后，它的含义往往被有意识地加以混淆。数千年来，自由被等同于正义、道德和各种统治特权比如“自由时间”，或者，它被视为与个体的“自由”相联系，指的是个体的、有时是自我中心主义的权利。自由获得了财富与责任的特性，而且往往被附以否定或肯定的术语，比如“免除……的自由”或“获得……的自由”。

直到中世纪，这一条顿人的词汇（就像我们知道的那样）开始具有这种形而上意义上的明确内涵——摆脱必然领域的自由或不受命运控制的自由，古希腊人称之为安南科（Ananke）和美德（Moira）。20 世纪构成了对这一词汇的极大嘲讽，并在很大程度上剥除了它的理想主义内容，将其与极权主义意识形态和国家相联系。因此，仅仅“界定”这样一个被严重伤害与扭曲的词汇可能是过于幼稚的。在很大程度上，自由最好被阐释为一个长期探险过程的一部分，始于在有机社会中的早期实践及其局限、在等级制与阶级“文明”中的被否定以及在正义观念下的部分实现。

自由这一在很多史前社会中不言自明的事实，也受到很多因素的制约，而这些制约与早期共同体的物质生活条件密切相关。人们不可能消除饥荒，不可能摆脱庞大动物捕猎中的协调需要，不可能改变农作物耕种中的季节变化，也不可能消除后来的战争。如果违背克劳人的狩猎规则，就会使每一个猎手置于危险之中，甚至使整个共同体的生活环境遭到破坏。一旦严重违规，犯规者将会遭到非常严厉的惩罚，甚至被剥夺生命。性情温和的爱斯基摩人会残忍地集体选择一个暗杀者，去杀死那个威胁族群生活的桀骜不驯的个体。现代社会中权力经纪人如此显著的几乎不受约束的"个人主义"，在史前社会中是难以想象的。即使是可以想象的，它也是完全不能够被共同体所接受的。主要由公众意见、习俗和羞耻心等构成的限制，在早期人类社会发展中是必然的——这并不是一个意志、权威或权力实施的问题，而是因为它是不可避免的。

因而从现代视角看，那时的个人自由是明显受到限制的。选择、意愿和个人偏好，可以在环境许可的范围内得以实施或表达。在较为有利的环境下，行为也许享有一种极高的自由程度，直到明显的社会支配的出现。但是，在支配确实出现的地方，它并不是值得欢迎的现象，大都没有在共同体的社会发展中产生出多少备受推崇的那种西方式陈词滥调，或"物力论"（认为一切自然现象都是自然力相互作用的结果）。波利尼西亚有着优越的气候条件和丰富的自然生产力，是最不适合等级制的地方，而它的生活方式被欧洲殖民者带到了完全崩溃的边缘。"在那自然过于丰盛的地方，她反而控制着[人类]，人类就像一个被牵引着的儿童"，马克思如此轻蔑地评论处在相对有利环境中的文化，认为它们更多地致力于内部的适应而不是"社会的进步"。"正因为如此，不是有着丰富植物资源的热带，而是温带，成为了资本的创始地。"[1]

但是，尽管面临着物质条件的限制（从现代的视角看），有机社会无意识地依照一种对自由的信奉而运作，而社会理论家直到很晚才认识到这一点。拉丁不可简约的最低保障概念，基于一种不言自明的自由原则。保障一个个体的物质生活手段而不管其对共同体的生产贡献如何，这意味着，社会将在任何可能的情况下补偿病人、残疾者和老人的体弱性，就像它会补偿年轻人的能力有限性及其对成年人的依赖一样。尽管他们的

生产能力是有限的或丧失的，这些人将会同样拥有像身心健康个体可以获得的那样的生活资料。的确，即使那些完全可以满足其物质需要的个体，也应当参加共同体的公共生产，尽管故意的逃避义务者在有机社会中是几乎不存在的。因此，最低程度保障原则确证了一个团体内部不平等性的存在——身体与精神能力的不平等、技能与艺术爱好的不平等、心理与癖性的不平等。它之所以这样做，并不是为了忽视或诋毁这些不平等，而是为了补偿它们。在此，平等是对不平等性的认可，这种不平等不是任何一个人的过错，而是必须作为一种不言而喻的社会责任加以矫正。如果把每一个人视为在体力、智力、训练、经验、才能、地位和机会方面是“相同的”，再假定他们都是“平等的”就是荒谬的。这种“平等”无视现实，并通过回避它在补偿个人差异方面的责任而拒绝了共同体的公共性与团结。它是一种无情的“平等”，是一种有机社会中从未存在过的卑鄙的平等。只要生活资料存在，它就应当尽可能地根据需要进行分享——而且，需要就其依据个人能力与责任而确定来说，也是不平等的。

因此，有机社会往往无意识地遵循不平等中的平等这一原则来运作——那是一种天生的、非反思性的社会行为与分配形式，可以补偿个人间的差异，但却不会产生凭借人人平等原则提出臆想的权利要求。马克思正确地阐明了这一点，不同于基于“所有人的平等”声称的“资产阶级法权”。他认为，通过“在它的旗帜上刻上：各尽所能，各取所需”，自由抛弃的正是“权利”的观念。[2]平等是与作为对不平等承认的自由密切联系在一起的，并且通过建立一种基于对自然“赏赐的”缺陷进行补偿的文化与分配机制来超越必然性。

有机社会的衰败严重破坏了这一真正自由的原则。补偿被重建为奖赏，就像馈赠被商品取代一样。作为我们字母表基础的楔形写法，起源于教会职员收发产品的详细记录，即物品的结算，而这很可能发生在美索不达米亚的土地“公有”与耕种的时期。只是在那以后，这些刻在黏土片上的记号才变成了记叙性的书写形式。近东早期的楔形结算记录，兆示着一个馈赠减少和更加专制化世界的道德叙述，其中，不平等中的平等原则已让位于单纯的慈善。此后，“权利”替代了自由。社会的首要责任，不再是关爱它的年轻人、年长者、弱者，或不幸者；他们的关爱变成了其家庭与

朋友的“私事”——尽管这些变化进展得非常缓慢并经过了界限模糊的不同阶段。当然，在村落水平上，旧的习俗依然在它们孤独幽暗的自我世界中延续，但这一世界并不是“文明”的一部分，而仅仅是一种不可缺少的但却已被尘封起来的过时性存在。

随着武士及其领地经济的到来，一种新的社会配置方式出现了：武士的强力法则。但是，仅仅依靠强力不可能产生一种相对稳定的社会，特别是封建的社会结构与价值，这在荷马史诗中得到了详尽描述。相反，它依靠的是强力的时代精神——勇气、勇猛身体和一种向往战斗与冒险的“积极性”欲望的神秘化。因此，不是强力本身而是对强力给予个体以地位的信念，即威望，导致了一种关于强力的意识形态，对其中涉及的无论是胜利者还是失败者都彼此承认与赞美。相应地，幸运本身——古希腊幸运女神(Tyche)或罗马幸运女神(Fortuna)的衍生物，获得了一种形而上意义原则的形式。有一些说法，可能是咒语，比“败局已定”和“有发财的、有遭殃的”等表述更早。古希腊与罗马幸运女神，呈现为青铜器时代武士运动爱好的两大崇奉。

这些青铜器时代的社会已明显是阶级社会，以海外掠夺的战利品形式积累起来的财富和家庭剩余，深刻地体现着他们的幸运观念。“阿伽门农(古希腊神)、阿基里斯(古希腊神)和奥德修斯(希腊神话中的英雄)的世界，是一个充满小国王与贵族的世界”，芬利(M. I. Finley)评论说，“他们生活在抢劫与小规模的战争不断的庄园之中，占据着最好的土地与大量的兽群”。权力与社会活动围绕着贵族的家庭而展开，而它实际上是一个城堡。这一社会中的权力，“依赖于财富、个人勇猛、通过婚姻与结盟而确立的关系和家臣”[3]。财富的确是一个关键性因素：它的积累与拥有决定了一个贵族获得家臣——他们在数量上往往仅仅少于雇佣兵、获得武器和发动战争的能力。婚姻更多是一种追逐权力的工具而不是氏族结盟的工具，荷马贵族通过一个有利的婚姻不仅获得了男亲属，而且获得了土地与财富。实际上，他建立的“联盟”，总是充斥着大量的背信弃义与言而无信，这更多的是一种政治社会而不是一种部落社会的特征。部落社会显然正在消逝：

部落与其他亲属关系团体，基本没有起到什么作用。在奥德修斯离开伊萨卡的20年中，贵族们（奥德修斯妻子佩内洛普的求情者）十分可耻地对待他的家庭与财产；然而，他的儿子泰勒玛楚斯（Telemachus）并没有什么亲属可以寻求帮助，而且，亲属关系的连续性也不是十分完整。泰勒玛楚斯作为奥德修斯继承者的要求，在原则上被承认，但他并没有足够（物质的与身体的）力量来实现它们。阿伽门农被他妻子克莱塔姆内斯特拉（Clytaemnestra）与情夫埃癸斯托斯暗杀，赋予了他儿子俄瑞斯忒斯以复仇的责任，否则，迈锡尼的生活将不会受到任何影响，除了埃癸斯托斯取代阿伽门农的统治地位之外。[4]

显然，这些激烈的争吵、暗杀和谋篡，并没有受到"民众"的特别关注，他们生活在幽僻的共同体中，过着淡泊平静的亲密生活。他们只是关注他们自己的事情，在他们自有的小块土地上，或者肯定属于贵族所有的"最好土地"上劳作。他们放牧着贵族的"大规模兽群"。作为一个分裂的阶级，他们的利益也是分裂的。在荷马叙述中，没有任何地方表明，他们介入了英雄之间的冲突。因而，民主的部落制度是如此脆弱，而亲属关系已经如此全面地被地域与阶级关系所替代，以至于当泰勒玛楚斯把他控诉求情者的案件告到伊萨卡大会时，大会"没有采取任何行动，而它在[荷马]的两首诗中总是做到了这一点"。可以肯定，荷马时代的贵族仍然生活在贵族制的道德规范之下，包括"进食礼仪、礼物交换、贡奉神和适当的埋葬仪式"等，但这种贵族制道德及其在早期社会中形成的根基，正在不断地遭到贪婪、索取和自我中心主义的破坏。

《奥德赛》中的贵族是一种剥削阶级——不只是在物质意义上，还包括在心理意义上，不只是在客观意义上，还包括在主观意义上。把奥德修斯作为雏形的资产阶级分子的分析（由霍克海默和阿多诺从事的），就其清晰性与辩证远见性而言无疑是正确的。利益追逐中的诡计、欺诈、狡猾、欺骗和诋毁，所有这些都标志着形成中的统治者自我赋予的新"行为准则"，以便约束与统治他们的下属。"被称为一个商人，对奥德修斯来说是一个极大的侮辱。"芬利评论道："他那个阶级的男性或者仪式性地交换物品，或者通过抢劫占有它。"因此，远古社会的行为规范在形式上得到了

尊重。但是，“英勇”成为了抢劫的借口，后来则转变成了贵族制的“贸易”方式。荣誉在事实上已经获得它的商品等价物。在手握物品与黄金的普通商人之前出现的，是那些拿着盾牌与剑的迷人英雄。

商品在继续侵蚀着所有的道德法则。芬利指出，在荷马时代，人们“是以航海为业的并有一种对贸易的特别关切，主要是为了进口铜、铁、金和银、精致布料以及其他奢侈品”。“甚至首领也被允许去从事这种目的的探险，但一般意义上的贸易与经商似乎是外国人的事情”。依此，这一阶级的地位得到炫耀与确证，而它对服饰与奢侈品（特权的物质体现）的癖好由那些无地位的人来加以满足。

在此，我们看到了一种全新的社会配置方式。当首领愿意与外国人即徒步贸易者打交道并达成秘密交易时，尽管首领的数量很少，武士的法则也处在了一种制衡之中。作为权利的强力，不再享有社会中物品分配的极高优势地位。要保持贸易的整体性与贸易者的安全，并使出口城市成为可靠的商业中心，就必须形成新的时代精神。海上掠夺与抢劫只能是暂时性的：它们的报偿仅仅是战利品与赃物。而且，青铜器时代的古希腊贵族绝非是习俗与传统的墨守成规者。如同他们千年以后的英格兰同伴一样（就像15世纪以来的圈地运动所表明的那样），他们受赤裸裸的自我利益与不断提高的生活享受的欲望所支配。

即将替代英勇与强力的新法则，也有着非常悠久的历史渊源，尤其是在作为一种交换形式的“互换”中——它是一种建立在明确的等价物观念基础上的交换类型，现在已经被标准化并失去了其“偶然性的”形式（借用马克思的术语）。等价物的观念，不同于用益权、不可简约的最低保障和不平等中的平等，在可以提供一个正式、量化甚至几何式精确的宇宙秩序的意义上并非毫无是处。但幸运之神过于喜怒无常，因而难以支撑系统性商业所需要的精明、远见和理性精神。幸运是“难以预料的”，而且在荷马时代的古希腊，这些神远非最稳定与可以预测的宇宙秩序的代理者。在资本主义实现对社会生活的控制之前，商人是社会中受蔑视的阶层。他们的不安全地位，在古代与中世纪的世界中最为显著。因而，他们对权力的需求不只是一种欲望，而且是一种必然要求。由于受到所有人甚至包括古代低等人的蔑视，他们必须实现坚实而稳定的协调，以便在一个危险的世界中掌握自己的命运。无论是作为一个首领还是一个低贱的贸易者，当他在商业的大风大浪中冒险时，航行所需要的绝不仅仅是幸运之神。

缓慢地挤进那些先于它而存在的新法则，从互换的高级形式中捡起了一个精确而量化的等价原则，但却没有吸纳它们的服务意识与团结感。强力被拿来支持公平的交易与合约，而不只是用于暴力夺取和抢劫。宇宙中的等价性，可以通过对照最明显的生活特征得到有效性论证。霍克海默与阿多诺宣称，“天堂与地狱……结合在了一起”[5]，而且这不仅仅发生在奥林匹亚神与冥间神、善与恶、拯救与灾难、主体与客体的交易中。的确，等价就像天堂与地狱的概念一样历史悠久，并且有着属于它自己的辩证发展过程，就像正义之神对幸运之神的取代一样（即 Dike 取代 Tyche，而 Justitia 取代 Fortuna）。

在那赞美奥德修斯从特洛伊到伊萨卡的长途旅行的英雄时代，人们依然将等价追溯到它的“自然的”起源：

> 就像双子座——天文学中的北河二与北河三星座——和其他意指自然循环的二元性象征一样，它们本身在标志着其来源的蛋形象征符号中有着古代渊源，宙斯所控制的平衡也是如此，象征着整个父权制世界正义的它可以归结到自然。从无序到文明的变化——其中自然条件不再直接施加其影响而是通过人类意识的调节，并没有改变等价原则。事实上，人类为这一步骤所付出的代价，是像其他生物一样去崇拜那些曾经处于受奴役状态的对象。从前，拜物服从于等价法则。现在，等价本身变成了一种崇拜物。正义之神眼睛上的障眼物，不仅意味着人类不应该强暴正义，而且意味着正义不会带来自由。[6]

实际上，正义之神掌管着一种新型意识形态下的平等配置。她被遮蔽着眼睛，却掌握着测定公平交换的天平——“平等与精确”。犯罪感与纯真，是市场上进行的物品公平分配的司法代理者。的确，所有的天平所能够做的，是把质的差异降低为量的差异。相应地，每一个人在正义之神面前都是平等的；她的障眼物防止了她在恳求者中间作出任何区分。但是，人们之间确实存在着很大差别，就像远古社会中不平等中的平等曾经

承认的那样。因而，正义之神的平等原则或正义原则，彻底颠覆了这一旧的原则。鉴于所有人都在她被遮蔽的眼睛中是“平等的”，而在事实上往往有着很大的不平等，她把不平等中的平等变成了平等中的不平等。古代的词汇并没有消失，但就像很多强调重点的改变所带来的支配对传统价值与感知的影响一样，这些词汇也经历了一种看似轻微的变化。

相应地，就像正义之神手中的天平所表明的，正义之神维护的是平衡，而不是补偿。障眼物使她难以在恳求者中间作出任何基于个体差异的测定标准变化。因而，她特定的“平等”原则带来的是一种十分真实的不平等。正确的也就是“正义的”或者“正直的”，然后，二者依据各自的准则否定平等。她的“正义”或“正直”判断，导致了一种严重失衡与扭曲的立场，并在随后数千年的历史中蒙蔽了大多数人——甚至被压迫者也诉诸她的名字作为行为守护神与指南。

很难作出的区分是，在平等的不平等中追求正义和在不平等中的平等中追求自由。每一种关于解放的理想都已遭到这种混淆的污染，而这种情况在被压迫者的著述中依然存在。用益权已经被与公共财产相混淆，直接民主与代议制民主相混淆，个人能力与大众精英相混淆，最低程度保障与平等机会相混淆。正如恩格斯指出的，被压迫者的平等要求获得了“一种双重意义”：一方面，它是“反对社会不平等的自发回应，反对贫富之间的差异悬殊……反对纵欲过度与忍饥挨饿之间的鲜明对照；就此而言，它是革命性本能的表达，并且在其中而且只能在其中找到合法性”。另一方面，平等要求变成了一种反对作为“等价”原则的正义的回应（恩格斯将其视为“资产阶级的平等要求”），而且“在这种情况下，它反对的是资产阶级的平等本身”。恩格斯继续强调指出，被压迫阶级的平等要求（无产阶级的平等要求），是“废除阶级本身”[7]。但是，自由所包含的不只是废除阶级本身。从更一般的意义上说，“无产阶级的平等要求”，是一种有机社会中的“非正义”要求。那时拒绝等价原则而追求不可简约的最低程度保障，主张以对难以避免的不平等的补偿来替代平等化，总之，主张不平等中的平等。除了千载难逢的偶尔时刻外，这种要求无数次地被追求正义和等价原则的激烈战斗排挤到了一边。

然而，正义的领域也可以通过清除滞留在民间平等世界中的过时事物，从而为自由提供基础。包含着不可简约的最低程度保障原则的远古自由以及它不平等中的平等，是相当狭隘的。除了它慷慨的友善法则，有机社会并没有为陌生人和外来者（即没有通过婚姻或宗教仪式连接为亲属关系的人），提供多少权利保障。在“人民”的边界之外的更大范围世界，是“无机性的”（借用马克思的恰当术语）。忠诚以不同程度的义务形式，扩展到了那些分享共同体血缘誓约的人和那些通过物质的礼物互换制度而联合起来的联盟。其中，所有人类存在被认为是一个联合起来的整体的人类观念，在很大程度上仍是不存在的。远古人类对于陌生人也许是好奇的、害羞的或有礼貌的——或许他们会为了很离奇的原因而杀害这些陌生人。但是，他们对这些陌生人没有义务，因而不必受到任何要求其尊重或保障这些陌生人安全的法则的约束——这些不期而至者的到来，会使他们自己的行为也充满不可预见性。即使古希腊社会，尽管其高度的理性化，也没有发展到这样的程度，即外来居民能够享受到城邦承诺给每一个人的安全与保护以外的更多社会权利，更不用说政治权利。对于大部分古代世界来说，异乡人的这种不确定地位，是一种广泛存在的现象，尽管这些外来居民为共同体及其常驻居民提供了关键性服务。

打破由远古与古代地域主义所设置的上述障碍，是正义之神及其等价原则的任务。但事实远非是一次真正意义上的“断裂”，变化进展得非常缓慢。这些变化也不是抽象理论家的工作，或一种理智觉醒的成果。城市居民权利的新的司法裁决的代理者，是那些异乡人，即往往用手工艺或商业技能为城市提供服务的人。这些人总的来说得到了被压迫阶级的帮助，他们只能通过以一种明确而不可违反的法典形式规定其权利与义务，才有可能避免专横统治所带来的反复无常与侮辱。正义之神，无论她在古代“文明”中获得的具体称谓如何，在很大程度上是社会与伦理意义上局外人的女神。她的等价原则尊重一视同仁的要求，这种要求必须以书面法律文书的形式加以明确界定，以便她的力量可以纠正“局外人”和被压迫者在专横统治下遭受的不平等对待。因此，正义之神需要的不仅是剑，还包括那些明确界定了权利与义务、保障与安全、奖励与惩罚的“法律简札”。

最早的这种法典——巴比伦《汉谟拉比法典》(大约前 1790 年)，依然包含着与众不同的阶级偏见和阶级压迫工具。就像《摩西十诫》一样，等价原则的推行采取了强烈的阶级报复形式。违反社会规则的代价，是失去眼睛、耳朵、四肢或舌头，甚至是生命本身。但是，这一法典并没有试图隐瞒这一报复形式中"不平等"的阶级特征：贵族得到的待遇比普通人好一些，男性比女性好一些，自由人比奴隶好一些。这里，有机社会中"不平等中的平等"原则的盗用，尽管采取了被歪曲的形式，当然应该批评。但是，这一法典也赋予特权一个更大的社会责任。正如霍华德·贝克(Howard Becker)和哈里·巴内斯(Harry E. Barnes)评论的，尽管汉谟拉比时代的贵族"拥有大量的特殊待遇"，"包括可以实施严重不成比例的个人伤害报复权……但他们也可能为其犯罪行为受到更严厉的惩罚，而且无论犯罪与否，都会面临着更高的诉讼费用"[8]。

后来的法典将会把他们从大多数这些不平等的"过时事物"中解放出来。从公元前 8 世纪起，我们可以在希伯来巴勒斯坦和希腊看到正义辩证法的持续展现：有机社会不平等中的平等向阶级社会平等中的不平等的缓慢转型。《摩西十诫》已经完全确定为这一土地上的法律，尽管在《申命记法典》中有着某些对穷人的象征性让步，比如抵押贷款限制、希伯来欠债奴隶在第 7 年的赦免和第 50 年的神圣化(作为"大赦年")，每一个人可以重新获得其财产。如同在《利未记》中的训谕一样，每一个欠债奴隶都被当作一个"被雇用的侍从和一个旅居者"，这些姿态在很大程度上是象征性的。欠债奴隶本身，由于其羞辱性的怯懦服从地位，已经违背了古代沙漠民主的灵魂——"贝都因契约"，而正是它在迦南人入侵时把希伯来部落联合了起来。它最终能够进入共同体的司法生活这一结果，是对契约解体的一个痛苦承认。

在雅典，由索伦发动的改革开辟了走向基于政治平等的司法平等道路，即被人们广泛称道的古希腊民主制。现在，正义公开地作为一种等价原则——商品等价原则，产生了新的阶级和个人权力与财富上的不平等，即使它防止了平民——希腊先祖时代的人民——专横社会权力的实施。然而，在一个假定由法律而不是人管治的社会框架内，只有平民能够得到政治制度的充分保护。佩里克尔斯的葬礼演说，也许标志着在承认一个普遍人性存在的方向上的重大进展，但我们并不能由此相信，“野蛮”世界和“外来者”是与古希腊人和法律意义上的古代雅典人等同的。

事实上，雅典的外来居民不仅缺乏参与比如公民大会、500人议事会或司法制度的权利，而且没有财产与生命安全保障之外的其他明确司法权力。正如我们知道的，外来居民不能在城邦中购买土地。尤其值得注意的是，他们不能直接诉诸于司法制度。他们的诉讼必须由雅典法院中的公民来辩护。外来居民的权利得到了城邦的充分尊重也许证明了其高尚的伦理水准，但它也证实了统治精英的排他性，因而，外来居民权利的保护者是精英们的意向而不是法律。

自己也是雅典外来居民的亚里士多德，并没有讳言希腊人相对于其他种族的优等性。引证北部勇敢的“野蛮人”未能组织起可以“统治其邻居”的城邦表明，他与柏拉图一样，在很大程度上把城邦等同于社会支配。而且，他把古希腊人组成城邦、“获得自由”和“能够统治所有人”的能力，归结于他们的伦理起源和他们中存在着一种古希腊基因。特殊的血液类型以及地理条件，授予他们统治的能力。在亚里士多德看来，古希腊人是多样化的，“有些人只具有一方面的自然”，而“其他人则幸运地(在勇敢与智力方面)是混合性的”。但对他来说，组成城邦或“进行统治”是一种“天然的”能力，并非社会培养的。

血缘团体正式被一种普遍人性——认为每一个体都有共同的起源——所替代，直到古代晚期才得到司法上的承认。其标志是，卡拉卡拉皇帝授予所有罗马帝国境内的非奴隶男性以公民权。也许卡拉卡拉同时考虑的是如何增加帝国的税收基础，以及提高帝国公众中日趋衰落的认同感。但是，这一行动是史无前例的。因为，这是人类从动物向社会进化过程中的第一次，涵盖整个地中海地区的、高度异质性的庞大外来人口，在一个共同的政治规则下连接起来，并被授予了平等诉诸法律的权利，而过去这只是一个小规模罗马种族团体的特权。至少从司法上说，帝国已经废除了民众或亲属团体的排他性，那时它已经从最初的部落平等主义发展到一种与生俱来的贵族制友爱关系。依据罗马法的规定，家族谱系已经让位于精英制，血缘关系让位于一种地域关系，因而极大地扩展了人类政治共同体的范围。

卡拉卡拉的公民权法令，还得到了一个不断增强的、长达数个世纪之久的罗马法演化趋势的强化——它逐渐摆脱了传统父权制的专制主义和已婚妇女对丈夫的法律附属地位。至少从理论上说，人人平等的观念在帝国晚期已经基本形成。到公元3世纪，罗马的“自然法”——那种混合的法律体系往往被称为自然法和万民法——承认，人在本性上是平等的，即使他们在社会中缺乏这种条件。这种观点所代表的对亚里士多德的“人类”概念的偏离，是历史性的。由于对罗马的经济生活是如此重要，对奴隶的看法已经被置于与古希腊的奴隶天生低等的观念相对立的地位。对于帝国时期的罗马法官来说，劳役并非来自奴隶天生的低等性，而是正如亨利·梅因(Henry Maine)评论的，“来自一种胜利者与失败者之间的协定，其中，前者规定了对手终生提供的服务，而后者获得的是他本来已经丧失的生活报偿”[9]。结果，作为个人财产的奴隶日益被视为契约性奴隶。尽管罗马社会从未停止仅仅把奴隶看作一种“会说话的工具”，但是，它处置奴隶事务的法律机器通过帝国晚期施加的对共和国时期非人道做法的限制，使这种贬低处于非法地位。

一种普遍人性的观念如果不能促进一种新的个人信条形成的话，它将很可能只停留在服务于财政和意识形态目的的政治战略层面上。如果人性一词不被享有充分自主与自信的个体赋予切实的内容，它将只是一种空洞的抽象。而所有这些是很难由一个帝国法令创造出来的。随着有机社会的衰败，支撑它的强烈集体感也在衰败。因而，必须为个体创造一个新的背景，以便它能够在一个日益原子化的世界中正常运转。古典的古代与中世纪世界也产生不出任意的、孤立的和社会性匮乏的个体，而这种个体在现代资本主义社会中大量存在。但是，远古社会的衰败赋予了这样一种新型个体以巨大的优越地位：一种机智多谋的、相对自足的和自立的自我，随时准备去主动或被迫地适应这样一种社会——它正在失去其适当的人类规模，并且发展出比历史上存在过的任何人类共同体都复杂的政治制度与商业联系。

这种个体一直作为早期人类集体公社中的边缘性群体而存在。他们通常被给予一定程度的制度化表达方式，即使仅仅是为了给那些个人癖好提供一种安全阀。部落社会总是对那些畸形的性行为、怪诞心理特征和个人欲望（“伟人”综合征）给予准许，这些准许体现为程度很高的性自由、萨满教僧的作用和勇气与技能的受敬重。从这一边缘性群体中，社会招募了它的僧侣和在后来更等级化制度中担当指挥性角色的武士——首领。

但是，这种发展并不仅仅是一种解体和重组。它同时在个人与社会层面上发生——自我为中心的和社会为中心的。从个人层面上看，个体伴随着“文明”的出现，就像一个鲁莽无礼的小孩的啼哭划破了历史的长空，并震惊了那些有机社会衰败后依然存在的更为平静与受传统束缚的集体。自我的形成最先是由武士来宣布的，他们自己的“自我边界”就是通过践踏所有传统社会的边界而建立的。比如，苏美尔人的英雄吉尔麦加什，与陌生人恩基杜交朋友，后者更多地拥有作为一个伙伴而不是亲属的特性。英勇而不是族系，是他们神秘化个人特性的基本特征。

神秘而程式化的人物比如吉尔加麦什，看起来更像是个体性的隐喻而不是现实。刻画得更为鲜明的个人比如阿基里斯、阿伽门农和荷马武士，才往往被引证为西方新出现的自我概念的典型代表。马克斯·霍克海默在他关于个体地位上升与衰弱的杰出分析中评论道，“形成中个体的典范是古希腊英雄”，“凭借勇敢与自立，他在为了生存和把自己从传统以及部落解放出来的斗争中取得了胜利”[10]。勇敢和自立等这些品质在古希腊—罗马世界中得到敬重的确是事实，但令人怀疑的是，这种英雄的典范可能找错了地方。事实上，古代世界中最引人注目的自我，不是荷马所赞美的青铜器时代的英雄，而是阿基洛楚斯（Archilochus）如此讥讽地描述的铁器时代的反英雄。的确，阿基洛楚斯本人，就是这种十分独特个性的体现。他把一个被隐藏的传统即有机社会中自我的自信，与新生“文明”中的精明个性联系了起来。

不同于准神话中的暴君比如吉尔加麦什或新兴的贵族比如阿基里斯，阿基洛楚斯所代表的是一个值得关注的特殊群体：一群离开家园并到处游荡的雇佣兵，他们必须依靠自己的聪明与机智而生活。他不是荷马式的英雄，而是类似公元前 7 世纪的武装流浪汉。他的独立性与自由精神，与那个时代围绕着庄园社会而建立起来的凝固化生活方式有着鲜明

差异。他的存在本身看起来就是难以理解的，甚至是对他那个英雄崇拜时代的一个侮辱。他的作为一个流动兵的职业，反映了社会的严重衰败；他对传统的傲慢蔑视，表达了对威慑反叛的否定。他对战争中遗弃的盾牌有什么可担心的呢？“如果我能够保住自己的生命，我为什么要担心我的盾牌呢？让它去吧，我将买一幅同样好的。”一个有着贵族式武器与荣誉准则的荷马英雄，绝不会表达出这样的情感。阿基洛楚斯也不会根据他们的外表与地位，对他的指挥官作出判断。他不喜欢一个“高个子的将军，在自己面前大踏步地走过；这个人对自己的长发感到骄傲，并像一个花花公子一样剃着胡须。还是让他矮一些”，阿基洛楚斯宣称，“甚至是瘸腿的吧，只要是他能够坚定而且充满激情”。[11]

阿基洛楚斯和他流浪着的同伙，是我们所知道的“无主人男人”的长长名单中的最早记录，他们在社会崩溃与混乱时期频繁出现——先是男性，后来也包括女性，没有任何共同体根基或传统，他们将殖民化世界的未来而不是过去。他们的个性是建构来否定习俗，蔑视与粉碎既存的道德，按照他们自己的规则进行生活。他们也许是边缘性的，但却是剧烈的个性反叛的先驱，几乎注定要“翻转这个世界”。他们有着宽阔的肩膀和并不简单的神经系统，并且用一种既粗犷又充满着虚词的诗歌与演说表达自己。此后，当他们在地平线上出现并默默地祈祷不被社会中那平静的普通人注意时——否则的话，社会将会摧毁他们，社会总是惊恐地站在一旁。

但是，这些只是历史上出现的少数刻画清晰的个体，或者说一些边缘化的反叛者，其重要性因社会生活的稳定性而各不相同。他们的命运，取决于更大范围内的往往是呆滞的大众对他们的态度。在更宽泛的历史层面上，这种个体性观念开始侵入这些看起来呆滞的“大众”，而且，他们的个性不是被阿基洛楚斯及其同伙而是被社会本身所解放，因为社会需要一种自主的自我，以便承担不同的公民功能。总之，个体在这种社会水平上的发展，并不是一种孤立的、变态气质的个性现象，而是无数人的性情、观点与命运的改变，他们将遍布随后数个世纪中的文明，并开启迄今为止的现代自我的历史。就像当代无产阶级的形成首先是通过分离古代庄园经济中的传统农民一样，古典城邦国家、中世纪公社和现代民族国家中相对自由的公民，最初是通过把年轻人从古代亲属关系中分离出来而形成的。

像血缘誓约一样，父权制家庭构成了对政治权威的内在高度一致性的道德障碍——并不是因为它反对权威本身(就像在有机社会中一样)，而是因为它构成了一种有利于父亲权威的关系结构。滑稽的是，依其亲属关系下的权利要求形式，父权制在一个已经被扭曲和正在发生变化的社会世界中代表了被歪曲得最严重的有机社会特性。在此，可以简单说，老人政治是显而易见的。它所真正负责的不是有机社会分享与团结原则的需要，而是年长者中的老人的需要。其他年龄等级制度都没有如此专横的内容，都不会采取如此压制性的运作形式。在早期的父权制家庭中，正如我们已经看到的，家长并不对他所施加给其他家庭成员的统治负任何责任。他是专横权力和支配的化身或历史渊源，除了传统和萨满教僧提供的意识形态骗局之外，这些权力不受任何道德或伦理原则的限制。像耶和华一样，在一个基于"我们"的共同体中，家长是第一位的"我"。在某种程度上，这种把个体性强加于单一个体的做法，尽管有着原始意象性的渊源，是一种广泛性个体与自我中心性的征兆，但却是以一种被如此歪曲的形式，它变成了在多样化的个体意志出现之前的某一个体意志的准神秘性个性化。

正义缓慢地转变了家长的地位，先是把令人害怕的父亲变成了正确的父亲，就像它把耶和华从一个追求支配地位的、妒忌性上帝变成了一个正义的上帝。事实上，家长不再仅仅是专横的权威，而是变成了对某些对错观念负责的司法权威。通过把"力量就是权威"的粗俗的武士道德变成等价原则与平等法律关系，正义导致了从专横性强制向基于正义的强制的转变。现在，强制必须依据平等与不平等、对与错的观念加以解释。事实上，正义实现了从专横甚至超自然权力向司法权力的转型。家长从最初的独裁者变成了一个法官，借助犯罪感而不仅仅是恐惧来行使其权力。

家长地位的这种转型之所以发生，是由于客观世界中真实的紧张关系。等级制的精致化、雏形阶级的形成、早期城市与国家的出现，结合起来成为一种侵蚀家庭的社会力量，并对家长在社会化中的作用和年轻人

的命运提出了一种世俗性要求。另外，组织起来的宗教也提出了它们自己的权利要求。在很大程度上，妇女在这种世俗化与政治化过程中被排斥在外了，仍然是男性共同体中的财产。但是，年轻人日益被要求承担社会责任，比如士兵、公民、官僚、手工艺人、农作物种植者等等——总之，大量不再受到家庭限制的责任形式。

随着社会继续从亲属关系向地域关系转移，从宽泛的等级形式向特定的阶级与政治形式转移，等级制的性质不断地改变。尽管等级制保留了它的很多强制与司法特征，它日益变为一种理性权威模式。年轻人被授予了与生俱来的公民权。他们不再仅仅是儿子，父亲必须以理性的方式来指导他的家庭。他不仅是主持正义的父亲，还是有判断力的父亲。在不同程度上，父权制宗族家庭地位的下降以及它由父权制核心家庭取代的条件，开始出现，从而形成父母及其孩子之间一种高度私人化的一夫一妻制关系。在正义的庇护下，国家获得了对严重孤立的家庭世界的日益增加的控制——首先是，通过它自己的司法权力要求去消解那把父权制家庭维持在一起的内部力量。

一切处在家长掌控下的"我"解体为具有"自我边界"的较为自主的个体的过程，随着城邦扩展成为世界性都市(cosmopolis)——小规模的、自我封闭的"城邦国家"发展成为古希腊时代大规模的、开放的"国际都市"——而获得了更大的动力。随着作为手工匠、贸易者和海外商人等外来人的作用的增加，由血缘与伦理联系而联合成为一个超级集体的平民观念，让位于个体们的权利要求。现在，不只是公民权，还包括旅居性自我的私人利益——部分由经济利益难题所引致，成为个体的目标。世界性都市是一个巨大的商业中心，并且首次成为商人的竞技场。从中我们可以清楚地看到，个体命运的控制从亲属团体和家长属地，转向了城市国家，尤其是雅典的城邦，其中个体性具备了充分表达的公民品质和对政治能力的激情信奉。个体从有机社会中的"兄弟"或"姐妹"，转变为政治社会中的"公民"，尤其是小规模的公民团体。

但是，随着公民团体在范围上的扩展超出了人类可以理解的程度，自我并没有消失；相反，它获得了一种严重私人化的、往往是神经质的特性，集中体现为一种新的内向性所导致的难题。自我退回到主观性与自我迷恋的深渊。世界都市并不提供一种城邦认同(polis)的社会性酬报——一种要求极高的公民主义，对有能力公民的伦理联盟的强调，或者，相互间团结的黏合物或亲和力(philia)。

世界都市也不会提供一种新的共同体感。因此，自我必须退回到它自身，就像在我们自己所处时代经常看到的，自我不得不在宇宙中找到一种意义感。伊壁鸠鲁这一杰出的退隐型私人哲学家，为自我提供了一个可以在其中耕耘思想观念与个人爱好的花园——当然，用一面墙遮挡住了它已不再能控制的社会世界。的确，国家本身开始报复它曾经帮助创造的这一傲慢产物——“世界公民”，如今他在一个集权帝国及其官僚机器的高压之下显得那么无助。

尽管如此，自我需要的不仅仅是一个能够承载其精神收获的位置，无论它有多么丰富。在被剥离了它在城邦中的所在之后，自我必须在世界都市中找到一个新的所在——如同世界都市所表明的，在宇宙中的位置。人类现在变成了一种宇宙，一种新的组织经验的原则；而“城邦国家”像它之前的种族世界一样变成了一种意识形态嘲弄的对象。最初，这种嘲讽性观点采取了政治无为主义哲学即斯多葛主义的形式，它成为古代晚期有教养阶级赞赏的一种哲学。

斯多葛学派——它的观点将滋养未来数个世纪中的基督教僧侣，把正义的成果——个体化的自我与“普遍性的公民权”的理想——带入了在世界都市与帝国时代的相互间聚合。伊壁鸠鲁的著作出现在帝国最稳定的时期之一，它以激进的方式奠定了这一新的、更加现代的自我基础。从一开始，他就把城邦的排他性严厉地讥讽为返祖崇古性的：

> 你依据那更多是控制权意义上的领域而称自己为雅典人或科林斯人，这一领域不仅包括你出生的地方和所有的家庭活动，同时也包括你的先祖传承给你的地域。

但是，他宣称，这完全是荒谬的与浅薄的：

> 当一个人已经理解了宇宙的运行，并认识到不存在比把人类与上帝联合起来的物质结构更伟大、更有权威或更无所不包的东西，认识到从中产生的种子不仅生长出了我的父亲或祖父，而且生长出了

所有那些已经消失的和依然生长在地球上的东西，尤其是理性的人，那么，为什么不称自己为宇宙公民和上帝的儿子呢？[12]（着重号为本书作者所加）

就其特有的普遍性和彻底性而言，上述论断在2000年前达到了我们时代所可能有的最激进的国际主义。但是，伊壁鸠鲁在此制定的不是一种制度性变化的纲领，而是一种伦理变化的纲领。在政治上，斯多葛主义者是十分清静无为的。自由对于伊壁鸠鲁来说，只包括内部心灵的宁静，一种与真实世界隔绝的道德孤立——它是无所不包的，以至于可以拒绝任何物质需要与社会介入，包括生命本身。由于“自由”被赋予了如此清心寡欲的特征，它不可能“被自己之外的任何东西所打扰或阻碍。自由是一个人对影响着他事物的自我判断：因为当一个暴君对一个人说‘我要绑住你的胳膊’时，一个看重自己胳膊的人会回答说，‘不，可怜可怜我吧’，而一个看重自己意志的人则会回答说，‘如果那样对你更有利，你就绑吧’”[13]。麦克斯·施蒂纳(Max Stirner)这一19世纪初的所谓个人主义的无政府主义者，以自己的方式把斯多葛学派这一严重自我限制性的自我翻转了过来，并赋予了它一种足以令斯多葛主义者震惊的战斗性——甚至是一种傲慢。但从原则上说，伊壁鸠鲁和施蒂纳都创造了一种乌托邦主义的个性观，它标志着在一个日益非个性化世界中个性确证的新起点。

如果这种厌倦尘世与个人逃避的教义随着孕育它的帝国一起成为历史的话，后人将会仅仅把它视为一种垂死时代的无情宣判，就像弥漫在古代末期的怪诞迷信和厌世诗歌一样。但是，基督教把斯多葛学派关于个人意志的清静无为教义，重新加工为一种使主体性与个人介入变得显著的新感知，无意间开启了社会变化的新方向。可以很有把握也相当准确地说，教会一直是国家的支持者。当然，保罗对于基督的福音即“是恺撒的总会归于恺撒”的解释，使问题重重的世界免除了任何政治与社会挑战的玷污。如果我们正确地理解保罗的训谕就会发现，早期基督教并不批评奴隶制。但是，当保罗劝服逃跑的基督徒奥内西姆斯(Onesimus)回到他的基督徒主人家时，奥内西姆斯被描述为“亲爱而忠诚的兄弟，是你们公民同伴中的一员”[14]，因为奴隶、主人和保罗都是一个更高级的“天堂主人”的“奴隶”。在这里，“公民”与“奴隶”是交叉使用的。相应地，基督教开始介入个体奴隶的命运。在基督教牧师和人类奴隶之间，存在着一种公开声明的契约，这一契约是由一个个性化的神与一个神圣会众之间的密切关系共同订立的。

这一存在主义性质体现了基督教自诞生以来所拥有的一个特征：普遍性的公民权在真实的、独特的和具体的公民缺失的情况下，是没有任何意义的。人类在一个唯一的牧羊人面前都是“兽”的概念，证实了所有人在可爱的唯一上帝面前的平等性。他们是平等的，并不是因为他们分享对一种政治共同性的承认，而是由于他们共同父亲的精神承认。在耶稣看来，社会地位与等级在忠诚与爱的平等性力量面前溃散。在这一精神世界中，世俗主人们在上帝眼中可能比他们的奴隶还要卑贱，最富裕的人可能比最穷的人还要卑贱，最高贵的国王可能比他们最低等臣民还要卑贱。一种无所不在的平等主义，把主体从由社会规范界定的各个阶层、等级和阶级中解放了出来。不只是公民权，还包括所有个体平等的原则和每一个灵魂的绝对价值，把天堂城的公民联合为一种“神圣的兄弟关系”。

与保罗的训谕相比，这一福音的世俗性含义在奥古斯丁的评注性著述中得到了更为明确的阐明。像伊壁鸠鲁和保罗一样，奥古斯丁把人类存在(genos)彻底地消解为一个“天堂城”，其中人类整体被邀请作为它的公民。任何种族性意识形态都不会把这种概念框架纳入其世界观。相反，《上帝之城》——对于奥古斯丁而言，它的直接表达是普遍性的教会，融合了人们之间的所有多样性，“来自不同民族与语言的所有公民都成为单一的朝圣一族。她并不否认人类社会习俗、法律与传统的多样性，因而那里需要寻求与维持和平。她不是试图取消或消除它们，而是保持与利用其中的多样性，这也同样是为了人类和平的目标，除非它们会偏离对最高与真正上帝的忠诚与敬仰”。为了避免它被简单理解为斯多葛主义和保罗主义的寂静教——或者在更坏的情况下，一种教权机会主义，从而使教会变成无限适应性的，奥古斯丁进一步说道：

> 当上帝之城降临人间时，它不但会利用世间的和平，还会与其他人类一起促进和主动地追求一种涵盖我们纯粹的人类生活的共同纲领，并且不会与忠诚和敬仰相冲突。

教会并不只是把属于恺撒的给予恺撒，而是用教会的统治来替代他的统治权利要求，用一种天堂的神圣来代替他追求的现世神圣性。

> 天国圣城已经通过忠诚拥有这种和平，它过着崇拜神圣的生活，而且由于这种忠诚，当上帝之城获得它需要的竞争时，它指的总是那些有益于上帝和他的人类伙伴的事情。我说“人类伙伴”，当然是因为，任何共同体生活必须强调社会的关系。[15]

奥古斯丁上述论述的模糊性比它的确定性，包含着更富争议性和潜在激进性的方面。掩藏在这一评论背后的，是教会与国家间的可能争执，并且突然体现为11世纪的格列高利七世教皇与授封危机。这一评论的普世教会主义，开辟了不仅与异教主义及其过分的自然主义偏向，也与要求个体权利并主张建立一个现世性的上帝之城的无政府主义倾向公开妥协的道路。这种“天国圣城的和平”将会由于不断涌现的“异端邪说”而变成为一种幻想，其中包括回归使徒基督教派别的共产主义观念与平等主义。奥古斯丁的历史观，既承认了基督回归人间的无限期推迟（非常类似于马克思遗产中未被实现的共产主义诺言），也承认了基督在遥远的千年后回归来审判人间罪恶的最终确定性。由于他论述的模糊性，奥古斯丁制造了在随后数个世纪中折磨着西方基督教的巨大难题，但也通过一种新的认同感与一种新的陶醉感丰富了西方的个体概念。

伴随马基雅弗利对政治生活非道德性的强调和洛克财产拥有者个体的观念而来的个体世俗化与个性觉醒，清除了自我与人性中的乌托邦内容。可悲的是，二者都被贬低为政治与经济操纵的对象。基督教使自我成为一个飘零的孤魂，其中充满着关于创世忠诚的允诺并弥漫着一种伟大伦理冒险的诱惑。现在，资产阶级的自我观念则使之成为一种卑鄙的、以自我为中心的和迷恋于感官刺激的东西，充斥着狡诈与不安全感。这种新的世俗个体的信条，把自我视为一个经济人、一个挣扎着与斗争着的单子（个体），并受到自我中心主义与对生存的非道德化信奉的控制。

从16世纪起，西方思想在很大程度上以一种对立的方式来界定自我与外部世界尤其是与自然的关系。进步不是被认定为精神的救赎，而是人类使自然服从于市场需要的技术能力。人类命运不是被看作其精神与智力潜能的实现，而是看作对“自然力量”的“统治”和把社会从“邪恶的”自然世界中的拯救。有机社会中的自然观被彻底逆转了。现在，自然变成了邪恶的，而财宝变成了受人敬重的。人对人的征服——古希腊人只是宿命地接受为一个占少数的休闲阶级的基础，如今被赞美为一种共同的人类事业，以便把自然置于人类控制之下。

这种把基督教的末世论从一种精神工程转变为一种经济工程的出色再加工，对于理解各种形式的自由主义意识形态是根本性的——正如我们即将看到的，这对于马克思主义的社会主义也不例外。自由主义是如此全面地渗透着霍布斯、洛克和古典经济学家的“个人主义”哲学，以至于它往往成为很多有争议的社会议题的不言自明的前提。对于霍布斯而言，“自然状态”是一种无序状态，是“所有人反对所有人的战争”。[16]在孤独的自我为了生存、权力和幸福的斗争中，身体自然中的物质匮乏一再体现为人类自然中的伦理匮乏。“自然状态”不可避免地产生的混乱后果，只能通过国家带来的宏观秩序加以限制。

比霍布斯的国家观念更重要的，是他在多大程度上剥除了自然的所有伦理内容。甚至比开普勒——他惊奇于宇宙的数学对称性——更有代表性的是，霍布斯是一个杰出的机械唯物主义者。自然仅仅是物质与运动，无目的地不停变化与改变，没有任何目标或精神内涵。社会特别是国家之所以是有秩序的领域，正是因为它提高了个体生存的机会并实现私人目的。很容易推出的是，霍布斯对宇宙包括社会所有伦理含义的无情否定，创造了对正义的一种严格功利主义阐释的智力环境。由于自由主义意识形态受到了霍布斯著作的深刻影响，它不得不只把正义作为一种保证生存与幸福的手段和关于物质进步的语用学来应对。

洛克试图用一种更温和的人类自然概念来弱化霍布斯的遗产，更明确地讨论了外部自然。但具有讽刺意味的是，他这样做的结果，只是进一步把自然贬低为仅仅作为人类劳动的对象。自然是所有权之源，是资源的公共储藏地，其中劳动可以创造出个人的生活资料与财富。无论一个人“从国家中移出哪个自然所提供的事物，还是让它留在其中，他都已经付出了自己的劳动，给予了它某种属于自己的东西，并构成他自己的财产”[17]。为了防止上述阐述被理解为自然与劳动导致了人与人之间的相

互联合，洛克让我们确信相反的方面：

> 这个事物是由他将其从所属的普通状态自然中分离出来的，并已由这种劳动把某种东西附加给它，而这就排斥了其他人对它的共同权利。由于这种劳动是这位劳动者不容置疑的财产，只有他自己而不是任何人，才有权拥有那被附加的东西，至少在具有充足而且质量好的产品剩余的情况下是如此。[18]

洛克的观点能优于一种关于所有权的陈词滥调的，是他赋予了劳动的突出功能。霍布斯通过一种政治契约，从机械自然的偶然性中挽救出了孤立的自我，而洛克则通过一种经济契约做到了这一点。迄今为止，就其过滤掉了各自社会哲学中的精神内涵而言，霍布斯和洛克是相同的。在霍布斯被一个基本上无序或无意义的世界中的人类生存难题困扰的地方，洛克提出了更高层次的财产与个人权利要求，而且或许更值得我们时代关注的是，劳动在形成那最诱人的财产即个体本身中的关键性作用。因为，“正是劳动，从一开始，赋予了一种（相对于公共性的）个人财产权，人们可以随时随地诉诸于它”，而且，正是“劳动与工业开启”的财产，强化了创造公民社会的“契约与协定”。个体获得了他的身份，即“他个人自己，以及他的活动或劳动的所有者”。人类活动实际上是人类劳动。洛克展现了古希腊—基督教的思想与自由主义意识形态之间的一个巨大的鸿沟，这可以从我们对历史观点的回忆中清楚地看到。对于亚里士多德来说，人类活动基本上是思考，而对于基督教神学而言则主要是精神。

这种将社会思想简约为政治经济学的思维，一直几乎不加掩饰地持续到19世纪晚期，明显体现了社会联系相对于经济联系的贬低。甚至在现代科学消除了自然的所有伦理内容之前，中世纪晚期蓬勃兴起的市场经济已经清除了它的所有神圣性。中世纪基尔特内部富裕与贫穷成员之间的分化，最终驱散了所有的团结感，而正是它曾经把具有共同工艺之外的人们联合起来。赤裸裸的私人利益确立了相对于公共利益的优先性，后者的命运事实上被简化为前者的命运。人们仅仅作为生产工具的对象化，促进了自然仅仅作为“自然资源”的对象化。

同样，工作也失去了作为拯救堕落人类的一个救赎手段的神圣性。它现在被降低为一种把外部自然置于社会控制之下、把人类自然置于工业控制之下的行为准则。甚至，市场经济引入基尔特、村落和家庭结构——它们构成前工业社会世界的基础——所带来的明显混乱，也被视为一种深层规律的外在表现，其中，个体的自身利益通过对个人目的的追求，服务于公共利益。这种“自由主义的”意识形态持续到20世纪的后期，它不仅得到教会和学术界内部的称赞，而且得到了最复杂的大众媒体机器的支持。

但是，在一个赞美自身利益权利和赤裸裸的自我中心性的社会中，公共利益的状况究竟如何呢？对于一个被要求把精神理想投降于物质实利的人类来说，繁重的劳役为它提供的救赎又会如何呢？如果除了洛克把所有权人格化外，自由主义并没有为正义概念增添任何东西，如果进步仅仅意味着无限的索取，那么，正义与进步潜在的自我服务性阶级尺度就注定了，人类的大部分必须被排斥在“好生活”的范围之外。到18世纪末，自由主义理论不仅被贬低为政治经济学，而且是一种完全反社会的利益教义。人类在社会中的活动，只能通过需求压力和个人获利要求来解释。在一个机械的物质与运动世界中，对于孤立的人类单子来说，自我中心主义就像引力对于物质实体一样是不可缺少的。

试图为自由主义提供一种所有权与获取之外的伦理气质的最重要努力，是在法国大革命的同一年即1789年作出的。这场大革命推翻了传统社会的最强大堡垒。在这一年，杰里米·边沁出版了他的《道德与立法原则导论》，提出了对作为一种伦理目标的私人利益的最系统辩护。在一个可以与卢梭的《社会契约论》和马克思的《共产党宣言》相比较的宏大开篇中，边沁阐述了功利主义伦理的伟大法则：

> 自然把人类置于两种最主要力量的控制之下，即**痛苦与快乐**。只有它们才可以告诉我们应该做什么，并决定我们如何去做。[19]

在任何情况下，它们“决定着所有我们做的、说的和想的”。如此迷恋于那些预定了我们行为而不必考虑我们意愿如何的普遍性原则——无论是自由主义的还是社会主义的科学主义都是如此，边沁放弃了“隐喻和激辩”而转向痛苦与快乐的计算，一种道德准则大全——把前者等同于邪恶，并把后者等同于善良。这种功利主义计算是明确量化意义上的：社会的幸福被视为最大多数人的最大利益。在这里，社会利益由来自共同体

所有个体成员的快乐的总和构成。对于洛克明显存在的原子论，边沁增添了一种他自己的伦理原子论，二者看起来都非常适合一个在自由波动市场中的、由自由浮动的自我所组成的单子时代。

> 一方面把所有的快乐加在一起，另一方面把所有的痛苦加在一起。如果平衡点在快乐一边，那么，这种行动对于整体就具有好的倾向，而如果平衡点在痛苦一边，那么，它就有坏的倾向。[20]

在边沁看来，所有那些发生在个体身上的快乐与痛苦也会扩展到整个共同体，因为共同体作为好的与坏的倾向的总和，每一个体成员都会受到它的影响。

我们很难在正义之神多变的职业生涯中，看到她的天平如此广泛地对伦理测量的调适。甚至那些在边沁看来明显是一种可以计算快乐与痛苦的活动，也让它们服务于可以清晰描述的事件，就像一篇理查德森小说中的章节一样。边沁伦理原子论中值得关注的，是它诉诸的理性类型。亚里士多德的伦理学，也是建立在幸福观念的基础上的。但是，在古希腊人看来，幸福本身作为一种目的是我们追求的一个目标，而不是作为追求“其他东西的一种手段”。幸福来自人类作为不同于其他生命存在的根本性特征，一种永远不会被以数学精确性加以统计分析的自然。如果像亚里士多德主张的那样，幸福是一种理性的和善良的生活方式，那么，它将在思考性的心灵中并以一种优越于其他任何方式的伦理方式得以充分实现。

相比之下，边沁为我们提供的不是一种传统意义上的伦理学，而是一种基于快乐与痛苦单位数字计算的科学方法。人类情感的不可测量性被改造成了快乐与痛苦的可计算价值，它们可以被取消或减少从而产生幸福或悲伤的“剩余”。但是，把边沁仅仅简单理解为一个伦理观念集录者，就忽视了他整个方法的致命之处。问题不在于构成功利主义伦理学最脆弱之处的伦理运算，而是如下事实，即**自由主义已经把理性本身贬损成为一种计算情感的方法**——就像银行家和工业家管理他们的企业一样的运作技术。近两个世纪以后，这种理性将会以一种热核伦理的方式恐吓不太轻信的公众，其中不同的原子弹盾牌组合在核战争的情况下将会产生或大或小的伤亡。

以约翰·斯图尔特·穆勒为代表的新一代自由主义者，反抗这种把伦理变为功效难题的粗俗简约化，但却没有能够从正义与进步概念的潜在失落中拯救自由主义。的确，如果只有利益可以决定社会与伦理规范，还有什么东西能够阻止公众对任何正义、个体性和社会进步理想的忽视呢？除了诉诸实践效用以外，自由主义理论以任何其他方式回答这一问题的无能，使之面临着道德崩溃的境地。自此以后，自由主义只能去鼓吹一种纯粹机会主义的权术信息而不是伦理学，社会向善论而不是解放理论，适应而不是改变。

但是，我所关注的自由主义，不是将其作为一种原因或意识形态，而是作为正义的体现。无政府主义和革命的社会主义，公开宣称关注自由。法西斯主义既不关注正义，也不关注自由，而只关注赤裸裸支配的工具化；它的各种意识形态纯粹是机会主义的。因此，正义的命运寄希望于严肃的思想家比如约翰·斯图尔特·穆勒及其追随者观点的命运。而他们从正义出发阐发一种基于它的等价原则的伦理学的失败，使边沁的功用主义伦理学——一种关于快乐与痛苦的粗俗理论——构成了对正义的废除。

但是，我们不能自欺欺人地认为，边沁的方法或这种方法基础上的伦理学已经在现行的意识形态中消失。它仍然活生生地存在着，并充满了由于污浊不堪的环境所产生的各种颜色。"快乐"和"痛苦"等术语作为道德说教，并没有在现实中消失；它们只是不得不与如下词汇进行竞争，比如"利益"与"风险"、"收益"与"损失"、"公地的悲剧"、"危险等级"和"救生艇伦理"等等。平等中的不平等相对于不平等中的平等，依然占据优势地位。令一个细心的评论家感到震惊的是，如果正义从未做到进行补偿而只是奖励，那么，它的精神终将会枯竭，其贡献终究是有限的。像任何有限性的理想一样，正义的历史总是比它的现实更伟大。但是，正义的未来已经威胁到背离其最基本性的声称，即它改善了个体和人类的"权利"。因为，随着人类不平等在事实上而不是在理论上的增加，它的等价意识形态开始以一种讥讽性的机会主义和一种低劣的社会向善论来嘲弄自由的理想。

【注释】

[1] Karl Marx, *Capital*, Vol. I(New York: Random House, 1977), p. 679.

[2] M. I. Finley, *Early Greece*(New York: W. W. Norton & Co., 1970), pp. 84-85.

[3] Ibid., p. 85.

[4] Ibid., pp. 85-86.

[5] Max Horkheimer and Theodor Adorno, *Dialectic of Enlightenment* (New York: Herder & Herder, 1972), p. 14.

[6] Ibid., pp. 16-17.

[7] Frederick Engels, *Anti-Dühring* (New York: International Publishers, 1939), pp. 157-158.

[8] Howard Becker and Harry Elmer Barnes, *Social Thought from Lore to Science*, Vol. I(New York: Dover Publications, 1961), pp. 87-88.

[9] Henry Maine, *Ancient Law*(Boston: Beacon Books, 1963), p. 157.

[10] Max Horkheimer, *The Eclipse of Reason* (New York: Oxford University Press, 1947), p. 130.

[11] See Bruno Snell, *The Discovery of the Mind*(New York: Harper & Row, 1960), p. 49.

[12] Epictetus, "Discourses of Epictetus," in *The Stoic and Epicurean Philosophers*(New York: Modern Library, 1940), p. 240.

[13] Ibid., p. 258.

[14] Paul's letter to Philemon(New Jerusalem Bible).

[15] St. Augustine, *The City of God* (New York: Random House, 1950), p. 696.

[16] Thomas Hobbes, *Leviathan* (New York: MacMillan Publishing Co., 1962), p. 19.

[17] John Locke, *The Second Treatise on Civil Government*(New York: New American Library, 1963), p. 332.

[18] Ibid., p. 341.

[19] Jeremy Bentham, *An Introduction to the Principle of Morals and Legislation in Ethics*, in Joseph Katz et al. (eds.), *Writers in Ethics*(New York: D. Van Nostrand Co., Inc., 1962), p. 93.

[20] Ibid., p. 106.

第七章　自由的遗产

正义之神最值得庆祝的时刻并没有发生在被奉为典范的“资产阶级权利”的实现，尽管市场赋予了等价原则以实物体现。相反，它发生在正义从有机社会的狭小世界中解脱出来的转型时期。这是一个史诗般的率真时刻，出现在通过商品体现的等价物要求恢复一种早期的理想主义形式之前。此刻，正义因承诺而产生，并充满了活力——还没有被历史及其前提的陈旧逻辑所消磨。等价原则在继续削弱着血缘誓约、父权制和公民狭隘主义的控制，后者拒绝承认个人主义和一种共同人性。它正在向各种稀奇古怪的个性和像“外来居民”的陌生人打开社会的大门。但是，到了资产阶级时代，尤其是在它19世纪文化的顶点，个体实现呈现为一种赤裸裸的自我中心主义，而实现共同人性的美好愿望在严重的社会不平等现实面前变得破旧不堪。利益追逐所产生的不良后果刻画在了这一世纪的每一个阶段，并无情地体现在了“平等中的不平等”(名义平等权利下的事实上的不平等)的残酷辩证法之中。正如霍克海默和阿多诺评论的，天堂与地狱的确结合在了一起。

那么，自由——“不平等中的平等”(现实差异条件下的事实上的平等)——的情况怎么样呢？它从什么地方开始从正义的解放性成果中分离，并拥有了自己的发展轨迹呢？我并非是指一种向有机社会的回归；相反，我指的是一种新的进步——它将吸纳正义的平等原则所促动的个体性和个体在共同人性下的共同参与。

“自由”一词，最早出现在一块苏美尔人的楔形记事板中，它记录了发生在数千年前的一次成功的反对严重压迫性王室专制的大众起义。在

《苏美尔人》一书中，塞缪尔·克拉莫(Samuel N. Kramer)告诉我们："在这一文献中……我们发现了人类有记录历史上对'自由'一词的首次使用;这个词是阿玛吉(amargi)……字面上的意思是'回归母亲'。"克拉莫叹息道:"我们仍然不知道,为什么这一比喻用来意指'自由'。"[1] 从那以后,"自由"保持了作为一种"回归母亲"的渴望的特性,也许意指对有机社会中母权至上的环境的回归,也许是对被视为一个富足母亲的自然的回归。古典世界充满着的是正义、公平交易、个体自由和外来人在世界性城市中的公民权利,而不是不平等中的平等意义上的自由。自由被视为乌托邦的和空想性的,而且已被贬入低等世界,如同受压制的梦想、神秘的幻想、农神节上狄俄尼索斯式(酒神)的"纵欲狂欢"以及其他令人迷恋的神秘宗教仪式一样。

作为理论与一种明确的理想,自由再次随着基督教浮现到人类意识的表层。当奥古斯丁把旋行的"上帝之城"作为一种社会变革的力量带入人间时,他也将其置于一种有意义的、有目的的历史活剧之中,并导致人类的救赎。因此,人类摆脱了古代社会思想中的无意义的循环往复。在此,我们遇到了由基督教教父们所创造的、历史的"双重意义"中的激进一面。根据奥古斯丁的看法,创世开启了一个独具特色的线性与长期的进化过程,类似于个体生命的不同成长阶段。从亚当到诺亚是人类的孩童时期,从诺亚到亚伯拉罕是人类的幼年时期,从亚伯拉罕到大卫是人类的青年时代,从大卫到巴比伦之囚是人类的成年时代。从那时起,历史进入到了两个终结性时期,始于基督的诞生,结束于末日的审判。在这一历史中,天堂与人间的城市间展开了一系列无法调和的冲突,其中双方各有暂时性的胜负。然而,腐化堕落与萌芽生长的辩证法,保证了天堂对人间城市的最终胜利。因此,救赎不再是一个神圣的主观意念;事实上,它不再只是超验性的,而成为人类性的。历史授予信仰一种逻辑和智力,从而鼓励希望、意义和行动。奥古斯丁的救赎观是前瞻性的,而不是回顾性的;异教徒们的"黄金时代"在于一个由历史性因素决定的未来,它将通过一场与邪恶势力的战斗而实现,而不是一个早已消失的过去。在奥古斯丁时代,这种观点有助于在一个形成中的基督教世界中传播基督即将再次降临的千年希望。但是,它后来却像一种延期的债务一样附着于教会,教会的权利要求必须迟早由其教士债务人来兑现。

正如厄内斯特·布洛赫指出的，奥古斯丁著作中的核心性观念是"一种政治乌托邦首次在历史上出现。事实上，它创造了历史；历史成为了沿着天国方向的拯救性历史，这一历史作为一个从亚当延续到基督的单一连续性过程，并以斯多葛的人类统一性和基督教所致力于的人类拯救为基础"[2]。通过把基督教末世论置于一种历史背景之下，奥古斯丁提出了一种现世的和未来取向的乌托邦概念。历史具有了一种新的目标，它将超出周期性的循环并在人类实践事务中达到顶点。《圣经》的叙述与个性发展相并行，因而，它不再是一种关于奇迹、报偿和惩罚的汇总。相应地，"世界秩序"不再是一种存在于它之外的先验世界所导致的结果，尽管奥古斯丁使其弥漫着上帝的意志。在这种秩序中，上帝的意志也同样存在于人间，因此是一种同时包括因果性联系与神迹性联系的秩序。

但是，奥古斯丁提供给我们的不仅仅是第一个政治乌托邦概念；他还明确地斥责政治权威。当然，早期的基督教总是把政治介入视为肮脏的。像他们之前的斯多葛学派一样，晚期罗马世界中的基督教教父们，表达了个体的一种日益脱离各层面政治权力与社会控制的感觉。城邦的大众集会、由农民公民组成的重甲步兵或国民军以及通过抽签选出来的管理共同体日常事务的业余公民，都已经不复存在。罗马共和国特别是帝国，早已用元老院与帝国的统治者、职业化军队和一个精致而成熟的官僚制，将其取而代之。因而，斯多葛主义和基督教从政治能动论中乞求一种禁欲福音，只不过以精神与伦理的形式表达了一种已经成为铁定事实的境况。它既不挑战那个时代的政治秩序，也不默从于它，而只是承认了既存现实而已。

相比之下，奥古斯丁不仅仅局限于漠视政治权威，还斥责它。弗朗兹·诺伊曼(Franz Neumann)，在描述他所称的"奥古斯丁立场"时，准确地指出了这种斥责的二元性特征。奥古斯丁把政治视为邪恶的："政治权力是强制，即使在起源与目的意义上。"因为，人对人的支配是"非自然的"。"只有在随着天国降临的历史终点，强制才可以并将是没有必要的。从这一哲学出发，可以得出两种十分不同的但又密切联系的态度：对政治权力完全的盲目遵从主义和对政治权力的坚决反对。如果政治是邪恶的，就

必须从中撤出。政府的形式与政治权力的对象，变得毫不相关。拯救可以通过信仰来实现，而早期的生活仅仅是它的一种准备。隐修主义是这方面的第一个结果。然而，基于同样的原因，立即打碎政治和建立天国的主张，也能得到奥古斯丁假设的支持。宗教改革时代的再洗礼运动，可能是这种完全拒绝社会态度的最强烈体现”[3]。更准确地说，再洗礼主义者反对由国家代表的政治世界。

一旦基督教的教义变得日益世俗化，隐藏在这种双重信息即政治寂静教和能动论背后的潜在冲突，将会很难被压制。教会是基督教从一种世外权力向世间权力的自我转型背后的主要因素——尤其是通过它与世俗权力不断增加的冲突，而保罗基督教义曾将人类的现世命运委托给世俗权力。这些冲突中最具爆炸性的出现在11世纪，教皇格列高利七世禁止主教的世俗性授封，声称这一权威专属于教皇。这一争论所达到的顶点是，圣座开除了神圣罗马皇帝亨利四世的教籍——因为后者坚决抗拒教会的权力要求，并要求亨利的臣民放弃对他的忠诚。

这不只是个教会权力扩展的问题。格列高利所坚持的是一种精神权利相对于政治权力的更高权威。通过这样做，他挑战了政治权力，并突显了其伦理视野下的污浊意蕴。相应地，由于教皇如此强烈地把政治权威追溯到邪恶与罪孽，使得奥古斯丁的立场相比之下看起来是温和的。格列高利激烈地批评道：

> 谁不知道，国王与统治者始于那些对上帝无知的人。他们由于贪得无厌和难以容忍的专横跋扈，而采取自傲、暴力、不良信仰、谋杀和几乎各种犯罪的手段，从而使他们自己成为其同伴即男性的主人，并得到世间魔鬼撒旦的鼓励？[4]

就其本身而言，上述言辞激烈的阐述对政治权威的攻击，可以与宗教改革时期革命性的千禧年主义领导人对政治权威的最严厉批评言辞相媲美。

此后，基督教教义变成日益社会的与世俗的，直至宗教争执慢慢掩盖了对奥古斯丁立场含义的激烈争论。但神权对世俗权力的最终屈服，并没有结束这些冲突。相反，它使之具有了明显的世界性特征。在12世纪，索尔兹伯里的约翰公开背弃了那时的封建等级制，一种基于被统治者对统治者无条件服从的等级制，并进一步探讨法律管治的有效性。这种暴政——约翰指的是对人民制定的法律的漠视，已经失去了合法性，因而可以被武力推翻。这种深刻的、具有明显革命性的立场，并不是源自基督教教父的奥古斯丁，而是来自共和国理论家西塞罗。除了它颇具中世纪色彩地提及"王子"与"国王"，还有着显著的共和国痕迹。

随着基督教的教义进入托马斯主义的学术化阶段，集中体现为对等级制的辩护和把政治权力称为自然权利，费奥雷的约阿希姆这一当代索尔兹伯里的约翰，公开表达了基督教的激进末世论。约阿希姆的目标，正如布洛赫评论的，不是去"清洗教会与国家之中的恐怖"，而是"废除它们，或者点燃其中的新星之光——约阿希姆追随者称之为'第三天国'"[5]。"第三天国"——即将到来的由圣灵照耀的历史阶段，将会替代基于圣父的《旧约》阶段和基于圣子的《新约》阶段。由于圣灵的照耀，所有的主宰——神灵的或世俗的，都将会消失，"小麦"将会取代由《旧约》时代提供的"青草"和《新约》时代提供的"束禾"。

约阿希姆主义注入了伟大的千禧年主义运动，它波及了14世纪的整个中世纪世界，并在宗教改革时期再次崛起。布洛赫对约阿希姆的评价是值得注意的：

> 几个世纪以来，约阿希姆真实的和伪造的著作仍在流传。它们出现在波河米亚、德国，甚至是俄罗斯，在这些地方，渴望原始基督教的那些派别明显地受到了卡拉布里亚(Calabrian)布道的影响。胡斯的"波河米亚的天国"——一个世纪后被德国的再洗礼运动分子所重复，意指约阿希姆的基督之城(civitas Christi)。在这一王国背后隐藏的是历时已久的苦难，而在它之中的是肯定会到来的千年王国，因而受到了人们的欢迎。它特别关注的是财富与贫穷的废除；那些看似浪漫主义的布道者，不仅使用兄弟友爱的言辞，还付诸切实行动。奥古斯丁曾经写道："在它的人间旅行中"，"天国吸引着市民，并聚集了来自不同民族的友好朝圣者，而不考虑由于那些服务于物质获利与保证人间和平的习俗、法律和制度所带来的差异"。另一方面，约阿希姆追随者信奉的即将到来的上帝之城(civitas Dei)，机警监视着那些服务于物质获益与剥削的制度，而它所实施的宽容——即对基

督教徒及其异端教徒，在国际教会主义中是非常罕见的。它的公民权标准，不是一个人是否受洗，而是他是否亲自聆听到了博爱的精神。[6]

约阿希姆追随者对兄弟之爱的"物质性"解释，使基督教末世论超越了奥古斯丁立场的限制并变成了一个与众不同的世俗性社会哲学与运动。马基雅弗利、霍布斯和洛克的社会理论的世俗化取向，深受"他世"与"现世"的同化的影响，而这是一个始于索尔兹伯里的约翰和费奥雷的约阿希姆的过程。基督教的社会理论，尤其是它的激进版本，已经克服了天堂与人间的二元性，而保罗的基督教义正是建立在这种二元论的基础上的。一旦这种分裂被超越，天上的问题就被法律、权力、权威、平等和自由方面的实践性难题所取代。格列高利教皇已经打开了他那个时代再也无法关上的闸门。一旦教会本身变成了世俗权力的玩物，教皇权位变成了罗马地方贵族的工具，天堂也就失去了对人类精神的迷惑力，而且，希望也就不再在一个他世圣王的精神配发中寻找避难所。当清教徒以新的宗教信经为名在1649年砍下查理一世的头颅时，他们也就同时砍下了自己上天之父的头颅。在接下来的世纪中，巴黎大革命则会通过仅仅诉诸理性而非更高的权威，就能砍下国王与王后的头颅。

基督教循环历史观承诺一个及早到来的乌托邦，以及教会直接诉诸于公众来支持其反对世俗权威的反教权虐待，这对中世纪和现代早期的激进社会运动产生了强烈影响。直到马克思的社会主义在近半个世纪中取得官方教条地位之前，基督教将会在西方社会的精神与智力生活中发挥一个主导性的作用。其他任何教义都没有能够像基督教一样，在被压迫者的心中点燃强烈的希望，而只是击碎它们，尤其是当教会与世俗权力常常联合起来镇压破坏性的教派和激进的群众运动时。基督教理念内部的矛盾将给社会批评提供进一步的动力，而这又会导致产生新的社会重建观念。尽管内部存在潜在的冲突性信息，基督教还是提供了各种原则、实例、社会隐喻、伦理规范尤其是对善良生活精神的强调，这在社会反叛时期有助于促动一种史无前例的热情。它对中世纪变革运动的伦理影响，与对人类行为的经济主义与物质主义解释形成了鲜明对照。像再洗礼运动这样一个规模浩大的运动——它包括了支持使徒的共产主义和友爱的贵族、有知识的教士以及贫穷的城镇市民与农民，如果不把它的各种理想与基督教伦理律令相联系的话——就绝不会出现。这些理想在它的追随者看来，比他们的生命本身更重要。

把宗教尤其是基督教描述为“无情世界中的亲情”——像马克思那样，并不是要贬低宗教，而是要承认其作为社会的一个伦理向度的自主存在。从罗马帝国晚期到启蒙运动，每一种重要的激进思想都在基督教教义中有所体现。甚至当人们回首那已经失去的黄金时代或瞻望最后的王国时，他们也往往求助于一种“上天的”意向来获得激励或者合法性。基督教义如信仰苍穹中的一颗恒星，是光明之源，直到 18 世纪或 19 世纪之前它都一直被当作人类事务的指导性力量和动力源泉。

不平等中的平等意义上的自由作为一种“补偿”原则，从未彻底消失，即使仅仅因为这一原则能够用来为特权以及平等提供可信性。在正义对阶级统治的不平等或对它声称自己的地位与生俱来提出质疑的地方，“补偿”的观念由于“不平等个体”在权力、财富和权威方面的更大“补偿性”而强化了这些不平等。“补偿”承认了奴隶主人和封建贵族相对于他们奴隶与农奴的“优等性”；它依据统治者的统治规范，授予统治者权威和生活资料。具有讽刺意味的是，罗马帝国与封建欧洲的贵族所声称的“自由”，是与他们的统治与剥削对象在十分不平等条件下的相处。一般地说，被压迫者寻求正义时，往往求助于恺撒和封建君王，而不是地方属官与贵族。无论自由还是正义，都不是欧洲庄园社会的主流性原则；相反，在统治与被统治阶级之间建立了一种相当明确的权利义务制度，而这一制度是建立在来自部落时代但已被严重改变的习俗与传统的基础上的。地域性贵族，将会因为他们在保卫领土与臣民免遭“野蛮的”入侵者以及封建社会内部经常产生的王朝冲突中发挥的军事能力，而得到补偿；而佃农、农民和农奴，也将因为他们在十分困难时期为保卫安全与和平提供的物质支持而得到补偿。实际上，对不平等性的补偿，已经演变成为一种特权。

无论在何种情况下，一旦这种权利与义务制度崩溃，被压迫者往往就会追溯那滋养了补偿原则的平等主义假定。对于被压迫者来说，地域性贵族可以得到的东西，他们也应该很容易得到；他们也可以要求依据“不

平等性”而被授予的权利。因此，“回顾”一个黄金时代，并非仅仅是说明恋旧或一个伦理活剧的存在，其中权威与压迫是对原罪与丧失率真的不可避免的惩罚。往往是，“回顾”包含着一种被压迫者试图重建不平等中的平等意义上的自由的努力——恢复那一使统治阶级可以把古代传统加工从而支持他们自己的“补偿性”特权的前提。

但由于基督教，这种“回顾”获得了一种强烈的未来感——而且并非仅仅因为奥古斯丁或约阿希姆的循环历史观。在异教的世界中，一个黄金时代的回忆所导致的基本上是寂静的和恋旧的回应。甚至在古代的永恒循环周期中，它也注定要被有缺陷的时代所取代。从柏拉图到斯多葛，社会理论包含着一个寂静主义的内核，一种宿命感和顺从感，其中“理想的”城邦被凝固在他们空想的和远离现实的世界之中，或者被降低为一种伦理退却所在的私人花园。在任何既存的社会循环周期中，黄金时代都不可能再复现；而再去争取它的实现，也没有任何意义。一个循环周期中的所有阶段都是预先决定的，就像不可改变的自然周期一样。当然，被压迫者或受道德感激励的人，并不总是听从于古代统治阶级强加给历史的这一命运；平民和奴隶会在大规模的暴动冲突中起来反抗。但是，支配与奴隶制本身很少受到置疑。奴隶的自由梦想，就像某些成功但短命的反叛所表明的，只是把奴隶主变成奴隶。报复而不是希望，是穷人与他的压迫者进行清算时最主要的观念。

相比之下，基督教提供了一种不同的看法。权威、法律、支配和奴役，依据抑制一个“堕落的人性”的需要而加以解释。原罪，就像潘多拉盒子中的病魔一样，已经被妇女“可憎的好奇”释放出来，但是，救赎及其权威、法律、支配和奴役的废除即将来临。基督教教士保持了对解罪的能动立场，并带领信徒们与原罪、穆斯林异教徒和地域贵族作斗争，就像教会等级制需要的那样。因而，回顾伊甸园的过去，实际上是期盼它的复现，而不是哀叹它的消失。那最终将导致其复活的伦理活剧，是一场与邪恶权力和错误的主动斗争：人类创造自己的历史。耶和华，作为上帝意志的超验性表达，已经被转变成基督教会众的很多具体意志。由于基督教对个体性和一种普遍人性的强调，命运之神福耳图那现在回来用一种更明亮的精神之光，来驱除任何个人命运预定性的观念——加尔文在宗教改革时期所挑战的一种看法。基督教伦理活剧变成了一个战场——而不是舞台，参与其中的是意志自由的战士，而不是风格确定的、仔细排练过的演员。在传统活剧中用以表达演员情感的面具被移去，从而展示出了中世纪与现代个体的真实面孔。如果有任何成文的剧本的话，它就是《圣经》——尽管其含义被扭曲的含糊不明，而不是那些苦思冥想的关于古代悲剧的诗行。

这一战场以深刻影响了欧洲的自由斗争的一些明显特征为标志。它的“天上花园”被安排得恰到好处，适逢其时。这些花园尽管也许属于过去，但却在人间占据了一个明确的位置。如此一来，它们对阶级与教会通过对顺从与善行的死后报偿而强调超自然力量的行为，构成了持续的颠覆性对抗。这种隐含的自然对超自然的反对——人间报偿对天堂报偿的反对，是关键性的。它蔑视天堂的权威，并检验人类寻找自由天堂存在于生活本身及世间中的丰富性的才智。因此，这些看法并不是一种乌托邦，或“乌有之乡”，而是有着自身特色与明确边界的“某个地方”。从历史的角度讲，寻找伊甸园的努力曾经多次发生过——不只是在象征意义上，而且是在地理意义上。蓬斯·德莱昂(Ponce de Leon)对“青春之泉”的寻求，只是无数探险经历中的一个，而这些探险曾经耗费了探险者的大量人力物力。

当然，被压迫者相信，伊甸园依然在人间而不是在天堂存在——在自然而不是在超自然中存在。在关于这一花园的一个明显异教性质的中世纪画像即诗歌“科基恩(Cokaygne)之乡”中，它是一种丰富的母系自然世界即一种阿玛吉而不是一种严厉的父系神圣的创造物。这种“某个地方”的严重无政府主义的14世纪版本，无所顾忌地讥讽了基督教的天堂，并基于此提出了一种几乎狄俄尼索斯式的、感性的人间自然世界——一个就像母爱那样无私地把自己的果实给予被拒绝的但却值得的人类的世界：

> 尽管天堂是欢乐而明亮的，科基恩是一个更美丽的景象。在天堂那里，除了花草和绿树枝以外还有什么呢？[7]

相比之下，科基恩有“流淌着优质的食油、牛奶、蜂蜜和葡萄酒的河流”。食物富足,并由自然之手亲自烹制与烘烤;永久的白天代替了黑夜,和平代替了争吵,而且“无论年龄、体质和性格如何,所有人的待遇都是一样的”。

科基恩,仅仅由于其位置的优势,就公然地嘲讽着教会的感知。“在西班牙西边的大海深处,是一个被称之为科基恩的岛屿。”在对这一诗歌的分析中,莫顿(A. L. Morton)进一步说道:

> 这种西向的位置明显地与凯尔特神话中的人间伊甸园相联系。在整个中世纪,人们对存在这样一个伊甸园都坚信不疑,但是,教会总是把它的伊甸园置于东方,并坚决地把西方伊甸园的信念斥责为异教迷信。尽管存在教会的这种反对立场,这种信念仍继续存在……这些信念是如此的强烈,以至于以“圣布兰登岛”形式的西方伊甸园必须被基督教化和被教会本身所接受,而且人们从爱尔兰和其他地方派出一系列探险队来寻找这一岛屿。尽管如此,科基恩是一个西向的岛屿这一事实,表明了科基恩这一主题是大众化的并具有前基督教的特征,而且西向本身可以视为其反教会特征的一个具体表现。[8]

这首诗所蕴涵的异教性的漫不经心,在它明目张胆的“粗俗化”味道或低贱放荡的语调中,得到了最明显的体现。对现代人来说,很明显的是它缺乏任何技术手段来实现其富足;无论如何,这样一种技术远远超出那时人们所达到的高度。更为重要的是,科基恩内部没有苦役,没有义务性强制,没有必要使自己或他人成为劳动力。科基恩并不是由人类、人类的技艺和制度而是由自然创造的,自然无私地给予人类财富和快乐。作为一个“稀缺资源”储藏地的自然观念——它在亚里士多德的《政治学》中得到清晰的阐述,已经让位于一个作为充足而丰富领域的自然界观念。因此,现实中没有必要存在任何制度与限制,也没有必要存在等级制与支配。事实上,科基恩根本不是一个社会,而是一块富足之地,人类居民可以生存其中而不必对自己的愿望施加任何限制。它是自由主义的——事实上是令人愉悦的,因为自然不再是一个严厉的、索求性的造物主的产物,而是一种被解放的自然,它与一种被解放的人类与被解放的人类的想象力相伴随。

令人惊奇的是，科基恩设想所依赖的前提是现代意义上的。最绝对意义上的和平、和谐和自由，建立在物质富足的基础上。人们没有进行保护或统治的需求；他们的任何一种需要都可以得到满足，而不需要技术或把其他人置于个人或制度的控制之下。没有战争、冲突或暴力破坏着科基恩的风景。在这种自然充足与施予的壮丽景观中，“快乐原则”与“现实原则”实际上是完全一致的。因此，很难想象有什么紧张关系会打破科基恩的安全与和平。快乐是普遍性的，富足使期望代替了需要，因为每一个愿望都可以不借助体力劳顿或技术战略而实现。

科基恩进一步意味着一种友善的而不是被视为原罪的人类自然观。人类之所以遭受痛苦，不是因为吃了智慧之树上的果实，而是因为尝到了物质稀缺的苦果。稀缺不是对原罪的惩罚，而是原罪的原因。一旦达到了消除这种痛苦根源的富足水平，个体将没有必要去支配、操纵或以他人为代价取得权力。对权力的渴望和施加伤害的期望，将会由于自然的十足富裕而消除。

科基恩之乡，作为特权的一个避难所，在拉伯雷(Rabelais)的《德兼美修道院》中再次出现。但此刻我想强调的是，科基恩是一个消费主义的自由观，不包括劳动、技术和生产率准则。这一概念贯穿在了几个世纪历史中的大众抗议运动中。而且，在它短暂衰退的地方，科基恩被异教的精英或“当选者”所重建，他们不承认除自身“灵光”昭示之外的权威或意愿。允许无节制的消费自由和尽情享受生活中的富裕，这种自由观具有了一种独具特色的乌托邦形式。它从想象的与地理的感知发展为一种理智的感知即一种哲学和一种由“自由灵弟兄会”代表的生活方式。在宗教改革时期，自由蜕化成亚当主义劫掠者的“军事共产主义”。在我们现时代，自由在象征主义和超现实主义的艺术家中，获得了与众不同的审美特性。这些艺术家要求实现的期望，在法国，1968年的“五月风暴”中被作为口号刻在了巴黎的墙上。查尔斯·傅立叶的乌托邦观点，吸纳了稀缺、需要和劳动的难题，对于这些难题，这种自由传统试图通过自然的、精英主义的和审美的手段来解决；但他的“法伦斯泰尔”即他的乌托邦的基本单位，是技术取向的，并包含着求助于一个只部分植根于科基恩假想的战略。

与这些消费主义观念相比，我们也看到了生产主义的自由概念的出现。这些关于人类具有创造一个共产主义的、共享的和非集权主义的社会的能力的观念，是以科学、技术和劳动的理性运用为物质基础的。依据这种看法，人与人之间和解的手段的产生，不是来自自然而是来自"人类"自身的。富足的乌托邦，是由他的劳动及其意识以及他为了实现以生产者为导向的目的而组织社会的能力来创造的。因此，自由被视为生产手段的技术合理化，一个往往与理性本身相联系的计划。这些生产手段往往变成乌托邦计划和人类解放的目的。自然被视为既不是富足的也不是慷慨的，而是对于人类目标来说程度不同的吝啬的和难以驾驭的。

最初，自由领域中的这一趋势是禁欲主义的。不平等由较为幸运个体为了不太幸运个体的生活资料而采取的一种人道的、充满深情的自我抑制来克服。每一个人都尽其所能地工作，以创造一个公共的物品储存，而这种储存将依据个体的真实需要进行分配。激进的基督教派比如哈特派信徒，强调这种简单的共产主义生活方式所包含的伦理的而非物质的需要。共产主义对他们来说是一种精神的而非经济的准则。后来，一种自由的、偏重生产的和共产主义的共同体概念，受到的主要的——尽管绝不是唯一的——激励来自涉及促进自我利益（"阶级利益"）的经济动因及技术革新。一种与众不同的资产阶级精神，注入了——如果不是完全替代了——一种伦理理想。与关于黄金时代和最后王国的观念相比，自由王国不再被视为一个回顾性的过去世界，而是一个前瞻性的未来世界，其中人类必须自己适应，因而往往与内部自然和外部自然发生冲突。

但是，过分地极化早期围绕着下述概念建立起来的自由观念，比如消费主义的或生产主义的、享乐主义的或禁欲主义的、自然主义的或反自然主义的，在很大程度上是主观性的和片面的。就它们都激励了自由而言，这些围绕着上述概念团结起来的教派与运动，反抗它们所理解的那个时代的等级制（尤其是那被夸大了的教会主义形式），并本能地支持一种基于"不平等中的平等"的生活资料分配。然而，在这两个属性之外，就会出现概括上的困难。最初，中世纪和宗教改革时期的很多自由版本，是严重折衷主义的，就像正义概念一样，具有双重性的含义。不仅如此，无论这些空想者把自己视为对基督教"真谛"的背叛还是遵从，它们的观念都是以基督教理念为指南的。《圣经》提供了各方都认可的话语与争议领域。直到宗教改革时期——那时封建社会的解体导致了大量的共同体试验，持有各种自由主义理念的个体与团体在数量上是很少的，他们在分布上非常分散，且过着朝不保夕的生活。他们的理想在很大程度是由社会转型的熔炉造就的——那些从一个历史时代向另一个转变的关键时期。

因此，那些在古代世界解体和早期基督教时期强调一种生产主义和禁欲主义的团体，有的在后来的更稳定时期内对自由转向了一种消费主义的和享乐主义的阐释。自帝国晚期起规模相对较大的大众运动，在中世纪时代变成了高度精英主义的派别，并发展出了他们严重损人利己性的权利与自由观。自然主义的民间自由观，就像科基恩之乡一样，经历着一个剧烈的意义变动，曾经一度具有一种强烈的反教会主义的特征，而在其他时候又变成一种世俗的、现世的和可以实现的“伊甸园”，又或者在其他情况下提供了粗俗的笑料。宗教改革和17世纪40年代后期的英国革命，以叛乱和重大社会试验的形式，把几乎所有这些趋势带到了历史的前台。自那以后，它们归于沉寂，并被世俗的乌托邦、更加系统化加工的理想和主要社会运动比如无政府主义与社会主义所取代。因此，当说到消费主义的或生产主义的自由观时，人们必须记住，它们往往会发生历时性的融合和改变，并体现为小规模教派的理想或能够掌握相当一部分人想象力的社会运动。

尽管《圣经》的阐述与注释构成了帝国晚期和中世纪世界发生的末世论争论与冲突的舞台，几乎所有的最后王国或末日版本的来源，都是严重折衷性的。从意识形态上讲，基督教初始的几个世纪，就像1300年后的宗教改革时期一样，是骚动不安的。基督教作为一种有组织的教规与教条体系的巩固，处在安危未定之中——主要不是因为与根深蒂固的异教信仰的冲突，而是源自它内部的分裂。从一开始，在罗马的保罗教会（从中发展出了天主教）就与位于耶路撒冷的雅各同伴，存在着剧烈的差异。这一新信仰的两个中心的分裂，不仅是由于地理上的不同，还在于对基督教作为一种世界宗教上的观点分歧。保罗基督教主张对罗马国家的调适和意识形态上一种对异教徒的普世主义取向；雅各基督教则集中于对“丑恶”罗马的民族主义抗拒和保持一种以犹太教为主体的传统体系。基督

教摆脱其犹太教起源的难题，随着耶路撒冷在公元 70 年的沦陷而得到悲剧性解决。此后，犹大追随者团体和创造了基督弥赛亚的不妥协的狂热派遭到破坏，雅各派教会也就随之销声匿迹。

但是，教会趋向与国家的调和此时遇到了一个危机。“诺斯替反叛”——就像它被广泛描述的那样，对犹太—基督教义和早期教会对政治权威温和性态度进行了十分独特的再阐释。从一种宗教的角度看，诺斯替明显地受到其希腊语定义即智慧的“启迪”。它对宗教的强调，往往是高度智力性的和深奥的。但是，比古希腊的智慧与理性理想更有过之的是，它对启示的强调是一贯专注于精神层面的。而且，它的末世论取向大量地吸收了古代宇宙起源论，比如琐罗亚斯德教（波斯教）、佛教、基督教本身和罗马帝国衰败时期侵入其社会的各种异教迷信。无论是犹太教还是保罗基督教，都难以摆脱这些宗教或准宗教信仰之间深刻融合的影响。但是，撇开犹太教的民族主义特性不论，它们的战场要比公元 2 世纪和 3 世纪开始出现的诺斯替教的战场狭小得多。

诺斯替教在它的任何一支派被描述为一种基督教“异端”之前，必须认真加以对待。就它的摩尼教派而言，它完全是另外一种宗教，就像伊斯兰教或佛教一样。它的奥菲特教派，则完全是一种对基督教教规与教义的无政府主义颠倒。而它的马西翁派，由于其与基督教的连接点既过分密切又具有过分挑战性，因而很难被视为是基督教的或非基督教的。依靠其各不相同的形式（它们数量众多因而难以在此详述），诺斯替主义缓慢地渗入到了基督教世界，并影响到了后来的激进教派与运动，而它们将会开启全新的个人与社会自由想象。诺斯替主义成长为中世纪卡塔利教派基督教义的一个竞争者，并且间接地影响到了基督教的支派比如“自由灵兄弟会”、某些传统基督教的信条和新教中的早期历史性分裂。最后，它在英国革命中的革命性激进者比如掘地派领导人杰拉德·温斯坦利(Gerrard Winstanley)中再现为一种日益现世性的泛神论。在这将会动摇已确立的或形成中的正统信仰的五种主要趋势中，诺斯替主义或者预示了或者影响了那将深刻扩展自由遗产的宗教—社会冲突——这是一种被视为不仅是宗教教义的也是社会运动的历史的遗产。

“诺斯替宗教”，正如汉斯·乔纳斯在他关于这一主题的杰出研究中所提到的，由于过于复杂因而在此难以给予详细讨论。我们所关注的仅仅是那些一般性的特征，它们赋予笼统意义上的“诺斯替基督教”教义以解放性的特质。基督教诺斯替信徒与其他诺斯替信徒，都具有一种强烈的二元主义，一种柏拉图主义的“三魂”教义和一种特殊的“伦理学”(如果可以这样说的话)——它展示了颇具挑战性、事实上是现代性的人类自由概念与人类生存状态的意义。

把“诺斯替宗教”联合起来的，是一种宇宙演化的活剧和一种像犹太—基督教的末世论一样具有强制力的末世论。从根本上说，人类生存状态是由两种原则之间的冲突决定的：“好的”和它的“另一面”——往往被解释为一种邪恶的、恶毒的甚或“撒旦的”原则。这些原则通常被诺斯替信徒人格化为神圣，但如果把它们等同于犹太—基督教活剧中的一个天国的神圣和他在祭坛前的变体自我，则是一个严重的错误。当然，摩尼教派——它在3世纪和4世纪成为了保罗基督教义最主要的竞争者，潜在地吸收了一个由光所代表的上帝形象和一个被视为黑暗与物质性的撒旦形象。瓦伦丁(Valentius)，他的诺斯替神学在罗马和北非产生了重要影响，创造了一种十分奇异的“万世”宇宙演化论，该演化论终结于耶稣本人，他向人类提供了预测巨匠造物主(物质世界创造者)与圣母或索菲亚(在此可以宽泛地理解为一种被抛弃的精神性原则)之间冲突的直觉。当宇宙通过索菲亚与耶稣的婚姻而被重建为一种普遍性的精神“圆满”状态时，拯救就会实现。基本上毫无例外的是，基督教诺斯替信徒把人类灵魂分为精神上纯洁的且受到启迪的灵魂、可以受到启迪但并不完善的心灵，以及完全没有希望的物质性质料——他们不能通过自身得到救赎与启迪。这些差异在一个对社会权利要求几乎是无限的“被选择”精英——由于他们自己完美而纯洁的本质——的想象过程中，发挥着一个重要作用。这样的区分，也是中世纪与宗教改革时期的一些最激进异教的基本特征。

就诺斯替主义的伦理影响而言，最接近于基督教本身的教义，或者更容易与基督教对个人与社会行为的阐释相融合的，是先于瓦伦丁的马西翁(Marcion)的福音书(大约公元144年)。作为一个后来被罗马教廷开除的基督教牧师，他从对《新约》的一个高度选择性地重新解读开始。他并没有像大多数诺斯替牧师那样，向我们提供一大堆神话材料，也没有诉

诸于对他那时与我们时代的天主教神学而言必不可少的那种含糊其辞的寓言性解释。他声称要逐字逐句地解释福音书的含义和耶稣的受难故事——即把保罗的著作中的真正严肃的基督教信条挑选出来。因此，不仅他的看法看起来具有一个明确的基督教身份（一个令教父们十分头疼的事实），而且他的著作构成了他们最难以对付的教义性"异端"。尽管如此，就其核心而言，马西翁主义仍毫无疑问是诺斯替主义的，并在基督教教义中打开了一个最严重的裂缝，从而成为日后各种"异端"的避难所。他的诺斯替主义，具有一种在其他诺斯替牧师那里不存在的简单直白性。正是它的率直，使马西翁的"异端"观点产生了深远的伦理影响，而随后在他同时代的奥菲特教派、中世纪的"自由灵兄弟会"派和英国革命时期的清教"圣徒"等异教团体，都对此影响产生了回应。

像一般性的诺斯替教义一样，马西翁的教义是严重二元性的。包括人类在内的世界，是由一个压迫性的巨匠造物主创造出来的。与之形成鲜明对照的，是一个超级的、未知的上帝，一个"不同的"宇宙外神圣——他显现为"仁慈善良"，并且是耶稣本人的父亲。"善良的"上帝是与众不同的，即使对于耶稣要拯救的人来说也是如此。同样，这一神圣与巨匠造物主创造的宇宙，也是格格不入的。每一个神圣都是相互分离与对立的。巨匠造物主是"正义的"，而他的对立面即异己的"上帝"，是"善良的"。在这里，马西翁异常地使"正义"与"善良"处在相互对立的位置——而由此再前进一小步就可以产生自由的概念。这种斤斤计较的"正义"与慷慨大方的"善良"之间的强烈对立，显示出了自由遗产中一种值得注意的远见。马西翁并没有回避由两种神圣所产生的道德对比。就像他所创造的低劣、虚弱与卑鄙的世界一样，巨匠造物主也名副其实，正如教父特图兰(Tertullian)抱怨的："这些无耻的马西翁信徒蔑视造物主的杰作并要毁掉它们。"[9]——人们也许会说，它也毁掉了造物主本身。至于马西翁的"善良"的上帝，特图兰告诉我们说，他"在现存的《福音书》中并没有出现但也从未被排除在外"[10]。他对于人类来说是不同寻常的，就像对于巨匠造物主创造的所有事物一样，但他洋溢着的善使其派遣他的儿子来到巨匠造物主的世界，并救赎其中的人类居民。

考察马西翁的伦理结论，我们产生了这样的疑问，即他是否真的阐述了某种伦理学。他反对、厌恶和嫌弃“正义的”巨匠造物主及其世界，是显而易见的，但也没有证据表明，马西翁有其他的伦理看法。在一个被玷污但却无可指责的、受到正义而不是善良困扰的宇宙中，完全可以质问马西翁是否真的相信邪恶的存在——甚至“善良”在除了与正义的对立与极化关系的情况之外是否还有意义。人类的救赎看起来包含的是一种超越，而不是一种伦理保健行动。就人类行为而言，马西翁追求的是一种不可妥协的禁欲主义福音——不是作为一种伦理学，正如汉斯·乔纳斯评论的，而是作为一种“形而上学的矫正”。通过拒绝参与感官的快乐和现世的活动，马西翁主义扮演着阻碍巨匠造物主创造的角色；比如，物种的再生产，仅仅是为了再造一个人类从中一定可以得以救赎的世界。

马西翁非道德化的禁欲主义，不仅完全颠覆了禁欲理想，而且无意中促进了一种彻底自由主义的方法。奥菲特教这一最早出现在北非的诺斯替教派，把马西翁的非道德化立场和他对《旧约》的解释，扩展到了一种强烈“道德”虚无主义的程度。在承认马西翁关于《旧约》和大部分《新约》是“正义的”上帝被玷污的文献这一观点的前提下，奥菲特教得出结论说，一种对伊甸园寓言的正确解释可以提高蛇和夏娃的地位。通过说服夏娃，然后借助她说服亚当吃了智慧树上的果实，蛇把诺斯替（真知）引入了世界。“正义”之神把这种诱惑称为“原罪”并非偶然，因为人类借助诺斯替获得了发现造物主真正卑鄙的本性并揭开其精神狭隘性面纱的手段。在他对一种奥菲特教异教即佩拉塔尔（Peratal）的解释中，希波吕托斯（Hippolytus）把这种剧烈颠倒扩展到包括该隐对亚伯的谋杀：

> 这种一般性的蛇，也是夏娃的魔咒。这就是伊甸园之谜；这就是从伊甸园流出的河流。这也是留在该隐身上的一个记号。对于该隐的牺牲，这个世界的上帝没有接受，但他却接受了亚伯的血腥牺牲：因为这一世界的主以鲜血为乐事。这种蛇就是他，后来以人的形式在希律王（Heord）时期出现。[11]

因此，激进的“非道德性”攻击禁欲主义，以鼓励无限制的自由和对巨匠造物主道德信条的公开挑战。与马西翁不同，奥菲特教接受了诺斯替主义三灵的划分，即圣灵、普通心灵和质料。马西翁也许不应该接受这种原始型的“选民”观念，它不但影响了官方的基督教，而且影响了很多在意

识形态上与诺斯替主义有联系的激进的“异教”。事实上，我们在此已经达到了诺斯替主义作为一种自由“福音书”的极限。无论如何，只有极少部分人——部分模仿了柏拉图的“护卫”的天生精英（尽管没有他们的“禁欲主义”和“共产主义”特性），可以尽情享受。如果诺斯替主义就此为止，那么，它将会退回到一种成问题的宗教自由主义，而它将不再与马西翁的内容丰富的自由主义信息相一致。

真正重要的并不是诺斯替教派得出的精英主义结论，而是他们所采取的末世论战略——这是一种很容易剔出其精英主义后果的战略。基于这一战略，异教比如奥菲特教对“禁物”（包括秘密祭神仪式物品）的声称，也可以被看作一种“形而上的矫正”。结果，所有的“道德”判断——不只是正统基督教的，都被玷污了。“道德的”法则，正如乔纳斯评论的，只是“物理法则以及普遍的宇宙规则的内部性方面”的补充。“二者都源自世界之主，作为他统治的代理者，并且在作为犹太上帝的双重方面即创造者与立法者中统一起来。”人类意志在规范法中“被控制着他身体的同样权力所侵犯。顺从后一权力，即相当于已经放弃了自我的权威”。拒绝造物主的权威及其法律特权（minions），已经从“一种仅仅是许可性的自由特权”变成了“一种积极的、批判对所有客观规范的忠诚的形而上利益……”[12]

在诺斯替宗教自由主义中，乔纳斯看到的不只是否定：“任何一个行动都包含着一种积极性义务，把自己的力量奉献给自然并因此耗尽自己。”相应地，“罪孽化”变成了“某种像行动计划的东西”。它的完成是“对作为最终自由代价的正当补偿”。乔纳斯得出结论说，值得怀疑的是，“这些观点的布道者是否与他们自己的职业相吻合。丑化总是反叛者感到自豪的事，但它更多的是从教义而不是行为的煽动性中得到满足。但是，我们绝对不能低估，这些革命性挑战与自由的迷茫在由精神危机造成的价值真空中，会走向何等的极端程度。正是使所有先前规范变得无效的一种新的追忆的发现，构成了一种无政府主义的氛围，而它在思想与生活中的大量涌现，是对那种追忆的引入与规模的第一次反应”[13]。

但是，诺斯替教的这种探索会终结于一种不成体统的规则吗？一种想要获得自由的野性冲动？诺斯替主义对“善良”与肉体放纵的信奉，蕴含着“道德虚无主义”之外的一个更富创造性的冲动的存在。我们从拉伯雷的“德兼美修道院”获知，它的信徒不再是精神完备的圣灵，而是人间的理性主义者；我们又从傅立叶的“法伦斯泰尔”中获知这一信息，它回应的是一种全新的社会的、文化的和技术的分配：其中个人姻亲的心理和谐、饮食烹调的快乐、劳动的艺术化与多样化组织、把工作当作休闲的观念和对妇女解放的大度信奉（就傅立叶时代而言）。在那里，并不存在等级制或支配体制的侵染。由于傅立叶强调人类自发性与个人自由并承认基于自然需求的权利，所以他至少可以算作部分地符合诺斯替教传统。这对于拉伯雷来说更是如此，或许是因为他精英主义的文艺复兴倾向和他的教士背景。比起那令人头晕目眩的特质来说，正是对为了“善良”的正义和为了自由的压制的否定，为现代世界中的人文乌托邦主义者以及古代世界中的诺斯替信徒，提供了一个更加可靠的共同基础。

我们还听到了另外一种信息。在想象力可以胜过意识形态、道德和“法律”给予人类创造力的所有限制的地方，所出现的是艺术的而不只是神学的声音。宗教总是一种仪式化的活剧，同时诉求于审美需要与信仰。诺斯替主义也具有古代世界异教的神秘性，以及像基督教一样，需要一种造成人们感觉狂乱的效果，即实现精神与肉体之间的一种心醉神迷的合一状态，这被神学描述信奉者与神灵之间的结合。**一个变得倾斜的世界，是一个可以被重新审视的世界**——并且可以依据艺术与理性的命令而改变。这其中隐藏的是想象力的巨大力量，它在过去的数个世纪中激励了激进的社会运动：一个“根本颠倒的世界”一直是伟大的无政府主义运动的目标，从古代世界直到1968年的法国学生激进派。

诺斯替主义，通过赋予对整个经验宇宙的渴望以明确的权利，似乎并没有把它的“启迪”信条局限于个人生活的有限空间。它对作为一种“义务”的否定的诉求，是一个面向日常生活的行动计划。诺斯替信徒的经历——如果可以这样说的话，并不局限于情景性的宗教礼仪与仪式；它是一种不断进展中的、永不停止的感召过程。诺斯替被认为会美化人们在现实生活中遇到的每一个细节——创造一个超越世俗的“善的”现实，从而更接近于与真正上帝的交流。借用超现实主义的语言，它把一个“光环”置于那些通常在我们面前不经意滑过的普通事物与事件之上。正是

它在自我中促动的自发性，是一种持久的期望状态而不仅仅是需要的伴生物，是一种充满活力的而不是由习俗、日常琐事与可预测性所僵固化的世界概念的伴生物。

如果激进的诺斯替"计划"的这些创造性的和审美的方面得到精确叙述，那么，比起对诺斯替主义严格的宗教性解释来说，古代的最后几个世纪将会对自由呈现出更为普遍的世俗性冲动。诺斯替主义所蕴含的，似乎是欲望对人们经验的每一个方面所进行的殖民化。席勒对一个被审美陶醉世界的梦想和布雷顿对现实世界中不存在的"奇迹"的人格化，是与诺斯替的"心醉神迷的照耀"经历相关的。但是，诺斯替信徒不是亚里士多德意义上的"政治动物"。他们不是城邦或世界性都市中的公民，都在根本上属于一个高度精神性的世界。他们强调内向性的经历，而不是与社会世界的主动联系。卡塔利这一活跃于中世纪的诺斯替教派，有着一个自我灭绝的计划。如果不是阿尔比派13世纪的"十字军东征"导致了他们的灭绝的话，他们对"质料"或物质的极端拒绝——从生育到食物，也许已经保证了从巨匠造物主的宇宙退回到一个难以言喻的宇宙。

共产主义——它不能轻易被贬低为异教派别，主要从《新约》中的记录和其他"犹太教的"著述中得到了启发，而对此马西翁更愿意把它们从基督教教规与教条中清除。由于共产主义在努力确立自己的伦理权威和相对于教会的自我利益与贪婪的优越性方面是承袭使徒传统的，所以它在古代诺斯替主义中并没有明显的根基。但是，基督教的大量历史——无论是对它顽固的等级制，还是对它们的"异端的"反对派的阐释——并不是一个教义内容内在一致的历史。就像教会将在不断变化着的现实冲击面前屈服一样，虔诚的会众在它所属的教派之外也是如此。到路德和加尔文时期——或许尤其以17世纪的英国革命时期为标志，那些革命性异教"圣徒会"(他们这样自我称呼自己)的叛逆会众，将会从基督教社会中被隐藏的背后走上历史的前台，并成为政治生活的中心。在下一章中，我们将会分析这些"圣徒"的活动、他们中的支派、他们的政治和他们不断加深的世俗化。尤其在英伦岛屿，清教徒激进派不再仅仅是精神聚会者；他们从精神的"圣徒"变成了"上帝的英格兰选民"。过去秘密活动的异教聚会与宗教讲坛，现在变成了反叛性议会的议席、议会演讲台和更引人注目的奥利弗·克伦威尔新军的军帐、营房和军事委员会。

这种基督教异端大规模进入政治制度的意义，不只是社会发展的世俗化。从根本上说，大多数原初的异教信徒都是神职人员——而且不是十分宽容的那种，尤其是在宗教教义事务上。16世纪晚期和17世纪早期的各种清教徒派别，尽管艰难地处在一个共同的新教旗帜之下，但却并不喜欢它们的敌人，也不具有对“亲罗马天主教徒”的关爱之心。但是，他们都是不遵奉英国国教的基督新教徒，他们对权威的憎恨，往往远远超出了对宗教官方教条的憎恨。官方英格兰新教的活动(即圣公会教会试图控制它的长老会的反叛者，而后者一旦处于上风地位时又试图控制清教徒)，就像英格兰教会作为一个整体驱除它的天主教过去的努力一样残暴。因此，对英国国教的不信奉，导致了针对诸如教会结构之类问题的、长达千年之久的激烈争执传统。教会政策导致了大量问题的出现，最后则是围绕英国国王担任其境内教会首领的权利、牧师控制其会众的权利、会众及其每一个成员不听命于他们自己“内部心声”的要求之外的任何权威的自由等一系列问题。

事实上，基督教已经无意间造就一种相当新颖的“政治”：一种明显是自由主义取向的、往往是无政府主义结构的和对个体自由施加的限制较少的新政治。它创造了一个神圣的公民权的伦理领域，其中的自由主义适用范围甚至要比雅典的公民权概念还要宽广。不同于城邦中的公民，基督教的“异端”必须承认，一个人只能对上帝负责，因而在新耶路撒冷中将会拥有一种比在人间城市中更高的公民权地位。由于把他们视为上帝的“选民”，“圣徒会”的信徒们也许是精英主义者，尤其是当他们遭到迫害而沦落为中世纪和宗教改革早期那样只能进行地下活动的“异教”时。但是，随着宗教改革为社会能动主义提供了一种推动力，以及神权政治在加尔文的领导下出现在日内瓦、在诺克斯的领导下出现在苏格兰，最后在克伦威尔的领导下出现在英格兰，权威主义与自由主义结构对立的问题，就不再仅仅是教会的议题。它们也变成了政治与社会议题。清教徒新军不仅使英格兰王室屈服，并把查理一世送上了断头台，而它本身是一个组织严密的、时常处于失控状态的激进会众之间的联合——暴躁的异教布道者的舞台，其政治利益由那些普通的“煽动者”(就像士兵们的代表被事实

上称呼的那样)来代表,与陆军少将一起坐在军事委员会中的他们构成一个整体,所激烈争论的不只是军事政策,还包括社会与政治政策。至少在两次场合中,克伦威尔几乎失去了未遂政变中对他自己军队中"圣徒"的控制。

通过制造非国教徒、异教派别和涉及对个人与信仰的权威等议题,基督教不仅造就一个集权化的专制教皇职位,而且造就了它的对立面:一种准宗教的无政府主义。在直到17世纪以及随后的数代中,尤其在美洲,自由的政治与社会结构就像宗教意识形态一样成为基督教话语中的重要议题。

从18世纪的启蒙运动至今,这一关于自由结构话语领域的衰退,产生了像个体的世俗化与个性的觉醒一样的悲剧性后果。自由的道德性议题,随着马基雅弗利、洛克、边沁和维多利亚自由主义者等引入的世俗主义而遭受衰退。另外,正是预定了某种自由主义制度的存在与发展的自由观念本身——即一种佩里克尔斯和古希腊意义上的、能动的公民权,将会由于对财产所有权主体、民族或民族国家的神秘化以及日益将制度的集中化等同于社会理性主义的趋势等的争论与分析所遮蔽。霍布斯、洛克和马克思所关注的明显是安全与财产,而根本没有讨论集权化权威的性质与需要。现代的能动革命家比如克伦斯威尔、罗伯斯庇尔、巴贝夫(Babeuf)、布朗基(Blanqui)和列宁等等,是教条的集权主义者,他们往往超出自由主义共和国的界限,以便促进高度集权的政治形式。除了无政府主义者和某些来自法国大革命的乌托邦社会主义者的辩驳,基督教异教从革命性传统中消失而成为历史的枝节,至少到距今非常近的历史时期是如此。民族国家现在等同于共同体,代表制共和国的观念等同于城邦的直接民主。有关权威争论的词汇变得如此扭曲,以至于争论本身变得对后人没有任何智力启迪。

一种历史不断重复的观念——在很大程度上是循环论的,往往代替了基督教最后审判的末世论版本,取而代之的是科基恩之乡或至少一种世间的耶路撒冷。弥漫于法国大革命的共和国理想,总是笼罩着一种恺撒大帝的阴影即共和国的波拿巴主义——对此,同时代历史学家将其辩护为欧洲走向自由，尤其是贸易自由过程中的一种稳定性力量。雅各宾派不仅把普鲁塔奇(Plutarch)理解为一个罗马善行的指南，也理解为一本革命的教科书；或者，它是一个比卢梭的《社会契约论》更恰当的社会晴雨表——后者被认为是社会理论之源。他们期待拿破仑，就像罗马平民期待恺撒一样迫切。用一种替代了基督教线性历史观的新的重复感来观察世界，他们把其命运视为注定的，并坦然接受了共和国本身的崩溃——事实上，几乎是在一种梦幻般的情景中，而罗伯斯庇尔对他的被推翻和处于死刑的顺从态度，可以看作是某种意义上的暗示。

除了 1871 年巴黎公社这一例外——它呈现为一种由分权的公社组成的"公社"来管理的、无政府主义的邦联化法国形象，欧洲社会主义已经在最好的情况下用共和国的外衣来装饰自己，在最坏的情况下则是诉诸专制城邦。到 1917 年秋，列宁已经把布鲁图(Brutus)和恺撒结合为一体。尽管他提出了"所有权力归苏维埃"的口号——甚至同年夏天早些时候的"所有权力归工厂委员会"(一种严格意义上的无政府主义要求)，列宁已经抛弃了上述两种形式，并代之以作为一个国家机器的政党。

这种政党，是后宗教改革时代独特的结构革新。它的当代性及其对政治生活的影响，很少被充分认识。从 12 世纪以来，基督教异端偏爱于小规模的、严重分散化的、私人关系密切的聚会——这是一种后来的基督教团体中十分缺乏的、促进了相互间密切联系与支持的微观化联系形式。这些类似家庭的单位特别有助于形成团体间一种邦联化的相互作用形式，从中它们可以逐渐建构一种真正的有机国家。从宗教改革时期开始，这些团体日益频繁地介入世俗事务。它们更像是社会性团体，而不是国家或政治制度。像哈特教派这样的兄弟会，甚至变成了替代性的共产主义社会，在它内部维持自足与自立。或许更值得关注的是，尽管政党作用上升，这种秘密聚会联系方式从未彻底消失，呈现为彻底世俗化的但依旧是小规模的、关系密切的和分散化的，它在西班牙的无政府主义运动中作为"亲和团体"而存在。从西班牙，它伴随着自由主义组织的增加而扩展到了整个世界，并随着 20 世纪 60 年代新"左派"的出现而获得了"集体"、"公社"和"合作社"等名称。

相比之下，政党只是民族国家的一个影像，而且它的命运完全与国家

的发展连接在一起。政党总是希望成为规模巨大的，且拥有大量人员，他们在非个性化且集权的组织内通过官僚化的形式彼此联结。当政党处于在野地位时，它只是被剥夺权力的国家机器的同胞兄弟，在所有细节方面模仿国家。而当政党处于"执政"地位时，它则变成国家本身。我们很少能够认识到，布尔什维克党和纳粹党本身都是国家机器，已经完全取代了它们所"占领的"过去的国家结构。希特勒像列宁一样，遵循着马克思的至理名言：国家不仅需要被占领，而且需要"被打碎"，然后用一个新的国家替代。

但是，马克思谈论的不过是一个关于政党的事实——它在法国大革命后已不再是新鲜事。现代国家可以更适当地被称为"政党国家"，而不是"民族国家"。作为自上而下组织起来并有着严密的党员身份作为支撑的一个官僚制基础，政党具有一种比正式的国家大得多的制度灵活性。从结构上说，国家的具体形式包括从结构松散的共和国到高度专制的体制。作为制度革新的一个源泉，政党可以很容易地创造让国家官员艳羡不已的有组织的权威形式。而一旦处于执政地位，政党可以把这些形式变成政治机器的一部分。我们时代已经给予了政党以其他国家机器无法比拟的自治，无论是古代的法老还是现代的共和国。正如俄国布尔什维克主义和德国法西斯主义的历史所强烈表明的，政党更容易改变欧洲国家，而不是国家改变了政党。

尽管民族国家地位的上升，政党和近来高度集权的官僚国家并不缺乏意识形态上的反对者。把克伦威尔送上断头台的英国"圣徒"，从未建成一个高度协调的制度或集权的官僚制，就像欧洲大陆的专制君主尤其是雅各宾派的"自由暴政"在17～18世纪所创建的那样。只有罗马教皇职位——一个英国革命时期已经十分脆弱的制度，享受到了法国革命创造的类似国家机器的权威。都铎和斯图亚特王朝，尽管比从前的王室家族更加集权化，但仍然难以享受到随后出现的民族国家世界。

法国革命——先是在罗伯斯庇尔，然后是在波拿巴的领导下，造就了一个极度集权的民族国家。在欧洲历史上这是第一次，"圣徒"一词被"爱国者"所取代。尽管马克思为民族国家的任性残酷欢欣鼓舞，但其他不太著名的革命家则从切身经历中得出了不太有利的、反独裁主义的教训。

其中之一是吉恩·瓦里特(Jean Varlet)，1793年一个受欢迎的街道演说家。他成功地逃脱了罗伯斯庇尔对巴黎激进派的残酷清洗。瓦里特认定(与他同时代更受尊重的格拉丘斯·巴贝夫截然不同)，“政府与革命是不相融的”[14]。这一论断依其深刻性和普遍性，比激进的“圣徒派”对国家或权威的任何结论都更为明确。这显然是无政府主义的看法。的确，瓦里特是他的自由主义对手在1793年的狂热日子里所嘲笑的对象——就像平均派在一个世纪前英国革命中的境遇一样，那时，一种亲克伦威尔的报纸把他们描写成“瑞士雇佣军化的无政府主义者”。

这一词汇将持续存在下去，并在欧美社会的边缘群体中获得更加丰富的内涵。托马斯·潘恩(Thomas Paine)和杰斐逊，得出了与瓦里特从雅各宾准独裁与波拿巴后遗症中的看法相类似的结论。比潘恩对政府的贬损性看法更重要的，是杰斐逊1811年向德斯图特·德特蕾西(Destutt de Tracy)提出的根本性重建邦联的观念。关注于社会基层的相对联邦主义制度形式的需要，杰斐逊敏锐地看到了共和国法国随着拿破仑政变如此容易地滑向帝国法国的原因：

> 法国共和政府之所以不战而败，是因为“不可分裂的统一”党占据了主导地位。不存在省级的(以及地方的)组织，使公众可以围绕它们在法律的名义下组织起来，省府的位置几乎是空的，因而一股很小的力量就可以把立法机构赶出议会大厦，并把他们的头目变成国家的领导人。[15]

在把所有的政治权威集中于民族国家中央之后，雅各宾派和他们的后继者督政府，已经剥除了这个国家中所有的地方性、分散化权力中心，因此革命也就难以有效地抵抗波拿巴君主制。

杰斐逊为美国革命注入了更大的智慧，从而使其采取了邦联化的取向，由此所提出的问题需要在后文中进一步讨论。杰斐逊本人并不是“瑞士雇佣军化的无政府主义者”，而且美国革命也没有再出现瑞士那样的州邦联形式。但是，一种邦联化的取向依然存在——在蒲鲁东的著作中，他明确地宣称自己是一个无政府主义者；在巴枯宁的著作中，他帮助使无政府主义变成了一种运动；在克鲁泡特金的著作中，他利用丰富的历史传统极大地完善了无政府主义：阐述了关于技术与社会替代的一种相当实用

性想法、一种主要来自罗伯特·欧文和查尔斯·傅立叶著述的创造性想法。

【注释】

[1] Samuel Noah Kramer，*The Sumerians*(Chicago：The University of Chicago Press，1963)，p. 79.

[2] Ernst Bloch，*Man on His Own*(New York：Herder & Herder，1970)，p. 128.

[3] Franz Neumann，*The Democratic and Authoritarian State*(New York：The Free Press of Glencoe，1957)，p. 6.

[4] See George H. Sabine，*A History of Political Thought*(Hinsdale，Illinois：Dryden Press，1973)，p. 224.

[5] Ernst Bloch，*Man on His Own*，p. 133.

[6] Ibid.，p. 136.

[7] See A. L. Morton，*The English Utopia*(London：Laurence & Wishart，Ltd.，1952)，p. 18.

[8] Ibid.，p. 13.

[9] See Hans Jonas，*The Gnostic Religion*(Boston：Beacon Press，1959)，p. 142.

[10] Ibid.，p. 144.

[11] Ibid.，pp. 94-95.

[12] Ibid.，p. 272.

[13] Ibid.，p. 274.

[14] See George Woodcock，*Anarchism*(New York：The World Publishing Co.，1962)，p. 58.

[15] Thomas Jefferson，“Letter to Destute Tracy，” in M. D. Peterson(ed.)，*The Portable Thomas Jefferson*(New York：Penguin Books，1977)，p. 524.

第八章　从圣徒到营销商

但是，这些扩展中的自由观念是如何影响了社会运动呢？比如，进入了“文明”门槛的古代部落、基督教所诉求的平民与奴隶、上帝“选民”中心怀不满的会众和激进“圣徒”的非法聚会者、神秘主义者和现实主义者、禁欲主义者和享乐主义者、将会“颠覆整个世界”的基督教的和平主义者与武士，等等。迄今为止，我只是从理论自身发展的视角探讨了自由的遗产。但是，这一遗产如何作为一种社会运动发挥作用，而社会运动又如何反过来影响了这一遗产本身，不仅提出了信仰与“圣徒身份”方面的难题，也提出了涉及我们时代的经济、技术和一个营销商市场的影响等方面的难题。要理解作为活生生的现实而不仅仅是思想的自由遗产，我们必须把自己的理论观念沉浸于丰富现实的洪流之中，并从被压迫者的切身经历中确定其真实性。

从历史角度说，非自由领域中自由的最早表达，体现为大众试图重建最低程度保障和恢复那些冻结在统治精英的庙宇、庄园和宫殿中财富的循环使用。“伟人们”——最初是部落武士—酋长，后来是世俗领域中的贵族与君主以及他们教会领域中的同伴，是社会的使用价值的看管者。他们先将这些财富集中在仓库之中（一个由《圣经》的约瑟故事部分地得到辩护的行动），然后再按照一个日益强化其权威的价值等级重新分配它们。早期的“文明”史，在很大程度上是一个对监管者不断强化对生产过程控制的阐释：包括他们对劳动的配置与合理化、对劳动成果的控制以及对比例不断扩大的劳动过程与社会成果的私人占有。

但是，这一历史也是对他们为强化其权力而聚敛社会财富的神秘化

阐释。财宝——大规模的豪华建筑、昂贵的饰品与服装、珠宝、艺术品、产品储藏，甚至无形的文字作品与知识等，作为一种无所不在的邪恶力量的实体化，呈现在“大众”面前。萨满教僧和神父们成功地把世俗的事物转变成了超凡的事物，把客观的事物转变成了象征性符号，并因而把一般化概括过程本身——它必须从等级制中解放出来，重构为超自然的宗教变体意象。古代的神秘感侵入了人类的精神过程，并在认识论上将其从真知（诺斯替）改变为被扭曲的圣礼形式：真实的面包变成了基督的肉，而真实的葡萄酒变成了他的血液。甚至在遥远的前基督教古代，那些在远古世界中可以在共同体内部大量循环以满足人们真实需要的真实事物，已经变成了使权力与等级制神圣化的神圣事物。使用价值的“拜物化”远早于交换价值与市场创造的“需要”的“拜物化”。

由于它被确立为神秘的权力与权威，统治精英手中的财宝必须被驱除。一方面，这些财宝必须要从负责守卫它的等级制群体的手中脱离。另一方面，必须通过一个双重性过程剥离它们的神秘性特征：首先，必须重建这些财宝的自然的和可以理解的世俗性使用价值形式，以便使权威本身成为世俗的与可以控制的；其次，通过重新在共同体内部循环使用财富来重建用益权原则。相应地，通过夺取、重新分配甚至破坏来“净化”财富，“大众”不仅趋向于一种对财富的消费主义配置，也会弱化其作为一种支配力量的制度功能的神秘性——并重建远古时代的最低程度保障和不平等中的平等原则。在传统性版本的“黑色再分配”中，我们看到了一种试图推翻把对象物占有作为等级制与对人类生命支配的现实体现的理性努力。人们的这些侵占性暴动——往往被贬称为“原始叛乱”（借用埃里克·霍巴斯鲍恩甕脚的描绘）的“劫掠性”探险，被它们的目的所遮蔽了。它们在历史上一再发生，甚至最朴素的消费主义自由观也有着一个比我们通常想象的更为宽泛的社会向度；它们所关注的不仅是人类需要的满足，还包括权力与财产的非神秘化。

但在这里，两种认识论相互冲突。统治阶级对这种“黑色再分配”的回应不只是个人担心和野蛮复仇的欲望，还包括对他们遭到亵渎的等级制“秩序”的恐惧。“黑色再分配”不仅冒犯了他们自己对社会产品的财产权利要求，而且冒犯了他们对社会产品作为一种财产权利秩序的看法。

我们所掌握的关于这方面回应的最早记录，是一个特权阶级成员的感叹，描述的是古埃及"封建"时代开始时（大约公元2500年前）一次显然波及整个尼罗河谷的农民暴动：

> 看看那些宫殿吧，它们的城墙被拆毁……看看那些手工匠吧，他们都停止了工作；这一土地的敌人正在使它的手工艺变得枯竭。[看吧，那些收获]庄稼人与土地没有任何关系；那些没有参与耕种的人[却填满了自己的谷仓]……内战期间不支付任何税收……而在没有收入的情况下会发生什么呢？……看吧，那本没有一对轭牛的人[现在]是一兽群的占有者，本没有自己耕牛的人[现在]是一兽群的主人。看吧，那本没有谷物的人[现在]是谷仓的主人；过去需为自己谋取粮食的人如今[从自有仓库中]分发。[1]

这里瓦解的不仅是原有秩序，还有与之相伴的国家："审判庭里的法律被弃之门外，人们在公共场所践踏它们。穷人们在街道中央撕毁它们。"作出上述叙述的詹姆斯·布雷斯泰德（James Breasted）敏锐地评论说，对这种记录、档案和文字法律的抢劫，"从讲究秩序的古埃及人角度来说，是尤其可憎的。从公共部门中收回各种文字资料与记录以便作为证据或用于咨询，一直是被严格管理的"[2]。在这种亵渎性的破坏行动中，血缘誓约报复了文字性的法律联系，平等报复了由法律条文规定的地位，用益权报复了授予财产所有权的各种称谓，不可简约的最低保障原则报复了对交给国家、贵族和教会的税收与粮赋的辩护。

此后，几乎所有的农民战争都不仅以财产的重新分配，而且以档案的焚毁为特征。这些行动的动因来自革命性的动力，而不是来自对先前暴动的记忆，而它的历史在很大程度上被压制了。在那主要由古埃及档案记录者记叙的遥远时期，部落生活的回忆也许依然充斥于"文明"的现实之中，而在道德、法律和神秘意义上具有细微差别的"言辞"，还没有完全取代行动。契约与道德观念依然漂浮在一种远古时代的流沙背景之上，因而需要很长时间的"文明"洗礼才会凝固为阶级统治，并进一步内化为犯罪感、自我放弃和被压迫者无意间形成的对"无序化"冲动的恐惧。

对后来暴动（性质上与我们前文所讨论的非常近似）的记忆是如此彻底地被统治阶级所利用，以至于其相关历史记录至多只能算是粗略性的，

而且内容上多有篡改。我们知道，就在古埃及农民起来反对旧王国已经成型的阶级体制或中王国的贵族制时，苏美尔人城市拉加什发生了一个类似的起义（困惑于阿玛吉字面含义的克拉莫对此提供了一个相当完整的阐释）。如果依雅典人为参照，斯巴达类似奴隶的希洛人的反叛频率令人惊恐不安。这种低等阶级的叛乱是如此令人棘手，以至于相对友善的雅典城邦也因其奴隶人口而不稳定。罗马，尤其是在其共和国结束阶段，明显是由于一系列奴隶与武士的叛乱而变得不稳定，其中斯巴达库斯领导的历史性暴乱最为剧烈和影响深远。这一由奴隶与武士组成的军队——后来又加上贫穷化的自由民，组织参与了一系列遍及卡姆帕尼亚(Campania)和意大利北部的重大劫掠行动，直到它们被恺撒和庞培所剿灭。

然而，古希腊和罗马的阶级冲突，在很大程度上局限于平民与贵族之间围绕土地公平分配、抵押的取消、在占主导性的所有权与政治权威的体制下争取更大程度的司法平等等方面的争执。在它们被纳入帝国事业的追求之后，准民族主义的起义同时折磨着这两个城市国家。但是，这些冲突很少涉及根深蒂固的内部社会变化，无论是内部的还是外部的。

只是伴随着基督教的来临，本能性的自由运动才重新兴起——不只是呈现为诺斯替主义，还包括对正统宗教理想的激进解释。甚至看起来“正统的”基督教共同体，也展示了上述那些共产主义的和强烈千年王国主义的特性，而它们则使西方社会在数个世纪中处于动荡不安状态。《圣经》使徒的行为被用来反对教会主义的言辞——前者完全是世俗化的，而后者则是高度神圣性的。正义之约——《旧约全书》的法律，被改变为早期基督教会众所实践的自由之约，它们在耶路撒冷陷落之前的古代犹地亚地区明显存在。

基督教的混合性福音可以大致分为两个主要的且严重冲突性的信仰体系。一方是激进的、能动主义的、共产主义的和自由主义的基督教生活观，主要来自耶路撒冷的詹姆士派教会。另一方是保守主义的、寂静教的、物质上非现世的和等级制的基督教生活观，主要来自罗马的保罗派教会。对一种虔诚生活与基督教末世论的激进解释，也许比保守性信条更能获得正统教规的支持，尽管罗马教廷试图通过净化《新约全书》来清除它的詹姆士先辈中的激进理想。使徒派基督教提出了一种与周围罗马世界格格不入的早期信徒共同体的观念。共同分享——共产主义，是其最为重要的特征之一。依据基督教的《法令》，“所有的信徒生活在一起，共同拥有所有财产，他们卖掉其财产与物品，并不再与它们有任何联系，而它们的分配取决于每一个人的需要”。好像是为了强化这种基督教生活观，这一福音书说道：“众多信徒具有一个共同心灵，他们中没有一个人会说，他所占用的东西只是他自己的，相反，他们共同拥有所有财产。”[3]如果我们接受这一对早期基督教共同体生活的描述（而且我们没有理由不这样做），那么，早期信徒所实践的就不仅是共产主义，还包括用益权原则。

罗马的保罗教会强化了这种使徒性阐释。巴拿巴斯（Barnabas）大约于公元130年在他《致使徒书》中，使这一福音成为一个实践性训谕：真正的信徒应该“在所有事项上与邻居互通”，“不应该把任何物品称为自己的”。[4]殉教者贾斯廷（100～165年），力劝那些（基督教）获救者，“从贪图富贵与占有的人，转变为生产我们共同拥有的财富，并把它提供给有所需要的任何人”[5]。特图兰（160～230年）那时已经面临着分裂教会的激进的“异端邪说”，尽管如此，他依然强调，“我们承认一个无所不包的共同体即世界”。特图兰在引用了一个普遍人性的基督教义后——这有别于一个狭小的民族或被挑选的精英（他认为仍有必要分清这一差别），然后宣布，基督教徒们拥有“一个心灵，我们会毫不犹豫地相互分享我们所有的世间物品。除了妻子外，我们的所有东西都是共享的”[6]。尽管教会非常谨慎地应对这些叙述甚或劝诫，但教会恐怕很难做到无视它们。很明显，《法令》和这些教会之父的上述引述是如此著名，因而很难被压制或贬低为外典性著述。教会在应对马太福音——在仪式与语言上最具有犹太教特征的《新约全书》——和马可与路迦福音时，遇到了同样的难题，因为二者都表明了对财富与占有倾向的强烈偏见。

同样重要的是在《马太》，尤其是在《启示录》中阐述的启示性看法。这些关于世界末日的看法，再加上《旧约全书》中类似的预言，在早期基督教会众中得到了广泛的接受，并在宗教改革时期为“异端性”流派与运动

的迅速兴起发挥了推动作用。马太的福音被愤怒所曲解。耶稣的到来不是为了“废除法律或预言……而是为了完成它们”。耶稣也许是和平主义的,但他警告门徒们说,“不要假定我一定会把和平带到人间。我必须带来的不是和平,而是剑”[7]。“阴险恶毒的人”、“即将到来王国”的“愤怒”、“复仇”——所有这些词汇在文本中反复出现,就像反复出现在基督本人的口中和受洗者约翰口中一样(一个明显是模仿了阿摩斯的人物,后者所崇拜的是一个“令人兴奋的事物”——借用布洛赫的表达方式)。《启示录》从根本上说是千年王国主义的;其强烈的象征主义暂且不论,它依据罗马帝国的彻底毁灭预言了世界末日,随后则是耶稣的第二次降临、虔诚信徒的死后复活和一个以新耶路撒冷形式的人间乌托邦天堂。

对于早期基督教来说,《启示录》中描述的重大事件和耶稣的二次降临以及随之而来的千年王国,不是精神性的借喻或遥远的事件,而是现世性的和即将发生的。如果“荣耀之王”——以及它关于“超过百倍的补偿”和“永生”的奖励的承诺——不能迅速实现,那么,耶稣要求门徒所做的完全放弃将是没有意义的。双方在这种无限空间谈判中所做的巨大赌注——一边是折磨心灵的羞辱与践踏,另一边是“房屋、兄弟、姐妹、父母、儿童和土地”的丧失,很难指望能够在一个微不足道的和遥远的施予中结束。

早期的基督教会众同样也没有被要求期望的更少。诺曼·科恩(Norman Cohn)曾把最初几个世纪宗教迫害过程中基督教会众形成的各种神学启示性幻想整理成一个“范式”,这一“范式”影响着教会并指导了未来几个世纪中被压迫者的革命性末世论运动。依据这一看法:

> 这一世界被一个邪恶的、独裁的具有无限破坏性的力量所主宰——这一力量不仅被想象成人类的,还被想象成恶魔般的。那种权力的独裁将会变得越来越残暴,而它的牺牲品的痛苦将变得越来越难以忍受——直到一个特定时刻的突然到来,上帝的圣徒能够站起来并推翻它。然后,这些圣徒本人或上帝的选民——他们迄今为止处在压迫者的蹂躏之下而呻吟,将会取而代之成为整个人间的主宰。这将是历史的顶点。圣徒的王国将不仅超出以前所有王国的光荣,而且它也将后无来者。[8]

对于这一末世论“范式”，我们必须添加一些至关重要的、本质上是乌托邦主义的末世论看法。这些“上帝的圣徒”是一个虔诚的人间群体，而不一定是神圣的外世人物，而且他们由一个拥有神奇力量的神圣救主领导。人间的“上帝王国”将是一个富足的世界，其中如拉克坦提乌斯（Lactantius，一个公元4世纪的基督教改宗者）所想象的：

> 人间将享有所有的果实，而不必人类的劳动。不尽的蜂蜜从岩石中流出，牛奶与葡萄酒之泉不停地向外冒着。森林中的野兽将收敛其野性而变得温顺……所有的动物将不再依靠相互杀戮来生存。因为，上帝将会提供富足而无罪的食物。[9]

因此，基督教在其繁杂的异教分支发展过程中，不仅要着力于大量的圣徒与神迹之事，还要依据民间诉求实现古代的科基恩之乡。

但是，这一“范式”只不过产生了一个禁欲主义的社会寂静教——它最初只是为了招募教会的殉道者而不是武士。加入早期基督教会的被压迫者，以奇迹而不是肉体冲突的形式构建了他们的想象。古代奴隶和贫穷乡村与城市平民的心态，在新形成的宗教身上留下了难以清除的顺从痕迹。尽管早期基督教关于一个复仇性第二次降临的想象也许是令罗马世界的主人们感到不安的，这些基督徒生活在一个奇思怪想的世界中。比如，特图兰告诉我们一个传说中的奇妙景象：连续40天每天早晨都可以在犹地亚王国空中看到一个有着围墙的城市，明显地象征着天堂的耶路撒冷很快将会降临人间。显然，耶稣的第二次降临是即将到来的，或立即发生的。

然而，在经历了长达两个世纪的被动等待之后，《启示录》中的上述神奇观念已经变得支离破碎。一个新的观念开始在千年王国主义的著述中出现。拉丁诗人科莫迪亚奴斯（Commodianus）提出了一个基于暴力与圣战狂热的、更加战斗性与能动主义的神学启示观念。对于科莫迪亚奴斯来说，“圣徒”是武士，而不仅仅是忏悔者；他们是自由的，在神同意的情况下，可以肆意地劫掠蹂躏。在天堂主人与反基督力量之间的长期拉锯战之后，神圣的子民将会赢得对邪恶力量的战争，并在新耶路撒冷享受永生作为奖赏。这些安慰性物质奖励不仅包括永生，还包括摆脱年龄、险恶天气和禁欲生活的束缚。“圣徒”可以结婚生子；地球可以不断更新，而“上

帝”可以享受其丰富的物质慷慨。

这些千年王国主义看法的“双重意蕴”，并没有能够逃过教会之父们的眼睛。奥古斯丁的基督教义通过把它们变成精神寓言，无情地净化了已确立的基督教正统的千年王国想象——这种构造非常有利于教会用来反对那些对《圣经》文本的不利解释。对于奥古斯丁来说，耶稣的第二次降临已经随着教会的建立而到来。官方基督教把一个人间伊甸园的想象提升到了天国，并把所有偏离来世关注的教派贬低为“异端”。现世世界当然不能任其自在发展——基督以及教会将会调解并改造它，但第二次降临已经被推迟到遥远的未来，尤其是当教会对现世的看管以及它挑选神圣选民的任务已经完成时。

然而，千年王国主义的新耶路撒冷的想法并没有消失。这些想法只是暂时隐藏到了地下，它们会随着中世纪不同阶段社会条件的变化而再次浮出水面，并且往往会获得日益激进的特性。在它们漫长的历史发展中，这些看法分化成为了两种社会运动——禁欲主义的和享乐主义的，并在后来的宗教改革时期明显地相互交义影响。自那以后，它们进入了资本主义时代的一个更加现世性的革命性运动。

禁欲主义运动是简朴而救世性的，就像早期的基督教流派一样；但它们绝非是寂静无为的。这些运动的方法几乎都是暴力狂热的，而且它们的憎恨主要是直指教士的。它们力图带给人间的新耶路撒冷，被很多学者称为“无政府主义—共产主义的”——该词汇在此处的使用并非总是十分恰当，但其基本含义应该是明确的。中世纪最大的“异端”显然是围绕着斯巴达的神学启示性理想构建起来的，它们可以在早期基督教共同体的使徒性描述中找到其意识形态根基。

享乐主义运动则极度迷恋于现世的利益，甚至它们的千年王国主义也往往退化为一种非道德化的尘世，很可能丑化了那时较为严肃的救世性“异端”。中世纪享乐主义流派看来不太可能受到古代诺斯替主义的直接影响，尽管“自由灵”兄弟会看起来接近于较早时期的奥菲特教派，但是，前者借以得出他们复杂的基督品行与自由性行为观念的推理，更多是泛神论的而不是二元主义的。由迈斯特·埃克哈特（Meister Eckhart，

1260～1328年)作出的两个“上帝”之间的神秘区别——前者是高高在上的、不可接近且不可知的神性，而后者是四处洋溢的、无所不在的和接近人类的神，有些类似于诺斯替的二元主义——同时承认一个超越性的“外在的”神和一个内在可感的神。但是，埃克哈特的内在神是一个温和的、高度基督教化的上帝，他作为一个“神圣火花”出现在每个人的灵魂中。尽管埃克哈特及其信徒当然不认为已偏离了教会，但他的神秘主义神学看来确实鼓励着一种行动自主性，而这种自主性可以很好地服务于享乐主义团体的意识形态需要。

大规模禁欲主义“异端”的最早实例，是出现于13世纪中叶的“牧羊人的圣战”。那时，圣战在很大程度上仍然是被压迫者的而不是漫无目的的军事冒险者与统治阶级的运动。“牧羊人的圣战”，主要由狂热的年轻人组成，开始穿越法国的城镇，先是袭击犹太人，然后是教士，后者被指责为他们群体中的“虚假的牧羊人”。这一运动获得了大众的广泛支持，并变成了达一个世纪之久的对既存教会制度的攻击。城市被暴力占领，教堂和隐修院被洗劫，富裕自由民家庭遭抢劫，甚至教皇在阿维尼翁的住所也受到一个“牧羊人的圣战”纵队的威胁。他们最后被约翰二十二世教皇革除教籍(后来还谴责了埃克哈特)，并遭到了地方贵族的无情追杀。中世纪很少大众运动能够像“牧羊人的圣战”一样，在那个时代的统治阶级内部引起了恐慌，并严重挑战了其社会秩序的基础。

在德国，“牧羊人的圣战”的对应物是所谓的“鞭笞派”——借助皮鞭和树枝进行自我与相互抽打来忏悔的自我折磨性宗教团体。在这里，禁欲主义达到了一种痴迷于自我折磨的程度；依其特有的方式，这或许是一种更加肉欲性的教义而非对肉欲的否定。像“牧羊人的圣战”一样，他们的焦点变得日益集中于现世性事务；尽管始于一种精神性的救赎运动，他们很快变成一种社会运动，并发起了对教士的暴力袭击——而且，它潜在地针对整个统治阶级。他们对制度性基督教的谴责，不仅包括了教士对神圣权威的权利声称，而且扩展到了圣餐圣礼的有效性。值得怀疑的是，他们是否还接受任何在人类与众神之间的教会干预需要；他们通过声称自己直接接受圣灵的指示与教诲而预示了宗教改革，而这几乎是所有激进宗教改革意识形态的一个核心性观念。相应地，他们会毫不犹豫地暴

力打乱教堂的圣事，并愤怒地诋毁教皇的控制权。

把“牧羊人的圣战”、“鞭笞派”和后来的宗教改革运动的反教权特征，简单化为教义争执或下层阶级劫掠教会财产的企图，将会严重误解那些往往指导着这些运动的深层动因。教会远不只是中世纪时代的一个大财产所有者，而它的财富也并非只是对基督教、对贫穷承诺的背弃。教会还是一个庞大的等级制结构——专横权威的现实与象征。对13世纪的牧羊人和互诫苦修会信徒来说，对新大学中的知识分子来说，对新城镇中的自由民来说，甚至对苏格兰低地和北部意大利新出现的无产阶级来说，教会声称将会填补它所制造的普通人与上帝之间的鸿沟，这是对基督教的内向性、自我性和潜在承认每一个灵魂都可以接近上帝福音的一种冒犯。基督教教士像他们之前的异教牧师一样，把他们自己视为人类与众神之间的掮客——会众与上帝之间联系的代理人。

不管那时的反教权反叛在现代人看来是多么具有精神性，事实是，反教权主义有着一个被严重低估了的无政府主义向度。通过试图剥夺教士作为人类进入精神天国的代理人功能，那时的反教权运动都是对代表权观念本身以及它否认每一个体都有能力处理好其精神事务的一个打击。教会的财富是一块超级磁铁石，它的道德虚伪是大众暴怒的源泉，这些都是一再出现的、不容置疑的社会事实。但是，教会也是一种政治的挑战。它的等级制是对前工业社会心理的一种冒犯，因为它挑战甚或阻碍了个体直接参与精神王国、不经中介地聆听上帝、参与一种涉及个人信仰议题的直接民主（克里斯托弗·黑尔描述英格兰革命中的激进团体时指称的一种自由的“先知国”）等方面的自由。[10]

事实上，教会不承认会众对独立能力的声称：它拥有一个王国而不是一个共同体，拥有一个国家而不是一个城邦。教会与世俗贵族都意识到，反教权运动很容易转变为民众起义——而且，这些民众起义经常在宗教骚乱之后发生。“牧羊人的圣战”之后不久，就多次发生了佛莱芒工人反对低地城市商业贵族的起义。英格兰的罗拉德派“异端”和德国的路德派“异端”，则先于各自国家的农民暴动。直到最近一段时期，宗教骚乱往往是社会骚乱的前奏。广泛的宗教抗议直接地注入了17世纪40年代的英格兰革命，而“伟大觉醒”则影响了18世纪80年代的美国革命。

相应地，“牧羊人的圣战”和“鞭笞派”，都是1381年英格兰农民暴动及其领导人（尽管是低级领导人）约翰·鲍尔（John Ball）规劝布道的大陆先驱。从经济角度讲，这一叛乱只具有有限的目标，即农民反对他们的被农奴化和强加于他们的最高收入限制。但从社会角度说，14世纪的人们已经不再相信平等与自由属于一个遥远的过去的黄金时代；相反，他们开始把这些理想视为人类可以在近期未来实现的天然权利。

英格兰农民叛乱的命运——先是取得了暂时性胜利，但在君主制的铁拳统治之下最终归于失败，这是历史的细节问题。在这里真正重要的，是鲍尔以及他同时代的伙伴在起义前以及起义过程中向农民布道中所提出的要旨。依据弗洛伊萨特（Froissart）的说法——他从贵族的视角记述了这一叛乱，鲍尔提出了所有人拥有社会平等与生活资料方面的权利。如果“所有人都来自同一对父母，即亚当与夏娃，那么，贵族们如何能够说或证明他们比我们更具有贵族特性呢？——除了他们使我们耕作从而可以挥霍我们生产的财富？”[11]这是一个尖锐敏感的问题，肯定贯穿于英格兰农民暴动的各个角落及其心理方面（如果不是目标的话），以及随后发生的欧洲大陆叛乱之中。鲍尔对施加在英格兰农民身上的非正义的攻击，并不仅限于诉求已经仪式化了的劫掠性冒险——这是先前社会运动的基本特征。他要求的是一种更加激进与影响深远的“黑色再分配”：一种特定的状态，其中“所有东西都是共同所有的，不分隶农与贵族，我们都处在一种相同条件下”。

这些社会理想在波河米亚的塔伯雷特（Taborites）运动中达到了顶点，它是在英格兰农民暴动失败一个世纪后出现的。这一运动是准新教的胡斯派的一个分支，胡斯派1419年在布拉格发动了抗议德意志与教皇主权的叛乱。在近二十年中，胡斯派成功地抵抗了西吉斯蒙德皇帝的天主教军队与神圣罗马帝国的联合力量。

但是，更极端的塔伯雷特运动在他们的社会理想上公开宣称是共产主义的。通过从他们新建城市塔伯（依据基督的易容山而命名）发出呼吁，派遣军队，他们不仅要求废除税收、会费、租金和关税，而且要求废除私人财产。肯尼斯·雷克斯罗斯（Kenneth Rexroth）在他关于公社运动历史的深刻阐述中，把它们描述为：

> 极端千年王国主义的，是有史以来的抗议运动中最具好战性的。他们相信，耶稣的第二次降临(扮作一个强盗)和对邪恶世界的普遍破坏，几乎会立即发生，首先是在1420年；而在那一具体时限过后，它也最多推迟不过几年的时间。[12]

这种新的分配将是极端残忍的："为了这一王国的到来，圣徒兄弟有责任使其利剑沾满恶人的鲜血，实际上是用恶人的鲜血洗手。"这一可怕洗礼(这种景象对于约翰·鲍尔和其他千年王国主义者来说并不完全陌生)过后，"耶稣将会出现在一个山顶庆祝千年王国的来临，并邀请所有的忠实信徒参加一个救世主的盛大宴会"。

尽管他们狂热地沉浸于血腥与公共节日，塔伯雷特运动总体上是禁欲主义的。但像很多宗教改革运动中的激进主义者一样，他们与享乐主义的千年王国主义信徒混合在一起。享乐主义者后来被驱逐出塔伯城，并组成了声名狼藉的亚当主义派别，从而体现了一个十分不同的千年王国主义立场。事实上，这两个支派几乎都公开宣称是无政府主义的：法律将会被废除，上帝的选民将会享受永生，而耶稣的第二次降临将会创造一个消除了劳役甚至分娩之苦的物质富足世界。所有的人类权威将被一个自由人的共同体所取代，其中"任何人都无须服从于其他人"。

在评价塔伯雷特的公社时，雷克斯罗斯精辟地指出：

> 如果一个国家中的社会主义注定会变成畸形的和有缺陷的，那么，一个城市中的共产主义不可能长久存在。这一封闭性社会迟早会衰败，而外部的世界却不会。它总是在那里伺机而动，也许在和平时期尤为强烈。塔伯从未能够做到平衡其大众化的消费共产主义与一种有组织和计划的生产共产主义，也没有做到平衡城市公社与农民公社之间的物品交换。[13]

正如结果所表明的，当塔伯和整个波河米亚的民族主义运动被西吉斯蒙德镇压时，"正是胡斯派和兄弟会的农民社会主义得以生存了下来"。它们仍然作为保持了宗教改革时期传统的活标本与一个遥远过去世界的遗存，残存在我们中间。

但是，基督教公社运动并没有随着宗教改革运动而消失。它在17世纪40年代的英格兰革命中和17世纪50年代初再次兴起，尤其是在英格兰的北部与西部——按照议会党的说法，“国家的黑暗角落”。作为一种像从前阿基洛楚斯时代那样的现代类型的“无主一族”，他们总体上过着一种没有家园的漂泊不定的生活。由于他们对《圣经》片段的独立阐释、他们对世间与教会权威的憎恨和他们社会的“先知民主”，使得他们在那议会党人几乎被抛弃的地方推动了一种强烈的精神共同体感。在此，我们看到了最初的贵格会派、家庭派、追求派和第五君主制派，他们中的某些部分甚至武装起来反叛克伦威尔对革命的保守性监护，而这一革命并未真正开始。只有当这个被革命“翻转”的世界恢复其正常的平庸状态时，这些末世论运动才完全消失或采取驯服的宗派与社会形式。由马西翁派诺斯替主义者提出，并由禁欲共产主义者比如塔伯雷特运动成员实践的对自由的宽泛界定，被完全转变为（往往有着大量的消耗）理性化阐述与高度世俗化的意识形态。现在，我们在不同的名称下激烈争论这些运动的理论信条，却几乎没有注意到它们的起源或它们在何种程度上预示了我们今天的理论与实践。这些激进运动中最为著名的派别在英格兰革命中达到了其顶点，然后迅速缩小了其信奉的千年王国的范围。它们变成了友善的服务组织，比如贵格会（公谊会），很少再能意识到其往往是暴力性的千年王国主义起源。

到宗教改革时期，大多数禁欲主义的千年王国主义运动都团结在宽泛的“再洗礼运动”旗帜下。它的教义很简单，即反对给婴儿的洗礼而号召成人洗礼，其合理的基础是只有成年人可以精确理解上帝的感召。但是，对于当时的统治阶级，包括很多温和的新教教徒来说，“再洗礼运动”就像今天的“无政府主义”一词一样，更多地被视为一个公众耻辱性的贬义符号，而不是一种严肃的观念体系。这一术语被不加区别地用来包括形形色色的宗教与社会运动，比如布拉格的波河米亚民族主义者、狂躁的塔伯雷特千年王国主义者，甚至它们狂乱的分支像亚当主义派或和平主义的胡斯派。可以说，再洗礼运动的创建者或早期信徒，几乎都没有逃脱这种苦难。就他们是真正的千年王国主义者而言，所有的再洗礼运动分子——无论是真实的还是虚构的，都由于宗教意识形态上的差异而明显区别于我们时代：耶稣的“二次降临”、耶稣的神奇力量、常常用一种“救世主的”等级制取代教权等级制的神权政治倾向等。事实上，这些千年王国

主义者中的很多人，都根本不是共产主义者，他们的共产主义至多是边缘性的。

但是，从这一各自独立、相互冲突甚至交叉的信仰形成的混合性体系中，一个重要人物产生并架起了宗教与世俗共产主义之间的桥梁。杰拉德·温斯坦利(Gerrard Winstanley)是掘地派最有名的领导人与理论家，而掘地派是一个无足轻重的农民共产主义团体，它于1649年试图在靠近伦敦的圣乔治山上开垦“闲置的”或废弃的土地。事实上，这些被视为促进公共理想的“典范性”尝试的试验，在当时并没有引起人们注意。真正将掘地派运动写入激进运动历史的，是温斯坦利自己撰写的小册子，而它们也只是在温斯坦利本人成为历史很久后才获得了广泛认可。

正如雷克斯罗斯精确强调的，“所有这些宗教改革中的激进流派”——或许我们还可以说过去时代中最重要的千年王国主义运动，“看起来都被温斯坦利所吸纳，在被混合与世俗化之后，变成了一种意识形态而不是一种神学”[14]。温斯坦利不是一个像塔伯雷特运动成员那样好战的共产主义者，相反，他是一个坚定的和平主义者，而且据我们所知，他终生都是如此。他也不是一个像亚当主义者那样的享乐主义者，相反，他操守着一种严格禁欲主义的生活观念。但是，他的看法明显是泛神论的，甚至变得敌视任何关于拟人化神的观念。他的自然主义色彩使其非常接近于启蒙时期的社会理论：“了解自然的秘密就是了解上帝的创作。”他把超自然的天堂与地狱斥责为一种“离奇的幻想”，使其具备了超前数个世纪的远见。他强调了不仅对“公共财产”甚至还包括对用益权的需要。他宣称，“地球及其所有的果实比如谷物、牲畜等等，成为面向所有生物的一个公共储藏室”，“不分敌友、无一例外地面向所有人类”。[15]这些阐述不仅是大胆的，还是打动人心的。理性是“使地球成为共同财富”的伟大“造物主”，而无政府制(在它“不存在统治”的字面意义上)是它最早的管理形式——因为“最初没有一个人说过，人类的一部分应该统治其他部分”。

最终，这些自由主义的和共产主义的理想，在温斯坦利随着平等派运动在1649年的失利以及随后克伦威尔的反动而来的反革命情绪的痛苦经历中减弱。他在1652年撰写的《在一个辖区或重建的真正地方行政区中的自由法》，表明了对革命后果的觉醒。掘地派试验的失败——更准确地说，掘地运动所遭遇的大众的漠视，改变了温斯坦利的过高期望。他的“真正地方行政区”是一种代表制民主，而不是一种直接民主；它更多是惩罚性的，而不是关爱性的；它更多是集权的和不必要的结构化组织的，而不是自由主义的。或许他从一开始就持有这种看法，但这与他较早的、更一般性的观点相左。他的著作也没有以对未来的希望来结束。最让人难忘并颇生感触的是作为他小册子结语的短诗：

真理所现不足道，谬论霸道且横行。
我辈所观此情景，每每不由悲情生。
知识缘何尽空至，徒增伤痛未治伤。
不曾倾心邀你来，独独诱我随你往。
知识累积空如山，却致伤痛岸无边。
放眼世界遍谎言，无可奈何心茫然。
苦苦寻觅死之境，为何难寻无踪径。
直面死亡无畏惧，向往只因真性情。
躯体本是臭皮囊，随风而逝散四方。
魂有所归神安详，心得安息静如常。[16]

从那以后，温斯坦利就像革命本身一样逐渐被人们淡忘。但是，与大量相似观点的主张者不同，他从后人那里收获了许多“失败反叛的玫瑰”。

中世纪千年王国主义中的享乐主义流派，像诺斯替主义的奥菲特派一样，具有渴望个性自主的色彩。中世纪的享乐主义团体是强烈个人主义的，并且几乎完全摆脱了父权至上的价值。基督教关于上帝眼中个体纯洁性的强有力信息、它对个性与灵魂的看重和它对一种普遍人性的强调，滋养了一种很容易用来反对教会权威与教条的个体与自由感。在12世纪和13世纪，各种激进流派再次从基督教的巨大观念熔炉的深处浮现出来。某些支派比如“自由灵”派是非常激进的，而其他流派比如贝哈德男修会和贝居安女修会等则是较为温和的。借助组成隐修会网络与世俗性修道会，这些支派创制了令教会十分头疼的观念，并将其置于与自身教义体系严重冲突的境地。

或许教会必须面对的最重要神学议题，是一种广义的哲学泛神论运

动的兴起。一千多年前的诺斯替主义已经提出这样一个问题:一个真正"善的"上帝怎么能够创造了一个充满可悲罪孽的世界?这一流派的神学家对这一困惑性难题的回答,不是通过诉诸于人类的"原罪"和一种堕落的人性,而是通过创造两种"神":一个是"善的"、超越的和"外在的"上帝,他的儿子耶稣已到来并拯救世界;另一个是不完善的、"正义的"和次等的神灵,他创造了物质世界,并使那些精神纯洁的"灵魂"在其中受到保护。如果说有任何罪孽和"堕落的"事物在诺斯替的观念体系中存在的话,它应该首先归咎于造物主,而不是人类。而且,诺斯替主义的天才,是把这种有缺陷上帝的概念置于"正义的"次要领域——其中等价原则以及"同态复仇法"居于主导地位,而不是伦理领域——其中"善"是核心性规范。

相比之下,中世纪的泛神论试图把一种二元论的善行观整合成为一种统一的观点,方法是试图实现个人与作为善之体现的超级"上帝"的神秘合一。这种看法明显不同于诺斯替主义和基督教的二元主义,而且导向了斯宾诺沙后来提出的一种统一与"神圣的"物质的更加犹太化的观念。到 13 世纪,神秘主义者像迪安特的戴维和阿莫里声称,物质与精神是与上帝同源的——任何东西都可以统一为上帝。这些泛神论的观念扩展到了巴黎和斯特拉斯堡的普通人,并造成了一系列新派别比如新心灵派、贝居安女修会的姊妹派和贝哈特男修会的兄弟派以及最声名狼藉的自由灵兄弟会派。对于这些派别来说,人类像上帝一样是由神圣的物质构成的,因而可以直接与上帝进行沟通。这样一种观点不仅挑战了人类与上帝之间需要教会干预的必要,而且赋予了其信徒一种令人兴奋的个性自由感,从而可以很容易用来辩护废除所有对人类行为的现世性限制并开辟走向无限制的道德自由的道路。

如今世俗的女修道院和僧侣院开始在苏格兰东南部低地、法国、德国和北部意大利蔓延,并很快向它们的教会同伴提出了并行的税收权利要求。这些最早的新型世俗性制度——贝居安女修会的姊妹派和贝哈特男修会的兄弟派,对教会的权威构成了最严重的威胁。战争与天灾造成了大量的"无家可归者",其中的大多数过上了乞讨与犯罪的生活。无论是作为一种慈善行动还是基于招募他们从事"慈善工作"的愿望,一个不为人知的教士兰伯特开始把妇女聚集为一个世俗的、准修女团体——贝居安女修会，吸纳那些立志献身于慈善活动的妇女。她们很快就被那些离开家园四处漂泊的男性所仿效——组成了贝哈特男修会，从而构成了一个与女性进行合作的男性网络。对于这两种世俗性阶层的叙述，由于主要来自敌对的教会，所以往往是严重诋毁性的。教会与世俗性修道会，是同一慈善性收入源泉的竞争者，因而不可避免地产生相互间的剧烈冲突。最后，教会开始采取行动来反击这一世俗性修道会。1311 年，这些世俗性修道会遭到了维也那教会会议的谴责，尽管某些贝居安女修会住所作为慈善救济院幸存下来，但随后还是有一部分被教会与地方性贵族驱散。

但是，很多贝居安女修会和贝哈特男修会被吸收进了一种新的"异端"——"自由灵兄弟会"。在他们对西方神秘主义的阐释中，托马斯·凯特萨洛斯(Thomas Katsaros)和纳撒尼尔·卡普兰(Nathaniel Kaplan)探讨了为什么这一"异端"能够迅速蔓延并直接导致了维也那教会会议的召开。对于教会来说，自由灵派的信徒也许看起来像是"异端"中的极端，如果不是撒旦崇拜主义的化身的话。无论如何，自由灵派与基督教正统处在不可调和的对立位置。

依据杰弗里·拉塞尔(Jeffrey B. Russell)的权威性概述，自由灵兄弟会"在 13 世纪和 14 世纪组成了一个结构松散的宗派团体，尤其是在莱茵地区和德国中部"。拉塞尔主要把"异端"置于下述背景下的城镇，其中"资产阶级贵族已经取得了控制地位，而手工艺人正处在坚持其反对贵族权利的过程中"。"异端"盛行的这一时期，也是一个商业贵族与手工业阶级之间频繁发生冲突的时期，尤其是在佛兰德地区。但是，拉塞尔正确地指出，"不可能对兄弟会的社会阶级地位作出概括"。依据一个年代史编者的看法，"他们包括僧侣、教士和已婚者，另一个把他们描述为劳工、烧炭人、铁匠和猪饲养员，而另一个则认为他们是粗野无知的男性"。然而，拉塞尔警告我们说：马克思主义的历史观往往会夸大"这里的阶级斗争成分，但兄弟会的教义的确清楚表明了社会冲突已介入其中。比如，他们相信，一个女仆或农奴可以拿走并卖掉他主人的物品，而不必经过其允许。另外，不必向教会支付农产品什一税，也是一种不仅限于表达神学不满的教义"[17]。

但是，的确存在一种激进的伦理教义——或诺斯替教派意义上的"非

道德性”教义。它基于如下信仰:“个体基督徒的无罪性可以由内在于他自身的圣灵加以证实,而且所有的荣耀都来自他的内部,而不是制度化的教会。”相应地,无论其行为如何,自由灵的信徒都一直处在一种蒙恩状态,就像诺斯替教派的“灵魂”一样。“一个男人(当然也包括一个女人),可以从事一个罪孽行动而不必是有罪的,而且只要他严格地遵循圣灵的意愿行事,他的行动就是好的。”

诺曼·科恩赋予了20世纪60年代的反文化青年激进派一种几乎像自由灵派一样的神话色彩,因为他把它与海因里希·苏索(Heinrich Suso)的神秘无政府主义联系了起来。这一来自埃哈特的多明我会追随者,像他的主人一样,是一个学识渊博的禁欲主义者,而且他提出了对那个时代更平民化的享乐主义宗派的尖锐批评。科恩描写了一个写于大约1330年时异端大本营科隆的故事梗概,其中,天主教神秘主义者苏索简明地提出了那些属于自由灵派并使之本质上成为无政府主义的特点。他描述了在一个明亮的星期天,就像当我们坐在那里进入冥想状态时,一个影像如何显现在他的心灵之中。苏索对这个影像说到:

> “你从何处来?”
>
> 这一影像回答道:“我从无处来。”
>
> “告诉我,你是谁?”
>
> “我谁也不是。”
>
> “你希望做什么?”
>
> “我不希望任何东西。”
>
> “这真是一个奇迹!告诉我,你的名字是什么?”
>
> “我被称为‘无名的荒野’。”
>
> “你的远见将引领你走向何方?”
>
> “走向无拘无束的自由。”
>
> “告诉我,什么是你所指的无拘无束的自由?”
>
> “当一个人可以随心所欲地生活而不必区分上帝与他自己,也不必区分未来与过去时。”[18]

如果我们没有自由灵兄弟会的其他阐释性教义说明其含义,苏索的上述对话将会是相当不完整的。这一对话在其意蕴上当然是自由不羁的，而且涉及到了人类动因中的神圣性。因此，依据它的某些阐释："那些承认上帝主宰着他内部一切的人，将不会有罪孽。因为，他可以把所做的一切归因于上帝，而不是他自己。"而那些有良知的人，"其本身就是一个魔鬼，一个折磨他自己的地狱"，"因为，罪孽只存在于人们的思想之中"。正如科恩指出的：

> 这一精英中的成员所从事的每一个行动，都被认为"不是暂时性的而是永恒性的"；它拥有一种极其神秘的重要性，而且其价值是无限的。这是一个该教派行家向那有些困惑的咨询者所揭示的一种秘密智慧，并确信它"来自神圣深渊的最深处"，而且比爱尔福特城市宝库中的所有黄金更珍贵。他还说："如果一个'自由人'不能按照其本性要求行动，还不如让整个世界被破坏与毁灭。"[19]

相应地，自由灵派的行家们放弃了所有的忏悔性与禁欲主义行为，转而追求一种纯粹快乐的生活，而不只是幸福意义上的生活。他们的生活观不仅仅是"红色的"或狂热的，而且是"紫色的"或感官的。我们很难在日常生活框架中找到适当词汇来描述这一奇特认识论。它不仅追求个体身体感官的纵欲，而且追求现实向一种超现实体验的转变和对事物本质的直觉性感悟。后来被安德列·布莱顿（Andre Breton）笔下的娜德亚（Nadja）在她周围的世界中——甚至在最普通的对象中——观测到的光环，在这里变成了一种形而上原则。但是，它是一种实践性原则，而不仅是一种意识形态原则。祈祷、禁食和各种感官禁忌都被抛弃了；身体沉迷于精选的葡萄酒与肉食，并穿着最美丽的服装。有时，这些行家里手们甚至穿上贵族的服装，而正如科恩指出的，这是"一种社会冒犯并容易造成混淆，因为在中世纪服装差异代表的是社会地位差异"。

但是，这一极端运动的信徒并没有止步于饮食与着装方面的快乐，他们更进一步地追求一种杂乱的"神秘化性行为"。性混杂行为被视为一种纯洁的而非污秽的行动。一个妇女如果能够像一个男人一样进行无拘无束的性行为，将是更加"纯贞的"。事实上，"'心灵精妙'的最主要标志之一，就是参与性混杂行为而不必害怕上帝或良心谴责的能力"，科恩进一步评论说：

> 该教派的某些行家赋予他们这样从事的性行为本身一种超越性

的、准神秘主义的价值。它的“智力人”支派称这种行动为“伊甸园中的欢乐”和“攀升之路”(这一词汇用来描述上升到一种神奇的陶醉状态),而1550年图林根的“亲友”支派则把它视为一种圣礼,称之为“受洗”。同样,通奸具有一种作为确证解放的象征性价值。[20]

因此,自由对于自由灵派来说,意味着比感官快乐权利更多的东西;它意味着人类行为的完全自发性和对作为上帝化身的自然的重新调整。它的信徒也许没有意识到,自由灵派重建了自然之上的超自然,从而使自然在物质的精神平衡中扮演了一个神话般地位。这些观念或本能将不会轻易消失,因为它们潜藏于人类欲望的最深处。因此,自由灵派及其教义,将是一个持续数个世纪之久的“异端”——甚至到近期也依然被19世纪末的象征主义者、20世纪20年代的超现实主义者和20世纪60年代的反文化运动所一再独立发现。作为对于人类情感与肉体运动内在统一性的一种宣泄,它构成了自由的一个必不可少的向度——即本质上自由的个体的主体性方面。如果没有这一方面,自由的观念将依然只是一种外部化的社会抽象,并使它的“异教徒”、它的创造性艺术家和它的智力创新者没有立足之地。

在胡斯剧变时期,自由灵派的教义在亚当教派中出现——它是禁欲主义的塔伯雷特运动中最具有无政府主义性质的派别。在历经劳动本身的艰辛之后,这一团体被驱逐出城市并遭到胡斯派军事首领延·吉斯卡(Jan Ziska)的追捕。那些逃脱了吉斯卡军队追捕的人,在内扎卡(Nezarka)河的一个岛屿上构筑城堡,并创建了一个将自由灵派的享乐主义生活方式与工人政党的最激进共产主义做法相结合的、自由而准军事化的共同体。亚当教派并不是一个由像再洗礼教徒那样虔诚的宗教信众组成的追求寂静无为的小团体,他们人数虽然不多,但却是一个要求苛刻的社会运动,形成了自己“超道德性的”道德和往往堕落为纯粹抢劫的圣战狂热。他们在周围乡村的残忍征伐及其屠杀,清楚地展示了内在于“军事”或“武士”共产主义的难题——我在下文中将对此展开讨论。

自由灵派在英格兰革命时期实现了其最特殊的表达。那时,一个新的、尽管无害的派别——狂欢派,以他们自己独特的享乐主义使清教徒革命党人蒙羞。莫顿——他曾经对狂欢派的活动与信仰作了最全面的阐述——强调说，无论是从神学还是政治上说，狂欢派都构成了那时大量存在的“众多宗派中的极左翼”。狂欢派把清教派及其支派的激进含义推进到了“其逻辑的极限”，“甚至还有过之”。这一派别很快在与法律的公开冲突中达到其顶点。正如莫顿所评论的：

> 信奉上帝存在于而且只存在于物质对象和人类自身之中，立刻就使他们走向了一种泛神论的神秘主义和一种粗俗的平民唯物主义，二者往往很不协调地体现在同一个人身上。他们对圣经文本忠实释读要求的拒绝，使他们有时呈现为对《圣经》的完全象征性解释，有时则呈现为对它公开而轻蔑的否定。他们相信，道德法不再对享受着上帝之子自由的新时代人有约束力，这导致了这样一种信念，即对他们来说所有行动都是无罪的，而他们中的某些人则匆忙地将其付诸实践。[21]

把狂欢派说成是一个有组织的运动或任何一种有组织意义上的宗派，就会低估他们对个人主义需求的高度关注。我们完全有理由认为，有多少个狂欢派成员，就有多少种狂欢派意识形态。在他们的观念混合体中所清晰突显出来的，不仅是他们通过疯狂地自我放任表达的享乐主义倾向，还有他们对所有权威的嘲讽，无论是民间的还是宗教的，甚至《圣经》也未能幸免。《狂欢派的最后布道》——这一英格兰革命时期最神圣的单本文献，把《圣经》描述为：

> 仅仅是浪漫传奇，而且自相矛盾；是由古代的巫师发明的，用以保持人们的臣服和古代埃及的奴隶制；同样，《大拇指汤姆的历史》或《太阳骑士》，包含与《圣经》一样多的真理。[22]

不同于早期的“异端”，该书作者并没有诉诸于权威；权威本身在嘲弄与讥讽中被彻底消解了。

狂欢派也不能声称独占了革命时期的那些外向性感官行为。裸体以及对无限制性行为在实现人与上帝合一中作用的神秘信仰，渗透进了那时的很多宗教派别。克里斯托弗·希尔告诉我们说，非常令人尊重的贵格会派也时而超越了禁欲主义的边界，行走时“‘以裸体为标志’，只有一块腰布缠在中间”。的确，“贵格会派的完美性教义一再证明对身体的厌恶是错误的……[他们]认为制造烈性酒对于他们社会的成员来说是一个

不适当的职业，但他们不反对酿造和拥有一个艾尔啤酒店”[23]。其他宗派很可能比温和的狂欢派成员沿着享乐主义的道路走得更远或更尊重肉欲，但“狂欢派”一词的广义使用也包括了它们的教义与做法。

从古代早期的“黑色再分配”，到中世纪的现世性乌托邦，到基督教的神迹启示性教义，再到诺斯替教派的有别于次等的“正义”造物主的“善良”上帝概念，最后是在完全世俗化的狂欢派中达到顶点的一系列相关教派——所有这些都日益把自由与正义区别开来，把不平等中的平等与平等中的不平等区别开来。它们的所有教义与做法，都是基于补偿与互补。这些宗派与运动越是享乐主义的，就会走得越远：自由的概念从有限的幸福理想扩展到一种快乐理想，前者基于对人们共享的需要的限制，而后者基于对人们期望的满足。

但是，上述任何理想的实现，都需要以个体与人类从一种罪孽状态向一种“荣耀”状态的转变为前提，而这种转变又有它自己的前提。荣耀只能通过一个人的存在感的一种内部的——即心理的和精神的——转变来获得。正如我们在基督世界中看到的，这种转变就其深度与范围来说是如此深远，以至于它导向了变体观念本身——自我构成的一种剧烈变化。官方形式的基督教，把公开的法律规章以及《旧约》申命记中的戒律强加给了信徒；毕竟，人类由于其原罪，是难以驯服的和容易受到恶魔诱惑的。自由被预留在了天堂——如果它真的可以被称为自由的话，除了山上宝训所表达的道德圆满之外。在世间，人类被期待着遵循传统的正义法则而生活，同时包括教会与世俗的。路德使天堂的自由变成一个人生命内心的事务，一种相对与人世间工作无关的主观性信仰；而加尔文通过更加强调人世间的工作，为社会能动主义提供了教义基础，而这是与正在形成的资产阶级与革命性的英国清教徒的需求非常吻合的。但无论是天主教还是新教，基督教很快就失去了其作为一种超越性力量的权力。基督教长期以来一直就善于作出各种自我调整与适应。它先是适应了恺撒的需要，后来又适应了（尽管非常不情愿地）封建地域贵族的需要，最后则是资本主义的需要（它向资本主义提供了一种企业家化的基督形象，后者做灵魂生意并出售福音）。

相比之下，诺斯替教派诉求于人的精神与知识的力量，以便把人类带入他们独特的荣耀概念。这一崇高的事业很难仅仅依据教义取得成功——鉴于古代晚期的诺斯替主义所具有的社会逃避特征。“文明”已经创造了一种新的性格结构，一种新的制约精神的内在约束：一种否定激情、自发性与欲望的统一的“现实性原则”。社会对霍布斯的“自然人”的恐惧，先于弗洛伊德对文明及其内在压抑性战略的信奉达数世纪之久。如果真知或知识要想指导人类的行为，并把天堂带入人间，它就必须通过精神上的“毁坏性碰撞”来强化，从而打碎个体的“文明的”(即被精心维持的)性格结构。因而，必须找到一种致幻性战略，以便打乱阶级社会灌输给人类个性的、中央集权与经济决定主义的认识论。

一种基督教异端将会把禁欲主义当作其致幻剂，因而通过对感性与身体基本需要的痴迷性否定完全颠倒快乐甚或幸福。可以说，这种“穷人的快乐”完全承认了肉欲的力量，只不过采取了一种虐待身体及其要求而不是否定它们的方式。滑稽的是，海因里希·苏索是这种教义的最典型代表之一。他对自己身体施加的心理自我折磨旨在实现与他的知识神的神奇合一，远远超过了禁欲主义的最大限度。它展示了一种超过圣徒殉难的肉体虐待狂热。

另外，享乐主义的奥菲特派、自由灵派、亚当派和狂欢派，借助于富人的快乐作为利器，来打碎“文明的”“现实性原则”和性格结构。他们制造一种理智敏感个性(而不仅仅是精神)的致幻性战略，是集中于身体无拘无束的和自发性的要求——这是一种用“快乐原则”来瓦解“现实性原则”的无纪律性中体现的“纪律”。精致食品与服装、性混杂行为、偷盗甚至杀人的权利等，都被结合进了一个完全现世性的救赎计划之中。还有什么事情是比无拘束的性纵欲更令人陶醉的呢？而这正是“善良的”上帝授权给其信徒使其反对“正义的”造物主的——罪孽世界之源。的确，犯罪使一个人成为“反叛者”——在其字面甚或“神圣”的意义上：它使信徒反对造物主的卑鄙的正义领域，并且促成了个体中的“神圣火花”与遮蔽它的世俗外衣之间的争斗。仅仅改变其中一些词汇，这一福音就可以瞬间转变成巴枯宁所做的盗匪与平民对盗窃活动态度的基督人格化。

不仅如此，一个围绕着富人的快乐而建构起来的新世界，本身就是一

个值得向往的东西。它实现了民间乌托邦比如科基恩的承诺，并给予了其当代性和一个可以确定的切实地点，最明显的是享乐主义异端的集聚地。但是，享乐主义异端在此遇到了一个悖论：无约束的和不加分别的期望，预定了有大量的物品来满足这个神圣共同体。然而，无论自然还是那时的技术条件，都不可能提供充足的供应。但是，禁欲主义也面临自己的难题：它不仅要求信徒对微小的伦理奖励作出巨大的物质牺牲，而且要求他们必须放弃在未来乌托邦中获得的所有希望。禁欲主义激进派明显对立于历时久远的、起义民众总是诉之于的"黑色再分配"，快乐本身已不再是一种令人向往的东西。因而这两种派别都不可能赢得人类整体的支持（尽管正如我们即将看到的，作为一种大众道德禁欲主义比享乐主义更有希望做到这一点）。

因此，享乐主义者和很多禁欲主义者转向了一种精英主义的、新柏拉图主义的灵魂教义。只有上帝的选民——一个小规模的"神圣个体"或"圣徒"——才有希望获得荣耀；他们的追随者或具有"普通心理者"，或许立志于通过与这些选民的联系而服务于他们的需要和听从他们的智慧，把自己提升到"圣徒"的地位。其他人无论贫富，都是注定没有希望的。这些不幸的人是"正义"造物主无法救赎的奴仆，因而生活在一种绝望的堕落状态。他们可以被抢劫和杀死；事实上，上帝选民为了自己的目的而利用他们，是一种常规。

从理论的视角看，自由——尤其是诺斯替教的与晚期中世纪的形式，已经获得了一个史无前例的范围与精致程度。但是，正义与自由的区别，依然未能在当今杂乱无章的激进意识形态中变得清晰，除了个别的理论家之外，这两种理想仍是大量存在混淆的牺牲品。快乐与禁欲主义——或确切地说，需要与期望——的双重功能，还未能在当代激进思想中得到澄清。而稀缺与后稀缺的观念亦是如此。"来自什么的自由"（自由的来源）和"为了什么的自由"（自由的目的）之间的区分——即消极自由与积极自由之间的区分，已经在范畴学与司法原则中得到了详细分析，但我们依然在等待一种重建性乌托邦主义的深入讨论，以便清楚阐述权威与一种知识化的自发性之间在实践中的广泛差异。

但是，创造一种自由社会的历史主体是什么呢？而这种主体得以形成的现实背景又是什么呢？基督教和诺斯替教的激进派，都更坚决地面对这些问题，而不是他们自己理论前提的逻辑。在快乐与禁欲主义的全部逻辑等议题面前，这些激进派变得动摇和分裂——只有禁欲主义的卡塔里派和享乐主义的亚当派能够把这一逻辑贯彻到底，但他们一般来说很清楚哪些人可以升入天堂。在以下两种情况下，答案都是精英主义的，体现了由“圣徒”与“罪人”组成世界的二元论景象。基督徒们被要求接受一种偏向“圣徒”而不是“罪人”的神圣立场，而对于享乐主义者来说，他们甚至被要求接受“圣徒”对“罪人”的剥削。

即使在中世纪晚期，这些精英主义的结论也还很难说是基督教或诺斯替教激进主义的不可避免的后果。马西翁在诺斯替教“异端”的开始，并没有接受它们；而温斯坦利在基督教改革的终结时，也没有接受它们。尤其重要的是，他们二人在观点上都是禁欲主义的。如果能够做到被一种追求更加平衡的需要限制的伦理观点加以适当温和化，从而不同于卡塔里派的禁食至死或苏索的沉醉于自我折磨的话，禁欲主义的社会立场将会获得更广泛的大众感召力，14 世纪和 15 世纪对于西方社会来说，也许是一个独特的分水岭。历史看起来正徘徊在一个转折点：社会依然可以选择一种特定的路线，它能提供一种基于互补性与不平等中的平等的中等程度需要的满足；或者，它可以依据等价交换和平等中的不平等原则迅速地迈向资本主义，这两种新原则都得到了商品交换与人们面对“稀缺资源”时的“无限需要”这一信条的强化。

很多具体因素有利于对后者而不是前者的选择：或许，正如正统的马克思主义者所相信的那样，资本主义是欧洲封建主义的“不可避免的”后果。或许是这样——但基督教及其各种“异端”的确曾开辟了一个超越性的话语层面，它不仅囊括了中世纪社会的知识分子、教权主义者和有教养的贵族，还波及到了各种被压迫者，尤其是它的城镇居民。尽管有其各种缺点，中世纪社会不仅是前工业的，还是伦理取向的。它不仅依赖世俗层面上的自我利益与物质收获而生活，还依赖理想主义层面上的个人救赎与荣耀而生活。如果不承认中世纪时代人们伦理领域的重要性的话，人们将难以解释：一方面是穷人的早期圣战，另一方面是大量贵族转变成了

激进的再洗礼宗派。

因此，禁欲主义的基督教激进派由一些任由他们控制的跨阶级的支持者构成：一种既非平民也非贵族，而是基督徒（在这一术语的多重性但强烈感性的意义上）的历史主体。这种基督徒可以通过伦理理想而动员起来，而这会让现代个体感到迷惑不解。掠夺、剥削和肉欲快乐，当然未曾失去在基督教两面派观点中的位置，而等级制、阶级统治和“文明”则从一开始就在基督教社会中留下了深刻的伤口。但是，中世纪的观点在伦理意义上是更加精神分裂的，有时则是更具有神迹启示性，这远超出了当代人的理解范围。

当然，这一伦理世界并不是自由地悬浮在理想主义的天空中的，也不是仅仅来自高尚的志向。它产生于由小规模城镇、活泼多样的邻里关系和往来密切的村落所组成的丰富社会背景。那些潜移默化地激发着大量人类解放本能的“流动”男女，是失去家园的外来人或自由流动的游民，其扮演的功能可以一直追溯到原始时代人物比如阿基洛楚斯。但是，这同样适用于《圣经》中的先知、耶稣与他的门徒和教会中的伟大传教士。一种普遍人性的理想，同时涵盖着孤立的村庄与世界范围内的基督教会众。中世纪的唯一护照是洗礼的标志和一个共同信仰的证据。

相应地，尽管如今我们有着关于“一个世界”和“地球村”的词汇，当时这些教会会众的社会观比我们今天的更加完整和开阔。虽然物质利益像过去一样重要，基督教社会中即使最低的阶层也清楚地知道，很难把社会问题简单化为经济问题。由于普遍相信一个社会是复杂地相互交织在一起的，物质需要不能与伦理观念分离开来。要实现一个“基督的”社会，无论这一词汇被如何宽泛地解释，需要改变的不只是所有权和物品分配制度，还有“精神性物质”——包括已接受的道德、信仰、制度和更加个人意义上的性格与性生活，这直到宗教改革后期依然如此。这些宽泛的需要——甚至这种需要观本身，如果没有下列条件，就不会被简单化为“上层建筑的”意识形态，即把一个市场社会的心态强加于一个在很大程度上的庄园社会，把高科技强加给手工艺社会，把一个工业世界强加给一个家庭社会，把一个原子化的劳动力强加给一个基于基尔特的公共生产制度，把一个原子化的社会强加给一个高度协作性的人类关系体。

那么，资本主义是对中世纪社会的一个更“复杂的”替代吗？如果回答“是”，那将是一个傲慢的假定和对历史与现实中抗拒“现代化”的更复杂文明的一种侮辱。强调当代社会在历史中的突出地位，是悄悄地抬高一种沉闷而均质化的大众媒体而贬低由宗教仪式表达的精神渴望，是抬高一种机械的科学主义而贬低一种多姿多彩的主观感知，是抬高一种对近邻命运冰冷的漠不关心而贬低一种相互交织的互助系统。由于拷打已经作为一种理性化的审讯与惩罚工具回到现代社会，中世纪的肢刑架相比之下已经变得微不足道。而且，尽管现代社会不再对它的异端实施火刑，却把成千上万的无辜之人烧死在毒气室和核爆炸中。

很多我们称之为意识形态的、道德的、文化的和制度的中世纪社会的“上层建筑”，是与它的经济与技术“基础”密切关联的。无论是“上层建筑”还是“基础”，都因为对方提供的营养得以丰富与扩展。经济生活与技术发展，都存在于一个十分宽泛的文化制约与文化创新的范围之内。自由不仅可以在物质意义上，还可以在伦理意义上加以界定。资本主义将扭曲并在事实上毁坏这一宽广的范围，这在之前已经强调过，但仍需再次重复。把中世纪与工业革命分离开来的时代，将以共同体生活的可怕衰败为标志，以备受尊敬的大众理想降低为厚颜无耻地追逐经济利益为标志，以个体退化为自我中心主义为标志。自由以及提出其理想的革命主体经历了非自然化、合理性化和经济化，而这已成为人类共同体及其个体的命运。的确，资本主义已经重新定义了用以讨论自然与自由憧憬的术语，在某些方面甚至扩展了自由概念本身。但是，它的经济决定论取向是显而易见的。资本主义体现了社会以及“社会问题”本身的经济化，所借助的是一种把文化、伦理和心理议题吸纳进一个需要与技术的物质系统的经济。

对当今社会的这种经济决定论阐释，并非只是意识形态的扭曲；它们精确刻画了我们时代的主导性现实。这一画像真正成问题的是，它没有作出任何努力来超越所描述的生活层面。几乎每一种对现代社会、技术和个体的“资产阶级特性”的批评本身，都受到了它所批评的内容的污染。通过强调经济学、阶级利益和社会的“物质基础”等等，这些批评是它们试图反对的“资产阶级特性”的承载者。它们极其缺乏对超越资本主义社会

的经济条件，以及对恢复遭到资本主义疯狂诋毁的话语与理想的伦理层面的信奉。依据很多激进理论家的看法，一个“理性的社会”往往意味着不过是一个高度理性化的社会，而“自由”则仅仅意味着人类对实现经济目的进行有效协调。

通过“经济化”生活整体，资本主义“经济化”了“社会问题”、自由的结构和革命性主体。这一主体的公共背景已经在很大程度上被瓦解了。英格兰革命强加给自由的遗产一个新的律令：要想使人类解放的讨论有意义，人们就必须去除拒绝物质的恶习、一种主要由市场机制造就的新的“稀缺”体制和技术发展的特性。自由现在彻底地与经济纠缠了在一起，此外，自由的生活与一种“稀缺资源”的观念、乌托邦与技术、伦理革命主体与无产阶级，也纠缠在了一起。

但是，自由的“经济化”完全是我们话语层面上的一个倒退吗？事实上，经济学还包括一个生态向度。我在此指的不是“佛教的”、“乐观派的”、“稳态的”或“第三波的”经济学，而是指一个自由社会必须面对的工作、技术和需要的特征。在根除了共同体并瓦解了欧洲社会的传统革命主体之后，资本主义已迫使我们从物质的视角界定自己的伦理生活关系。现在，这种发展是不是“值得期望的”，已经变得无关紧要；因为事实是，它已经发生，而我们必须面对现实。无论程度如何，“社会问题”现在已包括着我们与自然的技术性互动问题——马克思称之为人与自然间的“新陈代谢”，而不仅仅是我们对自然的态度和我们相互间的伦理关系。

我并不是说技术议题从今可以取代伦理话语与关系。但是，如果置于适当的背景之下，它们甚至有助于逆转社会生活的“经济化”。任何一种对人类意识的诉求，无论是“阶级意识”还是“个性意识”，都是一种对精神创造性的诉求和一种对人类善行信念的表达。马克思“唯物主义的”、黑格尔“唯心主义的”、克鲁泡特金“生态主义的”和傅立叶“乌托邦主义的”观念，都怀有同样的希望：即相信人类凭借理性可以实现一个自由社会。思想与远见主导下的生活，具有至高无上的权威。资本主义为未来创造的物质分配本身是一种自由——滑稽的是，它竟然是在资产阶级的社会关系背景下出现的。它是这样一种自由，人们不仅要从社会生产的商品中作出选择（一种生产主义乌托邦的自由），还要从泛滥成灾的与非理性的各种资本主义人为需要中进行选择（一种消费主义乌托邦的自由）。当这两种自由融合成为一种更高级的形式时，未来的乌托邦将既非是严格意义上的生产主义的，也不是消费主义的。依据自由是对产品与需要的选择，同时作为生产者与消费者，人们可以构想更高级形式的自由——它将消除经济决定论的腐蚀并重建其过去时代的伦理基础，并充满着技术进步所开辟的各种选择。至少就潜在可能性而言，我们正面临着迄今为止最为宽泛的自由概念：**自主的个体以既非禁欲主义也非享乐主义，而是结合二者优点的方式，创造物质生活的自由——它将是生态的、理性的和艺术的。**

当然，一种可能性的出现，并不能保证它肯定能成为现实。借用鲍狄埃鼓舞人心的革命圣歌"国际歌"中诗句，一个新社会如何能够"在新的基础上建立"呢？在什么样的"旗帜"下，人类可以再次"团结起来"呢？鉴于亚当派和现代集权背景下的"军事"或"战时"共产主义所提供的僵硬先例，人类社会如何能够在为每一个人生产充足物品的同时，为个体提供选择的需要与产品的自由呢？在物质生活领域中，这是我们能够期望获得的最彻底的人类自主形式——同时是作为选择的理性尺度和个体作出这种选择的理性能力的一种表达。的确，如果我们相信自由个体具有决定公共事务领域中政策的能力，我们同样也可以相信自由个体在物质领域中有着决定他们需要的能力。那些从基督教中找到灵感、在"新耶路撒冷"中寻得信仰的圣徒，逐渐变成了在形成中的资本主义市场中从事买卖生意的营销商，并把一个新黄金时代的信念让给了世俗的反叛者与革命者。

无论如何，对一个黄金时代的回顾本身已经被它试图观察的过去所吸纳。一旦资本主义来到这个世界并用一种"稀缺感"腐蚀了它，人们就不得不面对——无论是天上还是人间——一个由技术与生产组成的物质世界。

【注释】

[1] James Breasted, *The Dawn of Conscience* (New York: Charles Scribner's Sons, 1933), p. 195.

[2] Ibid., p.196.

[3] Acts 2: 44, 45; 4:32(New Jerusalem Bible).

[4] Max Beer, *The General History of Socialism and Social Struggles* (New York: Russell & Russell, 1957), p.200.

[5] Ibid., p.201.

[6] Ibid., pp.201-202.

[7] Matthew 10:34.

[8] Norman Cohn, *The Pursuit of the Millennium*(New York: Harper & Row, 1961), p.4.

[9] Ibid., p.12.

[10] Christopher Hill, *The World Turned upside down* (New York: Viking Press, 1972).

[11] Jean Froissart, *Chronicles*(New York: Penguin Books, 1968), p.212.

[12] Kenneth Rexroth, *Communalism*(New York: Seabury, 1974), p.88.

[13] Ibid., p.91.

[14] Ibid., p.138.

[15] Gerrard Winstanley, *The Law of Freedom in a Platform or, True Magistracy Restored*(New York: Schocken Books, 1973), pp.112.

[16] Ibid., pp.134-142.

[17] Jeffey B. Russell, "The Brethern of the free spirit," in J. B. Russell(ed.), *Religious Dissent in the Middle Ages*(New York: John Wiley & Sons, 1971), pp.87-90.

[18] Norman Cohn, *The Pursuit of the Millennium*, p.186.

[19] Ibid., pp.186-187.

[20] Ibid., pp.188-189.

[21] A. L. Morton, *The World of the Ranters*(London: Laurence & Wishart, 1970), p.70. See Ibid., p.83.

[22] Christopher Hill, *The World Turned upside down*, p.256.

[23] Ibid., p.260.

第九章　技术的两种意象

在分析技术与生产时，我们遇到了一个不可思议的悖论。令我们深感沮丧的是，一方面是技术革新所带来的巨大成就感，另一方面则是对其结果的严重失望情绪。这种二元态度不仅体现了大众意识形态中一种关于技术的冲突，而且表达了对现代技术创造力本身性质的质疑。我们感到困惑不解的是，由我们精神想象和亲手创造的工具，如此容易地反过来反对我们自己，给我们的生活造成灾难性后果——甚至影响到我们作为物种的生存。

对于今天的年轻人来说，很难认识到几十年前在技术取向与创造力中存在的冲突的严肃性。甚至像伍迪·格斯里（Woody Guthrie）这样一个倔强的异端性英雄，也曾经称赞过在如今看来是一种耻辱的大坝与巨型工厂。格斯里和他 20 世纪 30 年代的激进同伴所提到的人们，对技术怀有深情的尊重，尤其是那些我们将其划归在“技术”名下的技巧与设计。新机器像艺术作品一样是展示的对象，不仅使未来主义者、制造商和专家们狂喜异常，也深深吸引着各行各业的普通公众。受人欢迎的美国式乌托邦，展现在巨大无比的技术主义意象中；它们体现为力量、一种洋洋得意的对自然的主宰、工商业等的巨型化和令人眼花缭乱的流动性。主要是技术成果展示的“未来新世界”即 1939 年的纽约世界博览会——被赞誉为最后的真正博览会之一，它所展示的人类的成就与希望吸引了数千万的参观者。事实上，技术已经同时成为一种机械产品与文化制品。20 世纪早期见证了一种强烈社会与救世主义色彩艺术的出现，比如最著名的有未来主义、表现主义和“建筑”设计学派等，但它们都明显是技术性

的，无论就其基本主张还是它们对更休闲的、反思性、手工取向和有机传统的贬损来说都是如此。

技术对那时的社会意象的控制，更多是盲目崇拜性的而不是理性的。甚至第一次世界大战——它见证了新技术设备的大量使用并造成数千万人被屠杀，依然未能驱散这种技术神话。只有在第二次世界范围冲突的发生及其严重后果面前，我们才开始看到大众心理中对技术革新明智性的质疑。核武器——很可能超出了任何其他单一性因素，已经造成了一种“技术导致荒芜”的大众恐惧。20 世纪 60 年代开始显示出属于它那个时代的强烈的反技术偏见，并在后来转变成关于“高”或“硬”技术与所谓的“适当”或“软”技术的争论。前者包括与化石和核燃料、工业化农业和化合相关的技术，而后者包括围绕着太阳能、风能和水电、有机食品、适当规模与手工业化的工业建构起来的技术。

使“适当的”技术在今天变得日益具有吸引力的，并不是对其已取得成就或未来承诺的大众赞誉，而是由于对我们正在无可挽回地趋向于大规模生产的破坏性体制和广泛的环境污染难题的普遍担心。一种技术社会的艺术性拯救已经不复存在。人类现在似乎感到，技术已经使其陷入难以自拔的困境；人类乐意去作为一种牺牲品而不是受益者。如果说在20 世纪上半叶把“高技术”的产生看作一种大众化的“艺术形式”，是因为那时工业化世界人口的绝大多数仍然生活在小规模的共同体中，并拥有基本上是古代的技术制品，那么，在该世纪末把“适当”技术的出现看作一种大众化的“艺术形式”，则是因为“高”技术已经把一个华丽的囚笼置于成千上万人之上，他们现在聚集在西方世界的城市中与高速公路上而处于窒息状态。

这种逐渐地弥漫于西方社会对技术回应中的宿命论，在很大程度上来自于它对技术革新的伦理立场模糊性。现代心理已经被培养成把技术的复杂等同于一种“好的生活”，而且在很大程度上等同于社会进步主义，其最终结果是人类的自由。但是，所有这些观念都没有得到适当的澄清，至少未能从历史的视角做到这一点。现在，绝大多数人把“好生活”或“生活得好”（这些词汇可以一直追溯到亚里士多德），理解为一种物质上有保障的和极其富裕的生活。这一结论在我们今天看起来也许是合理的，但却与它的古希腊渊源大相径庭。亚里士多德对“单纯地生活”（其中人们在非理性的驱使下无限制地追逐财富）和“生活得好”（在一定“限度”之内生活）的传统划分，典型体现了古典时期的理想生活观念，尽管它在紧要关头很少得到真正遵守。“生活得好”或过一种“好的生活”，意味着一种伦理性的生活。其中，一个人不仅要致力于他的家庭与朋友的健康生活，还要致力于他的城邦与社会制度的健全性。为了在一定限度内过“好的生活”，一个人要力求实现平衡与自足——一种有控制的、健全的和全面的生活。但是，自足性——对于亚里士多德来说它具体体现了上述理想性概念的核心之处，并“不意味着一个人本身是自足的，人们并非过着一种独居的生活，还要服务于他的父母、儿童、妻子，以及他的朋友与公民伙伴，因为人生来就拥有公民权”[1]。

物质富裕生活的现代意象与基于制约的古典生活理想之间的二分法，和现代与古典的技术概念之间的二分法相并行。对现代人而言，技术仅仅是原材料、工具、机器和器械的组合，以便生产一个有用的对象。一种技术的价值与可期望性的最后评判标准，是操作性的：它基于效能、技巧和花费。事实上，花费多少几乎囊括了证实一种技术成就之有效性的所有检验因素。相比之下，对于古代人而言，“技术”（或确切地说古代意义上的技术）有着丰富得多的含义。它存在于一种社会与伦理的背景之下，其中，借用亚里士多德的术语，人们不仅追问一种使用价值“如何”生产出来，还要追问“为什么”要生产。从生产的过程直到结果，技术同时提供着理论框架与伦理视野，并依此形成一种对技术活动的“理由”及其“方式”的形而上判断。在这种伦理的、理性的和社会的框架内，亚里士多德区分出了“各个工艺中的优秀工人”——他们是“更值得尊重的，真正有知识的和比其他体力工人更明智的”。不同于那些严格操作性的下属——“那些不具备相关知识而行动的人，就像燃烧的火一样”，优秀工人们遵循着自己的远见与伦理责任而行动，并使其工艺成为理性的。[2]

不仅如此，古代意义上的技术比现代意义上的这一词汇涵盖了更宽泛的范围。正如亚里士多德在《尼各马科伦理学》中解释的，“所有的艺术［技术］，关注的都是如何成为现实，也即设想与考虑某一事物如何能够成

为存在或不存在的现实，它起源于制造者而不是被制造物”[3]。在这里，他区分了手工产品——甚至包括宏伟建筑与雕塑那样的艺术品——与自然现象，后者“源于它们自身内部”。相应地，技术是一种“涉及到制造的状态，其中包括着真实的推理过程……”它是一种“潜能”，一种技术与伦理的“善”所共享的本质。所有的“艺术即知识的产物，是潜能；它们是产生其他事物或艺术家自己认为是其他事物的创造性源泉”[4]。

这些深刻的伦理与形而上学评论表明，技术的传统意象(image)如何有别于技术的现代意象。技术的目标并不仅仅局限于“生活得好”或生活在一定限度之内，还包括过一种伦理的生活，并遵循一种被视为潜能的创造性与管理原则。从一种工具性视角看，技术不仅包括了原材料、工具、机器和产品，还包括生产者本人——简单地说，一种生产其他事物的高度复杂的主体。对于亚里士多德而言，“优秀工匠”之所以不同于他的学徒或助手，在于他的道德品性、他懂得产品“为什么”被创造出来和他对事物与自然现象的更多了解。通过始于主体的合理性，亚里士多德确立了一个把合理化引入物质对象生产的出发点。

现代工业生产恰恰走向了相反的方向。技术的现代意象，不仅只局限于这一术语的工具意义，而且它的目标也与无限制的生产不可分割地联系在了一起。“生活得好”被视为在一个完全非伦理的、局限于私人化自我利益层面的框架内的无限消费。不仅如此，技术不包括生产者及其伦理标准(毕竟，无产阶级以完全匿名的方式服务于现代工业机器)，而只包括产品及其构成。技术的焦点从主体转向了客体，从生产者转向了产品，从创造者转向了被创造物。“为什么”意义上的道义和关于事物与自然现象的任何一般性智慧，都在现代工业所要求的世界中没有立足之地。技术中真正重要的，是效率、数量和劳动过程的不断强化。包含在客观对象生产中的似是而非的合理性，被如此广泛地强加于主体中的合理化，以至于生产者的主体性完全萎缩，并沦为众多客体中的一种。

事实上，主体性的客体化是大规模生产的必要条件。对此，霍克海默指出，“思想或词汇变成了一种工具，而且，人们可以通过实际上的‘思考’它来摒弃它，也就是完成一些包含在词汇组合中的逻辑性行动”。他还说：

> 正如被一再而且正确地指出的，数学的优点——所有新实证主义思考的模板，就存在于这种“智力的经济学”中。复杂的逻辑运算，是在数学与逻辑符号所基于的所有智力活动事实上并没有发生的情况下实现的。这种机械化对于工业的扩展是必需的；但如果它变成了精神的主要特征，如果理性本身被工具化，它将呈现出一种物质性与盲目性，将会变成一种偶像，一种被接受而不是理智体验的神奇存在。[5]

霍克海默的评论，尽管看起来充斥着一种新技术论对衰退中的传统主体性的影响，但也很容易理解为一种新主体观对衰退中的传统技术论的阐释。我并不是说，从这种主体性中产生的技术并没有反过来强化它。但如果我对历史记述的理解是正确的，那么，我们完全可以说，早在大规模生产出现之前，已经存在着对共同体生活的广泛破坏，并出现了被赶出家园的、无家可归的、原子化的和无财产的“大众”——现代无产阶级的先驱。与这一发展趋势相并行的，是科学关于一个新的世界意象的主张——一个由物质与运动构成的无生命物理世界，它先于工业革命时代的技术成就。

技术并不在真空中存在，它也并不拥有一个自主的发展过程。古希腊思想把手工艺与艺术在技术的名义下适当地联系在了一起，也把二者与它的价值体系与社会制度联系在了一起。由此来看，一种特定的感知体系、社会关系和政治结构，像生产者的物质动因和社会的物质需要一样，是技术的重要组成部分。事实上，技术是被整体性地看待的，就像我们今天所理解的生态系统。就技术来说，技能、器械和原材料，都不同程度地与社会中理性的、伦理的和制度的组合相互联系在一起，它们被视为一个统一的整体。如今，如果这些“超技术的”方面像合理性、伦理和社会制度，看起来与它们过去时代的对应物相比是贫瘠的和非有机性的，那么，这是由于现代意义上的技术是非有机性的。而且，这并非是因为现代技术决定着“超技术的”因素，而是由于社会就其“社会肌体”与结构形式而言，已经向非有机性方向退化。

在此，我们需要一个更清晰的、关于“技术”意味着什么的意象：它所提出的感知难题、它所发挥的功能和技术革新中潜藏的风险与未来希望。

把我们的讨论仅仅局限于推进技能、器具和原材料的发现，就会使我们拘泥于对所有这些议题的浅显解释。如果不深入考察以不同方式影响着技术更新的社会变化，我们将很难解释，为什么某一种新发现的知识体系未能影响一种社会关系，却看起来“决定了”其他地方的或在其他时间发生的社会关系。说一个社会从一开始就“准备好”了指南针、活字印刷或蒸汽机，而其他社会却没有，是完全忽视了社会与技术间的关系问题。在下一章，我将更充分地表明，改变社会的既不是技术变化，也不是马克思的“生产关系”，而是某一社会自身内在的辩证法，其中有组织的暴力并没有直接参与其中。

让我从分析围绕着劳动而形成的意识形态——所有技术性范畴中最人类化的，开始对技术以及决定着其形式与命运的对比性意象进行探讨。除了性行为外，没有任何主题像劳动这样难以进行不带任何偏见的理性分析，并导致了如此繁杂的意识形态争论。与任何其他人类活动相比，劳动都更加强化了人们在每一个经验层面上的当代社会关系——无论就它所带来的奖赏、它所授予的特权、它所要求的纪律、它所制造的压抑，还是它所产生的社会冲突而言，都是如此。批判性地分析在其最复杂的意识形态形式中的有关看法（值得注意的是马克思对劳动的出色分析），也许是探讨这一主题的最严肃出发点。

在此，不同于我迄今为止所一直推崇的程序，过去并不能像现在阐明过去那样清楚地阐释现在，并给出关于未来的现实参照。由于我们对“自然的支配”的过分强调、我们的社会生活的经济化、我们支持技术革新的倾向和我们把劳动作为均质的“劳动时间”的意象，现代社会也许比先前任何一个社会更能清楚地意识到，它自身是一个基于劳动的世界。因此，我们也许偶尔做一些回顾性分析，但只是在十分必要时才会这样做。

对于现代人来说，劳动被视为一种单纯的、抽象的活动，一种远离人类的自我真正实现观念的过程。一个人“去工作”，通常就像一个受到谴责的人去一个禁闭所一样：工作地点就像一种惩罚性机构，其中人们为了生存必须接受一种“无心劳动”形式的惩罚。像“9 点至 5 点工作制”等表达形式，是很能说明问题的；它们告诉我们，劳动、工作或劳役（今天人们可以互换地使用它们)，是为人们的“真实生活”所不容的，无论它意味着什么。我们使用时间、产品和效率来“测量”劳动，但很少将其理解为一种具体的人类活动。除了它能带来的收入，劳动通常是外在于人类实现的。它可以通过新的超验的“能量”世界来描述——无论它是心理的、社会的、“宇宙的”，甚或生态的(如果系统理论家是正确的话)——作为一个人由于听命于工作纪律而可以获得的奖励，那是能够理解的。从本质上说，这些报酬被视为对人们顺从的激励，而不是对应该伴随着创造性和自我实现的自由的激励。我们之所以获得“酬劳”，通常是因为我们屈辱地低头工作，而不是自豪地昂首工作。

甚至马克思——他首次阐述了劳动的抽象特征，也往往使之神秘化为“自由”而不是屈从的前提——滑稽的是，通过它已不再拥有的人道主义的借喻来玷污劳动。《资本论》对动物的无意识活动与人类的有意识活动，作了著名的对照比较。在这里，马克思把工人“作为一种属于自然自身的力量，他运动着的四肢、头与手，他身体中的自然力量，以一种适合其自身需要的形式占有自然的产品。依此，他在作用于外部世界并改变它的同时，也就改变了属于他自身的自然”。

然后，马克思引述了对蜘蛛与蜜蜂的有关阐释——它们的作为足以让很多编织工与建筑师感到羞愧，但他指出：

> 把最低劣的建筑师与最好的蜜蜂区分开来的是，建筑师在实际地完成某一建筑前已经在头脑中形成了它的结构。在每一个劳动过程结束时，我们所获得的是一个从一开始就已存在于劳动者大脑中的结果。他不仅使其劳动的物质对象发生了形式上的改变——这是他工作的任务，还实现了他自己的目的，即赋予其实际做法以规律，并使自己的意志服从于它。[6]

这一阐述表面上的“清白无辜”是严重欺骗性的。它充斥着意识形态——一种更具欺骗性的意识形态，因为马克思本人也没有意识到这一他已经掉入的陷阱。这一陷阱恰恰在于马克思赋予劳动过程的抽象性、它的非历史的自主性和它作为一种严格意义上的技术过程特征。从一开始，人们就有理由质问：仅仅说在“每一个劳动过程”的“开端”劳动者就已拥有一个主观设想，而不更多关注使用价值的具体生产，这究竟有多少意

义呢？在今天，甚至建筑师和其他专业人员的设计过程，已经变成一种固定的理性技术过程。不仅如此，“无须动脑的劳动”不仅是一种机械化过程的结果；正如我即将揭示的，它还是精心策划与有意识的屈从与控制的结果。最后，我们是否应该相信，人类“劳动”的大量自发性创造，通常更多会受到理智设计而不是美学的、常常难以名状的冲动的指导（在后者中艺术与手工艺连接在一起）呢？正如我即将指出的，技术的词汇要理智得多。

在他以其最“有机性的”借喻来描述劳动及其材料的相互作用时，马克思对劳动的技术化阐释明显地体现了出来：

> 铁会生锈，木头会腐烂。纱线既不用来纺织，也不用来编织，则是一种浪费。有生命的劳动者必须利用这些东西，并将它们从其熟睡状态中唤醒，把它们从仅仅可能的使用价值变成真实的和有效的使用价值。经过劳动之火的锤炼，它们被改造成劳动过程中的重要组成部分，并变成能够发挥其应有功能的活生生的存在——无论是作为新使用价值、新产品的构成要素，还是作为维持个体消费的手段，或者作为新的劳动过程的生产方式。[7]（着重号为本书作者所加）

我在上述段落中所强调的术语表明，马克思自己的想象在多大程度上受到了普罗米修斯主义的、往往是严重资产阶级的产品意象的彻底污染，正是它们预定了他试图从自然的“熟睡”中“解放”出来的“使用价值”。就像在《奥德赛》中的安乐乡一样，梦幻般的自然世界被认定是一个“废弃的”世界，直到有一个荷马式英雄——借助于一种费希特的“自我”，从自然内部创造出一个作为挑战性对手的“非我”或“其他”。因此，尽管马克思多次提到威廉·配第（William Petty）的自然与劳动间的“联姻”概念，事实上并不存在一种强制性父权制之外的任何严肃婚姻，在后者情况下，婚约仅仅被视为一个来自耶和华的、把所有现实置于男性年长者的钢铁意志之下的许可。

由生产活动中的人类想象确立的概念，有别于蜘蛛与蜜蜂的本能性冲动，从来不是社会中立性的。它们也绝不能仅仅从技术意义上来理解。从设计过程一开始，技术性想象即使在最理想的社会条件下也存在着潜在的难题。对其毫不置疑，就是忽视人类与自然相互作用中的最根本性问题。我强调这一点，并不是基于如下一种信念，即人类的精神必然是由决定着想象过程的任何天赋的、新康德主义的结构所决定的。相反，我认为，精神以及技术的想象——除非获得西方哲学已经确立为其最高理想的自我意识，不仅对于社会持续的文化刺激，而且对于构成想象本身语言的意象来说，将必然会是十分脆弱的。

对马克思来说，劳动过程和指导着它的智力设计，本质上是功利主义的：它们具有一种不可简约的技术基础，一种操作方法，并由此获得了科学规律性的中立性与严格性。尽管它们的有效性会因时而异，设计及其执行它的劳动过程，对马克思来说是一种物理性的相互作用。的确，如果不存在这样一种潜在的、社会中立的相互作用，马克思的“历史唯物主义”——以及它被称为“生产方式”的“解围之神”(核心性概念)，在马克思的社会理论中将是没有意义的，就像黑格尔的冷酷目的论体系缺少了黑格尔的“精神”概念一样。两个体系都必须由某种并非局限于偶然性的事物来推动。因此，设计过程与劳动过程必然被配备以一个超历史的避难所，借此他们可以操纵历史——马克思在其理论体系中时常在作某些深刻思考后退回到这一避难所。

马克思和他的很多维多利亚同代人，以极其严厉的术语蔑视“自然崇拜”，并非偶然。19 世纪的浪漫主义运动回应了一种更广阔范围的和更古代的感知：生产应该是一个共生性的，而不是对立性的过程。尽管这一运动主要是审美性的，它还结合了无政府主义的互助理论——尤其是克鲁泡特金的极富远见的著述，以探求一种意义更广泛的“自然设计”：劳动与自然间的一种新型联姻，它不再被视为“男人”对自然的父权制支配，而是基于和谐、丰产和创造的建设性关系。19 世纪的自由主义与美学运动，依然继承了人类工艺与自然潜能之间丰富相互作用的意象。但是，劳动并没有被视为“火”，工业并没有被视为“熔炉”。这些运动的意象是极为不同的。劳动被视为供应自然的产物即使用价值的接生婆和帮助性工具。

这种观点意味着，其中“建筑师形成他的结构”的想象，是社会的与伦理的衍生物。设想中的现实涉及到一种支配的或自由的认识论，而它们不能仅仅被简单化为技术的基础。因此，生产的产品意象——那些产生于工程师、建筑师、艺术家和劳动者头脑中的影像本身，并不是社会或伦

理中立的。因而，并不存在一种不可简约的技术基础，人们可以从中构建价值中立的技术和劳动理论。作为“火”的劳动和作为处于“熟睡”状态的自然现象的意象，是从一种严重支配性感知的视界中形成的。现代技术产品的意象起源于统治认识论；它是由我们特定的“认知”世界方式——人们相互之间的和面对自然的——经过漫长岁月后形成的，而这种方式在工业化农业、大规模生产和官僚制中得到了最好的体现。

隐藏于几乎每一个当代劳动意象背后的，是一种独特的关于物质的意象——即借助这一物质对象劳动发挥其“火的”力量并改变世界。对于现代人来说，物质构成了一种最简单性存在的根本，无论我们选择使其等同于能源、粒子、数学原则，还是仅仅作为一种方便的功能性假设。无论做何具体选择，我们都把物质视为物质性存在的最基层水平和现实的最底层。的确，物质一旦由于其相互作用而获得特殊性，它就不再仅仅是“物质”，而是获得了体现为“某种东西”的形式，一种可以分解的特定个体。

依此来看，物质完全与一种对现实的量的解释相一致。它也许是离散存在的，但却依然是没有质的差别的。物质可以称量与记数，但却不涉及任何可能影响适于统计目的的均质性的差异性。它也许是活动的，但却不是发展着的。因此，它没有提出任何需要质的解释的难题。从哲学的观点看，物质也许存在着内部相互作用，但却缺乏内在性或自我构成。因而，它具有现实性，但缺乏主体性。在现代人的心目中，物质不只是非精神化的，还构成了精神的对立面。物质的客体性，是说明我们的主体性概念的鲜明对照。对物质的传统定义，清晰暴露了在一个不断非精神化世界中的这个严重精神空虚性概念。物质是占据着空间的质材——这是一种均质化的物质，其存在可以由重量与数量来加以量化确定。

相应地，我们关于劳动的意象是物质的非精神化的对应物，只存在于时间的向度中。与其他观点相比，马克思在《资本论》开篇中对抽象劳动的讨论，更深刻地表达了这种劳动与物质的形而上学畅想。在这里，仅仅由时间流动来测量的抽象劳动概念，变成了由其密度与占据空间来测量的抽象物质的对应性概念。事实上，笛卡儿的广延性，得到了马克思的历时性的补充——这个概念性框架同时影响了他对价值与自由的讨论，而它的“根本性假设”是“工作日的缩短”。的确，马克思的著作中有着像黑格尔的辩证法一样多的笛卡儿的二元论。

让我们继续来看马克思的讨论，如果我们剥离了商品的质的特征——那些满足具体人类需要的特征，那么，“它们将只剩下一个共同特征，即作为劳动的产品。甚至作为劳动的成果本身，它也已经在我们的手中发生了变化。我们在抽象化一些使用价值的同时，也就抽象化了使其具有使用价值的物质因素与形式；我们在其中看到的将不再是一个桌子、房子、纱线或任何其他有用的东西。那一产品作为物质性事物的存在已经被隐藏起来。它也不能被当作木匠、泥瓦匠、纺纱工或任何其他特定生产劳动者的劳动成果……一种使用价值，或有用商品……仅仅由于人类的抽象劳动体现于或具体化于其中才有价值。那么，这一价值的大小如何测量呢？简单说，通过这一物质中价值创造的数量，或包含在这一商品中的劳动。然而，劳动的数量是通过它的持续时间来测量的，而劳动的时间是进一步展现为星期、天和小时的”[8]。

对于它们作为政治经济学批判一部分的功能暂且不论，这些引述就马克思的分析程序、他的哲学前提和他的意识形态目的等来说，是十分重要的。很难给出对马克思分析结果的“明确的”结论性看法，因为他既不是分析某一种商品，也不是严格意义上的概括。事实上，马克思是在使之意识形态化——很可能已超出了概括性分析通常要求超越其特殊性形式的“理想化”程度。

马克思在商品的“使用价值”——“那些把一个产品转变成使用价值的物质要素与形式”——中所达到的“抽象”程度，就我们对使用价值的人类学了解而言影响如此深远，以至于这一理论分析过程本身必须从社会的角度加以辩护。事实上，由于那时的科学主义偏见，马克思已经把商品从一种比他也许认识到的更丰富的社会背景中隔离。他不仅是在应对商品的使用价值形式，还在非反思性地应对由社会构成并经历史发展的传统与事实——更准确地说，那些也许导致了他的分析程序与特定结论似是而非的技术、劳动、自然和需要方面的假设。如果我们撇开了一种商品——为了交换目的而生产的使用价值——的具体属性，以至于它“作为

一种物质性的存在”可以真地“被隐藏起来”，也就很难知道自己是否了解了它的“本质”。或许对于一种商品来说更根本性的正是那些具体属性——作为一种使用价值的形式，它们提供了内在于每一个值得期望的自然与技术产品中的乌托邦主义的向度或“希望原则”（也即安德烈·布莱顿或许称之为的“奇妙的”向度）。在这里，我们也许可以看到商品之中的根本矛盾——它作为一种交换价值的抽象性与它作为满足需要的一种使用价值的“丰富性”之间的矛盾，资本主义的最基本历史矛盾由此而展开。

无论如何，马克思的理想化过程产生了一个比他能够明确预期到的更深远的后果。抽象劳动只能产生抽象物质——一种被彻底剥离了“那使产品成为使用价值的物质要素与形式”的物质。无论是马克思还是他那个时代的政治经济学家都不可能认识到，抽象物质像抽象劳动一样，是对具体物质与具体劳动的乌托邦特性——即感观特性——的一种否定。因此，作为期望现实实现的“使用价值”和作为娱乐现实实现的“具体劳动”，被排除在了经济话语领域之外；它们被留给乌托邦主义的主观想象来阐释（比如以傅立叶为代表的无政府主义空幻王国）。政治经济学已经失去了其艺术性。它的专家已经变成了一群“精于世故的思想家”，而他们的世界实质上是按照资产阶级的意识形态标准界定的。

对于马克思来说，这种日益走向一种觉醒“科学”的发展在理论与历史意义上都是进步性的。当阿多诺讥讽地批评马克思试图把整个世界变成一个工厂时，也许说出了许多他实际上并没有意识到的东西。对于马克思的理论而言，具体劳动向抽象劳动的简化在理论与历史的意义上都是有必要的。抽象劳动也许是一个资本主义的创造物，但像资本主义本身一样，它是历史辩证法中的一个必要“时刻”。抽象劳动不仅是一种使交换比率在更大规模上成为可能的媒介，而且从一种更宽阔的视野来看，它变成了自由的技术基础的一部分。正是由于它的广泛适应性，抽象劳动使人类活动可以交换，使工业任务的转换成为可能，使机器的使用变得灵活。抽象劳动作为无差别的人类能量在工业活动中流动的能力，使工作日的控制与减少成为可能，以及相应地，“自由王国”以“必然王国”为代价的扩大。如果马克思的共产主义意指一个“艺术家的社会”，那么，他显然还不愿意承认，这一未来社会大厦的颜色将很可能局限于一些程度不一的灰色。

把有机社会观与上述观点相比较，意味着将进入一个有着质的不同的意象领域和一种丰富感性的感知形式。有机社会的世界意象，几乎在所有方面都截然不同于马克思的、科学主义的和公开是资产阶级的物质、劳动、自然与技术观念——事实上，不同于它用来把握现实经验的技术想象的结构。谈论有机社会对这些议题的观点甚或它的“感知”，往往很难做到公正对待它的认识结构的感知多样性。正如我关于泛灵论的讨论所表明的，这种感性化结构把无机的事物提升到有机的水平，把无生命的存在提升到有生命的水平。甚至在自然被精神化之前，已经先被个性化了。但是，不仅自然的“对象”（无论是不是活的）就其本身特质来说是一个主体，而且，调节工人与作为其劳动对象的物质材料之间的关系的工具，也同样如此。“劳动过程”本身具有一种统一性活动的有机特征，其中，工作呈现为一个完整孕育过程中的一个要素——即字面意义上的再生产活动。

更具体地说，有机社会的技术想象即其概念化的模式——远非是严格意义上的功利主义的，展示了一种创造性活动的精妙整合。其中不存在主体与客体之间的相互对立，也不存在一个事件与另一个事件之间的线性因果关系。相反，物质材料、工作过程和被改变了的结果，变成了一个有机的整体、一种生态技术的整合，它更接近于一种孕育性的、再生产的活动，而不是我们称之为“劳动”或“工作”的抽象的人力运用。像一个包括着“生产者”与“物质材料”的介质一样，劳动过程在二者中间流动并把它们加工成一种共同的结果，其中无论是工匠还是物质材料都不能取代对方。劳动时间——更不用说“抽象劳动”，在概念上是很难统一衡量的。时间，就像柏格森所意指的那样，是心理性的，因而难以用线性的观念来加以确定。与活动的特定性及其“产品”具体性结合在一起的劳动，在它作为一种感性活动的具体性之外没有意义——因而，广阔的现象世界就像土地一样，是“无价的”（借用我们蹩脚的词汇）和不可交换的。

相应地，当不是作为分别来自工匠与物质材料的成果，而是有机社会

意指一种人类与自然力的新型结合时，在现代意义上使用“产品”一词将是没有意义的。亚里士多德的观念比如“物质因”、“否定因”和“形式因”——事实上是一种物质材料努力地参与其中以便获得某一种特定形式的因果关系的类型，就具有这种早期有机的生产认识论的特征。事实上，劳动过程并不是一种生产形式，而是一种再生产形式，不是一种制造行动，而是一种再创造行动。

这种关于劳动过程的观点在多大程度上渗透于史前共同体的感知之中，在人类学与神学数据中得到了充分证实。像农业一样，其他生产活动（最明显的是能够带来最剧烈物质材料变化的冶炼）也被视为极其神圣的活动，其中包含着人类劳动者与女性化自然之间一种具有强烈性别色彩的活动。正如莫西亚·伊莱亚德(Mircea Eliade)评论的：

> 我们很早就已面临着这样一种观点，即矿石在地球的内部像胚胎一样“生长”。因此，冶炼具有产科学的特征。矿工与金属工人干预这一地下胚胎的演变：他们加快矿石生长的节奏，他们对自然的工作给予协作并帮助它更多更快地生产。一句话，人们借助各种各样的技术，逐渐取代了时间的位置：人类的劳动取代了时间的工作。[9]

伊莱亚德在这里对“时间”的强调，是根本找错了地方。事实上，正如他本人指出的，在这一胚胎化矿石的意象中真正存在争议的，是一种被认为是“活的和神圣的……”“物质”观念。事实上，“物质”是活跃的。它努力通过一种在整体中找到其位置的冲动去实现它自己深藏的潜能。借用一个更加有机性的术语，物质的自我实现就好比是一个孕育与生产过程。

像马克思那样，谈论工人“对自然产品以适合其自身需要形式的‘占有’”，是假定不存在人类“需求”和自然“需求”之间的同步性发展。因而，一种严重的裂缝就产生了。一边是社会、人类和“需要”，另一边是自然、非人类生命世界和生态目的。相比之下，有机社会拥有一个从功能上区分出社会与自然的差异但又不极化它们的概念化手段。就生产也是一种再生产而言，就创造也是一种孕育过程、而产品就是这一整体过程的一个孩子而不是“被占有的”事物而言，人类与自然之间的“联姻”的确存在，它还没有把伙伴的身份分解成为一种普遍的、虚无缥缈的“单一性”。

通过追求“物质的转型、它的完美化和它的改变”——借用伊莱亚德的表述，劳动充分参与了这一发展过程。看起来就像是劳动是内在于孕育物质之中的一种因果性原则，而不是外在于它的一种"力量"。相应地，劳动不只是一个"自然的生产"的"助产婆"：本身就是一种"自然的生产"，并与自然的丰产性密切相连的。如果说社会来自自然并因而有着它自己的自然史，那么，劳动也来自自然并因而有着它自己的自然史。

相应地，劳动的命运是不可分割地与远古时代关于地球是一种有生命的存在的观点结合在一起的。非人类生命与人类一起劳动，就像熊被相信是与猎人合作一样；二者都介入了一个神奇的相互合作领域，并滋养着远古人类的用益权与互补性道德观念。在有机社会中，看来没有人能够真正"拥有"一种物质富裕，它既是恩赐的，也是被创造的。因此，自然本身是一个伟大的"平衡者"，它提供了调整物质世界中"不平等中的平等"的补偿性原则，就像"自然法"和"自然人"是调整司法与政治世界中的平等中的不平等的原则一样。自然是一种给予性的自然，它的"劳动"具体体现为构成自然景观现象的丰富多彩。

这种泛灵论的感知是如此强烈地滞留在人们的心理之中，以至于直到公元前5世纪古希腊哲学的巅峰时代，阿纳艾萨戈拉斯（Anaxagoras）可以严肃地拒绝自然的"四因说"和原子主义理论，理由是头发不能"来自不是头发的东西"和"肉体不能来自不是有血肉的东西"。依据这种同源说理论，正如亚里士多德告诉我们的：

> 阿纳艾萨戈拉斯坚持一种与艾姆佩多克尔斯（Empedocles）[四因说]相反的看法，因为他主张同源性因素（我指的是肌肉与骨骼和这些东西中的一种），并把空气与火称为这些因素与其他"种子"的混合；因为这些事物都是由看不见的同源性因素结合而成的。[10]

事实上，同源说是一种更古老观点的哲学加工。依据这种观点，地球之中的物质就是拥有各种矿藏、动植物的地球本身。

因而，具体的劳动面对着具体的物质，劳动只是参与了塑造一个或者存在于或者潜藏于自然现象中的现实。劳动及其作为它"工作"对象的物质材料，同样是创造性的、革新性的和肯定是艺术性的。劳动以任何方式"占有"自然的观念——内在于洛克和马克思概念性框架中的一个观念，对于有机社会的技术想象来说完全是外在的，而且与它的补偿性与分配

原则不一致。物质与劳动的对等性对于理解这种早期的技术想象，是如此的重要，以至于工作是依据它发现物质的“声音”的能力而区分的，而不仅仅是把一种无生命的“自然资源”加工成期望的对象。在古老的安维利克(Anvilik)爱斯基摩人中，蕾内·杜博斯(Rene Dubos)评论说，象牙雕刻者“很少试图强加于自然一个结构形式，或把自己的个性强加给物质”。把这一“原材料象牙”拿在手中，工匠“将其拿在手中温和地翻来覆去，并小声说：‘你是谁？谁藏在你当中？’工匠很少有意识地去创造某种特定样式。不是刻意地去把象牙碎片变成一个人、儿童、狼、海豹、小海象，或任何其他预先想好的对象，他下意识地努力去发现内在于这一物质材料本身的结构性特征与样式。他不断地让他的手听从于象牙内部结构的指引，就像后者主动展示给雕刻刀的一样。刻在上面的人类或动物形式，并不需要被创造出来；它本来就在那里，只不过是被释放了出来”[11]。因而，作品既是揭示也是实现，一种主体与客体的同步性体现。只是到了后来，它才变成了主体对客体的专横统治——首先是，把人类存在贬低为客体本身。渗透于有机社会的整体性之中，工具是工匠自身工作“方式”的一部分，而不仅仅是一种职业化的“工具箱”中僵化的工具性组合。“方式”这一术语——对于所有古代共同体来说是普遍性的，把时代精神、礼仪、感知、责任和生活风格，与构成世界的宇宙演进与物质结合了起来。把一个与另一个分离开来，对于那一遥远时代的超常感知来说，是完全不可理解的。相应地，作品几乎具有一种合唱的性质：它是魔幻性的和召唤性的，它抚慰与劝诱那些借助工具与工匠结合在一起的物质。

时至今日，史前人类很少默默地工作。他们小声说话、哼曲、歌唱，或静静地吟唱；他们通过温和地移动物质材料，以及像抚摸一个小孩一样抚摸它，体现关爱与养育之心。照看一个孩子的母亲的意象，与一个不停地在火花中敲打着铁砧的铁匠相比，也许更好地体现了早期手工业的真实过程。甚至后来，在村落层面上，农作物种植者依然时常沉浸于合唱与节日的喜悦，尽管他们播种与收获谷物中的劳动也许异常艰辛。“劳动号子”——直到一个世纪前依然在所有非工业化职业中存在的一种音乐体裁，是原始性吟唱的一种历史反响，但它本身也是一种技术，从物质中引发出精神并鼓励了工匠及其工具。

我们当然知道，矿石不会在废弃的矿井中通过自己再生，象牙内并不隐藏着一种有生命的存在，动物也不会真的回应人类的狩猎仪式。但是，这些幻想也许有助于培育一种人类对自然及其丰富性的尊重，而不仅仅是掠夺“自然资源”。宗教仪式和神话可以增加人们的那种尊重感，并促进一种对手工对象的艺术与功能整体性的丰富感知。事实上，集体仪式增强了团体的团结意识，并使得一个共同体更加有效地追求目标。但是，现代人似乎并不相信，神话性狩猎与手工观念深刻地植根于自然现象之中。功能不能被错误地当作事实。况且，尽管神话性功能在实现某些实践性或美学目标方面是有效的，但它们的成功并不能证明其是内在性真理的声称。

但是，经验已经彻底击碎了物质仅仅作为现实的一种被动性基础、技术仅仅作为严格意义上的“技术的”和抽象劳动仅仅作为一种社会需要的科学主义意象。自然世界是有秩序的(至少在使现代科学与工程成为可能的意义上)这一事实，早已表明了它可以智力把握的可能性，因为现实中存在着一种逻辑甚或理性，因而具有潜在的意义。在过去的大约三个世纪中，一种科学的现实观已经围绕下述假定牢固地确立起来，即我们可以一种科学逻辑的形式解释自然的秩序性，并形成了像数学这样的高度理性化体系。但是，还没有假定或主张认为，逻辑和理性内在于世界本身。事实上，科学已经被允许具有一种欺骗性。科学已经极其成功地做到，假定自然是有秩序的，而且这种秩序性使得它可以通过人类心理得到理性的解释，但那种理性只能是人类观察者的主体特性，而不是观察到的自然现象的性质。科学之所以作出这种欺骗，主要是为了避免其最难以回避的形而上学“缺陷”——一个有秩序的理性世界也许可以被视为一个有意义的世界。

当然，意义这一术语具有泛灵论的色彩。它暗含着目的、意识、目的性、主体性——总之，它们是那些我们赋予人类的有别于自然的人类特性，而不是那些作为一种自然展现的人类特性——它们深深地植根于自然史。这一科学主义逻辑的逻辑后果，已造成倾覆科学精心确立的它与自然现象丰富性之间的距离的威胁，即前者使后者服从于自己的分析策

略。事实上,科学已经变成了一座建立在看似泛灵论的与形而上学的“废墟”基础上的庙宇。如果失去了这一基础,科学将会陷入它自身矛盾导致的泥潭之中。

科学针对这种批评为自己所作的辩护是,秩序也许意味着自然现象的一种可以导致理性理解的理性化结构,但这绝不意味着主体性,因为主体性是理解一种理性化结构的能力。显然地,自然是缄默的、无思维的和盲目的,不管它是多么有秩序;它没有展示出人类自我管理与自我表达现象意义上的主体性与理性。自然也许有着充足的秩序性因而是可以思考的,但它本身不会思考。尽管如此,人类意义上的主体性,也不是一个新产生的现象,而是自然长期发展的一种结果。主体性可以通过其自身的自然发展史向前追溯,一直到它仅仅作为一种普通生命类型的感知的最简单形式,或者依据哲学家狄德罗的看法,无机世界作出的回应本身。尽管人类精神也许是主体性的最完整与最清晰形式的体现,但它是在有机体的有机进化过程中逐渐接近这一复杂形式的,以便能够更加积极地适应日渐复杂的环境的需要。我们今天在人类独特性、“自主性”与想象可能性意义上的“精神”,是精神的一个长期进化过程的结果。主体性在人类出现前的有机与无机发展过程中并非绝对不存在。相反,它一直在以程度不同的形式在整个自然史中存在着,只是逐渐接近我们今天所知道的人类精神形式。否认非人类自然中主体性的存在,就是否认它能够以特定的人类形式存在,或者以任何形式存在。

不仅如此,人类主体性本身可以界定为自然的主体性的历史,而不仅仅是它的结果——很像黑格尔把哲学界定为它自己的历史。人类大脑中的每一层,人类神经系统进化中的每一个阶段,人类身体的每一个器官、细胞,甚至矿物性构成,都会“说话”,从其特定的组织水平和其发展过程中的某种主体性等级,到它来自于的有机进化中的外部环境和它已经被结合进的内部环境。“身体的智慧”,就像精神的智慧一样,以不同的语言表达着自己。我们也许永远不会读懂这些语言,但我们知道它们存在于我们身体的各种动作之中,比如心脏的跳动、肌肉系统的辐射能、大脑发射的脉冲、由神经系统与荷尔蒙相互作用所产生的情感回应等。一种十足的“天堂音乐”,在每一种生命形式内部以及它与其他生命形式之间回响。

另一个困扰着我们的是这样一种可能性，即我们接纳一种不同次序的主体性。这种主体性内在于现象的整体性及其相互联系之中。我们是否可以这样问，来自完整性、复杂性和生态系统的自我规制关系的一种有机的主体性，是否在本质上展示了类似人类智力的主体性一样的一种“心智”呢？当我们谈论“身体的智慧”——或者“生命的丰富性”和“自然的报复”——时，我们在使用一种往往超出了严格意义上的借喻性术语的语言。我们由此进入了一种关于“获知”的领域，对此我们严格意义上的智力性过程总是有意地放逐自己。无论如何，把精神的自然史与自然精神的历史结合起来，将会提出一系列只能通过推想才能回答的问题。在此，我们处在知识长期发展过程的一个关节点上。我们也许像伽利略与笛卡儿那样，选择把精神严格局限于人类的智力，在这种前提下我们相信精神只能属于我们的大脑。或者，我们也许会选择接纳精神的自然史，并扩大我们的精神视野以致包括整体性的自然，而这是一个包括从古希腊到早期文艺复兴的哲学思辨时代的传统。但我们应该清楚地认识到，科学选择自己的发展道路时所基于的，是更强大或更确定方面的假定，而不是其他类型的认知方式方面的假定。

除非人类精神能够证实其关于“优越性”的声称，比如通过获得一种优于现实状况的意义感，否则，无论喜欢与否，我们就像那田野中对着彼此鸣叫的蟋蟀一样。的确，我们的夸夸其谈除了导致一种无视对其他人类、社会和自然责任的所谓“优越性”的傲慢声称外，并不存在一种内在一致性与使命感。当然，正如汉斯·乔纳斯善良地想象的，我们也许最终能够弥补在宇宙视野与最终目的上所缺乏的深刻性与远见。但就像功能不能被误解为事实一样，潜能也不能被错误地当作现实。人类的大多数甚至还远没有接近理解它的潜能，更不必说真正掌握这些潜能实现的要素与形式。一种未充分实现的人类，还根本不是一种人类，这当然不是指在这一术语的狭隘的生物社会意义上。确实，这种条件下的尚未实现人类，是比任何其他生命存在更值得担心的，因为它具有足够的被称为仅仅是“智力”的精神，可以把所有破坏这一星球上生命的因素组合起来。

因此，并非是由于它们所创造的那些率真的借喻、神奇的技术、神话

和宗教性仪式，泛灵论的想象才应获得一种比它迄今已经获得的更理性的评估。相反，它是由于一种更完整的逻辑的暗示——一种很可能可以补充科学的逻辑的逻辑，但却是一种更有机性的逻辑，使得泛灵论的想象对于现代人来说弥足珍贵。那相信象牙中隐藏着一个有声主体的安维利克爱斯基摩人是错误的，就像那些相信他们可以与马进行真实对话的平原印第安人一样。但是，爱斯基摩人和印第安人都通过假定象牙与马中的主体性，接近了一个关于现实的真理，神秘性行为遮蔽却并不否定真理。他们正确地接受了存在着一种关于象牙与马的"方法"，他们必须试图理解它们，并对它们的要求作出明智而有远见的回应。他们认定，这种"方法"是一些质的特性的组合——的确，正如毕达哥拉斯会看到的，是每一个对象所特有的形式的组合。最后，他们认定，这种形式与这些特性构成了存在于一个更大规模的相互关联架构中的一种"方式"——而一种严格智力意义上的心灵主义往往会忽视这种更大规模背景。或许最重要的是，安维利克爱斯基摩人和平原印第安人把他们置于一种现象的秩序之中、一种有组织的有机性环境中，从未仅仅是作为一种"对象"的"偶然性"堆积，而总是——或必须是——形成一个源自"物质"的主动努力的有机体或有机的整体。无论上帝是否主宰着这个世界——借用爱因斯坦的简洁术语，世界绝非是"松散无序的"。这种直觉是无比珍贵的，即使在我们思考微小的事物时。象牙的确具有它的"气质"，它内部的结构与形式；优秀的雕刻师会知道在哪里雕刻，以便使一种物质材料达到最完美的状态。任何一种越来越不完美的结果，是对它的"气质"的一种冒犯和对它的整体性的侮辱。同样，一匹马也拥有它的"气质"或"方式"——它敏感的神经、对关心的需要、对恐惧的承受力和游玩中的愉悦。在马语言的沉默背后是一种极其丰富的感知，而如果要使它达到最佳状态——即实现其所有潜能，骑手就必须探索这种感知。

因此，人类的居住环境中同时包含着既成的、"正在成为的"和"将会成为"的现象。我们的技术意象不能回避我们生活于其中的世界和人类自身的高度流动性特征。我们时代的产品想象必须能够涵盖这种流动性，或这种辩证性（借用一个被严重滥用的术语），而不能凭借蛮横的傲慢和教条主义的自信无视它。以只有人类"能够做到的"方式救助我们已经极其脆弱的环境——显然我们还没有做到这一点，将会使这个世界陷入主要由我们自己制造的困境，并玷污其中智慧的长期进化所带来的清晰性。我们仍然是自然进化过程中的一个祸患，而不是它的实现。在我们拥有我们应该具备的生活方式之前，我们将生活在一种对我们能够做什么的恐惧之中。

从秩序到理性再到意义，从精神的渐进性自然史到人类精神的出现，从整体的有机主体性到其中一个部分的智力主体性，从神秘的"方式"到可以获知的"方式"——所有这些发展，以及它们关于知识的假定与对现实的洞察，都没有否定传统科学的假定与洞见。它们只是质疑着现代科学关于普遍性的声称。

古希腊思想也拥有它关于知识与真理的看法。莫伊拉这一所谓的命运之神——她先于奥林匹亚的众神，把必然性与权利结合了起来。她是那仅仅阐释所缺乏的意义，是一个看似盲目的因果关系所趋近的伦理观点。这种因果关系的看法，绝非是"原始性的"或仅仅神话性的。相反，它对于机械主义取向的现代人心理来说，也许是过于精致复杂与苛刻因而难以理解的。

更直接地说，关于事物"如何"的知识只有在得到"为什么"的辨析之后，才是充分的。那些缺乏伦理意义一致性的事件，仅仅是随机性的。它们不仅不能被科学也不能被自然所接受，因为比起众所周知的"虚空"，自然更憎恶非组织化中的不一致性和来自无序的意义缺乏。而且，对于科学来说并非毫无意义的是，通过重新思考其形而上学的假定，可以为那些可以解释严格科学主义观点被证明是无能为力的主体性领域的形而上学假定提供某些空间。

上述评论不过是一个有可能解决我所提出问题的更大规模计划——一种自然哲学——的指南。然而，作为一个整体，它们对于技术的影响将是巨大的。工业机器的确已在没有驾驶员的情况下发动(借用霍克海默的术语)，但这一借喻往往成为给予这一机器过多自主性的借口，因为驾驶员还一直存在。比自然更重要的是，创造了这一机器的我们必须从自己的麻痹状态中觉醒。在我们完全建成这一机器之前，我们已开始围绕机械化这个世界的全宇宙性事业，来组织我们的感知、关系、价值和目标。但我们在这一过程中所遗忘的是，我们也处在我们试图机械化的同一个世界之中。

【注释】

[1] Aristotle, *Metaphysics*, (McKeon translation) in *The Basic Works of Aristotle* (New York: Random House, 1968), 1098b.

[2] Ibid., 981a30.

[3] Aristotle, *Nichomachean Ethics*, in ibid., 1140a10-20.

[4] Aristotle, *Metaphysics*, in ibid., 1046b.

[5] Max Horkheimerm, *The Eclipse of Reason* (New York: Oxford University Press, 1947), p. 23.

[6] Karl Marx, *Capital*, Vol. Ⅰ (New York: Random House, 1977), pp. 283-284.

[7] Ibid., p. 89.

[8] Karl Marx, *Capital*, Vol. Ⅰ, p. 128.

[9] Mircea Eliade, *The Forge and the Crucible* (New York: Harper & Row, 1971), p. 8.

[10] Aristotle, *On the Heavens*, in *The Basic Works of Aristotle*, 303a30.

[11] Rene Dubos, *A God Within* (New York: Charles Scribner's Sons, 1972), p. 11.

第十章　技术的社会基质

就像我们机械化了这个世界一样程度严重的是，我们在生活中难以把什么是社会的与什么是技术的区分开来。由于我们在区分二者上的无能，我们正在失去确定哪一个有利于另一个的能力。我们在控制这一机器上的核心性困难正在于此。我们缺乏一种所有技术都应是其具体体现的社会基质(母体)感——所有技术都应受制于它的社会意义。取而代之的是，我们面临着一种怪诞漫画形式的古希腊技术概念：一种不再受限度意义上控制的技术。我们自己完全由市场主导的技术概念，已经变得如此无所限制、无所控制和广泛性定义，以至于我们使用市场的词汇("投入"、"产出"、"反馈"，诸如此类)来解释我们最深层的相互关系——并因而使它们也变得空洞与陈腐。在它殖民化整个人类经验领域的宏大征程中，技术提出了深刻变革的需要以抑制它的推进、重新界定它的目标、重组它的形式和重新确定它的向度——最重要的，将其重新纳入到社会生活的有机形式和有机的人类主体性形式。

技术的历史性难题并不在于它的规模或尺度、它的"软"或"硬"，更不是使其赢得早期人类表现出幼稚性敬重的生产力或效率；真正的难题在于我们如何在一个解放性社会中容纳(即吸收)技术。就其本身而言，"小的"无所谓美丑，仅仅是小的。某些最反人类性与集权的社会制度，是从很"小的"技术中成长出来的，但是，官僚制、君主制和军事力量把这些制度，变成了先是征服人类，然后是试图征服自然的残酷武器。无疑，一种大规模技术将会促进一种压抑性大规模社会的发展，但任何一个扭曲的社会都会遵循自己的支配病理学的辩证法，而不管其技术的规模如何。

社会可以把“小的”技术变成一种“驱虫剂”，就像它肯定可以把一种傲慢的讥讽印刻在管理它的精英的脸上一样。像“大的”、“小的”或“中等的”和“硬的”、“软的”或“柔和的”等术语，都只是外表——即只是现象或事物的属性而不是它们的本质。这些概念也许有助于我们测定它们的尺寸与重量，却不能解释技术的内在性质，尤其是与社会相关的那些性质。

不幸的是，对技术大小、规模甚至艺术性的过分关注，转移了我们对其最重要难题的注意力——尤其是它与自由的理想和社会结构的联系。对自由主义的和威权主义技术的选择，在数代之前就已被傅立叶和克鲁泡特金提了出来，远早于芒福德把自由主义的这一词汇变成一个社会意义上更值得尊重的和更难以把握的术语，即民主的。但是，这种选择并非是仅限于我们时代的；它经历了一个长期而复杂的发展过程。一个消失中艺术世界的设计高雅的陶瓷、工艺精美的家具、色彩艳丽与精妙绝伦的纺织图案、精心编织的装饰品、雕刻美丽的工具与武器——所有这些都表明了技能的丰富性、对产品的关爱、对自我表达的渴望和对细节与独特性的创造性关切，而这些已经几乎从我们今天的生产活动中完全消失。我们对这些艺术作品的敬重，无意间扩展成了一种对它们得以在其中形成的艺术世界的自卑或失落感——那是一个更加令人印象深刻的世界，因为我们认识到了这些实物所展示出的高度主体性。我们感到，具体性的人类存在把他们的个性赋予这些产品；他们对其掌握的物质材料、使用的工具和他们的文化长期以来积累而成的艺术规范，拥有一种十分协调的感知。最后，真正唤醒我们的情感的，是这些实物证实了一种丰富的人类精神，一种把其文化遗产与物质丰富性结合起来的创造性主体性——否则的话，它将是像我们时代一样缺乏想象力与艺术性的。因而，这一围绕在日常事物之上的梦幻般光环——日常生活借助手、脑、工具和物质材料的有力结合而实现的重新占有，不仅是作为欧洲知识界的形而上学计划的一部分来实现的，也是通过那些过着那样一种生活的普通人而实现的。

但是，在对传统艺术中的技能、关爱和感知的过分关注中，我们也很容易忘记创造了那种手工艺人与手工艺的文化的性质。在此，我指的不是它的合人类性规模、它的价值感知和它的人道主义精神，而是社会结构以及丰富的形式这一更加确凿的事实。爱斯基摩人之所以能够充满爱心地制造他们的工具，是由于他们具有一种强烈的关爱感，这是显而易见的；他们工艺的生气勃勃特征，显示了他们生活内部的活力与主体性，这也是不言而喻的。但归根结底，这些值得期望的特性来自于爱斯基摩人共同体的自由主义结构。旧石器晚期与新石器早期的人类共同体（或一般意义上的有机共同体），也属于同样的情况，这些共同体的手工制品依然让我们陶醉，而它们的传统构成了古代的“发达文明”的社会与审美的基础。由于这种共同体的社会传统依然保持着它们的生命力，即使其形式尚不完善，它的技能、工具和工艺制品也就保持着被视为一个自我创造存在与自我生产主体的艺术家的最重要特征。

从一开始，自由主义的与威权主义的技术的区分，就不仅仅是凭借生产的规模、工具的种类或大小，甚或劳动组织的方式，尽管它们也许很重要。导致这样一种区分的最重要原因，或许是一种制度性技术的出现：教会组织；围绕着其缓慢形成的官僚制；后来是取代它的君主制和军事力量；确切地说，就是一个使整个等级制结构有效化并为一种威权主义技术提供权威主义核心的信仰体系。大量的物质剩余，并不能产生出等级制和统治阶级；相反，等级制和统治阶级带来了大量的物质剩余。芒福德的下述看法是完全正确的，历史上最早出现的机器并不是技术零件的无生命组合，而是人类聚集而形成的一种生气勃勃的“超级机器”——它的大规模的、协调的劳动，造就了早期“文明”的巨大公共建筑与丧葬场所。[1]但是，不断成长的宗教性与世俗性官僚机构，也许是更加技术威权主义的。的确，这些官僚机构是最早的“机器”，并最终使“超级机器”成为可能——它们把这一机器发动起来并操纵着它的能量，以服务于权威主义的目标。

然而，这些官僚机器的最标志性成就，不是使这一新形成的人类机器的协作与理性化，而是它们把本来生气勃勃的主体和数量众多的农民与奴隶，贬低为几乎是无生命客体的效率。这一“超级机器”就像它被轻易发动起来一样，也可以很容易被肢解；它的人类构件在其生命过程中更长地生活在村落社会的有机基质中。比“超级机器”更重要的是，制度性的技术在多大程度上客体化了它所产生的劳动，尤其是构成它的劳动者。劳动和劳动者不仅遭到了物质性剥削，而且更严重的是遭到了精神性诋

毁。正如我已经指出的，早期等级制与统治阶级提出的统治要求，不仅通过一个提升的过程，还通过一个贬低的过程而实现。那些在尼罗河岸运送修建金字塔巨石的劳役大军，所呈现出的不仅是被压迫的人类，而且还是失去人性的动物的形象——归根结底是一些其主人与统治者可以随心所欲地行使权力的无生命客体。他们的汗水成为了统治者的香脂，他们身体的恶臭成为了独裁者的香味，而他们的尸骨筑成了世俗人享受神仙般生活的宝座。对多数人的剥夺，是为了使少数人变得更加富有。

对于我们来说很难理解的是，政治结构可以像工具与机器一样是技术性的。这种困难部分是由于我们的心理已经受到一种由"结构"与"上层建筑"组成的二元主义形而上学的影响。把社会经验分解成经济的与政治的、技术的与文化的，已经变成了一种抗拒把二者以任何形式结合起来的第二自然性常态。但是，这种趋势也部分是由于一种机会主义的政治谨慎，它在一个社会调和时期害怕面对严峻的权力现实。把技术作为工具、机器、劳动和产品来应对，要比把它作为强制性的政治制度来应对要有利与安全得多，尽管正是后者组织着现代技术组合中的器械、劳动与想象。同样，应对这些手段如何获得自然景观中某种破坏性或建设性的形式，要比应对它们在主体性内部造成的损害，要好得多。

一种自由主义的技术预设了自由主义的制度，而一种自由主义的感知要求一种自由主义的社会。基于同样原因，艺术品离开了一个手工艺艺术化的社会，是很难想象的，而"工具的转化"如果没有所有社会与生产关系的转化，是不可能的。谈论"适当的技术"、"欢快的工具"和"自愿的简单性"，而不激进地挑战政治的"技术"、媒体的"工具"和官僚制的"复杂体系"——它们把上述概念变成了精英们的"艺术性形式"，将会完全背离其作为对既存社会结构挑战的革命性承诺。使巴克敏斯特·福勒(Buckminster Fuller)的"宇宙飞船"心态与"适当技术运动"关于"如何去做"的图书、期刊和演出者的产品设计心态尤其令人不快的，是它们随时准备与政府和准政府机构的政治技术作出的"实用主义的"妥协，而正是这些机构滋养了它们致力于反对的那些技术。

一旦我们同意，"技术"一词也必须包括政治的、管理的和官僚的制

度，我们就不得不涉猎非技术的领域——社会的领域，它一直在抗拒技术对社会生活的控制。更准确地说，社会领域如何能够吸纳那些促进社会机械化的机器？我已经指出，绝大多数人类往往抗拒技术的发展。从历史角度讲，在不加批判地接受与推动技术革新的意愿方面，欧洲人几乎是独一无二的。而且，这一倾向也是很晚才发生的，是随着现代资本主义的出现而出现的。使某些文化与其他文化相比更适合技术发展的历史之谜，只能具体地加以解释——通过从文化内部进行分析并尽可能揭示它们发展的本质。

一个前工业社会中技术的最重要特征，是它在多大程度上是适应性的而不是变革性的。在一个社会结构丰富的文化中，在那享有丰富的人类关系、公共责任和一种分享的相互关心体系的地方，往往倾向于精心创制一种新的技术组合而不是革新它。由于受到用益权、互补性、最低限度保障和反财富积聚等方面制约的控制，早期社会往往十分谨慎地应对加工技术，对它在多大程度上能够被融入既存社会制度保持一种高度敏感。通常，技术具备深刻改变一种社会结构的能力，只是一种例外。技术革新大都是为了回应重大的气候变化，或者回应那些往往同等程度地改变了入侵者与被入侵者的暴力入侵。甚至当一个社会的“上层建筑”发生重大改变或具有了一种十分活跃的特征时，这个社会的“基础”变化并不大，或者根本没有改变。“亚洲社会的超稳定之谜”，正如马克思所称的那样，事实上是对社会与自然相互作用之谜的解答。在那技术——官僚的、教会的和王朝的以及工具、机器和新的劳动形式——蚕食了部落与村落的社会生活的地方，后者往往能够脱离前者，并缓慢地发展出一种独立的生长轨迹及其内部动力。并不像马克思相信的那样，亚洲村落抗拒技术入侵，或将其同化进它们的社会形式的真正力量，在于一种固定的“系统化劳动分工”；相反，它的抗拒力量在于印度家庭生活的强烈，在于村民作为文化规范共享的关爱、互助主义、谦恭和人类礼仪，在于围绕着人们的个人与社会生活建立起来的礼节，在于一个公共团体中的强烈根基感，在于这些文化形式赋予共同体的深刻意义感。

也许有些令人惊奇，技术革新未能触及到社会生活的很多方面，而且往往不能对重大历史发展作出充分解释。尽管它所创造的超常技术组

合，新石器革命并没有深刻改变那些推动或接受了其技术的社会。在同一个共同体中，狩猎与新形成的园艺制度并存到“文明”的开端时期，甚至到古代时期的很多地区。村落定居——在中欧往往是高度流动性的，在近东地区依然保持了强烈的部落特征。詹姆斯·梅拉特（James Mellaart）关于卡泰尔胡宇克（Cätal Hüyük）——新石器时代的土耳其中部城市——的著作，叙述了一个达数千人的大规模共同体——它具有非常复杂的技术和明显的母权至上、平等主义与和平主义的特征。[2]直到公元350年，正如奥尔登·梅森（Alden Mason）指出的，秘鲁沿海地带的拿兹卡（Nazca）印第安人文化，提供了“一个稳定的民主人民的总体性画面，没有明显的阶级差异或集权主义，也很可能不存在一种既存的宗教”。不同于同一时期相邻的莫切（Moche）文化，拿兹卡文化展示了“‘富人’或穷人在坟墓上的较少差异，而且在这方面女性与男性看起来是平等的。宏伟的公共建筑、外形巨大的工程学特征和庙宇金字塔等的明显缺乏，意味着不存在集权主义的领导。相反，人们的休闲时间看来花费在了个体性生产中，尤其是花费在了制作完美精致的纺织品与陶瓷容器的过程中”[3]。不清楚的是，这些新石器的技术比如陶瓷、纺织、冶炼、农作物栽培和新的交通手段，实质性地改变了那时盛行于采集—狩猎社会中的用益权、互补性和最低程度保障等价值。在很多情况下，它们也许强化了这些价值原则。在一个普遍相信“新石器革命”这一术语意味着技术革新带来巨大社会变化的时代，比较明智的也许是坚持一种较为平衡性的观点，强调价值、观点的连续性和新村落保持甚至提高了共同体责任。

史前新世界提供的大量数据、争议性议题和充满想象力的可能性，严重受到了新马克思主义阐释偏见的影响，似乎它的文化只是对气候与技术因素的回应。但是，在我们依据印第安共同体的“工具箱”中的发明和周围环境作出分类后，我们往往惊奇地发现，它们在价值态度、基本文化特征甚至礼仪上都有着很大的相似性。在氏族、部落、酋长属地和国家中，我们发现了一种体现在观点、基本人类规范、公共团结和相互关爱等方面的超常共同性，往往超越了他们作为食物采集者、狩猎者、农作物栽培者及其各种结合类型的经济活动差异。这些相似性在社会的共同体层面上是最强烈的，而不是在它的政治或准政治的首脑聚会中。

技术——在这一词汇狭隘的工具性意义上，不能充分解释一个相当民主的联邦比如易洛魁(北美印第安人)和一个高度专制的帝国比如印加之间的区别。从一种严格的工具性观点看，这两种结构都几乎得到了同一种技术“工具箱”的支撑。二者都致力于围绕着原始性器械与木质锄组织起来的园艺实践。它们的纺织和金属加工技术，都是非常相似的；它们的容器的功能，也都是一样的。像所有的新世界社会一样，它们都缺乏适用于农业的大型家养动物、犁、装有轮子的交通工具、陶轮、机械化纺织机器、熔炼知识、风箱和中等程度的木匠工具——总之，几乎所有那些作为新石器时代技术进步最重要标志的东西。当我们观察易洛魁和印加的“工具箱”时，我们似乎更接近于旧石器时代晚期，而不是新石器时代的巅峰时期。我们也难以发现它们在分享、公共帮助与内部团结等取向上的明显差别。在社会生活的共同体水平上，易洛魁人和印加人是极其相似的，并在它们的社会与文化性质中得到了丰富体现。

然而，在社会生活的政治层面上，一个由五个林地印第安部落组成的民主邦联结构，明显不同于一个由山地印第安酋长属地组成的集权而专制的结构。前者作为一个高度自由主义的邦联，其构成要素包括选举产生但可以召回的首领(有时候由妇女进行选择)、大众性集会、涉及战争等事项时统一的部落议事会中的一致同意程序、母系血统的主导性和相当程度的个人自由。后者作为一个大规模的集权国家，是围绕着一个在理论上拥有无限权力的、被神化的“帝王”个人建立起来的；它以一个覆盖面广的官僚制基础结构、父系血统至上和一种完全屈从性的农民等为标志。易洛魁人部落中资源与生产的公共管理，发生在宗族的层面上。相比之下，印加的资源主要是国有的，而且帝国的大部分生产直接就是食物与纺织品材料的没收充公，然后再从中央与地方仓库中进行分配。易洛魁人自由地在一起工作，更多是通过自愿而不是强制；印加农民在一个近似工业管理体制下，被迫向公开剥削性的教会与国家机器提供劳役。

无疑，气候与地理因素有助于促成这两种联合体制所发展出的结构。一个高度森林化的地区，与相对开阔的地理区域相比——那里共同体之间的可视性比较高，往往会产生较为松散的政治单位。安第斯地区多样化的地貌特征——从繁茂的亚马逊谷地到贫瘠的太平洋沿岸坡地，鼓励

动员起来的大规模劳动、来自不同生态系统的资源共享和一个更安全与多样化的物品再分配。但是，曾经促进了古希腊城邦的山区地域，看来并没有阻止印加的集权，而促进了中世纪欧洲的等级制社会的温带林地，并没有妨碍一种平等主义民主在前哥伦布美洲的成功发展。

后见之明与严重挑选性的"工具箱"，也许有助于我们描述一个氏族如何发展成一个部落，一个部落发展成一个酋长属地，一个酋长属地发展成一个国家，但是，它们并没有解释这些发展为什么会发生。从远古时起，等级制和阶级已经利用强调重点的变化来颠倒社会关系，把自由的制度变为统治的制度，而不必抛弃有机社会词汇中的任何一个。多少有些滑稽的是，统治者的这种精明恰好表明了，共同体在多大程度上依然看重它的平等主义和互补性传统。

与史前新世界大为不同的是，近东的大规模社会发展要开始得早得多，并从那里发散到整个欧亚大陆。旧世界的"新石器革命"，在技术方面要比新世界的更剧烈与古老得多。但是，让人感到困惑的是，严格工具意义上的技术很难解释把社会带入半工业化或相对机械化体制的广泛发展，比如在农业、陶瓷、冶炼、纺织和尤其是一个高度协调的劳动力动员体制等方面。

古代伟大帝国无一发展出了实质性超出新石器晚期或铁器早期的技术。从一种严格工具性观点来看，它们的技术组合是以小规模为特征的。正如亨利·霍奇斯(Henry Hodges)在他关于古典技术的总体评估中指出的：

> 事实上，罗马支配下的古代世界已在技术领域中接近了一个顶点。到罗马时期结束时，很多技术就当时设备所能达到的水平而言，已具备了相当高的先进程度，而要想取得更大的进步，则需要一个更大或更复杂的工厂。尽管罗马人具有从事大规模工程的能力这一事实，他们的技术依然停留在小型设备的水平。因此，比如，如果要增加铁的产量，火炉的数量需要翻番，而火炉本身的大小并没有改变。无论具体原因如何，建造一个更大火炉和设计制造它的相应机器的想法，并没有出现在罗马人的思维中。结果，罗马统治的最后几个世

纪并没有制造出多少技术新颖的器械。既没有发现新的原材料，也没有发明新的制造过程，而且人们完全可以说，早在罗马帝国崩溃很久以前，所有的技术革新就已经停止了。[4]

但是，技术革新的确发生了——不是作为生产的工具，而是作为管理的工具。就其影响深远的官僚制、法律制度、军事力量、劳动力动员和权力集中等而言，高峰时期的罗马帝国是先前帝国的集权机器的继承者，如果算不上并肩者的话。

在旧世界产生的帝国中，没有一个能够赶上古埃及的极权主义特性和亚述的残酷性。强征劳役造就了近东的公共建筑、庙宇、殡仪馆、巨石雕刻与标志及其高度协调的水利工程。埃及与美索不达米亚在这方面遥遥领先，能够动员数十万人来建造迄今依然标志着其历史存在的建筑。但是，近东独裁者在指挥劳动过程中，并没有确立阶级或地位的差异：工匠和农民、城市居民与农村居民、富人和穷人、文字工作者与体力劳动者，甚至埃及牧师及其会众——所有人都服从于国家的劳动命令。后来，这种劳役"民主"就名存实亡，直至它完全变成农民与城市穷人的一种沉重负担。

那些小农业者集中的地区，很难建立集权的国家。而在小农业者的地位被弱化或大量劳动剩余较易获得的地方，集权国家更有可能建立起来并得到发展。迦太基和罗马创造了一种庄园体制：一个由群体（大部分是奴隶）劳动来工作的种植经济。斯巴达引入了一种共产主义的军事精英体制，每一个公民生来被分配给一块属于他的小规模国有土地，由类似农奴的隶农来劳动，并在他死后归还给城邦。相比之下，雅典和希伯来巴勒斯坦形成了一种自耕农阶级，他们以整个家庭的劳动以及两三个奴隶在土地上工作。

但是，除了少数基于个体农耕者的国家外，早期"文明"的真正标志是广泛动员起来的劳动体制——部分或全部地致力于农作物培育和繁重的劳动。在那复杂的灌溉系统成为必要的地方，沿河社会中的低等阶级在这些极权主义的劳动组织与再分配体制中，无疑可以获得更大程度的物质安全。埃及的殡葬记录中赞美了法老借以取得的减缓地方饥馑方面的成功。但是，与农民以减震器形式从自然不稳定性中获得的受益相比，他

们也许在沉重的劳役中失去的更多，往往被强征参与建设毫无意义的宏大建筑。我们同样不太确信的是，不同于一代人之前的考古学家，旧世界（与新世界）的高度集权体制大大提高了平原灌溉系统的协调与效率。精心布局的水沟、运河和水池网络，早在古代的“高度文明”形成之前就已出现在干旱地区。前封建世界的“与水利相关的”共同体时常受到关于水与土地权利冲突的折磨，的确是一个严肃的问题，但集权往往只能够把这种冲突提升到更具破坏性的水平，比如王国与帝国之间的冲突。

从新世界到旧世界，集权国家令人惊叹的复杂化和法院、贵族、教会与军事精英的扩展，得到了一种高度寄生性的制度化支配技术的支持，其中包括军队、官僚、包税商、司法机构和一个基于自我牺牲与克制的、往往腐败而残酷的信仰体系。如果没有这种政治性技术，劳动力的动员、巨大物质剩余的聚敛、致力于宏大技术任务的相对简单“工具箱”的运用等，都是不可想象的。除了把庞大的人口数量集合于一个系统性任务之外，这一体制还具有三个根本性目标：强化劳动过程、使之抽象化和使之客体化。通过精心计划把人们的劳动结合在一起，使得国家可以从“大众”榨取所有的劳动成果，把劳动降低为不加区别的劳动时间，把人类转变为仅仅是生产的工具。从历史角度讲，这种邪恶的三位一体即强化、抽象化和客体化作为社会发展的一种有害评判标准，与神学的原罪神话相比，对人类产生了更大的影响。这种苦恼的产生，并不需要什么工具与机器方面的“革命”。它主要来自等级制演进为实体性的武士精英群体，来自主要体现在国家中尤其是管理经济的官僚制中的一种制度化管理技术。后来，这种管理技术获得了一种高度工业化的特征，并在现代工厂制度中得到了其最明确的展现。

中世纪的庄园经济，像它城镇中的基尔特制度一样，从未与古代的劳动与技术概念达成社会的妥协。受到罗马的正义概念的影响，德意志的部落主义传统作为物质上虚弱的君主制与意识形态上多疑的教皇集权要求的对立面，存在了达数百年的时间。由于被迫从其内陆海后退，欧洲被埋没在了它巨大的森林、沼泽和山峰之中——一个它经常遭遇的来自北方与东方入侵者的牺牲品。结果，庄园成为了奠定欧洲一个新的历史起点之基础的社会过渡。从11世纪起，技术以一种自新石器革命以来从未见过的能量迅速向前迈进。从先后顺序上说，风车的使用之后是马轭（它使拉动重犁和低廉地内陆运输商品成为可能），冶炼技术与金属工具的巨大进步，一种高度发达的农业体制的推广，一种主要基于木质构件的复杂机器技术和一种十分复杂的古代水轮——它们将会使最有知识的罗马工程师大吃一惊。

但是，所有这些技术革新都没有带来中世纪社会关系的决定性变化。除了古希腊的城邦，中世纪的城镇往往比古代的城市中心更民主，农业体制往往是较低人力动员水平的和不太理性化的，而手工业是更加个体主义的和民主地组织起来的。我们要准确阐释这一相对有利的社会—技术环境条件，就必须看到，国家及其官僚机构在其政治集权与官僚化的过程中已经达到了一个消沉时期。直到民族国家15～17世纪在英格兰、法国和西班牙出现之前，欧洲是相对脱离于专制主义和官僚制影响的，而这与当时北非、近东和亚洲的社会生活有着很大不同。

从民族国家兴起中受益最大的一个阶级，是欧洲的资产阶级。日益集权的君主制和它们不断官僚化的部属，把国王的治安力量强加于欧洲的内陆贸易要道，把国王的法院强加于地方性的司法审判系统，把国王的铸币厂强加于本来由金融强盗贵族发行的流动性金属货币，把国王的海军强加于海盗的巢穴，把国王的军队强加于新殖民的市场。这种技术，远重要于任何值得称赞的工业技术"进步"，为新型的劳动动员系统即工厂提供了基础。抽象劳动的现代起源不仅在于市场经济及其明确界定的货币汇率体制，还在于英格兰的农村。在那里，那些把原材料与半纺织成品运送给农家工人的"代理商"，最终把他们聚集到同一个屋檐下（"工厂"），在工头的密切监视和卑鄙无情与狡猾的工业企业家的冰冷面对中，去理性化与强化一种相当传统的技术体系。

早期的工厂除了带来劳动的抽象化、合理化与客体化及其在人类中的体现之外，并没有引入全新的技术制度。纺织与染色利用的机器，仍然是家庭作坊工人数代以来所使用的。直到纺织与染色机器在一个世纪左右后被发明出来，这种旧技术组合才增添了新的器械或推动力。但是，一种新技术的确代替了旧的，即监督技术，劳动过程的无情强化，恐惧与不

安全感的违背良心引入和侮辱性的监管形式。在那“代理商”购买的是产品而不是人的地方,工厂购买的是人而不是产品。劳动从产品的具体体现向人的一种能力的简化,是关键性的;它把相当自治的个体变成了完全受管理的产品,并给予产品一种像人那样的自主性。无机物所获得的这种生命特性——马克思反复称之为“商品拜物教”,是以人类生命特性的丧失为代价的。结果,一个低等阶级正在被制造出来。这个阶级是无机性的,就像它工作于其中的工厂和使用的工具一样——人类本身的一种变质或异化,它将对支配的遗产和人类自由的未来产生深刻的影响。

除了工厂征召来为其服务的大量器械与原动力,它最重要的技术成就产生于管理技术领域。像技术设备的升级换代一样重要的,是合股公司演变成了跨国公司,脾气暴躁、身体强壮的工头变成了温文尔雅、会说多国语言的公司执行官。国家自身也不可避免地发生了变化,从一个皇家法院——包括巡回法官和以笔墨为生的文职人员——变成了一个庞大的官僚制机构,并与它的军事臂膀一起,构成了一个民族生活地域内独立存在的民族国家。那支撑着专制主义君主制,比如秘鲁的印加与埃及的法老的官僚机器,根本无法与单一美国的、欧洲的或日本的商业城市中的管理性、公民性和公司性官僚机器相提并论。

但是,仅仅对这种发展过程的描述并不能构成一种阐释。作为一种制度化的独立性技术的官僚制,无疑在远古世界中有着自身的起源。我在此指的不只是等级制内部的辩证法,它产生了老人制、教会组织、父权制和武士首领等形式的支配遗产。我还意指男性的公民领域,他们创造了作为补偿性机制的理性化礼仪与军事制度,来弥补其在有机社会中的模糊地位。与在公民社会中相比,男性在一个家庭社会中肯定是难以得到充分实现的,因为妇女构成了其严肃性社会活动的核心——男性终将会把这一公民社会改变成为一个充分发展与结构化的生活领域。男性的身份在这样一个世界中面临着危机,其中,生产与再生产过程围绕着女性,生命的“神奇”体现在她自身的生活过程,年轻人的养育、家庭的组织和自然的丰产,看起来似乎是她的性别与个性的结果。他是否“妒羡”母权制,是无关紧要的;他必须形成一种属于自己的身份,而这在战争、傲慢与征服中得到了最扭曲的表现。

男性的身份不一定必须在一种支配领域中得到展现，但这的确在相当程度上发生了，并对社会环境产生了致命性的影响。不仅共同体本身被这种公共领域的发展转变成政治的甚或军事的，而且它周围的共同体也必须回应——防御性的或进攻性的——社会生态系统中的这一病变。一种明显民主的、平等主义的和很可能母权制的文化比如安第斯的拿兹卡，很可能被迫进攻性地回应一种极权主义的、等级制的、父权制的——甚至军事主义的——文化比如它附近的莫切。或早或晚，二者将不得不作为独裁的酋长属地而相互对抗，或者拿兹卡被迫听命于莫切。在外部力量充分影响的前提下，一个政治生活层面上的否定性选择过程，总是产生有利于残暴性文化扩大的后果，并以较平等的文化为代价。社会发展中真正令人吃惊的，不是新旧世界中独裁主义的出现，而是它们并不存在于世界的广大地区之中。可以作为内在于有机社会中的友善性权力的证据是，很多文化并没有遵循走向国家、大规模动员的劳动、阶级差异和职业化战争等的社会道路——事实上，它们往往退却到更偏远的领域以避免这一命运。

或许，促进欧洲社会中资本主义发展的最重要意识形态因素是基督教：它极其强调个体性，非常重视劳动的救赎性角色，对抽象超自然相对于具体自然地位的提升，对共同体不同于普遍性的教皇会众的重要性的否定。个人的首创精神——不仅仅是一种高度的个体感，促动了人类热情和创造才能，这一点根本不需要再作阐述。托马斯·爱迪生和亨利·福特，并不是那时最伟大的个体，但他们当然是善于抓住机会的自我——《圣经》中“愤怒的男人”的粗俗漫画。耶和华意志向男性意志的转变，是一个过于强烈因而难以回避的诱惑。甚至教会的牧师与传教士——在他们的宗教狂热推动下，更显然是资产阶级的男人，而不仅是依靠一种羞耻文化的教规生活的荷马式英雄。

这种对个性自我及其航海中体现的进取精神的强调，得到了基督教对劳动推崇的强化。从历史角度说，教会把它的最重要使命置于信仰而不是工作，沉思而不是劳动。但在实践中，中世纪的基督教世界是世俗性的经济制度，并对围绕着它的技术不发达的农民产生了重要影响。修道院修士们在革新技术与理性化劳动过程中发挥了一种主要作用；他们作

为传教的先驱，不仅仅是致力于信仰的传播，还包括对技术知识和有计划的、有秩序的劳动体制的传播。在此，他们得到了一种热烈的回应，因为对于那些极端贫穷的农业共同体来说，宣讲一种劳动的福音是没有必要的，它们所急需的是学识渊博的与广受训练的修道院中的技术智慧。

工作伦理，其今天作为一种加尔文主义骗局有着不良的声誉，并不是由资产阶级或前工业社会的统治阶级发明的。滑稽的是，它可以追溯到处于社会不利地位的阶级本身。工作伦理第一次出现在赫西奥德的(Hesiod)《工作与生活》中——公元前 7 世纪农民题材的长篇诗歌(Iliad)。[5]它的反英雄的平淡标题与意味，体现了穷人对其贫穷生活的赞颂。这是有文献记载以来的第一次，工作——不同于勇猛，呈现为个人尊贵与负责任的品性。那些致力于艰辛工作的善良人们占据了诗歌舞台的核心，并令人羡慕地排挤掉了依赖其劳动生活的贵族。因此，穷人把他们的品性比如辛勤劳作、自我克制和节俭组合在一起，更加证实了其优越于那些享有舒适、物质满足和愉悦生活的特权阶层。随后，统治阶级将会认识到，赫西奥德给予了它们一个多么丰富的意识形态宝藏。统治阶级还将赞美对贫穷的逆来顺受品性，具有这些品性的人将会在天堂中获得财富，而那些傲慢的意志则会在地狱中为他们在人间享受的罪孽“天堂”生活付出代价。

因此，劳役也拥有对基督教会众的报偿，就像沉思拥有对基督教选民的报偿一样。当然，这些报偿仍然是相当模糊的：一种也许比世间生活更枯燥的虚幻而永恒的生活，一种对上帝的不懈敬重，一个抽象掉了所有感性的具体事物——使科基恩如此优越于伊甸园——的世界。在它抽象的超自然中，基督教已经开始大量使用抽象物质与抽象劳动这样的词汇。耶和华是一个未命名的上帝，自然仅仅是他的圣言的显现，甚至好的作品也不如工作活动本身更具有善的品性。

这种工作与作品的分离——抽象的劳动过程与劳动创造的具体的使用价值的分离，是严重反乌托邦主义的。在一个已经在很大程度上被降低为交换价值的世界中，事物依然残存的具体使用价值，是隐藏在被扭曲的日用品消费之中的传奇故事。否定它们，就是否定人类对他们想要获得的满足与愉悦的权利要求。一种过分禁欲主义与理性主义的观点，是一种过分享乐主义与本能主义观点的对立物。但是，这种否定正是这样一种神学的功能，它把圣言置于行为之上，把超自然置于自然之上，把工作置于劳动产品之上。

至于在宽泛的意识形态方面，基督教与伽利略之间有着二者都没有充分认识到的相似性。伽利略的无生命宇宙与永恒运动，与基督教关于如果没有一个超自然的灵光照耀将会没有任何意义的自然观，在原则上没有多大区别。到牛顿时期，人们可以自由阅读或写出这一原则，而不会感到教会与皇家学会之间的任何冲突感。如此长久地把这些相似观点分为基督教的和科学的，是幼稚的和不诚实的。二者之间真正和平的最终实现，不是借助印第安人的礼仪性旱烟筒，而是通过现代工业浓烟弥漫的烟囱来完成的。

最后，基督教比其他任何宗教都更切实地冲击了共同体归属的真实性、强度和意义感。斯多葛学派主张的对一种普遍性人类的承认，并没有导致一个人对共同体忠诚的否认，而只是个体对“人类之城”的神秘亲和性的承认。基督教对一种普遍性人类的主张，实际上更为狡猾。它机智地认可了国家的权利要求，却试图用“上帝之城”尤其是教会的权利要求来替代共同体的要求。教会对基督徒的共同体忠诚的妒忌是致命的；宗教需要对其教会基础结构的无条件服从。教区的观念意味着，牧师拥有相对于所有针对个人的公共权利要求的优先权——确切地说，是相对于那些除由上帝规定之外所有个人关系的优先权和相对于除《圣经·申命记》与基督对门徒的约束之外的所有团结法令的优先权。因此，教会与共同体处于一种潜在的敌对态势中——就像国家与血缘誓约甚至其父权制形式势不两立一样。工业资本主义，就像它之前的科学一样，发现资产阶级的公民权概念完全可以与基督教相吻合。被剥离了所有共同体根基的、自由飘动的自我，变成了它的个体性与个性理想。先前社会如此强烈恐惧的“无主人的人”，成为了新的自由自在的、自立性企业家——以及他在失去根基的和没有财产的无产阶级中的对应物。

我们必须看到，这一使技术摆脱其共同体基质的努力赋予了技术革新精神巨大影响。如果技术的真实含义包括着一种对制约的伦理强调，那么，这种强调只有在拥有一个社会机构来滋养与推动这一概念的情况才是有效的。由于技术被置于共同体的对立面，这一概念开始逐渐失去

其最初的伦理内涵，并变成严格工具意义上的。一旦基于伦理与公共制度的社会制约被从意识形态上与物质实体上废除，技术就可以不加限制地只遵从私人利益、利润、资本积累和一个掠夺成性的市场经济的需要。那些把技术约束在一种社会基质之内的古老制约消失了，结果史无前例的是，技术处在了无拘无束的自我发展中，除了市场的命令之外没有任何目标。

罗马人之所以复制他们的小型冶炼炉而不是扩大它们，不是因为他们在技术上存在着障碍，而是在更大程度上因为作为罗马帝权基础的共同体依然使工具性与制度性技术处于他们的控制之中。说罗马人不能设计更大规模的熔炉就是认为，他们的技术想象仍然是由一种手工匠的世界观念构成的，尽管他们的政治想象是异常宏大的。这种国家与社会、中央政治权力与共同体的分野，对于理解一种自由主义技术的性质和技术与自由的关系是至关重要的。

有机社会，尽管遭到了前工业“文明”的制度性扭曲与玷污，但仍然在所谓的普通人的日常生活中保持了很强的生命力。数代同堂的大家庭依然作为传统家族的一种弱化形式发挥着作用，并构成了它一个非常可靠的替代。年长者即使在他们的政治地位衰弱后，依然享受着很高的社会威望，家族联系在确定很多重要人类关系中仍然是相当强烈的，如果说不是决定性的话。共同劳动构成了村落事业的一个重要组成部分，尤其是在农业领域中，这主要是由于其中共享工具与牲畜、困难时期集中资源和促进技术互惠的需要，否则的话，很多共同体将难以渡过一些重大难关。人们不必去寻找马克思所说的“土地的公共所有”或“不可改变的劳动分工”——它们在印度的村落中作为一种“固定的计划与行动基础”，便能够理解在无所不在的国家强制之下，是一个活跃而潜在变化着的社会世界，而这一社会世界以共识、意识形态协约、共享的习俗和共同的宗教信仰为基础。

这些特征甚至可以在那些政治专制主义十分猖獗的地方找到。而且，它们往往清晰地体现在农民对劳动的态度上。这其中最显著的体现，就是任何一种共同性劳役——尽管十分艰苦——都在某种程度上可以由劳动者本人活动转变为庆祝性场景，并有助于强化共同体的联系。在对印加农民工作习惯的假说性解释中，梅森推测说：

像所有的合作性劳动一样，它肯定是一种欢快而不是艰辛的场景，有着大量的吉开酒、歌唱和谈笑。歌曲——很可能在教会土地上劳动时是赞美上帝的，而在国家土地上劳动时是歌颂皇帝的，是因地而异的。一旦在教会土地上的工作完成后，人们就转向政府的土地，然后就可以自由地耕种他们自己的土地。他们中间具有一种相互帮助的精神，一旦一个人被征召参与国家事务比如服兵役后，他的邻居就会主动地担当起其农业方面的工作。[6]

由于最近的考古发现和对现存安第亚人劳动习惯的研究已经揭示清楚了他们的工作习惯，梅森的上述解释看起来是相当准确的。在一个密切监视其社会低层阶级的高度专制国家的庞大结构之下，农民过着一种相当程度上独立性的和社会有机性的生活。的确，印加帝国的如下行动就含蓄地承认了它的这一控制力局限，即当一个共同体的个体成员违犯国家的某些规定时，把共同体作为整体来施加惩罚。这种做法是如此普遍与古老，以至于它在历史进程中一再发生。

对共同劳动传统与形式如何延续至今的一种最生动解释——把令人痛苦的劳役转变成庆祝性的工作，出现在托尔斯泰的名著《安娜·卡列尼娜》中。利温（托尔斯泰虚构的典型性反面角色）眼看着农民在他姐姐的庄园中割晒干草。他呆坐在干草堆上，“陷入幻想之中”，而草地上大量涌现的农民迅速地割草、堆垛并用草叉将其扔上木制马车。“在他前面的沼泽地后面的河流拐弯处，来回走着一队衣着鲜艳的农民妇女，欢快而大声地交谈着，与此同时，稀疏分布的干草很快变成了放在淡绿色残梗上面的浅灰色‘之’字形草垄。”男人们拿着草叉跟在妇女的后面，直到割草过程即将结束。随后发生的对话是别具一格的：

“趁着有光照的时候割草，你得到的干草将是可爱的。”老养蜂人说道，并在利温旁边蹲坐下来。利温则指着那些不断增大的草堆回答说：“多么可爱的干草，先生！是茶而不是干草。先生，你看看他们收割干草的样子，就像在喂鸭子。”

实际上，收割工作已基本结束了。老养蜂人喊向自己的儿子，后者回应道：

“爸爸，最后一个了。”年轻人高喊道，勒着马并欢笑着。他环视了四周，看到一个路过的农妇，她满脸笑容，脸色泛红。然后，他站在了马车的前面，轻轻地抖动手中的缰绳。[7]

这种场景把我们对技术的描述和对技术革新的解释，集中于早期国家与统治精英所偏爱的需要劳动动员的大规模工程中，是充满诱惑力的。权力的成就——比如庙宇、殡仪馆和宫殿，容易使我们产生对权力由衷的敬畏。伟大的冲积平原帝国比如埃及、美索不达米亚和亚洲的水利体系，以及前哥伦布时代的城市、道路和巨石结构，对历史产生了巨大影响。可悲的是，这一影响在很大程度上遮掩了处在社会“底层”的农民与手工匠的技术：他们广泛分布的村落与城镇网络，他们小片的农场与家庭花园；他们的小规模企业；他们围绕易货贸易组织起来的市场；他们高度互助性的工作体制；他们强烈的社会感；以及他们令人愉悦的个体性工艺、混合性花园和为普通人提供真正生活必需品与艺术品的地方性资源。就像妇女、少数民族以及被压迫者一样，技术、粮食耕种以及艺术都还没有一部从平民立场出发进行叙述的完整的历史。

正如我们知道的，在某些情况下，即使大规模的政治帝国比如赫梯帝国也主要依赖于小规模农场。一般来说，这些农场包括 5～6 个人，拥有两头牛，而农耕地分为混合性的庄稼地、葡萄园、果园和只能供养小规模羊群的草地。在罗马帝国时代，自共和国早期延续下来的自耕农农场与成千上万奴隶劳动其中的巨大庄园并存。构成从印度尼西亚到秘鲁的农业带基本特征的美丽梯田，并不只是服务于国家，也是为了满足数代同堂家庭与地方共同体的需要（它们往往分离于国有土地）。尽管中国隋代的苦役也许超过了 500 万人（他们处在 5 万名士兵的监控之下），农民的绝对多数仍然生活在他们自己的小片土地中，耕种着混合性的庄稼和果园，并饲养着家畜。甚至阿兹特克人的农业，尽管那里存在着统治中部墨西哥的极端专制的军事主义国家，也主要是围绕着家族性园艺组织起来的，尤其引人注意的是那些连接与穿越墨西哥湖浅滩的可爱的浮动花园。

从土地所有制的“基础”来看，中世纪欧洲也许可以很好地代表阶级社会条件下小规模、混合型农业经营的顶峰状态。著名的“开放田地制度”，包括休耕地与庄稼耕种地之间的轮换，是围绕着个体经营的狭窄条状地带组织起来的。而条状地带化的经营方式，必然涉及到相邻地带耕作者在播种与收获时的密切协作，为此，农民一般共享他们的犁、牵拉动物和器械。经常发生的是，条状地带时常进行重新分配以满足较大规模家庭的需要。应用于村落层面上，这些农业技术促进了农民的自由组合、一种生动的互惠感和古代公共传统的强化，比如把不适宜耕作的土地用作“公地”来饲养牲畜和采集木材作为燃料与建筑材料。地域性贵族的庄园经济，绝没有主宰这种日益自由主义的村落社会，相反，它只实现了对周围手工业与商业城镇的松散控制。后来，欧洲很多地方的村落市镇——它们完全习惯于自治管理制度，取得了相对地方贵族与教士的优势地位。或多或少地在所有西欧国家，尤其是在瑞士和苏格兰地区，村落和城镇建立了非常强权的和往往持久存在的农民联邦共和国与强大的城市邦联。

相应地，这一迷人世界所孕育的新的、相对自由主义的“制度性技术”，造就了一种同样值得关注的人类规模的、相对自由主义的工具性技术。除了在欧洲已经十分普遍的水车（征服者威廉在《末日书》中认为，1086 年在 3000 个英格兰村庄中有 5500 台），还有风车。明显起源于宗教仪式用途的西藏式祈祷轮，在 13 世纪的欧洲已经变得如此普遍，以至于仅仅比利时的伊普雷（Ypres）市就拥有 120 台风车。更加引人注目的，是欧洲水车与风车所使用于的超常的、前所未闻的多种用途。中世纪主要动力的这种多用途特征，清楚地说明了多样性中的统一性在多大程度上是生态技术的一种伴生物。水车在古希腊时期就已出现，几乎只用于磨制谷物；风车，在 8 世纪的波斯已经出现，但也很可能局限于同样有限的用途。相比之下，中世纪中后期活跃、机敏和日益个体化的城镇与乡村民众，并不把这些主要动力局限于农业用途，而是还用来在锻造中提升与转动铁锤，转动车床，在鼓风炉中拉动风箱，转动磨石来磨光金属以及磨制谷物。对机器的新兴趣——尽管规模还很小，设计上也很简单，导致了对凸轮、曲柄与气泵的极其多样化使用和齿轮、杠杆与滑轮间独创性的结合。它还促进了最具标志性的机械钟表的发明，从而减轻了艰辛劳役的必要并大大提高了手工业生产的效率。

中世纪技术所呈现的新活力中真正值得注意的，并不是标志着其发展的革新意识，而是它体现为新技术适应旧的社会条件的精明考虑。不同于用我们时代的价值去解读中世纪世界所形成的各种意象，那时的技

术"乌托邦主义者"在精神与观点上都远不同于技术主义的"乌托邦主义者"或现时代的未来主义者。罗杰·培根(Roger Bacon),13世纪的方济各会教士,预言了大规模体积与马力并由一个掌舵者驾驭的船只、飞行的机器和自我推动并高速旅行的车辆。像培根这样的人物,并不是一个可以预测未来的工程师;他们首先是神学家而不是技术师,是炼金术士而不是科学家,是学者而不是手工匠。他们更多地证明了超自然的力量,而不是人类的聪明才智。只是在大约三个世纪以后,真正的发明家比如利奥纳多·达芬奇才秘密绘制了他们使用密码的设计,并在手稿纸上写下了只有用一面显微镜才能看清的笔记。

培根时代的技术依然深深地蕴藏于(并受到其限制)一种丰富的社会基质中,这种社会基质促进了一种有机性的设计认识论,一种审美性的物质材料使用,一种适应性技术的明智考虑,一种对多样性的深刻尊重和一种对质量、技能与艺术性的格外强调。这些工具性规范体现了那个时代的社会性规范。城镇与乡村是如此紧密地彼此连接,使得几何图形式的庙宇、城市大规模主义、无机性的社会关系、死气沉沉的机械化世界意象等,在社会上与智力上都是难以被接受的。无论教会如何强调天堂超自然相对于世间自然的重要性,自然世界日益被视为一种上天恩赐的礼物——这种感知可以在圣·弗朗西斯(Saint Francis)的观点中找到其神学表达。工作与对技能的高度报偿已经变得过于个体化,以至于难以再使大规模的农民与"无主游民"听从于较早时期形成的劳动动员体制。由于我们现在可以依据较大规模的民众群体来思考,我们必须更多地考虑意识形态的改革而不是高度受控的劳动力。由于它的分散化特征和基督教的个体价值感,中世纪社会很难利用,更谈不上动员大量的"普通人"从事规模宏大的公共建筑。尽管封建社会中存在着滥用,强征劳役仅限于维持公共道路和为了庄园贵族的农作物耕种的佃户制,仅限于共同体及其贵族所必需的防御性结构,以及对贵族和教会奉献的各种劳动"礼物"。

技术本身往往遵循一种与当地生态系统密切结合的古老传统,使其明智地适应于地方性资源和它们独特的维持生命能力。相应地,它作为一个地区中人及其自然环境间十分特效的催化剂发挥着促动作用。对其居住环境的丰富知识——地域、地方性动植物、土壤条件及地质特征,使得像布须曼人或桑人(San)这样的种族在一个极端荒凉的沙漠地带(至少在维多利亚人看来是如此)从远古时期一直生活到欧洲中世纪。这种对一个居住地中隐藏的自然财富的敏锐感知——这种知识对于现代人来说已经彻底丧失,使技术的潜在破坏力处在一个地方共同体的制度的、道德的和互助主义的边界之内。人们并不仅仅是在他们生态系统的生物可能性范围内生活,还凭借一种促进生态多样性与丰产的感知来改变这一生态系统。此外,他们还(往往十分艺术性地)把技术上独特的器械吸纳到这种宽泛的生物社会基质中,并使它们服务于其地方性需要。

只有现代资本主义能够颠覆这种古代感知与技术的一体化体制。而且,它并不仅仅是通过用一种工具性组合替代另一种来实现这种颠覆。如果我们看不到资本主义颠覆了传统社会组合——人类共同体的整体性——中的一个更根本性向度,我们将严重低估其史无前例的破坏性角色。一旦市场关系——以及个体关系被其降低为买卖双方之间的关系,代替了数代同堂家庭、基尔特和它的高度互助性的协作网络;一旦家庭和生产地点变成了分离的甚至敌对性的场所,农业对立于手工业和手工业对立于工业;最后,一旦城镇与乡村被置于严重对立的地位。那么,每一个躲避高度机械化与理性化世界的有机性与人道主义避难所,都会被一种单一的、非个性的和异化的关系体所殖民化。结果,共同体开始消失。资本主义入侵并破坏了社会生活的领域,而古代的伟大帝国从未成功做到甚至奢望去做到这一点。被野蛮地肢解的不仅是技术想象,还有人类想象。“对力量的想象”的呼吁,变成了不只是一种对自由幻想的呼唤,还是一种对幻想的力量的重新发现。无论它的支持者是否意识到这一点,把想象重新引入力量的主张,蕴涵着想象力量本身的重建。

最近对“增长的极限”和“适当技术”的强调,充满着那体现在“高技术”身上的希望与恐惧并存而产生的不明确性。我已经大量讨论了把工具性技术——不管是“软技术”还是“硬技术”,与制度性技术分离开来的危险;我将把对它们重新结合的阐述留给本书的最后一章——更加强调重建性的一章,在那里,我将探讨自由、人类关系和个性主体的可能结构,从而为一种自由主义的技术确定一种“适当的”社会基质。但在此,我必

须再次强调，像“小的”、“软的”、“中度的”、“乐观的”和“适当的”等术语，除非与解放性社会结构和公社集体主义目标相结合，否则将只是空洞无物的形容词。技术与自由作为两个分离的生活“王国”时，并不彼此“共存”。技术用来强化一个更大规模的社会趋势，使得人类协作变成更加技术主义的和威权主义的；或者，我们必须创造一种自由主义的社会，从而把技术纳入一种解放性人类与生态关系结构框架中。一种“小的”、“软的”、“中度的”、“乐观的”或“适当的”技术设计，并不能更有力地把一种威权社会转变成一种生态社会，就像“必然王国”与“工作日”的减少并不一定导致“自由王国”的提高或扩大一样。

除了颠覆人类共同体的整体性，资本主义还通过煽动一种对物质稀缺的非理性恐惧，玷污了传统的“生活得好”观念。借助确立“好生活”的量化标准，资本主义肢解了“限制”的伦理含义。这种伦理空白向我们时代提出了一个十分特殊性的技术难题。由于把“生活得好”等同于物质富足地生活，资本主义变得几乎不可能阐明，自由更接近于个人的自治而不是富足，更接近于对生活的授权而不是对事物的授权，更接近于来自一个繁荣共同体生活的情感安全而不是一种由万能技术主宰自然的神话的物质安全。

一种激进的社会生态学不能无视这一新的技术性难题。在过去两个世纪中，几乎所有严肃的社会变革运动都面临着这一需要，即阐明技术——“硬的”或“软的”——可以做到不仅仅是满足人类的物质需要，但又不对人们那些谦虚理性的商品消费施加武断性的限制。“黑色再分配”之类的词汇已经被历史性地改变了：我们所面对的问题不是来自反积累，而是理性的生产制度。正如我在早期著作中阐明的，后稀缺并不意味着无限制的富足，而是指一种技术发展的充分性，其中个体可以自由自主地选择他的需要并获得满足这些需要的手段。西方世界的现有技术——原则上说，这是一种可以普遍应用于世界的技术，可以生产足以满足每一个人合理的需要的充足商品。幸运的是，大量的著述已经表明，所有人都已可以享有充足的食物、衣服、住所和生活福利设施。如今非常盛行的关于“增长的极限”和“救生艇伦理”的严厉观点，在很大程度上基于似是而非的数据和把资源难题巧妙地适应于一种日益集权国家中的“制度性技术”。

社会生态学的关键性责任之一，是消除一种“吝啬自然”传统的神秘性，以及目前关于“高”技术注定是魔鬼的意象。更为重要的是，社会生态学必须阐明，现代的生产、分配、商品与需求开发制度，总体上是非理性的和反生态的。所有那些回避在一种潜在富足的自然和对技术的剥削性利用之间进行矛盾性选择的人，只不过是当前主导性的非理性状况的一个辩护士。当然，它本身并不存在任何伦理观点，能够说服那些被排斥者和非特权者，他们应该放弃向资本主义的相对富足提出任何权利要求。必须得到阐明的是——而且并非只是基于理论的或统计学的理由，这种富裕可以最终面向所有的人——但对此应当是没有人真正期望的。如果要求穷人放弃对生活必需品的需求，理由仅仅是那将会导致广泛的生态失衡难题、“高”技术的短缺和严重似是而非的物质材料天然不足，却根本不涉及由公司资本主义所导致的人为短缺，这将是对社会生态学所传达主导信息的背叛。

所有不可更新的事物是可以耗尽的——这是一个不言自明的常识。但面对着这种常识，人们有理由追问：它将在什么时候耗尽？如何耗尽？由谁耗尽？为何耗尽？目前，并无任何关于某一重要且不可替代资源将在人类找到新替代品之前耗尽的主张——所谓“新的”不单指物质的或技术的替代，还指制度的和社会的替代。推进人类从这些替代中特别是制度性替代中选择权利的任务，也许可以为我们提供一种理性的、人道主义的和生态的道路，而目前的“高”技术或“低”技术都难以让我们实现这一目标。总之，“高”技术必须由严肃的社会生态学家来理性地阐明，它不如生态技术那样可取。我们必须驱除“高”技术作为社会“进步”和人类小康生活标志的似是而非的权利声称——并且使生态替代品的发展成为一个选择的问题，而不是一种玩世不恭的“必需”的产物。

另一个可能被视为一种新技术性难题的议题，是“自由王国”与“自由时间”——马克思的“抽象劳动”或“劳动时间”的政治对立物——的联系。同样，我们在这里也面临着一种专横的抽象：自由本身是一个历时性事物的观念。自由时间的这种历时性，就像不可简约物质的广延性一样，是死的——1968 年 5～6 月的巴黎学生运动试图从“死亡时间”中寻求自由，把时间变成一种追求自由的过程。从这一视角看，“自由时间”是非常具体

的时间——的确,一种非常活跃的、社会性表达的时间形式。它不仅意指从劳动时间限制中获得的自由,从抽象劳动强加于"必然性王国"(或者我们贴切地称之为的"不动脑筋劳动")的考勤钟中获得的自由,还包括对时间的利用以便成为自由的。

如果只是回应抽象劳动中沉闷的时间约束,"自由时间"的理想仍会受到一种任性的乌托邦主义的玷污,后者夸大使用价值相对于交换价值的专制的力量。自由时间仍被看作是一种没有活力的无所作为,而它的另一方面是物质富裕。因此,"自由"仍然被理解为远离劳动的自由,而不是为了工作的自由。在此,我们面对着孤立自我的漫无目的利益,他们是失去根基的"自由主义"个体,作为同样任性的、失去根基的资产阶级个体的对应物漫游人生。《我们的自由》——蕾内·克莱尔(Rene Clair)在20世纪30年代的法国版幽默"乌托邦"——中的工人,在一块高度工业化的科基恩土地上实现了他们的自由:他们的角色完全被机器所取代,结果,他们只是无所事事地在附近田野中嬉戏和成群结队地在河边钓鱼,竟然出奇地类似他们的装配生产线。这一乌托邦版本是非常现代化的。克莱尔笔下的流浪汉——这一电影中的主要人物,对这一电影"乌托邦"的结局打上了流浪汉自由观的烙印。他们是20世纪的"无主游民",未能成为一个共同体中的公民,就像那同样缺乏根基而彷徨的新"左派"激进分子一样,后者把他们的"共同体"寄存在其旅行包或卡车的帐篷下。这种"乌托邦"是迷人的,却是漫无目的的;是充满自发性的,却是不成熟的;是悠闲自在的,却是缺乏结构的;是充满诗意的,却是无须承担责任的。一个人也许可以长久地生活在这样一个"乌托邦"中,但却不能"生活得好"。

古希腊的"自由"理想——一种仅限于公民的理想,是截然不同的。自由是为了活动而存在的,而不是从活动中的脱离。它不是一个王国,而是一种日常实践——一种通过参与自由制度,通过日常的再创造、制作和促动自由性活动从而成为自由的实践。一个人的自由不只是解除限制意义上的被动性"自由",还包括他本人及其公民同伴的"变得自由"意义上的能动性自由。一个真正的共同体不只是人们的一种结构性组合,而是一种社会共有化的实践。因此,城邦中的自由是一种处在不断再生状态中的关系组合。依据福斯特尔·德考兰(Fustel de Coulange)的看法:

> 我们对这种民主所需要的巨大劳动感到震惊。它是一个耗费人力的政府。让我们看看一个雅典人是如何生活的。一天，他被召集出席他所在城区的大会，并审议他这一小型社团的宗教与政治利益。另一天，他必须参加他所在宗族的大会，因为或者要组织一次宗教节日活动，或者审查预算，或者通过政令，或者任命首领与法官。另外，一般每月3次，他必须参加公民大会，而且不允许缺席。这一会议持续时间很长，他出席的目的不仅仅是为了投票。清晨一早他就要赶到那里，而且往往呆得很晚，中间要听取演讲人的发言。他除非在会议开始时就已到达并听取了所有发言，否则便不能参加投票。对他来说，投票是最严肃的事项之一。有时候，要选举其政治与军事首领——也就是说，未来一年中他的利益与生活要委托于这些首领；而在其他时候，则要涉及施行一种税收或改变一个法律。此外，他还必须参加关于战争的投票，因为他清楚地知道，一旦遭遇战争，就必须献出自己或一个儿子的鲜血。个体的利益不可分割地与国家（城邦）的利益联系在一起。作为一名成员，一个人不可能做到漠不关心或泰然处之。他知道，如果自己犯了错误，很快就会为此遭到惩罚，而且在每一次投票中，他都为他的幸运与生命而祝福。[8]

为了恢复这种“为了的自由”而不是“摆脱的自由”的切实与丰富表达的特性，我不得不考虑一种新社会的特性。其中，它将把“繁忙的”社会变成一种不断增加地再生产自由的过程。但是，我们有理由追问，技术作为一种社会代谢形式，是否具有滋养作为一种日常实践的社会自由的某些正式特性呢（在此撇开技术的社会基质不论）？技术的设计想象如何能够促进人类关系和人与自然关系的新生呢？它如何能够通过让我们倾听自然的声音而改进自然的“沉默寡言”（一个人类自我强加的成问题概念）呢？它如何能够为人类与自然存在的普通生产活动增添一种持久的共生感，一种对自然原始活力的参与感呢？

我们与地球上的所有生命分享共同的有机血统。这一血统渗透在我们身体的某些层面，并促进建立与我们最初来自于它们的、现存的原始性形式之间的联系。除了任何结构性考虑，我们面临着赋予这些被掩藏的感知一种生态意义的需要。就我们的技术设计战略而言，我们当然很想

提高自然的多样性、整体性和功能，即使只是为了更好地接近一个已远远超出了我们身体与先天经历所能系统理解的世界。目前，即使在选择性技术中，我们的设计战略也往往是功利主义的、经济主义的，并忽视了我们周围环境中的众多领域。代表着一个设计师减少能源消耗能力的太阳能房屋，也许是一个财政欺诈的典范，但它在生态意义上是像低廉的管道设备一样盲目与沉闷的。它也许是一种合理的投资，甚至是一种有益于环境的产品，因为它使用了"可更新能源"，但是，它仍然把自然仅仅作为资源来对待，并展示了一种关心公益工程师的感知——而不是生态敏感的个体的感知。一个吸引人的有机花园也许是一个明智的营养性"投资"，可以获得质量高于购物中心商品的产品。但是，就耕种者只关心晚饭餐桌上食品的营养价值而言，有机园艺就变成了仅仅是"明智食品"消费的一种技术性战略，而不是曾备受推崇的、与自然相互交流的实证。如此经常的是，我们很容易把营养液培养的植物浅盘作为实际花园的替代，沙石作为土壤的替代。既然目标只是把蔬菜填满家中的食品储藏室，我们的园艺技术是否生产土壤看起来就没有什么差别。

这些普遍性态度是很能说明问题的。它们表明，我们已经忘记了如何成为有机体——而且我们已经失去了对于我们周围自然共同体的任何归属感，不管它在多大程度上被社会所改变。在现代技术设计想象中，这种丧失的典型表现是，我们往往设计单体"雕塑"而不是整体性组合——这里是一座太阳能房屋，那里是一个风车，其他地方是一个有机花园。我们所发明的"有机的"世界与存在于它们之外的真实有机世界之间的边界，是严格而明确的。如果说我们的创造会界定我们的身份，就像马克思声称的那样，那么，我们获得一种生态身份的第一步，就是把我们的"雕塑"设计成属于整体性组合的一部分——这种新型技术组合是与它所处的自然生态系统融为一体的技术生态系统，而不仅仅是"小的"、"软的"、"中度的"或"乐观的"技术装置的集合。一种生态技术所包含的主要信息是，它作为一个要素来创造一种高度互动的生命与无生命整体结构，其中每一个构件构成整体的一个支持性部分。人工鱼池、"日照管"和其中利用鱼废料来为植物提供营养的池塘，只是由各种生物群组成的复杂生态系统中的最简单例子——从最简单的植物到较大体积的哺乳动物，它们已经明智地融入一种生物技术的生态系统之中。对于这一系统来说，人类不仅要感激其劳动、想象和工具，还要感激其产生的废弃物。

与这种技术组合同样重要的，是把技术组合起来的技术想象。技术设计时的生态化思考，是把技术理解为一种*生态系统*，而不仅仅是基于“可更新能源”的花费合理的器械。的确，生态化地思考，是把*自然的*劳动包括进技术过程之中，而不只是人类的劳动。在所有可能的情况下用有机系统代替机器——比如在生产肥料、滤除污物、暖房供热、提供阴凉和循环使用废弃物等时，本身就是一件值得期望的事。暂且不论它们的经济智慧，这些有机系统还可以启迪人们心灵中对自然本身的生产力的感知。我们也可以变得意识到，自然也有着自己复杂的“经济”和走向不断增加的多样性与复杂性的趋向。我们将获得一种新的、与整个生物世界的交流感，而无机性的机器曾阻断了我们在这方面的想象。就像生产过程本身经常被比作一个活剧一样，我们应该记住，自然在其中绝非仅仅扮演一个合唱者的角色。自然是其中的主要演员之一，而且有时是最重要的角色。

因此，一种生态取向的技术想象必须试图去发现事物作为一种整体性组合的“方式”，去感受我们冷冰冰地称之为“自然资源”的主体性，去尊重那应当存在于人类与作为其基础的生态系统之间的和谐韵律。这种技术想象必须不能仅仅着眼于寻求解决城乡、机器及其构件、器械的功能性利用及其对自然环境的影响之间的矛盾，还必须试图实现它们艺术性的、丰富多彩的和密切联系的一体化。劳动——很可能不仅仅是技术，必须恢复其创造力。劳动的抽象形式、它在线性时间框架中作为*历时性*的运用、它仅仅作为均质性能源的客体化，必须让位于技能的具体性、公共活动的节日般欢庆和对它自身主体性的认可。在自然环境、工作和技术的这种广泛新生中，技术想象不可能将其局限于传统的意象，即一个无生命的、不可简约的和被动的物质基础。我们必须结束以下二者之间的脱节状态，一边是可以理性解释的有序世界，另一边是需要赋予意义的主体性。这种技术想象必须做到不把物质视为随机运动的被动质料，而是不断发展中的主动性实体——一种努力着的“基础”（使用一个并不令人满意的词汇），它不断地与其自身以及更复杂的形式相互作用，并产生多样化的、“有感知的”和有意义的存在类型。

只有当我们的技术想象开始具备这一适当的形式时，我们将会开始获得一种更“适当的”——或者说一种**自由主义的**——技术的雏形。太阳能收集器、风车与水车、花园、温室、生态住所、“生物学”机器、树文化和“太阳能村”等的最好设计，无论设计者的主观意愿如何善良，也只不过是些新设计，而不具有新的意义。它们也许是值得尊重的人工制品，但却不是真正的艺术作品。像框起来的肖像一样，这些技术将会与周围的世界分离开来——确切地说，与它们所源自的真实身体分离开来。同样，这些技术也不会以任何重要的方式挑战等级制与支配体制，而正是后者最初造就了一个自然由其自身创造物之一来“主宰”的神话。就像阴暗废墟中的花朵一样，这些技术将会提供一些特殊的颜色与香味，以遮掩我们对自己周围丑陋现实的清楚与诚实的观察，以及当今世界向一种日益原子化与无机化的腐烂性倒退，而这已使得复杂生命形式与生态组合体的栖息变得难以为继。

【注释】

［1］ Lewis Mumford, *The Myth of the Machine* (New York: Harcourt, Brace & World, 1966).

［2］ James Mellaart, *Catal Hüyük* (New York: Harcourt, Brace & World, 1966).

［3］ Alden Mason, *The Ancient Civilization of Peru* (New York: McGraw Hill, 1967).

［4］ Henry Hodges, *Technology in the Ancient World* (New York: Alfred A. Knopf, 1970), p. 19.

［5］ Hesiod, *Works and Days* (Richard Lattimore translation) (Ann Arbor: The University of Michigan Press, 1973).

［6］ Alden Mason, *The Ancient Civilization of Peru*, p. 184.

［7］ Leo Tolstoy, *Anna Karenina* (New York: New American Library, 1961), p. 282.

［8］ Fustel de Coulange, *The Ancient City* (New York: Doubleday, n. d.), p. 334.

第十一章　自由的歧义性

那能够滋养自由与生态社会发展的技术与技术意象，正遭受着来自其本身歧义性的困扰。工具与机器既可以用于加强一种对待自然的完全支配性态度，也可以用于促进自然的多样性和非等级制社会关系。技术上"大规模"的创造物也许是丑陋的，但那些"小规模"的存在物不一定就是美的。那些庞大的专制制度基于一种在规模与形式上属于新石器时代的技术。20 世纪 70 年代爆发的对"工业社会"与"技术人"的批评，表明了人们对上几代人所持有的技术不断发展及其将会带来的自由——一种基于物质富足和摆脱了劳役艰辛的自由——的希望的普遍破灭。

也许不太明显的是，同样的歧义性笼罩着我们对理性与科学的态度。对于两个世纪前的启蒙思想家来说，理性与科学（就像体现在数学与牛顿物理学中的那样）蕴涵着摆脱了迷信的人类心灵与摆脱了学究式形而上学的自然的希望。伏尔泰对教会的著名呐喊"消灭败类"，同时是启蒙运动相信人类精神必将胜利和向宗教教条发起攻击的证据；亚历山大教皇对牛顿的热情赞扬，同时是相信科学将会带来的人类对宇宙理解的智力明晰性和赞颂牛顿本人天才般智慧的证据。

实现人类自由的这三个伟大路径或"工具"（借用现代工具主义的语言）——理性、科学和技术，尽管在一代人之前还似乎是确信无疑，现在已经不再享有其崇高地位。自 20 世纪中叶起，我们看到理性变成了理性主义，一种适用于对人类与自然进行复杂控制的冰冷逻辑；科学变成了科学主义，一种把世界视为伦理中立的、从根本上说是被操纵的机械化体系的意识形态；技术变成了现代技术，一种用于证实那接受过技术化训练的、

在很大程度上是官僚化精英的权威的强大工具系统。这些把自由从一个教权的与神秘化世界包围中拯救出来的"手段",现在已显示了其可能妨碍自由的黑色一面——事实上,它们削弱了理性、科学和技术曾经推动的一个自由社会与人类自由心灵的前景。

理性、科学和技术的这种两面性发展所带来的歧义性造成了这样一种普遍性的认识,即除非这三个要素得到重新评估与重构,以便使其自由性的方面得以拯救而压抑性的方面得以清楚地揭示,否则这个"三位一体"是没有意义的。回到非理性、迷信和物质原始主义,像如今盛行的听命于价值中立与精英主义的理性主义、科学主义和技术化感知一样,是不值得期望的。拯救理性作为一种具有伦理内涵的世界逻格斯的需要,并不与它作为应对那一世界的逻辑相冲突。拯救科学作为一种对逻格斯的系统阐释的需要,并不与承认分析技术和经验证据的需要相冲突。最后,拯救技术作为一种调节我们与自然——包括人类自然——关系的手段的需要,并不与人类干预自然世界的固有权利相冲突,甚至比"盲目的"自然在促进多样性与自然丰富性方面做得更好。所有这些为了实现自由的看似矛盾的、模棱两可的道路,就我们对自由的界定而言都是根本性的。我们解决自由的这些歧义性的能力,既取决于我们如何界定理性、科学和技术,也取决于我们如何利用它们。

无论如何,我们在界定理性、科学和技术方面遇到的难题,不能通过一种仅仅依靠蒸发掉相关议题的神秘化形式来解决。它们的真正解决有赖于人类意识的一个巨大跃进。我们需要消除隐藏于每一种善中的恶的方面,赎回存在于每一次失落中的有益的方面——比如,潜在于亲族团结中的社会性、原始无知中的理性、社会冲突中的理想、家长制中的任意性、个人主义中的个性、狭隘部落共同体中的人类意识、自然崇拜中的生态感知和萨满教人为操纵中的技术。把这些值得期望的东西拯救出来而不使之完全脱离作为其现实基础的某些特征——团结、单纯、传统、共同体和自然,需要充分展现我们拥有的所有智慧与艺术潜能。同样,它们也很难在现存的社会秩序内完全得以拯救。相反,我们需要一种新的想象——一种新的社会幻想精神,以便把这些往往是压抑性的落伍情形转变成解放性的。

为了探讨自由的歧义性，我将从理性开始。因为理性长期以来构成了人类每一个重大成就的标志性方面。可以认为，正是由于人类的理性特征，我们在自己周围的"沉默"世界中是独特的，并使我们可以实现对它的"主导权"。启蒙运动对理性的坚定信奉——相信作为思想与教育结果的人类事业，即使在它的最严厉批评者那里也从未失落，几乎他们中的所有人都在批判理性时使用了理性。威廉·布莱克(William Blake)对"爱管闲事的知识界"的攻击，就像大约一代人之前的卢梭的著述一样，被普遍认为是一个智力杰作。我的捍卫理性整体的论点并不想成为感情用事之论；但就像一个折磨人的梦魇一样，"线性思考"同时存在于最神秘的体验和最具鼓动性"阐释"的形式中。理性被赋予的角色及其相应的命运——无论是值得称赞的还是应该被诅咒的，最重要的是取决于我们在社会的各种生活或"阶段"中如何界定它。同时，理性的角色还依赖于什么样的理性——依据我们对周围与内部世界的感知——被允许来替换。

对理性的每一种严肃批评都集中于它历史性地工具化为技术——它被用作一种进行分类、分析和控制的工具或器械。就此而言，正式的理性在人类社会中早已存在。那些只具有部落世界的初步知识的人都知道，正式的理性只不过是在一个更大范围内的被称为主体性的感知中的一种。但是，主体性并不等同于意识；它所展现的是人类与世界之间一种比仅仅分类、分析和控制能力更宽广与深刻的相互作用层面，甚或发展出一种与"他物"区分开来的自我意识。

那些非理性的批评者并不具体阐明这些差异，而是武断地把"线性思考"以外的所有主观性经验驱逐到"非理性"或"反理性"的领域。幻想、艺术、想象、启示、直觉和灵感——所有这些都是客观存在的事实，它们很可能都包含着人们不同层面上的具体反应，但却被正式的思维准则过于审慎地与人类感知隔离了。这种对大量经验领域的无视，并非只是正式教育的产物；相反，它是一种始自婴幼儿阶段并持续终生的无情训练的结果。极化一个感知领域来反对另外一个，也许正是在理性掩饰下的一种压抑性"非理性"的证据，就像"线性思考"以"非理性"的面孔出现在神秘主义著述中一样。弗洛伊德——依其由于维多利亚时代偏见而表现出的

应对类似议题上的幼稚，是众多自以为是的理性质疑者中一个最明显的例子，其严厉的主体性观念表露了他们对上述这类感知的憎恶。这早已不再是小事一桩。如果说19世纪末的弗洛伊德们威胁毁坏我们的梦想，那么，卡恩、托夫勒们和类似的商业“理性主义者”则威胁、毁坏我们的未来。

对理性最尖锐的批评——我想尤其是霍克海默与阿多诺的《启蒙辩证法》和霍克海默的《理性的衰败》，也许同样由于未能持续坚持对这些差异的认识而失败。两位思想家明确承认了理性中的一个关键性歧义，并且正确地阐释了由此所提出的难题。如今谈论理性，是在意指一种包含着两个完全不同取向的过程。其中一个包含着很高的理想、约束性的价值和面向人类整体的高尚目标——它们来自超个体的甚至先验性的对错与善恶准则。就此而言，理性不是一个个人意见或喜好的问题。它看起来内在于客观现实本身——坚信一个理性与有意义的宇宙，这个宇宙独立于我们的需要与作为个体的癖好之外。这种理性模式——霍克海默称为“客观理性”，表达了世界之中的逻格斯，并保持了人类意志与利益间相互作用之外的世界的整体性确实性。

相比之下，我们通常视为理性的——或者更准确地说“合理性的”，是一种严格功能意义上的心智，它受制于可操作的逻辑一致性与实践成功性标准。我们设计“合理性的”战略来改善我们的生活与生存机会。就此而言，理性仅仅是一种推进我们个人意见与利益的技术。它是一种有效实现我们个体利益的工具，而不是在更广泛的伦理与社会目标背景下界定这些利益的工具。这种工具性理性 或借用霍克海默的术语“主观理性”（在我看来这是一个非常蹩脚的词汇），完全是通过满足自我利益追求与责任的效率来确证其有效性的。它并不诉求于有效适应现实条件之外的更高价值、理想和目标。一旦超出个体而进入社会领域，霍克海默评论到，工具理性可以“服务于或好或坏的任何一种举动”。“它是社会所有行动的工具，但绝不能试图决定社会与个体生活的类型”[1]，它们只能由社会与个体的偏好来确定或弃置。总之，工具理性所看重的不是反思性精神，而仅仅是实用性技术。

如果说理性现在面临着一个挑战其可信度与合法性的危机，那么，这种挑战不再是来自启蒙运动必须应对的非理性与神秘主义的传统性攻击。那一战场已经被历史的进程所消解。事实上，现在可视为非理性与神秘主义的所在，已经变成了工具主义攻击及其所导致的理性危机的脆弱避难所。困扰理性的矛盾起源于从客观理性向工具理性的逐渐简约化——理性从现实中的一种内在性特征，令人忧虑地退化为一种不加思考的、仅仅重视效率技能的"合理性"。如果我们今天不相信技术，那是因为技术在大大提高了我们剧烈改变世界的技术能力的同时，却没有提供赋予这些能力以方向与意义的目标与价值。就像梅尔维尔(Melville)的《莫比·迪克》(Moby Dick)中的亚哈布船长一样，我们可以绝望地呼喊："我所有的手段都是合情合理的，但我的动机与目标却是疯狂的。"

对于工具理性的最精明批评者来说，这种客观理性向一种控制逻辑的退化，被视为一种合理性自身的辩证法，一种手段与目的的倒置。依据这些批评者的说法，由客观理性构建的高度理想因而注定使作为一种技术的理性复杂化，这已经暴露了其必将具有的工具主义特征。因此，"善"的伦理目标——被存在主义者视为社会自由与个体自治，被假定具有自己的依据。我们被告知，自由所需要的不仅是自由的社会结构，还包括充分的享受自由的生活手段。相应地，个体自治所需要的不仅是不受限制的自我表达机会，还包括抑制自我的任意要求的自我约束。依据这种批评的观点，自由与个体自治需要付出一种历史性的代价：通过工具理性的引入来实现由客观理性提出的目标。相应地，要实现这些目标，人类必须获得对自然(同时包括外部与内部自然)的充分控制，以便把一种理想转变成一种物质与心理现实。自由的前提是支配——具体而言是人对外部自然世界的支配；个体自治的前提也是支配——一种压抑性理性结构对内部心理自然的支配。

这种对工具理性的批评和理性危机在如下情况下变得更为严重，因为它要求我们接受一种观点，即自由与个体自治不仅预定了理性对自然的控制，而且预定了人类必须简约为一种受规制的、高效的生产手段。阶级社会和国家总是一种合法的存在——甚至在某些激进理论中也是如此，因为它们承担着把劳动理性化从而使物质生产最终服务于自由的任务。阶级社会使人类自然摆脱自然和神话的控制的努力，不可避免地与

人类使自身摆脱阶级社会和工具理性支配的努力纠缠在一起。事实上，自然工具化作为原材料，是以人类工具化为生产手段为前提的。理性从现实的一种内在特征向一种有效控制技术的退化，带来了客观理性自身的消解。客观理性的来源——尤其是客观现实本身，降低为仅仅是工具理性借以显示其力量的物质基础。科学与技术一起，使整个宇宙变成了一个僵硬的技术殖民与控制的领域。通过使人类像自然一样客体化，工具理性将取代充满意义的现实变成了它胜利的目标。结果，手段不仅变成了目的，而且目的本身被简约为机器。支配与自由在一个征服自然与人类的统一过程中，变成了可以互换的术语——其中每一个都被用来证明一个对另一个控制的合法性的借口。其中包含的推理是一种典型的循环论证。机器不但在缺乏驾驶员的情况下运转，而且驾驶员已经变成了机器的一个组成部分。

对理性的整个批评，至少就我已经阐述的形式而言，潜藏着无意之中将其转变为一种合理性辩证法的偏见。事实上，《启蒙辩证法》根本就不是辩证法——至少就它试图通过理性的自身发展来解释其否定性方面而言是如此。整个著作假定我们持有一种维多利亚偏见体系——其中很多是马克思主义的和弗洛伊德主义的，即把“进步”等同于不断增加的对外部与内部自然的控制。历史发展是在一种不断向人性施加约束的意象下展开的，人类逐渐从一种野蛮的、任性的和沉默的自然史中摆脱出来。关于人类在实现一定程度的生产力与管理后将会使其变得自由的意象，所模仿的正是一种工业的“控制与纪律范式”。但从回顾的角度看，批评蜕变成了绝望，还远未从一种看似野蛮的自然史中解放出来，人类自身已经陷入自然中很难找到对应物的一种无处不在的支配体系之中。历史从未兑现其自由与自治的承诺。相反，看来似乎是历史必须重新开始——不是去实现人类与其自然母体间的分裂，而是通过依然存在于客观理性之中的工具主义实现二者之间的生态化连接。

问题的核心，是那妨碍着生态学成为价值与理想之源的维多利亚面纱(马克思和弗洛伊德对此提供了一个激进向度)。如果客观理性已经日益消解为工具主义，我们必须重新揭示现实中能使理性本身有资格作为对现实世界的一种解释的理性向度。只要世界依然被科学主义地看待，

工具主义的优越地位在意识形态上就依然是安全的。作为一种“价值中立的”甚至“伦理中立的”方法论，科学不仅推进了工具主义，而且使工具理性成为这样一种意识形态，即它们对现实认知的声称就像科学本身的论断一样是普遍性的。这里，社会生态学在这些声称中打开一个缺口，因而至少有恢复客观理性的功能并重新界定我们的目标与价值的潜在可能性。

无论霍克海默还是阿多诺，都没有尝试用自然的权利要求来反对社会的失败。像一个世纪前的维多利亚人一样，他们对自然的态度是模糊不清的。在他们看来，“文明”的进程从来就是理性与自由逐步摆脱神话迷信与盲目自然规律的束缚的斗争。在20世纪20～30年代的后革命世界中，神话在法西斯主义对“鲜血与土地”的现代专制诉求中死灰复燃，而植根于一种有规律的自然世界之中的“客观理性”，曾经在斯大林主义对自然辩证法的诉求中再度显现。在这两种情况下，自然都被用作倒退性的意识形态工具：一个是把人性置于种族与非理性的专制之下，另一个是把一种解放性社会中的自由活动与自发性置于“不可改变的”自然规律的专制之下。马克思主义中潜在的反自然主义，也对自然在人类的解放计划中的作用产生了消极性影响。荷马的安逸岛是对记忆、历史、文化和一直萦绕着欧洲对人类活动强调重点即“进步”的否定，所彰显的是一个相对凝固与和平的梦想世界的意象。但即使他们的马克思主义色彩消退之后，霍克海默和阿多诺依然表现了一种对法西斯主义和斯大林主义强加给人类事业的那段扭曲历史的极端憎恨。

然而，现存的生态危机提醒我们，工具理性所预先提出的一系列声称，从它们自身角度来看也是一种失败。工具主义——尤其是其科学形式，不仅未能兑现解放人类的历史性声称，也没有大致实现其启迪人们精神的更传统性声称。迷恋于对非个性化的小发明与对革新的不懈追求的科学，已经完全脱离了与其时代文化的联系。更为糟糕的是，它对革新的追求有毁灭整个地球的危险。远非仅仅是道德或意识形态判断，这些失败已经是日常生活中随处可见的景象。那肆虐于整个科学“文明”世界的污浊的空气与水、不断上升的癌症患者比例、汽车事故和化学废弃物，都可以证实这一点。通过把伦理贬低为不过是些意见与情趣，工具主义已

经消解了那些对人类即将面临的生态灾难的所有道德与伦理限制。道德与伦理判断不再依据他们的内在品行而形成，而是成为一些随着变化着的特定利益与需要而改变的公众共识问题。在剥除了世界的伦理客观性并把现实降低为一种工业对象的货物清单后，工业主义使得我们难以形成一种针对它在其导致问题中作用的批判性立场。如果说奥丁为了智慧而付出了一只眼睛的代价，那么，我们已经为自己的控制能力而付出了双眼的代价。

但是，就像我们很难将自己与工具理性剥离开来一样，我们也很难将自己与技术剥离开来。二者对于扩大我们的自由观念，都是不可或缺的；的确，它们的解放性功能远早于持有"吝啬"自然与"无限制"需要意象的资本主义的出现。人类并不仅仅依靠伦理而生存，而这其中隐含着自由最关键性的歧义之一。面对着一个日益技术化的社会与感知，我们凭什么可以说存在着一个能够提供对工具主义必要限制的客观世界呢？我们从哪里可以获得一些能够使工具主义服从于一种客观伦理的价值与目标呢？

把自然理解为一种客观性伦理学的源泉，就像我试图做的这样，需要严格的资格审查。一种被视为"鲜血与土地"的母体的自然，或者一种盲目的"辩证"规律发挥主导作用的自然——把专制与自然不可改变命运的先验特征相结合，将被仅仅视为复古性的。法西斯主义的种族主义特质和斯大林主义的科学"辩证法"——都基于非常特殊的自然意象，已经造成了重大生命伤亡与灾难，其严重性程度不亚于人类历史上最野蛮的时代。我们不再需要一种在"不可避免性"或"盲目规律"掩饰下推行种族傲慢与集中营的意识形态之依据的自然(一种威权主义的社会生物学)。但是，自然是极其复杂的。我们在此要讨论的自然，既不是血腥的，也不是盲目的；它并没有为一种非理性的和种族的神话或像马克思主义理解的那样一种人为机制提供意识形态的避难所。在马克思主义中，这种机制使之冒充成为一种掩藏在黑格尔僵尸下的"社会科学"。

客观理性也许可以从中得出其面向一个平衡与和谐世界的伦理的基质，是激进的社会生态学所理解的自然——一种依据多样性中的统一性和自发性原则被非等级制地阐释的自然。在这里,自然不仅仅被视为一种生态系统的组合,而且是一个有意义的自然历史,一个发展中的、创造性的和丰产的自然,这种自然将会产生不断增加的形式与相互关系复合体。而且,使这一复合体如此重要的,并非只是它所促进的稳定性(当然,这对于生物与社会世界来说的确有其自身重要性)。自然向不断复杂形式进化所包含的独特重要性是,它由此进入一个主体性本身的历史。从无机社会向有机社会的转变以及经过不同进化阶段后发展成为人类理性形式,我们经历了一个分子相互作用不断扩展的历史——不仅仅是神经组织性回应,还包括一种难以描述的感知,它是日益复杂的整体性形式的一个功能。主体性以不同的层级表达自己,不只是作为理性心智,也可能是作为相互作用、回应和不断增加的目的性活动形式。因此,主体性显然并不排斥理性;在某种程度上,它是理性的历史——或者更准确地说,它是一种存在于比人类大脑活动更宽泛的现实领域中的、逐渐形成的心智。主体性这一术语表达的是如下事实:在其组织的每一个层面上以及其所有的具体形式中,物质都能动地发生作用以维持其身份、平衡、丰产和在一个既定现象组合中的位置。

通常,我们把各种形式的物质理解为被动的对象,理解为由它们的“环境”“塑造”或“选择”的派生性现象。外在的“力量”似乎决定着那些使物质形式(尤其是生命形式)维持其整体性和“存在”的“特征”。科学把所有这些形式内的变化简约为偶然事件的结果——这些形式随机“变异”的能力——的倾向,完全否定了内在于非人类自然现象中高度的上升冲动、自我组织和自我创造。当科学忽视了现象在自身进化过程中在多大程度上发挥了主动性作用时,它正在极其危险地接近于它自启蒙运动以来强烈反抗的形而上学和神秘主义。生物进化是一系列基于生存需要而被“选择”的随机性变异,这一传统意象从本质上说已经瓦解。如果不把它们逐渐习得的特性视为内在地与创造性地构成的,不视为在有机体与周围世界相互作用过程中形成的组织化整合,那么,我们将很难解释生物尤其是像眼睛和耳朵等有机器官的精密组织。可以这样说,拼图玩具的契合同时需要部分与整体,并非仅仅取决于那个看起来是整个游戏中唯一“聪明”因素的、发挥了关键性作用的玩家。碳原子与其他 4 个原子结合

的“偏好”，是否通过一个长串的主体性进化过程与黑猩猩用棍子探寻蚁冢相关，当然是可以讨论的。但是，这样一种连续体的强烈可能性——逐渐由更复杂的物质组织形式来实现的调节，不再被贬低为神秘性的。几乎每一种当代自然观(除了最顽固的维多利亚科学体系)，都在比古典哲学终结以来的任何时刻更加强调物质本身在主体性进化过程中的创造性作用。

相应地，无论我们是否同意将理性作为最复杂的主观性表达形式，精神在自然生命史中的渐次出现是一个更大范围的主体性图景的一部分。从一种植物对其环境的生物化学反应，到一个科学家在实验室中的最任意性活动，一种原始主体性的共同黏结剂内在于“物质”本身的组织之中。就此而言，人类精神从来就不是孤立的，即使在最无机性的周围环境中。艺术比科学更加切当地表达了这一信息，尤其是在那些消除了形式与颜色之外的所有感性经验的抽象画中；因为在这里，我们承认精神与形式本身的原始亲近性。甚至那些空间旅行者和宇航员，也对一个似乎缺乏物质的世界(有很多代科学家曾经认为宇宙空间是个真空)中的星云团块、宇宙灰尘与围绕着他们旋转对象的活动感到敬畏。“精神”已超出我们大脑活动中的心智主义而接近这种宽泛意义上的主体性概念，而且不再仅仅局限于人类大脑。相反，精神看起来内在于人类身体的整体之中，以及它所体现的自然史中。

我们可以从对自然的一种生态化阐释(有别于维多利亚时代对“吝啬”与“野蛮”的自然的诠释中所体现出的抽象的、无意义的和非主体性的自然)中得出什么样的伦理律令，终将依赖于我们对一个未来生态社会的探索。这是一个只有能够将理论回答转变为一种活生生的实践的社会才可以提供正确答案的难题。一种生态的自然——以及从中衍生出的客观伦理，只有在它的感知与相互关系的核心要素真正成为生态化的社会中，才能促进生命，事实也是如此。如今，我们通常“创造”的自然，是严重受制于我们时代的社会条件的。这种自然也许是科学中高度量化的自然；马克思由“抽象劳动”形成的“抽象物质”；神秘主义者宇宙消解为一种单调与普遍性的“唯一”；社会生物学围绕着原始本能与动力组织起来的等级制自然；霍布斯与弗洛伊德完全无秩序与进攻性的自然；或者达尔文服从于“物竞天择”规则的庸俗自然。当然，我还没有提到泛灵论的、古希腊的、犹太—基督教的、中世纪的和文艺复兴时期的自然意象，它们也对上述自然观产生了意识形态方面的影响。

这些现代自然意象都未能提供一种令人信服的、渗透着更大范围主体感的整体意识，而我们通常将其等同于人类理性。每一种意象更多谈论的是“复活”人类主体性本身，而不是“复活”自然的必要性。霍克海默和阿多诺关于理性论著中的缺点，来自于他们未能将理性与主体性结合起来，以便把自然纳入感知的范围之内。要做到这一点，他们必须明白社会生态学的观点，而那是一个完全处在他们智力传统以外的领域。

在这里，霍克海默和阿多诺对马克思主义信奉的弱化变成了一个障碍，否则的话将会形成一种对工具理性的全面批评。他们还担心将其自然观与主体性相混淆——他们把对主体性的信奉等同于神话与古典时期的复古主义。因此，他们从未为理性提供一种有意义的客观基质。兑现这种信奉的愿望贯穿着他们整个关于理性和启蒙运动的著作，但这显然是一个由于他们过于谨慎因而难以守持的信奉。

那么，更熟悉生态知识的我们如何能够避免工具主义对一种生态学的伦理方法的入侵呢？我们如何能够防止在尊重自然的名义下将其变成一种仅仅是被操纵的对象呢？在生态化地重建我们既存的感知、技术和共同体之前，所有这些问题都不能得到令人满意的回答。而这一旦发生，那么，一种生态共同体也许能够恢复其在特定生态系统中的位置感，实现这一点需要借助一种创造性的再生产形式实现其与自然环境的统一——这种再生产形式将会导致一种人类的共生性感知、一种能够丰富自然的复杂性的人类技术和一种扩大自然的主体性的人类理性。在此，人类既非给予，也不索取；事实上，人类将参与到自然之中，从而创造新的多样性与结构层面，而它们是一种更高级的人类与自然意识的一部分。我们对理性的伦理要求，来自人类精神在一个更大范围内的自然主体性中的参与，而这种主体性是自然的形式、整体性和复杂性的一个功能。对自然作为“自然资源”的利用——这一用法对于“有目的性的理性精神”（借用于尔根·哈贝马斯的词汇）来说是不可避免的，将会减少直至消除，取而代之的将是一种生态技术，它不仅会丰富人类与自然之间的相互沟通，而且会使人类对自然的创造力变得敏感。

以防这些良好的愿望再次成为整个自然哲学中如此普遍的过于简单化情感的另一个实例，我想强调的是，生态伦理学不是对一个幼稚的自然世界的想象的模仿——或者像它今天所存在的这样，或者像它也许会在将来一个“和平的”社会中存在的那样。一只狼不可能与一只羊和平共处。这一想象是陈腐的，而且从某种意义上说是令人生厌的。自然的“和平”并不意味着它的驯服。相反，当“野性”(一个极其愚蠢的词汇)被从自然中彻底清除时，即不再像赫伯特·马尔库塞描述一种尚未“经理性力量重建”的自然时蹩脚地指称的那样，是“稀缺、痛苦与匮乏的象征”时[2]，我们将失去很多。在这里，马尔库塞的语言就其短视性而言是人类学的，就其意图而言是马克思主义的，就其如下主张而言则是荒谬的。他说，“和平预定了对自然的控制，它是并将继续是对立于发展中的主体的对象”。如果有两种“对自然的控制，一种是压抑性的，一种是自由性的”，人们也许可以同样荒谬地声称有两种自然：一个是“邪恶的”，一个是“善良的”。

撇开这其中的混乱逻辑暂且不论，自然之中并不存在“残酷”，只有自然史中的捕食(和互助)才能进化出维持生命与生态平衡的结构。自然之中也没有“痛苦”，有的只是伴随着受伤而来的不可避免的身体疼痛。同样，自然之中没有“稀缺”与“匮乏”，有的只是生命延续下去所必须满足的需要。的确，自然的物质富足——先于历史的“自然的否定”(再次借用马尔库塞的用语)，也许已经彻底惯娇了早期人类的后裔，即使他们曾经有过“稀缺”这一社会性范畴。我必须适当强调的是，自然本身并不是一种伦理学，它只是一种伦理学的基质，是依托于客观现实的伦理意义的源泉。因此，自然——即使作为伦理意义的基质与源泉，未必一定具有这些可爱的人类属性，比如友好、美德、善良和慷慨；自然只需要是丰产的与创造性的——一种“源泉”而不是“范式”。

自然的一种伦理哲学功能并不会相应地导致伦理学简约为其源泉。相反，这种功能需要用于创造性地发展伦理理想的一个基础。儿童不是父(母)亲，但二者都通过基因谱系、怀孕、出生和社会化的客观连续性而联系起来。这二者从未完全分离开来；他们是共存关系，其生活在通常条件下相互重叠，直到儿童成长为成年人和变成父(母)亲。这两个人或者维持亲子之爱，或者变成了敌对关系，而儿童比父（母）亲或者更加人性化的，或者不太人性化的。在任何一种情况下，我们都必须明白为什么一种发展过程得以发生，而不仅仅是它如何发生——并给予其意义、一致性和伦理阐释。任何一种情况下的发展都是真实的，我们不能通过声称它仅仅是一系列随机性事件，而回避对其提供伦理阐释的责任。

把“和平（化）”转变为“驯化”，是把自然作为一种伦理行为模式而不是依据其本来面目来应对——它只是一种重建我们的生态整体感的伦理意义的源泉，隐藏于多样性中的统一性的辩证法。正是这种我们与自然关系中整体性的缺乏，可以解释我们生活于其中的未完成的社会和谐，或存在于我们之中的缺憾感。一个真正“和平的”和驯化的自然世界都是傲慢地使自然模仿社会（理性的或者相反），而且它也未能认识到人类理性是自然主体性的一个阶段或一个方面。因而并不奇怪的是，马尔库塞的“和平的”自然，事实上是一个“理性的”自然。在一个对人类是自然自成一格的“和平维持者”的精彩辩驳中，保罗·谢泼德（Paul Shepard）这样评论道：

> 个体组织中的每一个基因，都是在很多其他基因的背景下活动的。因此，由驯化导致的基因变化也许会影响整个生物，包括它的外表、行为和心理。驯化动物的性情与个性比它的野生同类不仅更加温和，而且更加虚弱——也就是说，它们存在着某种程度的名不副实。当然，一头愤怒的公牛或一只桀骜不驯的看门狗绝不是温和的，但它们的母亲是温顺的，而且，一种生物一旦被灭除了其野性，它可以走向饲养者希望的任何一种方向。它可以成为暴虐的而不必真正具有野性，而后者包含着作为驯养动物最初起点的一种生态位置。这种位置是最重要的标准。**对它们的背离不是自由而迷失方向。**人类以有控制的饲养代替了自然选择；动物因为某些特性比如生产奶或温顺而被选择，却忽视了其整体适合性及其广泛的自然联系。[3]
> （着重号为本书作者所加）

从这些评论中可以得出一种可同时应用于动物与人类的重要道德观点。所有生物的自由是一种方向性的功能——自然中有意义的“位置”和社会中有意义的共同体。当然，二者并不是完全叠合的，但有充分的理由

把它们视为派生性的:共同体源自生态“位置”,人类源自野生动物。就其本身而言,我们失去共同体是一种驯化形式——缺乏意义与方向的状态,就像野生动物失去其生态位置一样。就像我们的家畜、家禽、宠物和庄稼一样,我们也在一个和平的世界中失去了自己的野性,这个世界已经被过度管理与高度理性化了。我们在前政治共同体中创造的私人世界和在一个潜藏的社会生活空间中占据的“位置”,正在迅速消失。像驯化动物的基因结构一样,已驯化人类的心理架构正在经历严重的退化。比以往任何时候都更加迫切的是,我们必须恢复我们的“第一自然”与“第二自然”之间、我们的自然世界与社会世界之间和我们的生物存在与理性之间的连续性。一种生态社会与感知可以“重建”的,只能是深藏于我们心中的古老记忆。人类理性的历史还远未达到它的顶点,更不用说其终点。一旦我们可以“重建”自己的主体性并使其成为感知的制高点,那么,历史将进入一个崭新的阶段。

总之,人类理性必须被视为一种更宽泛的“心智”的一种形式或衍生物,而这种“心智”内在于自然整体之中——尤其存在于不断复杂的物质形式在自然史进程中的长期发展之中。对此,我们必须做到十分清楚。自然史同时包括精神与物质结构的历史,其中前者是指精神从看似被动的无机性“相互作用”到高度活跃的人类智力与决断的大脑思维过程的发展史。这种我们称之为“精神”的历史,如今不仅积淀在人类心理中,也积淀在我们的整个身体中,并在很大程度上重现生命形式在神经系统不同进化阶段上的扩展史。主要是由于工具主义主宰了我们的身体器官,使得我们今天严重缺乏那种感受内在于我们自身及其周围自然环境中主体丰富性的能力。在某种程度上,我们先是通过艺术、幻想、娱乐、直觉、创造性和性行为等方式感受到这种丰富性,它体现在我们儿童与青年时代的感知中,但却随着我们后来的成年与“成熟”的规范而逐渐离去。

自然的图景——它的正式的结构,从我们宇宙中的星体层面到最不引人注意的生态系统,都蕴涵着特定的信息。同时,它也包含着启蒙时代的思想家比如布鲁诺与开普勒和不断增加的现时代生命科学家试图回答的问题。的确,自毕达哥拉斯时代以来,古典哲学传统是如此地看重在形式的进化过程中,而不仅是在个体存在的结构与形态中寻找主体性。由于被视为一种不断扩展的和相互关联的复合体的能动过程，“自然的平衡”不仅应该被看作是生命为了满足自身稳定与生存需要而进行的一种形式组合，还应当被视为通过生物结合成有机整体而展示出不同程度上的“心智主义”的一种形式组合——这是一种我们只有在把自己的感官从工具主义的压抑与习俗中解放出来之后才能作出回应的主体性。

我们对科学的阐释有些类似我们对理性的阐释。由于被视为理性在具体世界中的方法论应用，科学已经获得了像工具主义和技术在过去几十年中赢得的那样的坏名声。科学所标榜的，通过观察、实验和数据概括得出“不可改变的”自然规律的声称——以及它关于“客观性”和智力普遍性的、极端自负的论点，使其遭到了对科学傲慢地对待情感、伦理和人类社会中不断加剧危机的批评。过去曾被作为所有领域中的启蒙先驱看待的科学，现在日益被视为一种严格工具意义上的控制体系。它现在作为一种社会操纵手段的用途和限制人类自由的作用，与其作为一种自然操纵的手段的用途在细节上都十分相似。科学在物理学、化学和生物学中的大多数发现，现在正遭到其过去最狂热信奉者的质疑，就像有关核能和重组 DNA 等的争论所生动表明的那样。相应地，科学不再享有一种“认知”或“求知”(借用启蒙时期的德语词汇)手段的声誉，而是成为一种支配手段——或者马克斯·舍勒(Max Scheler)在后来所说的“统治学”[4]。事实上，它已经变成一种冰冷的、无感情的、以形而上学为基础的技术，已经强行超出其作为一种“认知”形式的有限领域而进入整个知识领域。

因此，我们面临着这样一个悖论，科学作为人类生活不可缺少的工具，现在变成了一种颠覆其传统的人道主义功能的手段。核物理学家、食品化学家和参与发现致命疾病以服务于军事目的的细菌学家的伦理中立性，是“科学导致毁灭”的众多象征物之一，甚至比“技术导致毁灭”的形象在细节上更为可怕。有关核能与重组 DNA 灾难性后果的激烈争论，是科学已经完全陷入争议之中的证据，这些争议同时涉指其技术能力与道德成熟性的声称。

像理性与技术一样，科学也具有一种可以宽泛地视为超越其工具主义界定的历史，因而科学也可以当作那样一种历史。那我们非常随意地

称之为的“希腊科学”，在很大程度上是一种自然哲学，它赋予了思辨理性以理解自然世界的能力。理解自然并赋予其一致性，是沉思性精神的一种活动，而不仅仅是实验性技术。从这种理性框架的立场看，柏拉图和亚里士多德的很多自然著述，就其对自然世界的阐释而言是不“错”的。在这一大规模的自然哲学体系内，我们可以发现大量洞见和物理与生命科学现在正试图恢复的宽广领域。他们对质料、形式和发展的不同程度的强调——往往被描述为不同于现代科学的侧重“质的”而非“量的”形象，展示了一系列比科学传统上对物质与动因的强调更宽阔或至少更为有机性的思想。古典传统强调能动性、结构和过程；而启蒙传统强调物质的被动性、随机特征和机械运动。启蒙传统已在缓慢地让位于古典传统——这是一种不断增加的在自然的历史依据、环境特性和形式的重要性等推动下的发展，但并没有带来一种对二者间差异以及二者所共享的历史连续性的清楚理解，使得可以将二者统一起来而不失去其各自的身份。

把古典的、机械的、进化的和相对主义的科学形式称为“互补的”，很可能会忽略一个关键之点。它们既不是简单地互相补充的，也不是人类不断增加的关于自然知识的“阶段”——这种知识被认为在现代科学中“达到”其顶点。这种关于科学史的看法依然是十分流行的，在有意拔高现代事物方面往往非常傲慢并被假定为摆脱了猜测与“神学”的束缚。事实上，这些不同的科学形式涵盖了自然发展的不同层面，并且在它们指称的领域上是不同的。因而，并不像托马斯·库恩(Thomas Kuhn)所主张的那样，它们是彼此间构成根本性替代的不同“范式”。如果认为存在这样一种“科学”，其中古典传统在很大程度上是“错误的”，启蒙传统是部分“正确的”，而现代传统在理解自然方面是比其他传统更为“准确的”，就是等于假定自然都是一样的，所不同的只是观察与理解它的方式。滑稽的是，库恩的观点之所以遭到最严厉的批评，并非因为批评者否认科学史是一个主导性科学“范式”对另一个的替代；相反，是因为他倾向于把“科学革命”的逻辑视为是由“规劝的技术”而不是由实验证据所决定的，是由心理与社会的因素而不是由现实客观研究的检验决定的。

如果忽略库恩后来试图从他关于科学共同体本身结构的更具挑战性的结论立场上退缩，那么，他关于科学“范式革命”的观点中最值得关注的是对这些范式进行对照的方式。我在这里更多谈论的不是库恩，而是科学主义的传统智慧——往往专注于古典自然哲学与现代科学间的方法论区别。当现代科学有意识地接受了弗朗西斯·培根受控制的经验观察与实验证实计划后，它在其独特进程中所真正开启的共同观念是一个陈腐的神话，即更多反映的是培根时代的人类智力冲突，而不是古典与启蒙时代自然观念间的真实差别。尽管不一定做过详细阐述，古代自然哲学家已经从事培根的观察与试验计划达数世纪之久。或许可以更准确地说，培根借助其“伟大的革新”，赋予科学以传统理论从未接受过的功能：“恢复人类对自然世界的统治”[5]，这是一种与中世纪经院哲学家（即基督教徒）对自然的沉思取向相对立的观点。

即使在这里，如果认为古典传统像中世纪传统一样都是严格的沉思性的，而现代传统主要是实用性的，这仍然是一种误导。自“文明”起始以来，支配一直就是一种采取人类的支配形式的惯常做法——人们被其统治者视为“自然资源”或“生产手段”。培根的“伟大的革新”实际上已是一个千百年来一直发生着的现实，它在阶级社会中不仅试图征服自然以服务于支配目的，而且试图征服人类自身。从事这一事业的圣殿不是培根的空想实验室即“所罗门院”，而是有着自己的官僚机器、军队和法院的国家。如果我们忘记了，在科学建立其支配自然的实验室之前国家早已建立了支配人类的宫殿与军营，那将会严重误读“科学方法”的真实历史。“伟大的革新”在使对自然的支配成为其核心理想与功能之前，从人对人的支配中得到了鼓励。

古典自然哲学与现代科学之间的最根本性差别，在于它们强烈不同的因果观念。这里是真正的本体论问题——而不仅仅是对“方法论”的夸大其词，它把知识本身与技术性问题分离开来，并将阐明关于手段与目的之间关系的重大难题，而对于任何针对工具理性和某种威权技术的批评都是至关重要的。对于一直是个虔诚的观察者、明智的概括者和热情投入的实验者的亚里士多德来说（就像他之后的阿基米得一样），自然因果性并非只是机械性动因。因果涉及到质料、形式、动因和一种现象可以发展成为的最高级形式。事实上，他的因果概念是隐德来希的（预设的）。它假定，一种现象“注定”要实现其全部的潜能，从而获得专属于它的最高

级形式——内在地和借助外部推动地朝着实现其潜能的自我实现方向发展。

因此，因果性对于亚里士多德来说，意指的不仅仅是位置变化意义上的移动——比如一个台球碰击另一个所产生的位置改变。尽管它也许肯定是机械性的，因果性更多是指在意义上和重要性上有所发展的。它应当被视为一个逐渐发展的过程，就像一个进行中的自我实现过程一样，而不仅仅是一系列物理位置的迁移。相应地，总是那些具有不同形式的物质，隐藏着发展的潜能——也即，它隐含着发挥其潜能以获得更高级形式的冲动。因此，亚里士多德才提出了一个所谓“质料因”的因果观念，而隐藏于质料中并努力获得其充分实现的是“形式因”。促成发展的内在与外部动力——在后一种情况下，亚里士多德指的是外因，比如制作一个铜马的雕刻师，是“动力因”。最后，因果性的所有这些方面注定要实现的形式，代表的是“目的因”。

事实上，亚里士多德的因果性不仅是包含发展的，还是具有方向性与目的性的。它也被称为是“目的论的”，因为物质所趋向的终极形式潜藏于其发展的起点。然而，这一术语容易使人联想到一种预定的、不可改变目的的观念——而这一观念恰恰是亚里士多德所极力回避的。在《解释篇》中，他谨慎地指出：

> 我们不能不加限制地说，所有的存在和非存在都是必然的结果。因为，言说那些现实存在的事物都是必须存在的，和言说那些必须存在的事物之间是有区别的，而对于那些不存在的事物来说也是如此。在存在两种矛盾性情景的情况下，这是显而易见的。任何一种事物只能是存在的或不存在的——无论是在现在还是将来，但是，我们并不能总是区分和明确阐明，哪种可能性必定成为现实。[6]

亚里士多德因果性中“目的论向度”的主要特征，是它具有意义感，而不是宿命性；因果性趋向于获得隐藏于物质不同发展阶段的形式的所有潜能的整体性、实现和完成。这种意义感渗透着伦理学：“因为在所有的客观事物中，正如我们证实的，自然总是力求成为‘更好的事物’。”这里需要强调力求一词，因为亚里士多德很少把思想这一术语的我们大脑思维意义上的含义归诸于自然；相反，自然是一种有组织的系统，一个管理良好的农户，而且“像每一个精明的户主一样，不会轻易丢弃可能从中制造出有用物品的东西”[7]。鉴于这一深刻远见——它构成亚里士多德整个哲学的重要组成部分——已被生态学和古生物学所证实，对此无论如何强调也不过分。

在亚里士多德的因果性框架之下，黑格尔的辩证法概念（一个如今被严重滥用的词汇）实质上是与亚里士多德的因果取向相一致的。像亚里士多德一样，黑格尔的总体目标是理解整体性观念，而不是一个特定的、由一个命题转变为它的反题而构成的“综合”。后面这种辩证的方法论形式，不仅使其剥离了所有的有机内容，而且把辩证法降低为一种方法——正统马克思主义教条中的一种工具性技术，而不是一种目的性因果性。正如黑格尔在其对辩证法的一个最清晰阐释中所指出的：

> 因为它从潜在的事物变成了现实，当然是发生了变化，但是，它仍然是它自己，因为这整个过程是由它主导的。比如，植物并不会仅仅因为某些有限变化而失去它自己。从胚芽开始，即使在最初什么也看不到时已经有很多变化发生；但作为其最终发展结果的整体，如果还没有充分长成，那么，它仍将是隐藏着的并可能被理想化地视为包含在其自身之中。这种逐渐演变为现实的原则是，胚芽不能总是保持其潜藏性的状态，而必须走向发育生长，因为它展示的仅仅是潜藏性的矛盾，还没有发生质的变化的强烈愿望。但是，这种失去自我的变化具有一个看得见的终点；它的整个发展过程将得以充分实现，而且它预定的最终目的是果实或胚芽的生产，而这将导致回到初始状态。[8]

对于黑格尔来说，精神应该由此进一步往前走，而不是“退回”到它的胚芽形式来继续其“成为自我”的充分实现。

对于黑格尔和亚里士多德来说都至关重要的，是他们共同的“终极因”观念、他们对整体性与现象蕴涵的意义的信奉。结果，与亚里士多德观点的其他方面相比，这一方面成为了科学与经院神学之间论争的一个重要战场；的确，由于机械主义变成了文艺复兴与启蒙运动时期科学的主导性“范式”，“终极因”的观念成为了科学借以磨砺其“客观性”、唯科学主义的“中立性”和完全拒绝科学推理中价值作用的刀具的磨坊。赋予因果

性一种方向感——自然中一个“为什么”而不仅仅是“如何”的问题，很容易使人联想到神学。中世纪经院派如此彻底地基督教化了亚里士多德的自然哲学和因果观，结果，文艺复兴时期的机械论者把它们仅仅视为一个略好于天主教护教学的体系；甚至霍布斯的“社会机械论”观点竟然转向成为一种对亚里士多德终极因的批评。当然，这种冲突是不可避免的，甚至有助于把亚里士多德的思想从教会的严重束缚中解放出来。但是，对立与迫害（在这场冲突中，布鲁诺和塞维图斯将会走向火刑，而伽利略则作为科学的主要殉道者被监禁），导致一种对所有有机主义的夸大的拒绝——事实上，走向一种严厉的笛卡儿主义二元论：一边是仅仅局限于人类的主体观，另一边是严格机械论的、数量化的物理自然观。

但是，赢得这样一场战争是要付出代价的。把人类精神从宗教的桎梏中解放出来，人类自己却成为科学力量的奴隶。一种新的推理代替了旧的推理。培根关于人类恢复对自然统治的理想，并没有避免其受到“原罪”的玷污并恢复到伊甸园般的富足。科学与技术一起使人类受制于同样黑暗、神秘的支配世界，而这曾是它在意识形态上强烈反对的。科学本身如今已经变成了一种神学。从 19 世纪开始，人类变得日益工具化、客体化和简约化——其程度甚至超过了培根“伟大的革新”所意欲创造的受控制的自然。合理化与科学相结合，导致了一种威胁着剥除人类自身——及其自然环境的——主体性的技术统治，而这种主体性本来是启蒙运动希望用以照亮这个世界的。

在智力“革命”过程中用一种“范式”取代另一种的哲学取向，导致了知识领域中连续性、一体性和整体性的严重解体。它们扰乱了社会理论和科学理论中知识本身的生态与历史。我们已经由于以霍布斯的社会科学计划替代亚里士多德的社会伦理计划（这并不是说亚里士多德的计划提供了社会理论中我们所能达到的“最高”点），而失去了传统。基督教以及后来的马克思主义在欧洲世界的无所不在的传播，已经埋葬了一系列无价的社会理想与洞见。在现时代，人们通过英格兰、美国和法国革命中激进团体的行动而意识到了强烈自由主义希望的失落，所有这些都已被 20 世纪列宁的“革命”所压制而破灭或抛入（借用托洛茨基的可恶术语）

“历史的垃圾箱”。人们还意识到了马克思在用一种“科学社会主义”的神话取代它们之前曾经广泛借用的乌托邦理想的丰富性。像它之前的基督教一样，社会主义促进了一种阉割了无数新的可能性——不仅是在人类行动方面还包括在人类思想与想象方面——的教条主义狂热。科学尽管在攻击其异端方面是不太严厉的，但却在理智权力要求方面展示了同等程度的狂热。如果否认科学植根于一种被动的“物质”观念和物理学的运动观念中的形而上学的、往往是神秘主义的假定，就会使自己面临着形而上学与神秘主义的指责和一种科学本身在神学裁判者手中曾经遭受过的迫害。

在新的科学“范式”中，一个日益强烈的趋势是，把各种不同的“自然”形式——无机的和有机的、运动的和发展性的、任意的和有目的的——视为内在相互对立的，而不是在范围上不同的、在发展水平上不一的，以及在更大整体中的不同组成部分。只是在最近，我们才开始摆脱一种基于数学物理学“范式”的、面向所有自然现象的机械论简约主义。19 世纪理论家在牛顿宇宙意象处于巅峰时期所阐述并被广泛传播的“科学的统一性”，已经差不多变成了一种智力梦魇——一种“单一性”而不是“科学的统一性”，而这是 19 世纪理论家在西方思想所曾经达到的最为顽固的神秘主义时期所阐述的。没有一种东西比如下这种因果性更加充满形而上学和神秘主义的观念，其中宇宙几乎被完全简化为一种事物间远距离的相互作用和仅仅产生原子间相互依存关系的分子运动。

到拉普拉斯时期，自然被视为宇宙借以构建的不可简约“原子”的一种集合，就像一个坚固的维多利亚银行一样。作为宇宙“建筑材料”的原子观念被广泛接受，结果甚至上帝也不是被视为一个世界的“创造主”或父亲，而是一个工程师。这一意象表明了一个由内在的但往往是随机性的力量所塑造的被动自然——一旦科学“揭开”了这一神秘而隐蔽的自然中的“秘密”，那些有能力的精英便可以依据其利益加以利用。“动力因”在更大范围上被移除了亚里士多德因果性中的伦理背景，而被视为是对自然现象中动力学相互作用的描述。自然作为“建筑工地”的意象——甚至布洛赫也借用这一说法，产生了它自己的技术行话。那些在如今物理学著作中依然十分普遍的“建筑材料”、“灰浆”、“黏合剂”等术语，代替了

古典哲学中的“爱”与“恨”、“正义”与“非正义”、“隐德来希”和“变化”，古典哲学中的这些概念，由于其明显的人类学特性，既包含有一种神秘的自然甚或伦理的自然，还包含一种充满情感的自然。从过去保留下来的、用以“解释”牛顿力学的远距离作用秘密和万有引力事实的术语，只有“吸引”和“排斥”，它们在电磁学中幸存了下来。

很难解释，这种技术行话和它所体现的意象在何种程度上服务于一种工业市场社会的支配利益。因为，这种行话不仅是哲学的，就其本质而言，还是社会的，就像目前的系统理论语言一样——像“输入”、“输出”和“反馈”等术语已经扩展进人们的日常话语，反映了人们日常生活的公司化，被简约为一个“流程图”。把所有现象都视为由均质的、无生命的、被动的和可塑的“物质”构成的，就会把人类本身置于这些属性的范围之内。肌肉像石与钢一样，不过是偶然性地构建成一种结构更复杂的、由同样不可简约的材料组成的物质。甚至思想也已失去其优越性，而被视为一种作为人类大脑与神经系统分泌物的“流体”。只是作为能量的劳动，不仅仅被视为植根于政治经济学，还基于“自然的经济学”。这导致了由马克思阐述的激进批判与后来形成的社会达尔文主义中的渐进战略之间的直接联系。启蒙运动关于依据理性原则对人类进行再教育的理想，被解释成了依据效能原则而进行的培训。

从一种“范式的”激进更替而蛮横地抛弃其过去的历史视角来看待的科学，在世界上是孤立的，因为它撇开了自然来进行这种更替。在剥离了其曾经存在于自然史不同阶段上的前提之后，科学现在无法建立一种贯穿于各个阶段的清晰的连续性。它缺乏一种制约的意识，以确证在很多认知现实的方法中哪些是有效的，而哪些不是；它缺乏一种新现实形式的意识，而那些现实形式往往徘徊于“既存数据”的边缘上。总之，现代科学不是借助与自然的关系、而是借助与其自身“范式”的关系发展起来的。因而，对“科学统一性”的追求，绝不能被理解成一种对自然统一性的追求。前者是在科学竞争者与合作者之间的一种智力创举，而不是一种真正吸纳自然世界参与其中的事业。

因此，在人类知识发展的现阶段，自然的重新发现比“重塑世界的魅力”(在缺乏新颖的社会洞见与一种自然主义思考的情况下，这一词汇往往消解为一个隐喻）等陈腐之举更为重要。如果科学要想解决其在社会世界中的合理化难题，它必须学会权衡就不同层面上自然发展掩饰下的洞见进行自我阐释的需要。科学必须向自然寻求营养。它必须十分警惕那些频繁地进入其认识论结构的理论假定——偏见。一种“范式”与另一种“范式”支持者之间的争论，必须被赋予一种历史感——同时在自然史和智力史意义上，而不能只是基于不同时期的意识形态更替与排斥。科学必须坦率地追问自己由自然现实提出的问题，而不是仅仅来自把意识形态史与自然史分离开来的自我封闭的唯理智论。因此，科学必须克服其模糊性，明确承认它既是自己的整体性历史——而不仅仅是其中的某一个或几个阶段，也是自然史。就此而言，无论是亚里士多德还是伽利略，本身都没有错，尽管后者非常憎恨前者；他们观察的是自然及其不同发展阶段赋予现实的不同侧面。

重新发现自然的任何计划都会涉及到一系列重要问题。如果确实存在着某种有待发现的自然统一性，它将能够提供什么样的信息呢？它的本质性含义是什么呢？而且，如果我们谈论自然中的意义——自然现象中的“为什么”以及“如何”的问题，我们如何能够形成不同等级的因果性形式（比如，它们是古希腊的还是现代的，或从一种演进成为另一种），以便我们不会排斥其中的某一种呢？而且，如果我们认可的那种意义确实存在，我们又将如何解释其方向和目的性呢？谈论目的性时我们必须排除结果潜藏于开端的可能性吗？就好像它等同于一种完全预设性的“终极因”所理解的结果必然地产生于其开始。我们能够灵活地理解我们现存的狭隘而僵硬的目的论观念，从而把它视为一个更加等级性的、自然发生的和创造性的发展而不是一个完全宿命性的因果形式吗？

这些问题对于创建一种生态伦理学和生态取向的科学是如此重要，因而不能依旧像数个世纪以来粗俗的科学主义理论家那样理解。至少，我们应该重新获得自由思考观念与现实的权利，而不受那些仅仅用自己的错误去回答他人错误的理论家所强加的限制。总之，科学必须不再是一种宗教。它必须拆掉将其与自然的自由空气和滋养其智力发展的花园隔离开来的宗教藩篱。

技术，作为人类与自然新陈代谢的技能与工具，构成了现代科学与理性概念得以形成的熔炉。在生产领域中(即马克思的“必然王国”)，自由的歧义性暴露无遗。在现代工业时代，甚至在更早的前工业时期，理性最终变成了纯粹的合理性化，而科学从一种对知识的追求逐渐转变为纯粹的技术与工具主义。因此，不必奇怪的是，技术以其最极端的形式展示了自由的歧义性。技术在本质上是道德中立的、就像大刀可以服务于不同目的的观念——既可以作为杀人武器也可以削砍工具，主要取决于它的使用者及其被使用的社会，直到工业主义兴起前这仍然不是一种被普遍接受的观点。当然，像其他手工工具一样，大刀可以在这样一种价值中立的意义上来看待。但在更大范围的技术背景下，尤其是工具、机器、技能、劳动形式和“自然资源”等生产手段，很少被当作是价值中立的，而它们对个体或社会目标的影响也不仅仅是偶然的。

尽管前工业社会也许还没有明确作出自由主义与威权主义技术之间的区分(这样一种区分很可能依赖于一种现代心理，其中高度集中的工业技术相对于传统工艺居于绝对优势地位)，他们显然比我们更加清楚地意识到了技术的生态影响。如果斯蒂芬·图尔敏(Stephan Toulmin)和琼·古德费尔德(June Goodfield)的分析是正确的[9]，那么，前工业社会在很久以前就已把“自然艺术”与“人工技艺”分别开来。“自然艺术”比如农耕、畜牧和医药，对于人类生存是绝对必需的，对人类个体与共同体的保持具有核心重要性。但是，这些艺术之所以是“自然的”，并非仅仅因为实用性原因；它们在满足人类基本需要方面的成功，在于其与“自然变化”节奏的精妙一致。工匠把人工技艺与自然结合在一起的远见，不仅体现在安维利克爱斯基摩人生产皂石工艺品所需的自然材料中，而且体现在决定一个事业成功的更大规模的自然过程中。

实际上，图尔敏和古德费尔德意指的是一个宇宙性图画，参与一项“自然的艺术”的个体在其中占据着适当位置，以便沿着有利的方向来驾驭[这些自然过程]，并利用比个人所拥有的更强大的“某些自然力量”，来矫正农业或健康遭遇的灾难。相应地，如果一个人未能按照与“自然的周期”相一致的方式在“正确的时间”行动，所有的努力都将付诸东流。因而，习俗仪规变成了既是生产过程的一部分，也是季节变化、气候变异、干

旱和捕获行动，或者在医疗方面某种周期性疾病发作的标志。完全可以说，我们正在恢复这些遥远过去的、看似消失的感知，因为我们日益意识到全面的农作物耕种和健康生存预定了生命——和工艺——对生态周期的自觉适应，正是后者促进了土壤的肥沃和生命的物质性生存。有机农场主和整体主义健康理念的认真实践者，都在努力培养一种远超出传统农艺学家与物理学家的智慧的远见。某些重要观念——比如营养品与健康并非只是那些可以制造出来的工业产品和人工制品（“魔弹”）；我们现代的农业与医学药典不能代替一种明智“设计”的生活方式；生活本身是响应一种“感召”，依赖于我们指称为“艺术”的现实中很少实现的技巧与自然的结合，等等，这些观念深深地植根于古代人的技艺感知中，即“与自然变化的主宰性周期相契合的步骤”。

图尔敏和古德费尔德评论说，相比而言，“人工技艺比自然艺术在人们的生活中发挥了一种小得多的作用”。“既存的燧石工具和武器，以及某些陶器，而绝没有金属、玻璃和香料，使他们的生活维持在了一个原始的水平，即使在英格兰的冬天也是如此。”这些评论过于细节化，并使“自然艺术”与“人工技艺”之间的区别仅仅呈现为实用性的。我们绝不能忽视将二者区分开来的本质上形而上学的方面。无论是不是人工的，早期的工艺品比如炼铁、玻璃制造和染色工艺等“有着模仿自然的任务，力争制造出与最好的自然材料没有区别的产品。已知的最早玻璃制品是一种埃及珠子，替代宝石被用作个人装饰，甚至在那时也被称作‘晶莹的宝石’。因此，玻璃制造开始于人工宝石的生产，而且由于黄金和宝石总是处于短缺状态，人们直到古典时代末期依然在探索这方面的技艺。比如，亚历山大的金属工人，生产出有着黄金外表与特性的银与铜合金；他们还为此创制了一套在一种相对便宜的合金上面涂上耐用金色的技术。这些技术未必都是欺骗性的。人们需要的是它的外表，而不是‘原子的重量’，因此工匠和消费者都有理由对这一成果表示满意”[10]。因此，“自然的”而不是“价值高的”，有用的与美丽的而不是昂贵的与稀有的，这些准则依然维持着它们的原始主导地位，即使对于“人工”制造的产品也是如此。就像历史上曾经存在过的那样，使用价值具有相对于交换价值的主导地位，而乌托邦的灵光支配着自我利益的尘渣。

由于工匠是在“模仿”自然，他或她已经是一种准神秘的交融活动的一部分，并把自然的特性赋予人工制品之中。技能中充满着一种自然馈赠或自然力量赋予工匠以才能的想象——在某种意义上，这一天赋是必须要给予报答的。这种自然主义的“报偿原则”，体现了一种独特的生态感知——实际上，这是一种蕴涵着为自然世界中的索取甚或模仿进行补偿的责任原则。因此，正如图尔敏和古德费尔德告诉我们的：

> 宗教仪式性因素也可以在古代世界中的手工艺品中找到，这在(产品制造的)处方中是显而易见的。比如在美索不达米亚地区，玻璃和釉料的处方——关于必要技术程序的介绍，伴之以一种宗教仪式性程序方面的训示。来自亚述巴尼拔(Assurbanipal)图书馆(公元前7世纪)的处方这样开篇，玻璃炉必须在一个吉利的时候建造：必须建造一个面向适当神圣的圣坛，而且必须小心，以保持众神在车间的日常运作中具有良好的意愿。[11]

在制定玻璃炉的计划时，建造者被警告设置一个松香的香炉，作为对“雏形神”的敬奉。图尔敏和古德费尔德指出，这一做法“有着很长的历史。在可以追溯到公元前1600年的更早处方中，有一个十分晦涩的段落，某些学者在其中甚至发现了如下方面的证据，即实际上人类将胚胎——很可能是死产的婴儿——埋葬在火炉中。人们那时为什么要这样做呢？我们很难找到当代性的证据，但我们也许可以复述那些后来变得清楚的这种信念组合体。因为，如果人们拿新生产出的玻璃或金属块的光亮与内聚性，与它们作为生产原料的矿石、灰烬和沙石的脏浊与无序堆枳相对照(就会发现)，变化是巨大的：看起来好像是，人们把一个枯燥乏味的、无生命的组合体转变成了一个有生命的统一体。黄金与玻璃的闪光具有某些人类眼睛可以看到的生动光点，因而，通过对这些材料的人工生产，人们真实地看到了某些上好事物的创造——即使不是活的事物”[12]。

事实上，正如伊莱亚德(Eliade)评论冶金术指时出的，生产不仅意味着再生产，还是赋予产品活力的过程——不仅是“原材料”在“烈火”中洗澡，而且是自然能动地把一种“生动光点”(“精神”)置入自身物质的过程。这种灵性化的技术自然体现在一个高度启发性的可能性体系中，而它们只是最近才进入我们的技术史阐释。

事实上，黄金固有的“神奇”也许可以提供一种对金属的更合理解释。它最初的吸引力更多的不是来自其货币价值和稀缺性，而是其不容易褪色这一事实。金属看起来显示了一种相对于更普通的事物所具有的波动与变化性质而言的神秘永恒性。炼金术也许早已从这些特性中得到了启迪；早在黄金成为货币或财富与权力的象征之前，它也许已经是一种神圣的物质，因为它可以抵御时间与他物的侵蚀。如果上述猜想是正确的，“自然艺术”和“人工技艺”之间的劳动分工——即强化了城乡分离的农作物耕种与工艺之间的历史性劳动分工，是意识形态幽灵出没的地方：庙宇的建造、圣物与祭坛的建造、众神们的修饰、用于教会服饰与物品的艺术等。只是到了后来，人工技艺才开始应用于个人产品，来满足统治阶级的趣味。

在谈论了很多古典世界对劳动的蔑视之后，我想增加一个限制性注解。就很多方面而言，与史前和古代早期人类对技术的神秘态度相比，古希腊和罗马关于劳动的观念显示了一个巨大的伦理进步。克劳德·摩西(Claude Mossé)提醒我们，奥德修斯建造了他自己的船，而赫斐斯塔司这一工艺之神生活在“他锻冶车间的火光”中。古代世界并非完全鄙视工作。古希腊自由时间的理想，不仅来自对奴隶和被奴役的意识形态的厌恶，还来自对作为一种活动的自由的深刻尊重。亚里士多德直截了当地指出：“管理最好的城邦不会使一个工匠成为一名公民。”[13]公民将“只属于那些从体力劳动中解放出来的人”，来从事管理这一城邦的工作。正是基于个体自治与判断自由的主动性公民权概念，对于古希腊的公民权观念具有核心性意义。正如摩西正确地指出的，“并非是工作的体力活动使劳动受到蔑视，而是它所创造的一种依赖性联系——工匠与使用他所生产的产品的人之间的联系”。古希腊人对劳动的态度，同时受到工作者的自治性和主动性公民权与自由时间之间联系的制约。自治的伦理原则，像造就城邦态度的社会与心理因素一样重要。

摩西关于古希腊工作观的阐述值得更详尽地引述：

> 建造自己的房子、自己的船，或者编织用以制作家庭成员衣服的材料，绝非是可耻的。但是，为另一个人工作，并用来交换任何形式

> 的工资，却是不体面的。正是这一点把古代人与现代人的心态区分开来，现代人会毫不犹豫地把独立的工匠置于优于工资领取者的地位。但对于古代人而言，销售自己产品的工匠与出租自己劳动的工作者之间的确没有什么差别。二者都是满足他人的需要，而不是他们自己的需要。他们都依赖他人而生存，并因而不再是自由的。这也许首先是把工匠与农民区别开来的东西。因为农民显然更接近于古代世界中作为人们自由根基的自足理想。不必说，在古希腊与罗马的古典时代，自足的理想已经早就让位于一种有组织的贸易体制。然而，这种古代心态依然残存着，而这不但可以解释对工匠在铁匠铺中的劳作或在建筑工地上焦灼阳光下的艰辛的蔑视，还可以解释对商人或依靠奴隶劳动而富足的企业家毫不掩饰的轻视。[14]

相比之下，农民不仅赢得了作为一个自由人所需要的物质独立性，还有一种自由心灵所需要的安全感。他不是一个寄生者。古典心态把寄附性职业界定成了一种足以让我们现代人感到震惊的行业——比如，富裕的高利贷者对其欠债者的依赖、商人对其购买者的依赖、工匠对其顾客的依赖和艺术家对其欣赏者的依赖。尽管高利贷者、商人和工匠已开始侵蚀农民的社会权力，现实与理想之间的对立——虽然已经最终毁坏了传统的现实，却还没有毁坏传统的理想。事实上，农业之所以在古典世界中享有文化上的优越性，不仅是由于它授予了其实践者以自足性，还因为它被视为一种伦理的活动，因而不仅仅是一种技术。摩西评论道："田园中的生活同时强健了人们的身心。"

> 对土地的爱是爱国心中的一种根本性要素……土地是公正的，并给予那些懂得如何照料她和遵守上帝训示的人以果实。无论他们诉诸于何等神奇的手段以获得好的收成，这些手段都不能替代对地球需要的日常照料，而经验是代代相传的知识的基础。但是，农业科学不过是试图找到一种更好地组织劳动的方法。[15]

农作物种植作为一种精神性的——甚至宗教性的——活动，并没有随着城邦和共和制城邦国家的出现而发生根本性改变。但是，它的确被赋予了一种更多与古典世界的理性主义相一致的道德向度。

技术的世俗化是在一个并非严格意义上的理性主义与科学主义背景

下发生的——尽管是理性的和实用性的。最初，宗教——以及后来的伦理学，在社会的视野下界定技术的功能。工具与机器的使用，需要作出一系列不仅仅是神秘的，还是伦理与生态的解释，而不只是严格实用性的解释。艺术真正是“自然的”吗？工艺品真正是“人工的”吗？如果是这样的话，那么在什么意义上？它们与共同体的结构、团结精神和意识形态相一致吗？后来，当城邦和共和制城邦国家出现时，更复杂的技术变化判定指标也随之出现。技术变化的确促进了构成古希腊公民权理想与一个具体国家的重要组成部分的个体自治吗？它们促进了个体的独立与共和国的美德吗？从一种生态的观点看，它们是否与一个“给予那些懂得如何照料她的人以果实”的、“公正”的地球相协调呢？在这里，一种“适当”技术的概念不是依据物流和物理向度而提出的，而是依据把一种能动的自然视为“公正的”、可以理解的和慷慨的生态伦理学来提出的。自然将丰厚地回赠那些愿意遵从她的丰产与训示而相机行事的农作物种植者（或工匠）。

尽管古典世界堕落进奴隶制的泥潭，并继之以封建制的奴役形式，这些伦理特征并未消失。伦理与技术之间的密切联系，贯穿于整个中世纪社会、文艺复兴时期和启蒙运动时代。封建习俗与新教伦理，除了其他的社会与教义性限制外，还表明了一种对工作与技术变化的道德责任感和神学“感召”。中世纪的基尔特不只是职业性协会；它们还依据十分独特的公正与正义准则规范产品质量，其中《圣经》信条与经济考虑都扮演着重要角色。直到16世纪的圈地运动把英格兰贵族转变成纯粹的农业企业家之前，它所主导的庄园社会具有一种明显的庇护性特征。当贵族开始背叛其传统的自耕农庇护者身份而用羊群代替他们时，从亨利到伊丽莎白的都铎王朝极力试图抑制这一发展趋势，并因而成为了那时地主与商业阶级严厉辱骂的对象。

到18世纪后期，英格兰已经突然间步入一种无情的工业社会，它倡导一种服务于机械化的极端贫乏的伦理尺度。正如前文已指出的，边沁以量化的方式确定“善的”事物，而不是依据永恒的对错感。亚当·斯密——在更大程度上是一个道德家而不是一个经济学家，依据一种由“抽

象的正义原则”主导的个人利益来看待“善的”事物。从伦理的视角看，失去家园的自耕农和新兴的工人阶级，沦落为一种任凭命运摆布的状态。如果说形成中的工厂制度妨碍了它的人类“技工”（借用当代的语言）的发展——它大大缩短了他们的寿命，造成了流行病比如结核病和霍乱，那么，新兴的英格兰制造业阶级并没有因为它所造成的人类灾难而推进严肃的道德律令，有的只是对“进步”的空洞承诺。英国的统治精英也许曾经是伪善的，但正如著名理论家之一戴维·里卡多(David Ricardo)所揭示的，它现在往往连伪善的外衣也懒得穿。“进步”被不加掩饰地等同于自我中心主义；自治与独立的古典理想等同于“自由竞争”。英格兰工业家从未拥有一种“共和国美德”的精神——就此而言，法国革命的理论家们也没有，尽管他们模仿了罗马时代的腔势与辞藻。处在同一轴线两个极端的亚当·斯密和罗伯斯庇尔，都没有把他们的伦理观点与一个独立的自耕农阶级视为一体——后者的公民权是其自治地位的一种表征。这两位代言人都在意识形态上定位于抽象的“天然自由”观念，具体体现为摆脱政府控制的自由（斯密）或摆脱以一种高度集权国家形式的“自由的专制”（卢梭）。

事实上是在美国——也许只在那里，共和国的美德最接近于古代理想。充满活力的联邦主义——直到 19 世纪后半叶仍然得到了很好的保持，提供了极其多样化的政治制度与经济关系的土壤。当然，这些丰富形式中包括了南部各州的奴隶制、对印第安人土地屠杀式占领的制度（和意识形态）以及一个毫不掩饰的劳役偿债制度——这不但涉及到殖民地时期的契约性服务，还包括伴随着占领墨西哥土地而来的种植园经济。但是，新英格兰的政治生活是依据城镇会议的面对面民主和大量的郡州范围内的自治而组织起来的。一种难以置信的松散民主和互助主义，在那相对虚弱的全国政府无力触及的地方发挥着主导作用。

弥漫于这一相对民主世界的是一种强烈的共和制意识形态，它提供了独立革命后相当长时间内美国技术发展的伦理背景。尽管引用杰斐逊作为这种意识形态的代言人是一种老生常谈，但我们必须时常提醒自己，他的观点是如何接近于古典理想以及它们如何深刻地影响了美国的技术发展。在著名的 1785 年《弗吉尼亚州笔记》中，杰斐逊把共和国美德与农业的“自然艺术”，还有一种自治性自耕农阶级联系在一起，看起来很像是来自西塞罗《论义务》中的一个重要段落：

> 那些在土地上劳动的人是上帝的选民，如果他真有选民的话，他在他们的心中储藏了切实性的和真正的美德。正是在这里，上帝播种的圣火得以延续，否则的话，它可能会从地球上消失。耕种者集体的道德腐败，是一种无论何时何地都没有发生过的现象。这种情况发生在那些依靠顾客的损失与反复多变为生的人身上，因为他们不能像农夫那样自主地“仰望天空”和“脚踏实地”。依赖导致附从和腐败、窒息美德的萌芽和谋取实现野心的适当工具。[16]

杰斐逊对一个共和国国家独立性的关心使这一段话显得十分特殊。18 世纪欧洲政治经济学家像重农主义者同样强调“自然艺术”的优先性，尤其是农业相对于制造业的优先性。但他们这样做时，更多是将其作为一个财富的源泉，而不是社会道德的源泉。杰斐逊对农业的强调在很大程度上是伦理性的；它所看重的不仅是耕作作为一种技术感召的美德，还包括农夫作为一种独立公民的美德。相比之下，“大城市中的民众”受到了他们的庇护关系、自我利益和淫荡趣味的腐蚀。他们缺乏勤奋、美德和道德一致性，而这些对于自由与稳定的共和制度是必需的。

杰斐逊也不是唯一持有这种伦理立场的人。类似的观点还体现在 18 世纪 80 年代的约翰·亚当斯（John Adams）和甚至本杰明·富兰克林（Benjamin Franklin）的著述中（尽管不如此明显），他们所偏爱的“人工技艺”观是一种高度城市化的共和国工匠的观点——使一个印刷工变成宣传员。对我们的讨论而言，杰斐逊观点的独特之处在于，他如此强烈地颂扬了自然的美德。他谈论时所使用的不只是传统的“自然法”的语言，而是用更加审美性的话语揭示了他对自然与劳动相互提升的欣赏。《圣经》中关于田野劳动是一种自我惩罚性苦行的训示，被代之以一种生态化观点——视纯洁的劳动为一种自由。耕作者“仰望天空”或“脚踏实地”的自由，是一种生态学的意象，而不是政治经济学的意象。

但是，我们马上就会面临着一个显著的悖论。一旦这种强烈共和主义的传统超出由自足性农民组成的农业社会范围，它就包含着否定自身的种子。或许更为重要的是，这种传统不仅提供了“自然艺术”被“人工技

艺”吸纳的基础，还提供了个体和社会生活被完全机械化的基础。无论是杰斐逊还是那个时代的农业民粹主义者，都既不能防止制造业在新世界的增加，也不能提出一种更强有力的意识形态理由来反对非农业活动的增加。的确，成为总统的杰斐逊与作为《独立宣言》作者的杰斐逊，有着很大的不同。如果说一个被视为具体国家的共和国的活力，则依赖于自耕农的独立与自治，那么，一个被视为民族的共和国的活力，依赖于其经济的独立与自治。一个需要工业产品的农业性美国，如果依然维持一个欧洲工业的庇护对象地位的话，将很难保持其共和国的统一性。因而，美国必须发展自己的工业基础，以便保持其自身的共和美德感。

这就为在伦理与技术关系中的一种极其荒谬的发展提供了条件。要保持其世俗性的伦理，美国的共和意识形态就必须接受一种很可能损害其古典前提的技术发展道路。如果不使其自身的自足性自耕农国家成为日益非自治的，民族就很难变成自主的。为了不再是英国工业的一个庇护对象，美国需要自己的工业，也就需要相应的劳动的理性化和科学原理的应用以制造复杂的生产工具。杰斐逊从未看到过英格兰的工业城镇以及它们所带来的道德堕落；他所指的恣意妄为的城市“民众”主要是工匠和小商贩。但即使这种相对较低的经济发展水平，也已经足以使他感到不安。工厂的出现则提出了更为严峻的难题。19世纪上半叶参观英格兰并回到各自国家的人，都对伴随着新工业制度而产生的工人阶级的肮脏、疾病和非道德化作出了可怕描述。19世纪30年代，德·托克维尔谈及曼彻斯特时这样对法国人说，这一“新地狱”有着“成堆的粪便、建筑碎石、腐臭的水塘……火炉的声音、轮船的鸣叫”，还有笼罩在“黑色烟雾”中的“庞大建筑”，这些烟雾“把空气和阳光与人们的居住地隔离开来”。[17]十年后，恩格斯向德国人作了一个更为详尽与生动的、关于英格兰主要工业城市的描述。另外一个十年后，狄更斯向他更幸运的农村同胞描述了这个国家中最富裕地区的状况。

在新产生的美国构建一个大规模的工业联合体，无异于使古典的共和主义伦理受煎熬。新英格兰商人企业家——他们的父辈和祖父辈曾为了共和制的理想而置生命与财产于不顾，如何能够做到用共和美德的花环装饰一种相对复杂的工业联合体？这一理想本身必须作出改变但又不能过分损害其形式，而形式本身必须作出某些重大变化但又不能失去其表面特征。相应地，对拥有一个自由农民世界的具体国家自主性的关切，必须转变成为对拥有一个自由企业家世界的民族自主性的关切。这一难题将会成为杰斐逊之后一个多世纪中美国社会生活的核心议题。如今，它呈现为一种批评日益集权与官僚制社会的文化反思。

被视为人类的善的共和美德必须被非个人化、普遍化，并最后客观化地转变成被视为一种制度的善的共和美德。这种强调重点的变化是决定性的。杰斐逊将伦理立足于一种家庭性劳动的农场——其中人们强烈地信奉于各自的独立性，而新兴的商人企业家将其伦理立足于一种工业共同体，由被雇用的和机器化的人来从事劳动。结果，共和国的自主性的获得以其共和主义者的信念为代价。伦理的这种严重地非人道化为一种获取物质实利的计谋，采取了一种高度欺骗性的形式。如果说共和国现在开始代替它的共和主义公民，那么，它的“美德”意识仍将延续下去——但如今作为一种纪律而不再是一种理想。

正如约翰·卡森(John F. Kasson)在他关于技术与美国共和价值观的出色研究中指出的，实现这样一种重点转移的决定性步骤发生于19世纪20年代。那时，波士顿的一群商人企业家在马塞诸塞州后来被称为洛厄尔(Lowell)的地方建立起美国最早的工业联合体。弗朗希斯·洛厄尔(Francis C. Lowell)不仅设计了这一纺织工业联合体并在死后以其名字命名，还为其制定了伦理原则、最初的产品样式和它无处不在的纪律尺度。正如卡森指出的：

> 从前的美国工厂区保留了雇用整个家庭的英格兰体制，往往包括学龄儿童。洛厄尔和他的同伴反对这一雇用长住居民的想法，因为它会导致一种地位稳固的无产阶级。他们计划从周围地区招募那些年轻单身妇女作为主要劳动力，而且每人只工作几年时间。对于这样一种轮换性劳动力来说，妇女显然是一种选择。那些致力于农业的身体康健的男性很难招募得到，而对他们的雇用将会引起人们对国家正在失去其农业特征的担心，并强化人们对制造业的抗拒。与男性不同，妇女在纺织还是一种家庭性生产活动时就是主要劳动者，而且她们构成了家庭经济的重要组成部分。[18]

在这里，虔诚与田园主义和利润与生产力达成了完美的契合。妇女被期待是温顺的。形成于一种清教主义的传统——它主张自律、辛勤工作、顺从和救赎，她们的美德感是在家庭环境中养成的，而且只知道家长制式的服从。就此而言，洛厄尔工厂主以一种极其宽泛的方式利用了共和主义理想：工厂体制对秩序与等级制的要求被引入了雇员生活的各个方面。

开工于1823年9月的第一个制造联合体包括6个工厂建筑，“在空间上呈现为一个四方形结构，它以河为界并种满了花、树和草”。围绕着洛厄尔及其建筑的绿色景观，不仅赋予了一种类似古典共和共同体的怡人的田园环境，而且把它的雇员与有着难以驯服的“民众”和阴险的政治观念的大城镇隔离开来。相应地，工厂建筑群被“一个核心厂统领，其中央是一个乔治王朝式穹顶。用砖建成，有着平直而朴素的墙，每一块窗户玻璃上面有白色的花岗石过梁，这些工厂呈现了一种整齐、有序和高效的外观，象征着工厂的目标，并被那时的很多监狱、精神病院、孤儿院和少儿教养院所仿效。在门口的会计室与各厂区之间分布的是工厂宿舍，而这种结构体现了一种适当社会结构的联邦主义意象。洛厄尔的工厂人口被严格地划分为4个群体，而他们之间的等级制被永恒地保存在了城镇的官僚机构中”[19]。在洛厄尔原初工厂的下面是一个乔治王朝式官邸，象征着总厂经理的权威。处在公司代理商之下的“是监工，他们生活在简易但却坚固的住所中，位于技工们居住的寄宿公寓的末端，因而提供了另一种监控措施。在每一个寄宿公寓中，居住着超过男性雇员3倍的女性工人。最初，这些宿舍被建造为成排的双人房，至少30个女孩为一个单位，相互间有隔离性草坪带”[20]。后来，随着公司的扩大，这些住所连接在了一起，“堵塞了光与空气。这些住所被有目的地用作宿舍，并很少提供饭厅和卧室之外的设施，每一个卧室中有6个或8个女孩，两个人分享一张床”。

尽管洛厄尔的纺织技术属于工业体制的开端，但它对服从与纪律的过度关注显然领先于那个时代。它十分清楚地表明了，工厂作为一种独特的社会性组织形式的含义——这一议题只是在最近才走上了制度性话语的前台。洛厄尔不仅仅是剥削它的工人，还试图彻底地改变他们。它的监控体系在今天看来也许是过于粗糙的，但那时候它在改造幼稚的乡村民众(工作)态度方面是十分有效的：

> 工厂作为一个整体是由总监管来掌管的，他的办公室恰好位于通向厂区门口的寄宿公寓与工厂之间。就此而言，就像一位发言人所热情洋溢地指出的，他的“精神规范着所有的人；他的个性激励着所有的人；他的计划——由每星期与之会晤的公司董事会决定与批准，控制着所有的人”。在他对工厂每一个房间的密切监视之下，一个监工负责技工内部的工作、行为和适宜管理……此外……公司当局依赖工厂女孩相互担当对另一个的道德警察。正如公司的一个非正式发言人描述的，这种理想体现了一种令德·托克维尔震颤的多数人的暴虐。[21]

至少从理论上说，在一个受怀疑的技工遭到她的同伴在城镇街道上、工作中和寄宿公寓中的回避，因而被贬为一个流放者之前，对道德与行为的不适当猜疑会导致排斥。最终，这种无情社会压力的牺牲品将被迫离开这一共同体。

把洛厄尔斥责为一种工业监狱——广泛存在于美国工业革命开始阶段的众多病态中的一个，是过于简单化的。就像英格兰的工厂体制一样，这种高度监控工作环境的主要功能之一，是规范化劳动，使之标准化，并用钟表的转动和机器的速度来控制其节奏。但是，洛厄尔的确也是一个独特的美国现象。从意识形态上说，它基于一种独具特色的共和主义伦理基础，把技术与道德化的公民权概念相联系。然而在实践中，它清楚地展示了伦理如何被技术所肢解——或者说被技术所吸纳。那些源自一个长期人类理性传统的价值，变得不仅被非人道化，而且被合理性化；不仅成为服务于工业剥削的工具，而且成为社会军事化管治的源泉。

洛厄尔所体现的远非只是早期工业发展进程中的一个阶段，比如曼彻斯特冷酷的工厂城镇，它在很多方面领先于所处的时代。这表明，早在19世纪20年代，当小规模农业和家庭手工业仍处于美国社会的主导地位时，一种彻底工业化共同体中个体生活各个方面的工业形式开始出现——在家庭性共和主义理想的名义下。洛厄尔不仅创造了一种“人工技艺”的社会，而且还创造了一种工业等级制与纪律合一的有序世界。任何事物都不能摆脱这些工业特性——衣服、食品、娱乐、阅读材料、休闲时间、性或行为方式。正如卡森指出的：

> 居于洛厄尔工厂中央的穹顶建筑，不只是装饰性的；它的铃声不断地提醒着工人，时间就是金钱。技工们每周工作6天，每天接近12个小时，铃声唤醒她们并使之投入工作（迟到将遭受严厉惩罚），通知她们吃饭、宵禁和睡觉。[22]

尽管洛厄尔作为一个工业共同体模式已经过时，但它的遗产从未消失。这样一种严格管治的世界在美国的20世纪50年代再次出现，尽管采取了社会工程师们偏好的柔和色调并更多地被工业心理学家的精巧艺术而不是残忍监视所强化。但这些新技术之所以有效，是因为洛厄尔及其后继者的得力工作。传统共和伦理与工艺的分离，是彻底的。到20世纪50年代，工厂制度与市场已开始侵入私人生活这一最后领域，并操纵了个体本身。因而，不再需要监工与总监管来承担这一任务。受理性作为一种工具主义模式和科学作为一个价值中立学科的强化，我们时代的洛厄尔们已不再呈现出一种外表上的社会机械化特征。它们内在地从作为一种生活方式的工厂体制和作为人类联系主要模式的市场中产生。技术不必再佯称有一种社会基质，它本身已经变成了社会中的"精神"。面对着这样一种巨大的变化，已不再存在私人的避难所，也难以找到一个人可以逃往的城镇或边界，同样也不再有一个人可以躲避的村舍。管理已不再是一种行政监管形式，而是切实地变成了一种生活方式。滑稽的是，共和主义美德并未完全被抛弃，而是被从一种理想转换成了一种技巧。自治被重新改装成为竞争，个体性意味着自我中心主义，刚毅意味着道德漠视，企业意味着利润追逐，联邦主义意味着自由贸易。由美国革命所孕育的伦理最终被阉割了，留下的仅仅是一个可以进行形式化宣传的空壳。正如事实所表明的，并非曼彻斯特的丑陋卑鄙，而是官僚制解权和媒体操纵的合谋篡改，对工业时代产生了一种持久性影响。

自由——以及理性、科学和技术——的歧义性中最令人沮丧的，是我们现在把它的存在视为理所当然。我们被要求将这些歧义性作为人类条件的一部分，因为事实上它们只是相互共存而不是相互冲突。对这些歧义性所提出的矛盾、它们在当代生活与观念史中的相互关系、当这些歧义性中的某一要素要求相对于另一个的权利时必然会展现的严厉逻辑等等，我们正在变得麻木。我们对理性与理性主义、科学与科学主义和伦理与技术的价值中立态度，不仅造成了对许多悖论观念的混淆，还导致了一种在这种歧义性的两边来回替换的、呈现为拙劣模仿的“自由”——或者更糟糕的是，毫无秩序地同时占据着严重相互矛盾的位置。

我们时代面临的社会与生态难题，将不允许我们在制定一种全面的理论观点与实践方面无限期地拖延。这些自由歧义性中的个体性因素，具有自身的生命力，并非一成不变，更为重要的是因为我们的中立性态度促动了躲避与退缩。不断扩展中的理性主义对理性的替代、科学主义对科学的替代和技术对伦理的替代，有消除我们对现实存在难题的感知的危险，更不用说我们解决这些问题的能力。对技术本身的观察表明：我们所面对的现实似乎是车速正在日益迅速地加快，而驾驶员的位置却是空的。相应地，现在比以往任何时候都更需要信奉与远见。无论现在是否已为时太晚，我都要说，悲观主义或乐观主义在我们所面对的严峻挑战面前，都是没有意义的。我们必须明白的是，自由的歧义性并非是不可克服的难题——即存在着解决它们的方法。

对理性作为一种世界解释方式的重建，必须始于对理性主义现代前提的评估——它对通过对立获得真知的信奉。这种对对立性的信奉，就像在客观与主观的理性等中体现的那样，在严格反题的意义上理解“他物”。这样的理解取决于我们实际控制那有待于理解的对象的能力——或更极端地说，征服它、制服它、消除它或吸纳它的能力。就像马克思的劳动观点那样，理性据说正是通过其否定与主宰的力量来确立其身份。如此持久地存在于德国唯心主义和美国实用主义中的这种能动理性主义形式，是一种征服的理性主义，而不是和解的理性主义；是一种智力掠夺的理性主义，而不是智力共生的理性主义。我们世界上存在着必须被征服甚或消除的现象——比如支配、剥削、统治、残酷和对痛苦的漠视，这几乎不必强调。但是，“他物”本身往往被从对立的意义上来加以理解，也倾向于使这种理解偏向工具主义的方向，因为隐藏在一个严格否定性辩证法背后的是一个哲学陷阱，即把权力作为一种主导性的理解方式。

就像我们可以客观地区分一种威权主义的和一种自由主义的技术一

样，我们也可以区分威权主义和理性主义的理性模式。这种区分对于思想及其历史，就像对于技术一样重要。我们所希望赋予一种新的生态共同体的那种创造性再生产形式，需要一种自由主义理性的调节——这种理性将证实早期史前文明感知中共生性的泛灵论，却不会受制于它的荒诞与自我欺骗的部分。即使动物并非是被宗教仪式与礼仪劝诱而主动寻找猎手的，我们也可以通过使用一种承认其作为生物的整体性与主体性的礼节或仪式，来显示我们对动物与植物的尊重。因为，自然在这里以自我牺牲的方式向我们贡献其资源，因而相应地会要求某种形式的报偿——甚至在一种审美意义上。我们人类也不是那一仪式的唯一参与者和观众，我们周围的生命也将以其各自的方式为我们作证。事实上，我们的居住地并非仅仅是我们偶然生活的地方，它也是一种自然良知的体现。

我称之为自由主义的共生理性，是一种无处不在的现象、一种感知、一种心理状态，而不仅仅是大脑的一连串思想。仅仅局限于享受生命并不假思索地从中获取营养，是贬低我们内部的生命意识和我们周围的生命现实。在拒绝其中的审美与仪式因素后，生态感知就会变成一种我们时常草率地称之为"生态思考"的托词，或者自然中没有"免费的午餐"的观念。自由主义理性在它关于生态平衡的看法中，并不包括"午餐"或"快餐"。它是对"他物"的一种重新界定，不仅是作为一种"你"，而且作为一种我们与自身之外事物相联系的方式。对于自由主义理性而言，我们对待构成自然的粒子的方式，就像对我们心中形成的意象一样是内在性的。因此，它既是一种实践，也是一种世界观。我们如何耕种土壤或植物并收获其产品——甚至包括如何穿越一块草地或森林，是与我们带入那试图理解的环境之中的理性并存共生的。

当然，"他物"从来不是我们自己。它在我们之外，就像我们在它之外一样一清二楚。在西方哲学中，尤其是在它的黑格尔形式中，这一事实不可避免地把这种"他物"置于各种类型的异化概念中。然而，撇开黑格尔主义的阐释家不论，对黑格尔本人著作的任何严肃阅读都表明，他从未完全满足于自己的"他物"观念。被视为异化(entäusserung)的异化不同于被视为自我异化(selbstentäusserung)的异化。前者是马克思更偏好的一个概念，把"他物"——特别是人类劳动的产品——看作是一种敌对性的对象化方式，而这种方式以反对工人的形式确证自身。马克思绝非只将这种意义上的异化局限于资本主义；它也存在于人类与自然有史以来的相互作用中，因为在马克思看来，甚至合作性劳动，“也不是自愿性的，而是自然的，不是作为[工人]团结起来的力量，而是一种存在于他们之外的异己性力量……因而，他们并不能对此进行控制，相反，这种力量经历了独立于人的自身发展阶段，甚至看起来主导着人的意志与行动”。因此，在对立性的“疏离”感意义上的“异化”，与人类在自然中的“嵌入”过程相并行——这是马克思严重误读“野蛮”社会的另一个例子，而且不能单凭对自然的征服而消除。

在黑格尔成熟的目的论中，作为“他物”的异化，是精神的自我异化或“自我否定”——精神的潜能不断展开并具体化为自我意识。自我分离并不像忠于整体性、完整性和完满性一样，忠实于对立性原则。尽管黑格尔对否定性的强调是无可置疑的，但他一再弱化了它的严厉性——比如在他对“真爱”的看法中。他在年轻时期写道：“在爱中，分别的确依然存在，但是作为某种统一起来的东西，而不再作为某种分开的东西；(主体中的)生命感知(客体中的)生命。”[23]这种作为多样性中的统一性的分别感贯穿于黑格尔的整个辩证法中，就像它无所不在的对立精神一样。黑格尔的超越概念，从未推导出一个彻底消失的观念。它的否定性包含着使“他物”消解，以便将其纳入一种向更复杂多样的完满性的运动中。

但是，黑格尔的异化观念是严格理论性的。如果我们过多地纠缠于它，就有可能拘泥于只从纯思辨的视角探讨理性的不同形式。正如我已着重指出的那样，理性有着自己的自然与社会历史，它提供了比一种单纯的理智战略更适合解决理性所面临的悖论的手段。同样，理性有着自己的人类学，它揭示了一种更多地基于共生与和解而不是分离与对抗的应对“他物”的方法。人类精神的形成，是与人类天生自然及其早期发展的社会化分不开的。无论生物学在形成人类神经系统及其敏感性方面发挥了多么重要的作用，但最终是不断地为新生婴儿引入文化才使得其理性具有了明确的人类特征。因而，我们必须转向这一早期形成过程，以便找到促成一种新型的、自由主义理性模式及将会渗透其中的感知条件。

事实上，生物学和社会化的交汇点，恰恰在于那些母爱是儿童成长中

最主要促进因素的地方。生物学当然是重要的,因为人类远远超出大多数灵长目动物的、可以象征性思考与概括的神经机能,显然是一种自然天赋。婴幼儿面临着一个长时间的生物依赖期,这不仅使他们具有了获取知识方面的更大智力可塑性,而且使其得以建立与父母、家族成员和某种初级共同体之间强烈的社会联系。同样重要的是社会化过程本身的形式,它内在地影响着青年人的心智与感知。

儿童理性的形成主要是通过母亲给予的关爱、支持、关注和引导。在他关于社会的“母权制”起源的开拓性著作中,罗伯特·布雷福尔特(Robert Briffault)精确描述了这种理性人类学。他指出:

> 确定最初级人类团体与所有其他动物团体之间深刻区别的一个众所周知的因素,是母亲与后代之间的联系,而这种联系是动物中真正社会性团结的唯一形式。在整个哺乳类动物中,这种联系的持续性不断增加,而它是婴幼儿依赖期逐渐延长的结果,并与怀孕期的相应延长和智力与社会本能的进展相关。[24]

我们也许有理由怀疑,母婴关系是不是“动物中真正社会性团结的唯一形式”——尤其是在灵长目动物中,实际上存在着十分复杂的相互关系。但是,如果布雷福尔特强调母婴关系只是社会化进程中的最初步骤——它是联合需要得以产生的摇篮,那么,他的观点是正确的。这种关系在塑造人类思想进程与感知中的作用,是里程碑式的,尤其是在涵盖了儿童生活大部分时期的母权制文化中。

在很多方面,“文明”的一个巨大使命,就是消除母性的关爱、养育和思想方式对后代性格结构的影响。成长的意象实际上意味着一种脱离,即从一个相互帮助、关心与爱护的母性与家庭世界(一个历史悠久且切实可行的世界)进入一个无结构的、冷酷无情的和严厉的世界。使人类适应战争、剥削、政治服从和统治,需要不仅消除作为一种动物的人类“第一自然”,还要消除处于母亲无微不至关爱下的依赖与监护状态的儿童的人类“第二自然”。

那些我们平时非常轻率地称之为“成熟”的东西,并不是一种伦理上值得期望的成长与人性化过程。要成为一个“自主的”、“敏锐的”、“有经验的”和“有能力的”成年人,需要弄清楚那些历史上形成的、具有混合性含义的准则。这些准则如果不依据我们心中的社会、伦理、经济和心理目标加以解释，将会严重误导我们。儿童的成长会逐步背离其慈爱母亲关于自主与独立的价值，当这种背离导致一个青年对那种自私无情的工头产生卑微的依从时，这一成长过程就会变成一种对文化的歪曲和一种心理灾难。

无论是青年人的自主性还是他的性格结构，都不会得益于这种形式的"成熟"。狄更斯关于奥利弗·特威斯特的叙述——从生活于一个19世纪的孤儿院到流浪于人口密集的大都市伦敦，并不是一个对儿童竞争能力的成长过程的研究。相反，它是一个对非人道化社会的研究，这种社会逐渐毁坏母爱赋予人们性格结构中的同情、关爱和团结意识。相比之下，"原始的"霍皮儿童享有一种令人羡慕的地位，他们可以找到很多母亲来救助自己，很多关爱性关系来教导自己。他们获得的是一种比"独立性"更有价值的社会礼物，而独立性已经被现代资本主义重新界定为意指"粗俗的自我中心主义"。事实上，霍皮儿童获得了最重要的关于相互依赖性这一礼物，其中个体与共同体相互支持，而没有忽视友好、团结和相互尊重的价值观，这些价值观变成了儿童的心理结构遗产与天生权利。

这种遗产不仅是由一般意义上的母性的关爱与养育形成的，还是由隐藏于情感术语"母爱"中的一种特定理性造就的。因为，母亲通常给予她孩子的不仅仅是爱，还有一种关于"他物"的理性，这种理性与它现代意义上的傲慢对应物有着天壤之别。这种早期的理性明显是共生性的。弗洛姆将"母爱"再现为一种自发的与无条件的关爱感、不包含来自儿童的任何回报性义务，这不仅产生了我在前文中强调的人的彻底非客体化过程，还产生了一种非客体化的理性，这种理性在本质上是普遍性的，实际上是把在一个相互关联的逻辑框架内看待"他物"的经历重新主体化。"他物"变成了一个本来就一直呈现于自然与社会史中的能动性因素，而不再像马克思理论中阐述的那样是"外在的"和异化的，也不再像古代物理学中描述的那样是"死物质"。

我在描述这种自由主义理性时，有意地强调了"共生的"一词。这一生态词汇的双重性含义非常重要：共生性不仅包括互助主义，还包括寄生性。应用自由主义的理性观察时不可能像"母爱"一样是无条件的；实际

上，否认任何用于对实践进行判断的条件是幼稚的和目光短浅的。但是，这种理性视野下观察的前提，不同于围绕着疏离因而最终围绕着命令与服从建构起来的专断的理性主义。在自由主义的理性中，观察总是被置于一种界定“善”的伦理背景下，并围绕着一种会导致整体性、完成性和完满性（尽管更多是在一种生态的，而不是黑格尔的形而上学意义上）的自我否定（借用黑格尔的术语）建构起来。生态理性将自然生态学的多样性中的统一性信条，提升到理性本身的水平；它诉诸于一种在“我”与发挥着多样性中的稳定性与整合性功能的“他物”之间的统一性逻辑——一个可以被共生性地理解与一体化的“他物”的体系。多样性与统一性并不像逻辑对立的双方一样，相互矛盾。相反，统一性是多样性的形式，赋予其可理解性与意义的样式，因而不仅是一种生态学的统一性原则，也是理性本身的统一性原则。

强调“他物”的统一性的自由主义理性，并不是一种投降、被动和多愁善感的逻辑，就像雅克伯·巴赫奥芬（Jacob Bachofen）一个多世纪前在《母亲的权利》中赋予母爱和母权制的那样。共生性，正如我已经指出的，并不否认那可能破坏其母体的有害寄生性的存在。自由主义理性必须承认这样一种“他物”的存在，它本身是严重对立性的和对抗性的。事实上，控制自然和在自然与社会史中能动地活动的能力，是一件值得期望的事情，而不是邪恶的东西。但是，人类的这种活动应该在一种注重美德的伦理背景下进行，而不是在一个注重功效的价值中立背景下进行。心灵主义的自然史与社会史已经客观地证实了我们的“善”的概念的有效性。我们从自然各个阶段与形式的复杂发展中形成这些概念的能力，来自于这种自然的主体性发展史。人类，作为这一自然史的一部分，有着参与其中的内在性权利。作为意识的独特代理者，人类可以通过思想与自我反思性行为的方式提供自然的内部理性的声音。自由主义理性试图同时在社会生态与自然生态领域中，寻求有意识地减缓生态破坏的途径。

事实上，辩证与分析理性的正式结构只需稍加调整，就可以适应一种自由主义理性。但是，必须作出重大改变的是传统理性对控制、操纵、支配和疏离的根本性取向，也就是它整体上偏向于权威主义的理性主义的性质。自由主义理性在对生态共生性的取向上，将会采取一种构成鲜明对照的观点，而这无疑可以视为一种丝毫不比权威主义的偏见更公允的偏见。但是，这种偏见的形成不是没有理由的。它们不仅一直存在于我们所采取的日常行为选择中，而且当它们的存在被以"客观性"和"价值中立"的认识论的名义否认时，它们对我们思想的影响更加有害。

要想证实隐藏在我们观点背后的假定，我们就不能拘泥于抽象智力概念间的相互作用。因为，只有经验本身——自然与社会的历史——可以检验我们的假定。不只是在自然中，还包括在"母性关爱"这一人类群体的摇篮中，我们可以找到一种人类的"第二自然"——它围绕着养育、支持和一个非客体化的经验世界，而不是一个受制于支配、自我利益和剥削的世界构建起来。正是在这一社会摇篮中，理性的最根本性准则得以形成。而"文明"史中的理性故事，并非是对这一萌芽理性的复杂性在自由主义向度下的一种阐释；为了支配的需要而残酷地根除这种理性，并代之以权威与统治主导的"第三自然"，是一项巨大的政治与心理工程。那臭名昭著的"现代性"一词——以及它把个人原子化与"个体性"的混淆，则标志着一个新时代的开始，其中这一理性的摇篮已最终被拆毁。

因而，一种与自由主义理性相一致的新科学具有重新发现具体事物的责任，它对于阻止上述政治与心理工程至关重要。但具有讽刺意味的是，那些与"范式"相冲突的"范式"——每一个都严重脱离于它们应该依托于的自然史和生态现实，随着其不可避免地被精神与社会操纵而日益服务于工具主义的目的。尽管看起来也许是矛盾的，科学抽象化为方法论（这正是科学的"范式"所要做的）往往把科学计划变成一种方法性难题，或者更直截了当地变成一种工具性战略难题。作为知识或求知的科学与作为"科学方法"的科学的混淆，从未得到充分理清。自弗朗西斯·培根时代以来，把科学证实等同于科学本身赋予了技术相对于现实的优先性，并促进了把我们对现实的理解降低为仅仅是技术问题的趋势。要恢复具体事物——有着丰富的质量、差异和完整性——相对于作为方法的科学这一先验性概念的优先性，就需要用活生生的客观现实来迎头痛击傲慢的工具主义。鉴于我们今天如此受制于一种新康德主义二元论和赋予精神以"自身生命"的先验主义——用一种智力加工过的"历史阶段"的神话代替历史的现实，用能量"流程图"来代替社会的现实，用"元信息

传递”代替交往的现实，因而，具体事物的恢复所需要的不仅是智力的革新，还包括智力的解毒。无论我们如何评价保罗·费尔班德(Paul Feyerband)所提出的无政府主义版本，我们都应当充分尊重他的著作；他打开了使现代科学重新面向现实的窗口。

“科学”必须恢复其固有的多样性，从泛灵论到核物理学，从而回应自然史发出的各种“声音”。但是，这些声音反映的是构成自然不同层面上发展变化的事实。它们是具体而详细的；事实上，正是它们作为具体事物的多样性，使物质组织成为具有更复杂形式的生动整体，或“分子性自组织”(借用生物化学的语言)。承认这些事实的具体性，承认它们作为丰富人类知识的形式的独特性，并不是把科学降低为粗俗的经验主义，从而取代科学家的理论概括的需要。试图通过把这些具体事物束缚于纯智力的“真理”和“科学方法”的标准来躲避对它们的一般性概括——以现实中的质量性特征为代价来突显其数量性特征，就是否认古代的“范式”也是一种重要的真理性遗产，而它的价值往往更多地存在于其更丰富的、更偏重质量的现实观中。

甚至自然生态学也未能免除这一取向的影响。为了获得所谓科学的“可信性”，它牺牲对每一个生态系统的质的独特性的尊重，代之以依据能量数量和流程图来描述生态系统，为此，它已经在一些本来很有希望的领域中遭到了惩罚。简约主义和系统理论再次取得了胜利。因此，科学的关键性难题之一依然存在。科学家必须接近的真正的自然：活跃的、发展的、自然发生的和在特征与形式方面丰富多样的。

最后，技术必须在它的“人工技艺”中重新融入“自然艺术”，尽可能地把自然过程中重新引入古典意义上的技术。在此，我所指的不只是把农业与工业相结合的传统需要，还包括改变我们工业概念本身的需要。拉丁语 industria 一词首先意指一种器械或装置，而不是一种勤勉态度，是一种相对新近的现象。现在，工业一词已经几乎等同于机器条件下的生产及其产品或“制造物”。相应地，工业以及机器促成了一种非常特殊的大众取向：我们把它们视为理性排列的、在很大程度上自我运行的工具，它们是由人类智力构想与设计的，用来制造和转变“原材料”或“自然资源”。最终变成交通工具的钢、玻璃、橡胶、铜和塑料材料，最终变成可口可乐的水和化学成分，甚至最终变成大批量生产的家具的木头和变成汉堡包的肉，都被仅仅当作制造物或工业的产品。就其最终形式而言，这些产品与它们的制作原料铁矿石、矿物质、蔬菜或动物没有任何相似性。借助组装或包装，它们是转型的加工产品，并没有显现出这些产品构成材料的具体来源，而只是体现了其构成材料的背景。古代工匠总是不断地赋予他或她的“人工制品”以自然的向度——比如，雕刻沙发的扶手使之看起来像动物的臂肢，或者粉刷雕像以令人愉悦的颜色。但是，现代工业未能为其产品增添多少艺术性，体现在它明显是呈几何级数增长的和反自然的——或更准确地说，它对构成其物质基础的材料转型中的“诚实性”偏好所体现出的无机性。

这种自然及其制造物的超常的或病态性分离，来自于一种对技术的在很大程度上神秘化的解释。现代工业的产品在本质上是去自然的。结果，它们变成了仅仅是消费或享受的对象。它们没有展示出与其所来自的自然世界的联系。在公众心理中，一种产品更接近于生产它的某一个公司，而不是使它的存在与生产成为可能的自然世界。一辆汽车是一个“达特桑”(Datsun)或“雪佛莱”，而不是来自铁矿石、矿物质、树木和动物皮革的交通工具；一个汉堡包是一个“大规格麦当劳”，而不是一个曾经在草地上长途奔徙的动物的一部分。在“德尔蒙特”(Del Monte)、“通用食品”、“佩珀里奇”(Pepperidge)农业公司等牌子下的包装，掩盖了中西部种植玉米与小麦的农田的意象。事实上，当我们说某一产品、食品或配方是“自然的”时候，我们通常指的是它是“纯的”或“不掺假的”，而不是指它来自自然。

这一趋势——或缺乏任何趋势——所表明的，并非只是广告与媒体试图通过推广公司的名称来影响人们的偏好与购买力。或许更重要的是，产品的这种事实性分裂——从矿藏、农场和森林到工厂、磨粉厂和化工厂的分离，已经把整个技术过程简化为一个不可思议的事物。在古代社会中，这一“不可思议的事物”曾被视为一种神奇的、神圣驱使下的过程(比如冶炼)；但是，围绕着现代生产的这种不可思议的事物是更加世俗化的。我们不知道，自己狭隘经验范围以外的某种日用品是如何生产出来的。生产与消费之间、农业与工业之间(更不用说工厂与消费者之间)的分离是如此彻底，以至于我们全然是一个愚蠢透顶的工业机器中毫不知情的客户，对此我们既一无所知，也没有任何控制能力。

但是，这一机器本身是一个极其复杂的自然世界的“客户”，而这一自然世界很少被依据其非技术性加以理解。我们把自然理解为一个非人类的工业“机器”。它会“制造”产品——以一种抽象理解的方式，因而我们将其作为一种工业现象对待——我们对农业化学物的大量使用、我们旨在捕鲸与捕鱼的海产品工厂、我们机械化的屠宰器械和我们把整个大陆地区转变成工厂部门。我们往往会借助机械、电子和控制论的语言，来表达这种工业的自然概念。我们对非人类的或自然过程的描写——由“否定性反馈”来规制的过程或我们从中“插入”“输入”与“输出”的系统，体现了我们“自我陶醉而躲避”(借用谢泼德的生动词汇)自然世界以满足工业支配目的的方式。

自然现象的去自然化过程中最为重要的是，我们自己是首当其冲的牺牲品——我们变成了我们的工业最有效地控制的“对象”。我们之所以是它的牺牲品，因为我们没有意识到它控制我们的方式——无论是技术的还是心理的。作为不可思议事物的技术卷土重来，但不是作为一个农作物种植者或工匠能够以一种神秘方式参与其中的过程。在现代工业过程中，除非作为极其专门化的机构成员，我们并不参与其中。因此，我们并不能意识到，这一过程是如何发生的，更不能对其实施任何有效的控制。当我们说现代工业已经变得过于复杂时，一般指的是我们用于增加或制造自己生活手段的知识、技能、远见和传统，已经被一个愚蠢而无意义的社会机器所篡夺，以至于使我们无力应对生活中最基本的律令。但是，抑制了我们应对这些律令的能力的不是机器的复杂性，而是我们可以称之为“工业社会”的新游戏规则——通过重建我们的生活本身，“工业社会”已经把自己插入到人类理性与自然丰产性的力量之间。大多数西方人通常不能在一个花园中耕种与收获，砍伐一棵树木并用于满足其居住需要，冶炼矿石并铸造成金属，射杀加工动物并提取食物与皮革，或储藏食物和其他有用物品。这些基本弱点并非来自为了满足我们的生活必需而导致的内在复杂性，而是来自对维持人类生活手段的忽视——这是一种由工业庇护体制所蓄意促动的忽视。

工厂并不是为了满足结合劳动与现代机器的需要而产生的。相反，我们称为“工业社会”的这一基石，产生于理性化劳动过程的需要——以便更有效地强化与利用这一过程，而基于自我管理的工匠体制的早期工业中的雇主绝无可能做到这一点。西德尼·波拉德(Sidney Pollard)指出——引用一个前工厂时代评论家的观点，那些能够自我决定其劳动时间的家庭工匠，很少工作于现代的每天 8 小时和每周 5 天的工作制中。“织布工人们往往在‘整个星期一和星期二的大部分时间内无所事事，而在星期四一直工作得很晚，星期五晚上工作一个通宵’”[25]，以便准备好面向星期六市场的布匹。这种与传统工作体制的节奏与强度相适应的无规律性或“自然性”，比其雇员所要求的价格或收入，更有助于资产阶级对社会控制的狂热及其野蛮的反自然观点。比任何单一技术性因素更重要的是，这种无规律性有助于劳动在一种单一性组合规则下的合理化，有助于产生现代工厂制度的工作纪律与时间规范，而这些技术发展中几乎没有一个可以被归诸于“工业革命”。在蒸汽机、动力织机和飞梭投入使用之前——甚至在这些机器还没有被发明出来之前，传统的手纺车、手动织机和手工作坊中到处都是的染缸在巨大的工棚中聚集起来，其首要目的是为了动员工人自己，严厉地规范他们并强化对他们的剥削。

因此，工厂创办的最初目的是支配劳动并破坏工人相对于资本的独立性。这种独立性的丧失包括工人与农作物耕种的联系的丧失。17 世纪末的英格兰议会法案承认，“历史悠久的习俗已经被忘却……因而，每年农耕收获时节应该有一个纺织间歇期”，以便纺织工人可以有时间“全心地投入到收获工作中”[26]。直到 19 世纪初，这一惯例仍是十分普遍的，以至于在《曼彻斯特新闻》中刊有这样一条评论，很多纺织工人可以参与城市周围农场在夏末秋初的收获行动。

工人从工厂到农田的周期性转换，很难被视为英格兰统治阶级的一种田园牧歌式的慷慨行动。直到 19 世纪 30 年代，英格兰土地贵族仍然拥有相对于工业资产阶级的政治优势地位。工人在农业收获季节工作于乡间，只不过是从一个受剥削领域转向另一个领域。但是，保持农业技能对于他们来说依然是极其重要的——而他们的儿孙们后来将彻底失去这些技能。生活在一个村社中，无论是作为一名工匠还是一个工人，往往意

味着耕作一个家庭农场，放养一头牛，自己制作面包和具有自己修缮房屋的技能。相应地，彻底消除工人生活中的这些生活技能与手段，就成为工业发展的必需。

工人对工厂和工业劳动市场的完全依赖，是工业社会获得最终胜利的重要前提。城市计划以及城市拥挤、过长工时、对工人阶级酗酒行为普遍的道德漠视和高度专业化的劳动分工，使剥削的需要与一个蓄意的无产阶级化政策相结合。破坏工人从一片后院土地中获得任何独立性生活手段，工具使用中的简易熟练性和为家庭提供鞋子、衣物与家具的技能等方面的需要，都涉及到使无产阶级陷入面对资本时的完全无助状况这一议题。而且，随着那种无助状况而来的是一种因循守旧心理、个性与共同体的消失和道德品质的堕落，这使英国工人阶级成为过去两个世纪的欧洲历史中被剥削阶级中最温顺的成员之一。拥有对大量无技能劳动力需要的工厂制度，远未给予工人更大的流动性和职业灵活性(像马克思和恩格斯此后声称的那样)，而是将其降低为无目的的社会流浪者。

在“人工技艺”中重新注入“自然艺术”，并非只是社会生态学的一个主要任务；它还是一项使人类心理架构重新人道化和使技术非神秘化的伦理工程。在健全社会中的健全个体，过着一种完整而非支离破碎的生活，是个体性及其历史性社会标志即自治出现的一个前提。这样一种看法，绝对没有否定共同体的需要，而是预定了共同体的重要性。但是，它把共同体视为一种自由的共同体，其中相互依赖而不是依附或“独立”，提供了个性及其发展的多方面社会要素。如果我们把工业权威、等级制和纪律实体化为一种持久的技术上值得期望的存在(像弗里德里希·恩格斯把德国蒲鲁东主义关于工人花园的要求轻蔑地斥责为“反动的”和复古的时做的那样)[27]，那么，我们就会把工人从一种人类存在降低为工资劳动力，把“人类技艺”降低为一个野蛮化的工厂。在这里，马克思主义以比最坚定的自由主义辩护士更为清晰与一致的方式，表达了资产阶级的计划。通过把工厂与技术发展当作社会自治性的——借用兰登·温纳(Langdon Winner)的术语[28]，“科学社会主义”忽视了工厂及其精致的等级制结构所发挥的作用——它扩大了使工人顺从的条件，并通过训练使他们在从幼年到成年的各个阶段处于臣服状态。

相比之下，一种激进的社会生态学不仅提出许多传统性议题，比如农业与工业的重新统一，还提出工业结构方面的诸多问题。它质疑被视为机械化必备基础的工厂——甚至质疑被视为一种对精妙生物性“机制”替代的机械化，这种机制被我们称之为食物链和食物网络。如今，当装配线在其“技工”的严重神经机能病影响下面临着崩溃的巨大风险时，解散工厂——实际上是恢复制造业作为一种手工艺术，而不是一种强大的“超级机器”的本来面目，就成为一个具有重大社会意义的优先性课题。借用一种我们常用的隐喻，自然本身是一种生物性“工业”。土壤生物聚合、拆解、再聚合所有的“材料”或营养，这使陆生植物的存在成为可能。支持一株绿草和一棵麦苗的极其复杂的食物网络表明，生物过程可以替代很多严格意义上的机械过程。我们已经学会了利用细菌和水藻生物的解毒功能来净化污水，利用水生植物与动物吸收污染物作为营养来实现治污目的。人们已经设计了一种在透明的太阳能管道中的相对封闭的水产系统，将鱼产生的废物作为支持一种由小型水生动植物组成的精致食物网络的养料。反过来，鱼依赖着由它们的废料所滋养的植物而生长。因此，自然毒素通过食物链而重新利用最终可以为可食用动物提供营养；鱼代谢的有毒废弃物被重新转换为鱼食物的“土壤”。

甚至那些属于物理运动的简单化机械过程——比如通过气泵循环流通的空气，在由太阳能实现的对流过程中具有非机械的相似性。与家庭结构相衔接的太阳能温室，不仅提供了温暖与食物，还有通过植物实现的湿度控制。小规模的、丰富多彩的蔬菜田或“法式花园”，不仅避免了使用工业制造的化肥和有毒农药的需要，还提供了一种重新利用家用废弃物的有价值的和建设性的方法。自然界著名的“复归法则”不仅可以用来促进自然丰产性，还可以提供生态农业的基础。

人们可以引用几乎无限的生物多样性选择来代替推动着现代工业的耗费巨大又冷酷无情的机械体制。前者替代后者的难题，远不是不可克服的。一旦人类创造性集中于这些难题，人类的智慧很可能像自然的丰产性一样丰富无比。当然，把这一系列替代性制度转换成现实的技术，在很大程度上是现成的。然而，我们所面临的最大难题并不完全是技术性的；真正难题也许是我们把这些新的生物技术**仅仅**作为技术。我们还没

有明确意识到的，是使我们对工业技术的生物性替代具有生态与哲学意义的社会的、文化的和伦理的条件。因此，我们必须不仅仅是制止自然的荒废和简单化。我们还必须制止人类精神、人类个性、人类共同体、人类“善”的观念、人类在自然世界内的自身丰产性的荒废与简单化。的确，我们必须通过一个彻底的社会革新纲领来抵御这些趋势。

在此，我们必须提出一个关键性告诫。对有机园艺、太阳能与风能装置、水产养殖、整体主义健康等等的纯技术性取向与喜好，将仍然会持续那威胁着我们发展一种生态感知的工具理性的梦魇。一种环境主义的技术体制，是掩饰在绿色服饰下的等级制；它是更加有害的，因为它处在生态学颜色的伪装之下。我们可以用来区别环境主义技术与生态技术的最有效手段，不是规模、形状或我们工具与机器的精致程度，而是它们致力于服务的社会目的、它们所受制于并统一于的伦理与感知、它们志在发起的制度性挑战与变革。它们的目的、伦理、感知和制度，是自由主义的还仅仅是合乎逻辑的，是解放性的还仅仅是功利性的，是公社自治主义的还仅仅是注重效能的——总之，生态的还仅仅是环境主义的，将直接决定支撑着技术的理性特性和指导着它们设计的目的。选择性技术也许会把阳光、风和动植物世界带入我们的生活，成为一个共同的旨在重新统一与共生的生态计划的参与者。但是，这些技术的“小规模”或“适当性”并不必然消除我们继续使自然降低为一种被剥削对象的可能性。因而，我们必须以社会原则、制度和使自由与和谐成为现实的伦理共性的方式从根本上消除自由的歧义性。

【注释】

[1] Max Horkheimer, *The Eclipse of Reason* (New York: Oxford University Press, 1947), p. 8.

[2] Herbert Marcuse, *One-Dimensional Man* (Boston: Beacon Press, 1964), p. 236.

[3] Paul Shepard, *The Tender Carnivore and the Sacred Game* (New York: Charles Scribner's Son, 1973), p. 10.

[4] Max Scheler quoted in William Leiss, *The Domination of Nature* (New

York：George Braziller，1972)，p. 95.

[5] Francis Bacon，"The Great Instauration，" in E. A. Burtt(ed.)，*The English Philosophers*(New York：Modern Library，1939)，pp. 5-25.

[6] Aristotlte，*On Interpretation*(McKeon Translation)，in *The Basic Works of Aristotlte*(New York：Random House，1968)，19a22-29.

[7] Aristotlte，*On Generation and Corruption*，in ibid.，33b27，744b16.

[8] G. W. F. Hegel，*Lectures on the History of Philosophy*(New York：Humanities Press，1955)，p. 22.

[9] Stephan Toulmin and June Goodfield，*The Architecture of Matter*(New York：Harper & Row，1962)，p. 28.

[10] Ibid.，p. 33.

[11] Ibid.，p. 32.

[12] Ibid.，p. 37.

[13] Aristotlte，*Politics in the Basic Works of Aristotle*，1278a8.

[14] Claude Moss ，*The Ancient World at Work*(New York：W. W. Norton，& Co.，1969)，pp. 27-28.

[15] Ibid.，p. 27.

[16] Thomas Jefferson，*Notes on the State of Virginia*(New York：Harper & Row，1964)，p. 157.

[17] Alexis de Tocqueville，*Journey*，quoted in John Kasson，*Civilizing the Machine*(New York：Penguin Books，1976).

[18] John Kasson，*Civilizing the Machine*，p. 69.

[19] Ibid.，pp. 73-74.

[20] Ibid.，p. 75.

[21] See Joachim Israel，*Alienation*(Boston：Allyn and Bacon，Inc.，1971)，p. 23.

[22] Ibid.，p. 28.

[23] G. W. F. Hegel，*Early Theoretical Writings*(Philadelphia：The University of Pennsylvania Press，1971)，p. 305.

[24] Robert Briffault，"The evolution of the human species，" in V. F. Claverton (ed.)，*The Making of Man*(New York：Modern Library，1931)，pp. 765-766.

[25] Quoted in Sidney Pollard，"Factory discipline in the Industrial Revolution，" *Economic History Review*，16/2(1963)，p. 256.

[26] Quoted in Dan Clauwson, *Bureaucracy and the LaborProcess* (New York: Monthly Review Press, 1980), p. 40; see also my "Listen, Marxist" in *Post-Scarcity Anarchism*, and John and Paula Zerzan, *Industrialism and Domestication* (Seattle: Black Eye Press, 1979).

[27] Dan Clauwson, *Bureaucracy and the LaborProcess* (New York: Monthly Review Press, 1980), p. 40.

[28] Langdon Winner, *Autonomous Technology* (Cambridge: MIT Press, 1977).

第十二章　一种生态社会

在经过近万年充满歧义性的社会进化之后，我们必须重新进入自然的进化过程——不只是为了度过可能发生的生态灾难和核毁灭，而且是为了恢复生命世界中我们自身的丰产性。我并不是说，我们必须回到我们早期祖先那样的原始性生活方式，或者将能动活动与技术让位于一种田园牧歌式的被动性意象和默从。当我们否定其活跃性、主动性、创造性、发展性及其主体性时，我们才是真正在诋毁自然世界。自然从来都不寂静呆滞。我们重新进入自然进化的过程，更多的是一种自然的人道主义化，而不是一种人类的自然化。

真正的问题是：人类和自然是何时起陷入相互对立或彼此分离的？“文明”的历史是人类不断疏离自然的一个过程，并使二者发展成为完全的对立。如今比以往任何时代都更严重的是，我们已经失去了使我们自身成为自然的一个方面的目的感——不仅体现在我们与自身的“需要”与“利益”的关系上，也体现在自然内含的意义性上。德国唯心主义哲学家费希特在两个世纪前就曾明确地提醒我们，人类是自然呈现出的自我意识，我们代表的是精神的完整性，它能够表达自然潜在的反思自身的能力、借助内部矫正与调整进行自我调适的能力。但是，这一观点预定了，我们充分地存在于自然之中并且是其中的一部分，因而能够代表它来行动。费希特假定所明显犯的错误是，把可能性当成了事实。我们既是自然呈现出的自我意识，也同时是人类呈现出的自我意识。理性也许赋予我们发挥这样一种作用的能力，但我们及我们的社会还远远不是理性的——事实上，我们对于我们自己和生活在我们周围的生物都是极其危

险的。我们并没有把自然中潜藏的意义明确化，也没有依据自然不断提升其内部多样性的冲动而行动。我们假定，社会的发展只能以自然的发展为代价才能实现，而不是把发展看作包括社会与自然两方面的整体性过程。

在这方面，我们是自己的最凶恶的敌人——不只在客观意义上，也体现在主观意义上。我们先是精神上，然后是事实上社会与自然相分离，依赖于人类被粗野地客体化为生产手段与支配对象——这是一种我们向整个生物界施加的客体化。如果把重新进入自然进化仅局限于使我们逃避生态灾难，那将很难改变什么，包括我们的制度与感知。自然将仍然是客体(只不过这回是令人恐惧的而不是敬畏的)，人们将仍然是工具性地面对世界的客体(只不过这回是胆怯的而不是傲慢的)。绿色的伪装将会持续存在，只是它的颜色将会变得更加暗淡。自然在我们的视野中依然是非自然的，而人类依然是非人道主义的，只是矫饰和辩解将会替代一种无情工业中的熔炉，过分渲染的言语则会代替装配线上的噪音。我们必须承认的是，借用伏尔泰的著名说法，我们不能只是趴在地上，也不应该这样做。我们不仅仅是自然进化的产物，因为我们是自主自立的并获得了思考与行动的能力，无论我们把这种遗产视为一种恩惠还是一种惩罚。

同样，我们不能轻易忘记"文明"留在我们大脑中的印记，那将意味着放弃我们在社会和自然中自觉地行动的能力。否则的话，我们将对不住那些历经千辛万苦向我们提供了人类联合中有价值东西的无数人们，更不用说其中那些更大数量的无辜牺牲品。大地不仅是无辜死者的墓地，还是生命的源泉。如果我们尊重"死而复生"或生生不息的法则，社会至少应该主动回应自然的"循环规律"。但是，社会已经变得如此非理性化，它的涉指对象已经如此广泛，以至于任何法则——无论是社会的还是生态的——都不会得到其中任何企业的尊重。因而，现实中存在的不过是关于"文明"及其"成果"以及为了人类"利益"而与自然"协调"的谈论。"文明"很少考虑人类的"利益"，更不用说自然的利益。直到我们摆脱那种必须为自然提供的"午餐"与"快餐"作出补偿的"餐厅意象"之前，我们与生物圈的关系本质上仍将是契约性的和资产阶级性的。我们仍将生活在一个"低成本的交换"和为了自然资源进行"交易"的肮脏世界中。只有最自发性的成为自然性的期望——即成为丰产的、创造性的和本质上人类性的，可以为我们作为有意识的社会存在重新进入自然进化的正确性作辩护。

那么，成为“本质上人类性的”、成为“自然的”，除了言词意义之外究竟意指着什么呢？毕竟，什么是“人类自然”或人类哪些是自然的呢？需要指出的是，这种阐释有助于我们回到社会生活的摇篮——年轻人与母子关系的长期发展，而我们正是从中推导出了一种自由主义理性的观念。布雷福特的有关分析以及更近时期完成的、已经替代了维多利亚式“野蛮社会”研究的新人类学所表明的，是这样一种不同的现实，我们所称的“人类自然”是一种基于生物学基础的联合过程，其中合作、相互支持和爱同时是自然与文化特性。正如布雷福特所强调的：

> 在人类团体中，当一代人变得性成熟时，新的数代人已经被纳入这一团体。更年轻代际之间的联系——尤其是在所有灵长目中，随着对人类团体中的团结的关注而迅速地增加。开始于一种过渡性联系，它往往变成持久性的。[1]

人类身体成熟的相对延长的过程，把个体的人类自然转变成为一种生物性构成的群落形式。事实上，不仅个体性也包括个性的形成，包含着成为一个永久性社会团体的能动性构成部分。社会首先是一个社会化过程——包括话语、相互间娱乐、联合工作、团体性庆典和共同文化的发展等方面。

因此，人类自然是由一种有机过程的运作构成的。当然，它最初是由自然的合作性与联系趋势持续地演进成为个体的个性生活而构成的。文化也许使这些趋势变得精细，并为其提供了新的特性(比如语言、艺术和政治制度等)，因而产生了可称为真正意义上的社会，而不仅仅是一个共同体。但是，自然不会自动地过渡到社会，更不会“消失”于其中；自然始终在自主地存在。没有母子关系和家庭关系促进的关心、合作和爱，个体性和个性或者是不可能的，或者会走向解体，正如自我的现代危机所清楚表明的那样。只有当社会联系开始衰败而没有提供任何替代时，我们才会清楚地意识到，个体性所蕴涵的不仅是为了分离的斗争，还包括反对分离的斗争(尽管是在追求更丰富与普遍的合作领域中，而不是在原始的血

缘团体中)。社会也许会创造出这些新的领域,并把它们扩展到血缘誓约之外——也就是说,它不是以法西斯主义和斯大林主义的形式倒退到古代世界中的最压抑性特性,但不会创造出把它们组合起来并践行关心、合作与爱原则的需要。

为了消除围绕着血缘誓约建构起来的“有机社会”和本章阐述的一种自由社会的乌托邦主义观点之间的混淆,我把后者称为生态社会。生态社会预设了一种普遍人性的观念——“文明”在过去3000年中所赋予我们人类的这一观念,仍未消失。它还假定,对个体自治的强调——当代“现代主义者”如此轻率地将其归诸于文艺复兴——将会获得充分的实现,但不会丧失过去有机社会中人们享有的强烈的公社性联系。实际上,等级制将会被相互依赖所替代,而联合意味着存在一个有机核心,从而满足人们深刻感受到的对于关心、合作、安全和爱的生物性需要。自由不再被置于自然的对立面,同样地,个体相对于社会、选择相对于需要,以及个性相对于社会聚合的必要,前者不再为后者所排斥(彼此不再互为对立面)。

生态社会观承认,人类作为动物是按照生物学原则组织起来的,从而与它的同类一起生活,并在一个宽泛与自由地界定的社会团体中关心与爱护它的同类。这些人类特性不仅被视为人类自然的特性,还被视为构成与组成人类自然本身——事实上,它们对于人类主体性与个性的进化来说是不可分割的。这些特性不仅仅被当作生物性人类共同体的生存机制或社会特征,还被当作进入生态社会的结构的构成材料。

如果对人类合作及其起源的上述解释可以成立,那么,它也许可以为一种生态社会的重建式方法提供基础。迄今为止,我对社会生态学的界定主要是在批判意义上的——作为一种等级制与支配的人类学。我所主要关注的是权威和史前社会与形成中国家之间在感知上的冲突。我已经探讨了统治、贪婪的欲念和财产权如何强加于一个桀骜不驯的古代世界的过程,后者曾持续地抗拒“文明”的入侵——有时暴力性的,有时被动性的。我已经详尽探讨了传统社会对用益权、互补性和不可简约性最低保障的信奉,来抗拒阶级社会中的财产要求、契约的神圣性和它对等价原则

的忠诚。总之，我试图拯救人类的自由遗产，而支配遗产一直试图将其从人类记忆中彻底清除。

构成对等级制与支配兴起过程这样一种严酷阐释的弱化或限制的，是一个潜藏的自由领域的持久性特征——它在灵巧地适应着主导性的支配秩序。我已经讨论了这一领域中的技术、联系形式、宗教信仰、集会场所和制度。我试图揭开覆盖着自由的层层迷雾，从其作为平等中的不平等的外表，通过探究其在等价原则下的各种经济层面，到作为其核心的关爱性个性感知、支持性家庭生活，再到不平等中的平等的原则。在这一词汇还根本不存在的共同体中、在人们无私地提供而不期待任何回报的忠诚中、在那不懂得交换为何物的分配制度中和在那完全不存在支配性质的人际关系中，我找到了残存性的自由领域。的确，就人类是自然的主体性及其隐含其中的意义的自由表达而言，自然本身已经通过人类显示了它自己的声音、主体性和丰产性。归根结底，正是在这种社会自由与自然自由的生态性相互作用中，一种真正的自由生态学将得以形成。

那么，我们能够将古代的用益权、互补性和不平等中的平等习俗吸纳进一种现代化的自由观吗？我们能够创制什么样的更新的感知、技术与伦理呢？形成什么样的新的社会制度呢？如果人类的自由意味着自然借助人类实现的解放，那么，我们能以什么样的标准与手段重新进入自然的进化呢？我们对“人性”和“个体性”词汇的使用本身就已表明了如下事实，我们必须在一个十分不同于史前社会世界的背景下寻找答案。实际上，“文明”已经大大拓宽了自由的领域从而使之远远超出了由血缘誓约、劳动的性别分工和老年团体在构建早期共同体中的作用所促成的狭隘关系。在这一具有新质的领域中，我们不能——也不应该——依赖习俗的力量，更不用说那些已经逐渐消失的传统。我们已不再是一种内向性取向的、在很大程度上均质性的民众团体，而是已经广泛地受到了长期性内部冲突历史和支配性道德与习俗的影响。我们的价值与习俗如今需要一种高度的自觉意识与智力复杂性来维持自由的持续存在，而这是早期的家族、族群和部落从未需要的。

牢记这一点，我们就可以公开承认，有机社会自发地形成了我们很少能够加以改进的价值。激进理论中关于“必然王国”与“自由王国”之间的

关键性区分——蒲鲁东和马克思将这种差异引入激进意识形态，事实上是一种随着统治与剥削而出现的社会意识形态。从更广阔的阶级意识形态视野看，很少有能够像上述区分一样使得权威与支配合法化。声称是文化摇篮的“文明”，在理论上根植于一种“吝啬自然”的意象，而这种意象只有利于精英阶层，因为他们在管理社会、思考、写作、研究和以“理性之光”照耀人类等方面拥有的“自由”和“自由时间”，只有通过剥削大多数人的劳动才会成为可能。

史前社会从未持有这样一种观点，而且一般来说人们抗拒任何试图强加于他们这种观点的企图。我们现在称之为“艰辛劳作”的，在那时能够自发地适用于共同体整合人们生活各个方面的需要，以便把一种集体性参与意识和愉悦感引入满足人们基本物质需要的任务。这些“野蛮人”甚至很少试图去“征服”自然；相反，他们利用赞美诗、歌曲和我们正确地称之为舞蹈的宗教仪式，来缓慢而有耐心地诱劝自然。所有这些都是在共同体内部和共同体与自然之间普遍存在的一种合作精神指导下完成的。“必然性”为了促进合作而被集体化并被“自由”所掌控，这发生在史前共同体还远未在二者之间作出任何区分之前。“必然”与“自由”这些词汇本身，还没有因为“文明”在二者之间造成的现实性分离与紧张关系以及“文明”以同样方式强加于非人自然和人类自然的压抑性纪律而被创造出来。

用益权也是如此，它代表着一种比声称“按需分配”原则的共产主义更高水平的道德程度。最令人奇怪的是，从蒲鲁东到克鲁泡特金的古典无政府主义，依据基于公平交换原则的契约来谈论联合——一种在资产阶级的权利概念中达到其顶峰的“平等”体制。公平交换可以成为自由的道德体现的观念，就像国家观念一样远离自由本身。19世纪的社会主义者——无论是自由主义的还是权威主义的，归根结底仍基于财产的观念和“社会性地”调节财产关系的需要。蒲鲁东、巴枯宁和克鲁泡特金对在“男性”之间和共同体之间“自由缔结”的契约的赞美，令人奇怪地通过其有限的自由概念否定了“自由地”这一术语本身。事实上，并非巧合的是，我们可以在大多数尚未重建的资产阶级共和国的宪法与法律条款中找到这种语言。传统无政府主义的契约观念并没有真正超越我们时代的司法体制，就像马克思的“无产阶级专政”观念并没有真正超越我们时代的共和国自由概念一样。

史前社会从未信守这种契约性的联合理想；事实上，它们抵制了任何试图强加于这种理想的努力。当然，现实中有很多部落之间的条约和与陌生群体的联盟。但是，部落内部的契约性联系，几乎是不存在的。直到等级制在早期世界中取得胜利并开始其在阶级社会中的旅程，等价交换、“平等”和契约才开始构成人类社会联系的基础。交换替代物以及伦理制约网，对于一个受制于用益权、互补性和不可简约最低保障理念的共同体来说是不相干的。生活资料和共同体支持在那里是享用而非占有的，而且即使在占有的确存在的地方，也是受制于尊重长者、接受弱者和促进对儿童关爱的平等主义传统的。只有“文明”才会把正义之神当成偶像崇拜，并采用纯粹的数量标准来衡量。她的蒙眼布也许是其羞愧感而不是对不平等现实漠视的标志。

存在于史前共同体之间的条约就其目的而言更多是程序性的，而不是分配性的；它们旨在决策过程和协调共同行动方面达成协议，而不是分配权力与财物。而且，在一般性的互惠条件下，个人间的联盟只是打破血缘纽带并把支持系统扩展到部落范围之外的手段。因此，人们之间交换的、看起来像“礼物”的“商品”，事实上是表达相互间忠诚的标志。这绝非意味着，它们一定具有象征性价值以外的固有“价值”，更不用说赋予它们交换价值的比价或“价格标签”。

最后，互补性只是我们用来概括被广泛接受的意象，即有机社会是一种相互依赖性体制的词汇。事实上，他们通常并没有一个词汇来表述这一现实——也没有创造这样一个词汇的任何需要。他们生活在社会生态学的体制之中，并因而更多地受制于对个性的尊重意识，而不是一种司法律令体制。通过一种“生死选择”的意识形态灌输到社会生活中的、不受约束的资产阶级自我意义上的独立性，对于他们来说不仅是不可想象，而且它是令人恐惧的，即使在相当分散的狩猎与畜牧种族比如爱斯基摩人中也是如此。每一种史前文化拥有一个或数个中心，可以基于共同的协议定期地把分散的家庭与族群聚集到一起。这些仪式既有助于强化联合的传统，也是共同体社会化的形式。如果某一个体被从这一团体中“流

放”和驱逐，几乎等于被宣判死刑。这并非是由于一个被驱逐的人难以在物质方面生存下去，而是说他或她将会感到是一个“非人”和被非人地对待。心理原因导致的死亡在史前共同体中绝非个例。

相比之下，我们现在对“独立性”的强调，既没有表达出自主的品德，也没有表达出个性的要求；相反，它公开表达了一种到处蔓延的与社会腐蚀性的自我中心主义的非理性意识形态。这种独立性与联合精神的起源——人类母亲通常给予她幼儿的无私关爱——形成了鲜明对照，并且完全背离了我们深刻的人类感。成为一个不受约束的单子，就像谢泼德也许会指出的那样，缺乏我们作为生物的“方向”感，缺乏我们在自然和社会中的“区位”或落脚点。它将导致社会“变异”为市场，而不是使一种分配性市场体制适应社会需要。基于这种取向（或者方向的缺乏），“必然王国”的确可以植根于吝啬——但不是自然的“吝啬”。相反，它将植根于人们的吝啬——更准确地说，是那些建立社会规范的精英们的吝啬。当一个人持久生活在被“欺骗”的恐惧氛围之中时，像其他所有人类单子一样，他或她就开始习惯于欺骗其他人——最后变成蓄意的和有目的的欺骗。基于这种华丽的外表，一个资产阶级单子很容易成为买卖关系及作为其体现的契约合同中的一个“伙伴”。由被流放者组成的社会理应是一个被流放的社会——被从基于关爱与养育的人类联合的根基中流放。“必然王国”之所以主导了“自由王国”，并不是因为自然本身希望占有其财富，而是因为财富变得希望占有其财宝与特权。

现在，支配开始作为一种社会性“需要”而存在——更准确地说，作为一种社会性律令而存在，从而使人们的个性、日常生活、经济活动甚至爱卷入支配的罗网。契约性“信任”的神话，以及它伪善的表象和陈腐的语言，是建立在人们持续性的契约怀疑和社会疏离基础上的，“契约”的观念一直不断地强化着后者。任何事项都必须“说明清楚”，是道德退化的明确证据。每一个“协定”都体现了一种潜在的对立关系，而且（除了传统的无政府主义词汇）它的“互助主义”伦理缺乏对关爱与互补性的任何真正理解。在否定了社会生态学的观点之后，自由主义理想往往降低为意识形态宗派主义的水平，甚至更为糟糕的是，降低到由工业社会推动的等级制工联主义的水平。

“文明”所提供给我们的，是它不由自主地承认，用益权、互补性和不可简约的最低保障等古代价值，应该从血缘团体扩展到全人类。在血缘誓约之外，社会必须打破传统的劳动性别分工和老年团体要求的特权，以便接纳“外来者”和异质文化。不仅如此，通过将其理念化或概念化，“文明”已经将这些古代价值移出质疑习俗和未经推敲的传统的领域。在部落世界以外社会生活中广泛存在的张力与矛盾，已增添了一种过去被无条件接受的道德观念之外的智力敏感性。隐藏于这些发展中的巨大潜能，我们绝不能低估。它们当然是超出了史前文明所能想象的挑战；对于一个狭小的种族来说，即使把自己理解为人类整体的一部分也意味着放弃许多根深蒂固的习俗、传统和一种生物例外主义感。“上帝选民”的神话，正如我已经指出的，并不只属于犹太人，而是几乎在所有种族中都程度不一地存在这种意象。在伦理标准中包括一种分享的人类的观念、一种人类共同体的观念，需要社会关系的概念化过程中伴随着一种深刻改变。一种自由流动的伦理领域——不同于有着僵化习俗的世界（尽管它们也许是值得尊重的），是一个创造性的领域，其中人们的心智与精神有可能以传统道德世界中不曾拥有的速度增加。现在伦理、价值以及基于它们的社会关系、技术和自我培养，可以成为由智力、同情和关爱等原则引导的自我构成。“文明”往往背离其理想的和个人的自我创造的承诺，这并没有改变如下事实，这些潜能的确存在并且其中许多已经成为现实。

这些成就中最为重大的是对于个体的制约性举措，它们分别发生在古希腊时期、中世纪晚期和现代世界。这并不是说，史前社会缺乏个性感和对个人的尊重，而是他们相对较少地把重点放在人类意愿上，或者放在个人的奇特之处或本身作为一种价值的异常性上。当行为偏离某种正常规范和“标准”时，他们并非不能容忍。独特性肯定是受到敬重的，正如多萝西·李指出的，但它总是在一个团体的背景下被加以看待。过于显眼——尤其是以自我炫耀的形式，往往招致一种戒备性反应，并使个体处于一种尴尬境地。一个人声称拥有某种能力至少要能证明其真实性，而且往往被轻描淡写。因此，一个霍皮儿童习惯上约束自己不能表现得太好，以免影响团体的团结。“巨人”综合征——很可能是史前社会中晚些时候出现的一种发展，并很可能是因为夸扣特尔（Kwakiutl）印第安人的

炫财冬宴仪式而广为人知，应该与“谦卑”综合征相并行。它们明显是互补的，而不是矛盾的。

远远超出其实现了的合理性的声称是，“文明”的确提供了一种高度主动性个体出现的土壤，并极大地肯定了意志作为一种构成性因素在社会与文化生活中的作用。事实上，“文明”走得更远：它把意志等同于个性的自由。我们的个体性不仅包括我们行为与性格特征的独特性，还包括以与我们的主观判断或“意志自由”相一致的方式行动的权利。实际上，依据现代个人主义的信条，我们可以自由地选择——形成我们自己的个性需要，或者至少可以在那些为我们创造的需要中作出选择。现行的需要崇拜把这种自由降低到习俗的水平本身，是个体性衰败的最主要影响要素之一。但是，关于我们自主性的神话就像它的衰败一样是真实的。无论是作为神话还是信条，意志——被视为个性选择或创造选择要素的自由，预定了存在着一种作为个体的现象，而且他或她有能力作出理性的判断；总之，个体能够作为一个自决的、自主的和自律的存在而行动。

但遗憾的是，“文明”已经把意志与控制、支配和权威联系在了一起，因而“文明”也把意志与统治权或古代世界中类似上帝的绝对统治者的超自然力量联系在了一起。像吉尔伽美什、阿基里斯、约书亚和朱利叶斯·凯撒等人物，不仅仅是行动的人——我们将其联想成人格如“英雄般”的超级自我(作为保护者的自我)。在很多情况下，他们变成了先验性的人物，而他们的超人性使其可以摆脱自然本身的控制。这种观点不仅玷污了一种人类自然的观念，而且玷污了自然世界中的客观现实与制约。直到黑格尔时代，他们被视为形而上的人物，或者“世界精神”，呈现为一种拿破仑式的英雄形象。直至今日，在粗俗的电视想象中，他们被广告公司包装成为“充满魅力的”自我，或者我们恰当地称之为的“名人”和“明星”。

但是，这种对支配性个体性的信奉，尽管受到“文明”如此强烈地推动，绝非是个体创造性的唯一形式。正如肯尼斯·克拉克指出的，文艺复兴时期之所以未能形成一个可以与18世纪末、19世纪初相比的精密哲学体系，是因为它以艺术的形式表达了自己的哲学观念。尽管他对文艺复兴思想仅仅是轻描淡写，这一不经意的评论还是令人印象深刻的。在这里，意志在米开朗琪罗的经典之作《大卫》雕像与西斯廷教堂的天顶、拉斐尔的《雅典学院》、莱奥纳多的《最后的晚餐》和科学研究等中，得到了表现。英雄主义从战场的喧嚣之中，获得了另外一种声音。想象——最初来自母亲的歌曲与故事，逐渐地围绕着被视为对美的表达的创造性而形成。

因此，个体性、自主和主动性绝非只能通过支配来表达，它们还可以采取一种艺术化创造性的表达形式。希勒把对人类个体性与力量的肯定，视为对愉悦、游戏和审美感知实现的表达；马克思则将其视为对普罗米修斯式的控制与支配的确证——通过生产、劳动之火和自然的征服。但是，诗人与社会主义者的思想一样蕴涵着对人类力量与个体性的否定。事实上，想象一种作为艺术而不是冲突的高度个体化生活的权利，一直与我们同在。不同于狭隘的亲族世界及其习俗的稳定性，"文明"赋予了我们更广阔的社会领域和推理上的灵活性。如今，这一历史性超越所提出的真正议题，已不再是理性、权力和技术之类的问题，而是想象在给予我们方向、希望和在自然与社会中的方位感等方面的功能。巴黎学生1968年提出的"想象的力量"的呐喊，不是一种获取权力的方法，而是一种个性与社会的审美观点。

一般来说，我们难以在传统的激进主义理论中找到这些观点。19世纪的社会主义者和无政府主义者在世界观上基本是经济决定论的和科学主义的，大致与他们那个时代的普通社会理论家相一致。蒲鲁东像马克思一样信奉于一种"科学社会主义"。克鲁泡特金则像恩格斯一样是一个技术决定论者，尽管他通过对伦理学的强调而缓和了这一立场。二者像维多利亚时代的其他思想家一样，完全迷恋于主要是经济成就意义上的"进步"。所有这些主要人物都把国家视为"历史必然性"。巴枯宁和克鲁泡特金将其视为"不可避免的恶魔"，而马克思和恩格斯则把它视为历史进步的证据。埃里科·玛拉特斯塔(Errico Malatesta)——很可能是无政府主义者中最具伦理取向的思想家，清楚地看到了这些失误并公开批评了蒲鲁东和巴枯宁。所有这些人在世界观上都是反乌托邦主义的。既存的现实及其劳动的人格化、对科学与技术的敬重、进步的神话，尤其是对无产阶级主导地位的信奉，是一种把19世纪的"自由主义"和"权威主义"

社会主义结合为同样不可接受的政治怪物的神话的一部分。

想象作为一种社会性创造力，并没有体现在 19 世纪主导性的激进社会工程师那里，而是体现在那些难得一见的、冷峻的乌托邦著作中，它们随着各种形式的“科学社会主义者”的闪现而存在。偶尔，这些著作的光辉遮掩了他们，但更为经常的是，他们困惑于这些幻想性思考而被引入一个新的可能性领域，并以坚决否认作为回应。乌托邦主义者——至少像拉伯雷和傅立叶时期的乌托邦主义者，使自由变得过于恐惧和感性具体化，因而难以被维多利亚时代的人们所接受。在一个“好公司”中，一名妇女也许可以体面地为她的婴儿哺乳，但却从未在一个路障前或追求自由的公共集会上“放肆地”这样做。而伟大的乌托邦主义者在他们的路障前所做到的正是这一点——甚至更多，就像 1848 年 6 月，在路障前的两个不知名的“妓女”一样，她们漫不经心但富有挑战性地向进攻中的资产阶级巴黎的国民卫队撩起了自己的裙子，并在行动中被击毙。

标志着伟大乌托邦主义者的并不是他们现实主义的缺乏，而是他们的敏感性、他们对具体事物的热情、他们对期望与愉悦的崇尚。他们的乌托邦往往是用富有魅力的散文写成的、一种质的“社会科学”的范例，一种否定了抽象智力传统及其迂腐性和僵硬性的、新型的社会主义。或许更为重要的是，他们最终否定了人类是机器的意象；否定了人们的情感、愉悦、趣味和理想可以依据一种崇尚量化的文化来理解的意象。因此，他们根本对立于一种机器取向的大众社会。他们关于丰产与再生产的观点拯救了人类作为一种有机存在的意象，主张它应在丰富多彩的自然世界中，而不是在工作地点与工厂中确定其位置。

这些乌托邦中的一部分以不加掩饰的庸俗推进了这一主题，比如拉伯雷难以让人接受的“德而美修道院”，这一科基恩之乡具有的文艺复兴时期的丑陋与性感的装扮即使在大众化的乌托邦中也不存在。像几乎所有文艺复兴时期的乌托邦一样，“德而美”城同时是一个“修道院”和一种“信仰场所”，模仿隐修的生活方式并崇拜上帝。既没有围绕着它的墙，也不存在规范它的规则。它同时接纳男女修士，都必须是行为得体的和有吸引力的，但不接受贞节、贫穷或服从的誓言。华丽的服饰替代了教士服的黑色，奢侈的饮食替代了稀粥和硬面包，宏伟的装饰代替了修士房间中冰冷的石墙，猎鹰训练场和池塘替代了昏暗的静修处和工作地点。这一新秩序的成员不是把他们的时间花在“法律、章程和规则上，而是依据他们自由意愿与喜好而行动”。他们愿意时才会起床，而只有当他们高兴时才会去吃、喝、劳动和睡觉，并且在他们愿意时就会自我消遣。钟表已经被废除，借用拉伯雷的说法，还有比“数时间更大的损失吗？从中又能有什么收获呢？”[2]

但是，真正令资产阶级读者感到愤怒的，是位于“德而美”城喷泉之上的美惠三女神——“她们头上戴着丰饶角或富足角”，乳房、嘴、耳朵、眼睛和身体的其他开放部分不停地向外喷水。看着他们庭院中的这一庞然大物，“德而美”城中的男女们必须提醒自己牢记一种严厉准则：“按照你的意愿行事。”我们不应当让拉伯雷“德而美”城中典型的文艺复兴时期精英主义色彩，掩盖了它所建立的愉悦与支配缺失之间的密切联系。其中也应存在奴仆、监护人和劳动者，从而使这一景象变得可信，并没有改变如下事实，即它作为一种目的本身是正当的。基督教禁欲主义和资产阶级工作伦理，并不旨在实现人与人之间的平等，而是压抑那些可能唤醒人们身体的感官与享乐要求的冲动本身。即使拉伯雷可以描绘出这些要求仅仅在“家庭背景好”和“富裕”者中的实现，至少他表达了一种人类个性、自由和那种消除了奴役的感性生活的声音。一旦摆脱了奴役，人们会拥有一种将自身“提升到”“道德性行动”的自然本能。只是少数人可以过一种值得尊敬的体面生活(我所谈论的是16世纪形成的观念)，并不意味着人类自然是不太人性化的，或者它的美德不能被所有人分享。因而，自由意志的反叛和选择抗拒“法律、规章或规则”的权利，等同于追求世俗性的愉悦和抗拒终生性的被否定与奴役之苦。

在“德而美”修道院之后，由拉伯雷开辟的这一领域充斥着各种追求奢侈享乐的“好生活”版本。尽管宗教改革的严厉性弱化了这些私人化的享乐喜剧，它们作为色情与科幻活剧或多或少地保留到今天。一些启蒙运动的“乌托邦”——如果它们可以这样被称呼的话，构成了值得尊重的例外。狄德罗杰出的《宿命论者雅克》和他的片段性对话结合起来，展现了精神的朴实性和丰富性，一种对肉体欲望和对尚未达到我们现时代水平的史前人类的尊重。但是，二者都没有提出一个挑战既存的价值与制

度的计划甚或设想。它们只是忏悔性地描绘了一种不同形式的、始于自然的优美和行为的自然性的“堕落”,更多表露的是一种绝望心绪而不是一种赎救理想。

然而,或许最为人们所忽视的“乌托邦”,是马奎斯・得萨德(Marquis de Sade)关于激情本身从传统与基督教道德限制中得到革命性地解放的主张。由于他严重的自我中心主义主张、他关于妇女与性行为的客体化的看法、他在感性本身上展示的工具性心态,马奎斯・得萨德遭到了应有的批评。但是,他的《卧室的哲学》很可能是那个时代最具心理震撼力的著作之一,尽管其影响在很久以后才显现出来。对于得萨德来说,性行为不仅本身就是一件快事,而且是一种“召唤”,事实上是“心灵的疯狂”,就像布莱顿和超现实主义者将会声称的那样——它抨击了自我限制与情感压抑的不合理性。当放荡不羁打开了人们心理最底层的压抑性情感,并使之接受理性与激情的照耀时,它变成了自由性的,尽管它们看起来也许是琐碎的和私人化的。在一个得萨德认为是“冒险性的”的叙述中,他宣称,“一个始于共和国管治的民族只能借助美德才能持续,因为‘千里之行,始于足下’”。对话中作为得萨德论文标题的是这样的呼喊:“法国人,如果你想成为共和主义者的话,你需要另一种努力!”[3]

接着,得萨德抨击了法律本身:“一个人从自然中得到的印象是,他可以因为某一行动得到原谅,而法律——总是站在自然的对立面而不依从于它——却不能授权准许他同样的动机……”并不是说得萨德否认对法律(它应当是尽可能“温和的”)或一个共和国机器的需要,但他观点的自由主义倾向和憎恨社会与心理限制的情感,是十分明显的。如果他的上述倾向与立场能够应用于他自己性别取向的牺牲品,它们将会更有说服力。但是,他对一种新感知的强烈诉求——基于感觉与身体从一种深层压抑状态的自然主义的觉醒,严重对立于那形成中的工业资产阶级试图强加于19世纪的、对“自我约束”的强调。“灵魂的疯狂”这一得萨德《卧室的哲学》所蕴涵的人类不可缺少的感官“精神错乱”,在19世纪象征主义的审美运动和我们时代的达达主义与超现实主义运动中,找到了其位置。在这些相对怪异的形式中,它是社会边缘性的——直到19世纪60年代的反文化和80年代中欧的“青年反叛”,将其从放荡不羁的艺术阴影中推到社会能动主义的光照之下。

在19世纪初，拉伯雷和得萨德在查尔斯·傅立叶的乌托邦想象中享受了一个短暂的春天，这一设想因为首创了一种“社会主义的”社会的看似可行的体制而受到了世界性关注。傅立叶因为其巨大的创造性和丰富的想象力而受到广泛称赞——虽然往往是由于错误的原因。尽管他对自由主义伪善进行了强烈谴责，但他并不是一个社会主义者。因此，他并不是马克思或蒲鲁东的“先驱”。由于他的乌托邦预设了一个享受偏爱的权利与特权的富裕阶层，傅立叶也不是一个平等主义者。就傅立叶的思想来说，这样一种分层迟早会发生，而这正是他的乌托邦所希望的在足够时间内完成的工作。傅立叶是一个理性主义者，尽管他厌恶资产阶级社会中生活的理性化。因此，指责他的“反理性主义”将是一个严重错误（而他的批评者往往会这样做）。尽管他敬佩牛顿的机械论体系，由于他自己的体系产生了这样一个“情感交媾”的和谐世界就把他当作一个社会“机械论者”（针对他的另外一种批评），是十分荒谬的。

当然，傅立叶“和谐”未来中的矛盾——他用以对照不断衰败中的“文明”现状，是不胜枚举的。妇女将会从所有的家长制限制中彻底解放出来，但这并不阻止傅立叶把她们视为有性别区分的行为者——她们中的每一个人都需要做饭，然后通过唱歌和其他艺术形式去娱乐他的共同体或法伦斯泰尔，并且依照其女性癖性，去满足多位男性的性需要。非暴力的和娱乐性的战争将会在和谐世界中发生，而俘虏——最多被关押数天，将会被迫服从于抓获他们的人，并承担也许对于他们来说是繁重的有性别区分的劳役。秘密的不贞行为将会遭到差不多同样形式的惩罚。然而，尽管傅立叶对权威的谴责性基本立场，他迷恋于一种模糊不清的位于功能性等级制顶端的世界领导人观念，并往往把这一职位赋予了拿破仑和亚历山大一世沙皇。

然而，当这些矛盾被置于他整个工作的更大视野范围时，傅立叶被证明是最自由主义的、最具创造性的和他那个时代最重要的乌托邦思想家，即使不是就整个乌托邦传统而言。正如马克·波斯特(Mark Poster)评论他的著作时指出的：

> 由于被社会主义的教皇[马克思]认定为一名乌托邦主义者，傅

> 立叶不幸地被一代又一代的学者所误解。从他自己的论述来看，在他自身的智力探索的背景下，傅立叶呈现为一个对那些直到20世纪仍未被充分探讨问题的优秀的拓荒者。资产阶级社会中情感的命运、核心家庭的局限性、社区教育的前景、工业社会中爱的关系类型、有吸引力劳动的可能性、团体的性质与性在团体形成中的作用、市场关系的非人道化、心理挫折的影响、一种非压抑性社会的可能性，等等，所有这些问题——被社会主义传统所丢弃，而自由主义从未再次提出，只是在最近才从那仅仅与"上层建筑"相关问题的废墟中被重新发现。[4]

比大多数乌托邦主义者更甚的是，傅立叶留下了其对新和谐世界的详尽描述，包括在一个法伦斯泰尔中最世俗的日常生活细节。他对"文明"尤其是对资本主义的批评，是相当严厉的；事实上，在很大程度上是他的批判性著述，为其从后来的社会主义作家那里赢得了巨大赞誉。但是，对傅立叶这样一种单向度的、在相当程度上人为封赏性的对待，对于他来说是很不公正的。他首先是根本否定的主张者，完全拒绝他那个时代的传统习俗。根本否定很容易提供一个对莫里斯·布兰肖特(Maurice Blanchot)主张的"彻底拒绝"的替代[5]，后一说法在20世纪60年代爆发的社会抗议中得到了具体应用。在激进程度和范围上使傅立叶极具当代性的，是他对生活于其中的社会领域几乎各个方面的拒绝——它的经济、道德、性行为、家庭结构、教育体制、文化标准和个人关系。可以说，已经深入他那个时代个体心理深层的各个方面，都未能逃过其批判的利器。他甚至创制了一个新的宇宙概念，尽管它是异想天开的和极端虚构性的，但却可能是与我们今天的生态感知相吻合的。

对于傅立叶来说，物理世界不是由牛顿的万有引力定律主宰的，而是由他自己的"情感吸引规律"主宰的——他把这一规律自豪地称为其对现代知识的最伟大贡献。取代牛顿对宇宙的机械论解释，傅立叶提出了一个巨大有机体的宇宙概念，其中充满着生命与增长。一种充满活力的生机论完全替代了传统物理学中非精神化的物质，使得一种星球交配的观念也并非是不可能的。我们通常所理解的生命与社会，不过是一种不断发展中的情感活动的派生物。当然，傅立叶并不是唯一从生物学视角观察宇宙的人。但与大多数生机论者相比，他把他的“情感吸引定律”从星球应用到了人类最深层的心理结构。

“文明”——傅立叶设想的人类 17 个上升性发展阶段中的第三个，也许是所有发展阶段中最具压抑性的，这一阶段粗暴地扭曲了人类情感并使之呈现为堕落的和破坏性的形式。新工业社会的残酷性——傅立叶对此作了详尽叙述，本质上是“文明”的高度压抑性心理结构的表达。和谐作为社会发展的最高阶段，将以全新社会制度占据主导地位为标志——它不仅将解除“文明”的压抑性结构，还将最终为个体提供他们情感的充分释放和他们期望的充分满足的条件。

尽管理论内部的不一致性玷污了他关于妇女问题的讨论，傅立叶很可能是乌托邦传统中最明确的家长制的反对者。是他而不是马克思，发明了一个社会对待妇女的方式是社会进步的标尺的论断。如果从乌托邦传统的整体背景来观察，考虑到其对家长权威的强烈关注，这一格言完全可以把傅立叶突显为那个时代最激进的思想家之一。但是，他还在一系列依然困扰着我们的议题上，把自己与激进的社会理论家区分开来。不同于雅各宾派的共和主义道德信条，他完全拒绝了个人道德的自我否定、理性相对于情感的绝对优势地位、中庸期求和限制娱乐的伦理。与马克思不同，他否认工作只能是消极性的和内在压抑性的。与弗洛伊德相比，他不是依据性本能转化成其他活动的程度，而是依据其被释放和得以充分表达的程度来衡量社会的进步。在和谐世界中，由“文明”所产生的心理压抑，将最终被一种激情、愉悦、享受、爱、个性释放和快乐工作的充分展现所取代。“必然王国”——艰辛劳作和自我克制的王国，将会被“自由王国”所取代。工作——尽管它在一个社会主义社会中的作用也许是被弱化的，将会从一种艰辛的活动转变成为快乐的事情。自然——在被误入歧途的“文明”伤害之后，将变得十分慷慨并能生产满足所有人享受的充足产品。事实上，就像在科基恩之乡一样，甚至海洋里的咸水将会变成水果般的、可以饮用的液体，和谐社会的人们在各处种植的果园将会为人们提供充足的果实。一夫一妻制将会让位于无限制的性自由，幸福让位于快乐，稀缺让位于丰足，生活的枯燥乏味让位于人生经历的极其多样性，呆滞的感知让位于视听尝感知的一种新的敏锐性，竞争让位于个人与

社会各个层面上的高度多样化合作。

从本质上说，傅立叶用他的“法伦斯泰尔”概念重建了拉伯雷的“德而美”城，但他的共同体是人类共享的命运，而不是只面向少数的精英。然而，与科基恩之乡不同，傅立叶不只是依赖自然来提供这种物质富足。丰富甚或奢侈是面向所有人的，因为技术的发展已经消除了稀缺与强制的经济基础。工作将是轮换性的，并消除了其单调性和生产活动中的单一性，因为技术已经简化了很多过去由身体承担的任务。相应地，竞争受到抑制，因为在一种富裕社会中围绕稀缺商品展开的争夺将是没有意义的。法伦斯泰尔既不是一个农村，也不是一个拥挤的城市，而是由二者的优点组成的平衡的共同体。就其最大规模而言，它将包括 1700～1800 人——对于傅立叶来说，它不仅仅是一种适当的人类尺度，而且是把人们依照一个恰好满足其中每一个体期望的“情感结合”精确数量联合在一起。

然而，傅立叶站在一个比拉伯雷和得萨德更先进与复杂的社会层面上。僧侣和侯爵在一种非常特殊的环境中形成了他们的看法。但是，傅立叶勇敢地迈上了面向所有人的社会舞台。他不仅用自己杰出的表演才能和“自由”想象力来构建它，而且用一个设施完善的法伦斯泰尔及其豪华的卧室、拱廊、温室和工作地点来构建它。他所借用的工具既不是文艺复兴时期的历险小说，也不是启蒙运动时期的奇异对话，而是报纸文章、论著、对非正义的口头与书面抨击和对自由的强烈呼吁。他既是一位活动家，也是一位理论家；既是一位实践者，也一位幻想者。

傅立叶的自由观念在我们所经历的自由主义理想历史中，是最具广泛性的。甚至苏索、自由灵派和亚当主义者，在范围上也要窄一些，因为他们所主张的仍然是拉伯雷的精英主义乌托邦。它们更像一个基督教的秩序而不是一个社会，更像一个选民联合体而不是一个面向所有人的共同体。远远超越马克思，傅立叶把社会自由的命运不可分割地与个体自由的命运连接在了一起：社会中压抑的消除必须与人类心理中压抑的消除同时进行。相应地，如果没有完整意义上的自我及其所有权利要求的自我解放，解放社会是没有希望的。

最后，就很多方面而言，傅立叶是激进思想中最早出现的社会生态学家。我指的不仅是他对自然的看法，还包括他对社会的看法。就其目的是推进多样性中的统一性而言，他的法伦斯泰尔完全可以视为一个社会生态系统。傅立叶不厌其烦地列举与分析了它内部必须得到释放的所有可能的情感。尽管这在相当程度上已被误解，但就傅立叶来说绝非只是学究之举，即便人们也许根本不同意他的结论。傅立叶看起来拥有他自己的不平等中的平等观念，法伦斯泰尔必须用精神的丰富性与多样性来弥补其成员中物质富裕上的任何不平等性。无论它的成员是不是富裕的，他们将分享最好的葡萄酒，最美妙的烹饪、性行为与学习的快乐和最广泛的多样性激励。因此，共同体内部收入量的差异性，在一个异常丰富与快乐无比的盛宴中变得无关紧要。

对于傅立叶来说，对多样性与复杂性的强调也是一个原则问题，是他对18世纪机械论世界观所作出的方法论与社会的批评。弗兰克·曼纽尔(Frank Manuel)在他的杰出论文中评论傅立叶说，法国启蒙运动的哲学和追随它们的雅各宾派，"赞颂了神圣的简单性和一种其中所有部件都可以互换的机械论秩序"。"傅立叶把简单化斥责为错误与邪恶的，并坚持复杂性、多样性、对比和多重性"。他对复杂性的强调不仅适用于社会结构，还适用于对我们心理自身需要的评估。曼纽尔还说，"傅立叶的心理学基于如下前提，拯救与幸福存在于多样性与复杂性中"，"自由存在于多重性之中"。[6]这不是一种心理或社会的"多元主义"，而是一种本能的生态整体感。傅立叶所潜在追求的是通过多样性实现的稳定，以及借助那一稳定的美德而实现的选择与意志的自由——总之，通过多重性实现的自由。

从启蒙运动到浪漫主义时代的超常几十年，经历了各种乌托邦的迅速扩展。像马布利的共产主义乌托邦是严重权威主义的，像卡贝特的乌托邦是彻底禁欲主义的和家长制的，而其他的像圣西门的观点在很大程度上是技术主义的和等级制的。罗伯特·欧文的"乌托邦"社会主义，当然是最具实用性和可操作性的。欧文作为一个成功的纺织制造商，曾经把他在新拉纳克的著名工厂组织成为一个家长制工业慈善机构，它在财政上赢利良好，又不虐待其中工作的工人(鉴于工业革命早期的野蛮标准)。清洁、体面的工资，温和的纪律，相对较短的工时，文化活动，公司学校和医护机构——都充分考虑到工人的耐力、性别(很多技工是女性)和

身体条件，向来自欧洲各地的成群结队参观者表明，工厂城镇不仅可以免除非道德化、酗酒、嫖娼、疾病肆虐和文盲，还可以在经济衰退时期产生赢利。欧文在他的晚年走得更远。他把大部分钱财用于建设的“新和谐公社”，是一个遭到惨重失败的美国式乌托邦。他后来成为一个在英国工人运动中受尊敬的人物，过着朴实的生活并大量写作论证他独特的社会主义理想。

欧文的“工业村”设想——把工厂车间与农村结合成合乎人道规模的单位，构成了克鲁泡特金的公社理念（形成于《田野、工厂与车间》）和埃比尼泽·霍华德（Ebenezer Howard）的“花园城市”的最初摹本。但是，欧文的自由主义和改良主义继承者，都未能为他的观点增添实质性内容。像他那个时代的大多数乌托邦主义者和社会主义者一样，他是一个严厉的禁欲主义者和伦理上的功利主义者——事实上，他是边沁的一个坚定崇拜者。正如约翰·哈里森（John F. C. Harrison）评论的，“他没有把幸福理解为对快乐的追求或获得，而是理解为某些‘理性的’生活形式”。这种“理性”令人奇怪的是工业化的和量化的。像那一时期的很多激进主义者和改革者一样——“追随边沁的观点即‘绝大多数人的幸福是社会的唯一目标’”，欧文及其追随者“所添加的是，上述伟大目标只有在一个合作体制与财产共同体中才能实现”。[7]

到 19 世纪末——以大量的技术主义、实质上军事主义的乌托邦和工联主义方案的产生为标志，一个不可避免的趋势似乎是倒退性的、反工业乌托邦的出现。威廉·莫里斯在他《来自乌有之乡的消息》中，通过对一种自由主义的但技术上是中世纪的手工业、小规模农业和信奉简单化生活及其价值的复活，终结了过去两个世纪的乌托邦传统。令人惊讶的是，没有一个乌托邦思想家像莫里斯那样，更直接地谈到了 20 世纪 60 年代的反文化价值——当然也就被彻底忽视以吹捧那些关于“简朴生活”的无足轻重的小册子中的观点。

站在 20 世纪 60 年代末大众情感的顶端，赫伯特·马尔库塞以他“从马克思到傅立叶”的呐喊回应（但旋即放弃）了新“左派”和反文化的强烈冲动。[8]由于被删减为仅仅一个口号，傅立叶事实上因此受到了名誉上的伤害。“和谐社会”，尽管它具有白日梦般的幼稚性，毕竟是一个社会——一个傅立叶辛勤探索(往往过于细节化)和热情倡导的社会。马尔库塞从未想实践这种计划。他所做的最多不过是试图将傅立叶与马克思相融合。因此，乌托邦式的重建依然是一种不确定的、往往是被疏忽的实践。可悲的是，这种实践在60年代结束后往往在数量与范围上趋于收缩。由于缺乏任何哲学上的方向性和对精神的尊重，它在下列问题上分裂为相互矛盾的方向：否定人类身体与文化复杂性的“自愿的简单性”，否定人们对非等级制关系需要的向往精神领袖的癖性，否定人们娱乐权利要求的自我封闭的禁欲主义，否定期望真实性的对生存的强调和否定自由社会理想的狭隘主义。查尔斯·里希(Charles Reich)的《美国的绿化》——试图向一个中老年的美国解释反正统文化，已经被一种“美国的毒化”所代替(参见1980年9月22日《时报》)。

如果说《美国的绿化》中的阐释都是基本准确的，那么，今天的乌托邦思想则没有任何理由开脱。很少像今天这样变得如此重要的是，激发人们的想象力来创造日常生活各个方面的全新替代。现在，随着想象力本身正在变得萎缩或被大众媒体所吸纳，乌托邦思想的具体性也许是它最有力的强心剂。无论是作为戏剧、小说、科幻、诗歌，还是一种传统再现，体验和幻想必须完整地回归以发挥激励与建议的功能。实实在在的乌托邦式对话，必须注入到社会理论的抽象。我所关注的不是乌托邦主义的“蓝图”(它完全可以像新近的政府性“计划”一样限制思考)，而是作为一个公共事件的对话本身。

读者不要指望能在本书中找到激发想象力和描绘有关重建细节的“具体性宇宙”，这种“具体性宇宙”应在迄今尚未出现的乌托邦观点的交流中寻找。然而，我愿意在此阐述一些任何激进乌托邦设想尤其是生态性的，都不能忽视的基本性看法。自由主义与权威主义方法的差异——无论在理性、科学、技术、伦理等方面，还是在社会上，对于乌托邦设想来说都很难被忽略。这种区分支撑着生态社会的每一个基本方面。我们不能忘记，这两种方法数千年来是并肩发展起来的，它们之间的竞争影响到了我们的感知与行为的各个方面。如今，当技术取得了史无前例的控制力与破坏力，这些方法已经难以再共生共处，尽管它们在过去做到这一点

也很艰难。工厂的权威主义技术——事实上，工厂被视为一种实现人力动员的手段，已经如此彻底地渗透到日常生活的各个方面（甚至包括家庭和邻里这些曾经相对脱离于工业合理性的领域），以至于自由、意志和自发性正在失去其生存空间，尽管它们在文辞上备受尊敬。我们正面临着防止这些领域遭到官僚控制与媒体侵入的艰巨任务，如果我们想使个体性本身得以持续的话。

在这里，我所谈论的起点是曾经存在过的这样一个世界，其中共同体以文化上各具特色的邻里关系的形式，甚至以大型城市的形式存在；人们面对面在住房门廊、街道拐角和公园中，而非以电讯的方式交流；人们从小规模的个体零售商那里获得食品衣物，后者在关注价格的同时还与人闲聊、提供建议以及传播小道消息；人们从离市中心不过几英里的小型农场获得几乎所有的日常用品；人们可以悠闲地处理其日常事务并自主地形成其判断。尤其重要的是，这一世界在个人事务和社会关切上具有更大的自我调节能力，在行为衡量尺度与标准上更加人性化，在性格构成特征上更加稳定，并且作为一种社会性存在对于其公民来说更加容易理解。

如果我们不加分析地接受如下认识：共同体是由互不关联的、单子性的、自我封闭的和严重私人化的自我组成的集合体；电话、收音机、电视和夜间电报是我们与外界交流的主要方式；购物中心及其停车场是我们通常的公共交流场所；运自本国千里之外的加工与包装食品是我们主要的营养来源；“时间就是金钱”，花言巧语是一种赢利性技能，而快速阅读是一件值得期望的事情；尤其是，官僚制构成了社会生活的原动力，大型化是衡量成功的标志，依附于职业人士和集权化的权威，是一个公共空间的证据，那么，我们将不可避免地失去作为个体的存在，即作为自我的意志和作为个性的形式。像围绕着我们的自然世界一样，我们将会变成一个简单化过程的牺牲品，它将使我们变成无机的矿藏，就像那铸造车间中的铁矿石和玻璃熔炉中的矿砂一样。

我们必须尽一切可能“切断”那企图将我们纳入其循环的非个性化的、盲目体制的“输入端口”，这已绝不再是一种“新时代主义”式的老生常谈。仅仅在十年前，我们刚刚经历了电子与微机控制社会所带来的伤害，这种伤害比 20 世纪 60 年代对日常生活的任何最激烈批评者预期的还要严重。个体性和个体独特性的丧失，以及作为最终结果的个性本身的"消除"，开始于我们失去把一个曾经存在的更加人性化的世界、一个现实存在的日益接近极权化的世界和一个应该成为的合乎人性规模的、生态的和理性的世界相比较的能力。一旦这种对照感消失，这些世界之间的紧张关系也将不复存在，而正是这种紧张关系鼓动着我们去抗拒我们完全被腐蚀的危险。因此，日常生活本身必须被视为一种召唤，它使我们拥有一种伦理责任来扮演坚定地反对社会主导性规范的角色。

我们需要的事物及其获取方式、我们所认识的人群和我们的言论，已经以一种上一代人都还难于预测的速度成为一个新战场中的要素。如今，一个食品合作社不太可能替代一个超级市场，一个法式庭园不太可能替代农业资本主义生产方式，物物交换与相互帮助不太可能替代我们的银行体制，个人交往不太可能替代使世界得以相互"联系"的电子器械。但是，我们依然可以选择相对于后者"现实"的前者的可能性部分。而我们的选择将会使那受到技术主义和官僚制的均质性威胁的对照与紧张关系以及个性本身生存下去。

我们还必须恢复一个具体性国家(body politic)形成与具体化所必需的空间。捍卫社会的结构性基础包括它的邻里关系、公共广场和集会地点，所表达的不仅是"摆脱什么的自由"的要求，而且是"为了什么的自由"的要求。为了住所的斗争已经不再是一个捍卫私人居住场所的问题，而是一个为了自由集会、自发讨论和自主决定的斗争——总之，成为一个公共人，创造一个公共空间和形成一个反对既存权力与官僚压制的具体性国家。开始于20世纪70年代末荷兰的要求更多住房的"占地者"运动，现在已经发展成为瑞士青年为争取摆脱权威与压制的自由空间的激烈斗争。居住与物流议题已经变成了文化议题，而文化议题已经变成了政治议题。对于中欧国家这些具体思潮与运动的未来，我不敢妄自断言。但是，这些趋势本身是至关重要的；它们体现了一种对将会赢得傅立叶喝彩的对自治、个体性和独特性的本能性同情。如果我们没有"为了"某一公共领域的自由，那么，"具体性国家"这一术语将只会成为一个隐喻；它将不再拥有细胞、声音、面孔和情感。因而，它潜在的人性构成要素将会私人化成为他们孤立的住所、无目的的生活、个人的匿名化和盲目的快乐。

人们将会变得像他们必须使用的电子器械一样了无生机，像他们穿戴的时装一样漫不经心，像他们用以自我安慰的宠物一样沉默无语。

把我们从既存的社会机器中解放出来，创造一个满足人类真正需求的领域，创造一个作为具体性国家一部分而运作的公共空间——所有这些都可以概括为一个词语：重新授权。我所讲的重新授权，是同时指在完整的个人与公共意义上的，而不是以一种特定的与简约主义的心理性“能量”形式（它被强加于一个人的“环境”与“空间”中）的心理体验。如果没有一个“外向性的”旅程，也就不会有“内向性的”旅程，而如果没有一个活跃的“公共空间”，“内部空间”也将难以生存下去。但是，公共空间像内部空间一样，当没有被结构化、充分表达和组织起来时，只会变成空洞无物的空间。公共空间必须被赋予制度性的形式，就像我们高度有机化的身体一样，没有结构就无法存在。如果没有形式与充分表达，公共空间将不会产生身份认同、明确界定和带来多样性的特殊性。人们谈论制度时真正重要的不是它是否应该存在，而是它们的存在所应采取的形式——自由主义的还是权威主义的。

自由主义的制度是人民性的制度，一个应该从文辞本意上而不是从隐喻意义来理解的术语。它们是围绕着直接的、面对面的和有机的联系建立起来的，而不是围绕着代议性的、匿名化的和机械的关系建立起来的。它们基于强调活动的参与、介入和公民感，而不是权力的委派与政治作秀。因此，自由主义制度受制于一条基本原则：所有的成年个体都应直接管理社会事务——就像他们应该能够管理私人事务一样。就像在雅典的公民大会、1793 年的巴黎讨论小组和新英格兰的市镇集会中一样——所有这些都是基于面对面民主的定期举行的公共集会，每一个公民都自由参与作出那些深刻影响他们共同体的决定。这里决定性的是原则本身：个体参与的自由，而不是对这样做的强制甚或需要。自由并不在于通过选举来参与决策过程的人数，而在于他们有着平等的机会来做到这一点：选择是否参与决定公共议题。如果一个“大众集会”仅仅是被报酬、娱乐、缺乏思考的必要以及匆匆忙忙作出决定的需要而被诱惑地集合在一起，它将仅仅是一个混乱群体。法定人数、一致同意和参与呼吁是民主衰败的标志，而不是“民主”；它们把数量推崇为一个社会目标，而不是把质量强调为一个伦理共同体的依据。限制讨论和把难题降低为它们的最小公分母，以免它们耗费智力和引起一个共同体的广泛关注，这是促使一个民族退化成一种沉默而脆弱的聚集，而不是提高其人类精神。雅典的公民大会之所以是一种民主，是因为它的公民（遗憾的是，只有雅典先祖中的所有男性）选择了参与其大会，而不是因为他们可以获得薪金或事实上被强迫参与其民主审议（就像在城邦衰败阶段所发生的那样）。

这些自由主义制度化的原则与形式是现实的或可行的吗？它们可以真正奏效吗？"人类自然"变得名副其实，而"文明"消除了其强加于人类事业的巨大支配遗产。实际上，在我们创造一个摆脱了性别、伦理和等级制偏见的直接民主社会之前，我们永远不能够回答上述问题。历史确实向我们提供了一些基本上是自由主义的可参照实例。它还向我们提供了邦联与联盟的实例，它们使得自我管治的共同体的协作成为可能，但又不损害它们各自的自治与自由。最为重要的是，我们是否能够接受一种个体作为自治公民所拥有的权能的激进观念。依据人们的假设不同，直接民主或者能够接受个体体验的检验，或者被根本排斥在严肃的社会话语之外。我们不能把雅典公民大会的衰败、巴黎讨论小组的最终失败和新英格兰市镇议会的衰败，解释为否认大众聚会在一个未来社会中的可行性。这些直接民主形式中往往伴生着阶级冲突和相互对立的社会利益，它们并不是完全消除了等级制、支配和自我中心主义的制度。对于它们来说真正重要的结论是，它们的确能够运作，而不是必然走向失败。

创造自由主义制度的第二个前提，是政策形成与它行政落实之间的明确区分。这种区分曾经被像马克思那样的社会理论家所严重混淆，他赞颂巴黎公社中决策与管理在同一个政治机构中的合一。从自由主义观点看，这是一个极其严重的错误。把决策职能赋予一个行政机构——这一机构往往是委托授权的和高度技术化的——的危险，是往往具有精英主义和僭越公权的色彩。直接民主是面对面的并且明确地具有参与性的特征。一个理事会、委员会、部局或官僚机构，与之恰恰相反：间接的、委托的和往往是排斥性的。对于后者来说，决定政策——不同于相互协调的活动，而是把政策从公共领域中转移出——至少以雅典人对这一词汇的认知来看会使这一过程走向非政治化，极端情况则是使政策形成过程

完全成为排斥性的。事实上，这些可能的颠覆性的范围所至——都不利于自由和一种主动公民的理想，这是20世纪初以来革命性委员会运动的命运——尤其是俄国苏维埃、德国参议会和西班牙革命早期形成的那些无政府主义—工团主义的系列“委员会”等的命运。其他的委员会运动比如1956年的匈牙利运动，由于存在时间太短而未能发生像它们的先驱那样的蜕变。

不仅如此，被当作一个决策结构的委员会本质上是等级制的。无论是基于工厂还是共同体，它往往采取一种金字塔的形式，尽管它在言辞和外表上也许是邦联主义的。从工厂和乡村到城镇、城市、区域，最后是庞大而较少聚会的，因而很容易被人为操纵的全国“议会”，短命的德国参议会和相对较长的苏联苏维埃逐渐脱离了其大众基础，并很快退化为高度集权的工人党的装饰性工具。

问题的关键不在于一个委员会是否得到委托授权、是否通过抽签选择或以其他特殊方式产生，而在于它能否创制政策。如果委员会被局限于严格的行政责任，那么，它将无足轻重——由于它必须具备的适当谨慎、大众监督、公民大会随时集会以撤销或更换委员的权利。它狭隘的功能将限定其权力和界限。同时，人们也比较容易确定这些清晰界定的界限是否被打破，委员会是否充当了侵犯公民大会的决策权的角色。同样不难做到的是，确定什么时候委员会的某些功能已经丧失，因而相应的行政机构需要被撤销。一种严厉的问责制度将会把行政机关置于拥有决策权的公民大会的监控之下，因而进一步使委员会严格地局限于协调性的功能。

最后，我必须强调，直接民主是直接行动的最高级形式。毫无疑问，无论今天还是未来生态社会中，很多种形式都可以表达个体的权利要求和共同体的自治、主动性和自我管理的需要。通过静坐、罢工和占领核电站等行使一个人的自主权力，并非仅仅是回避权威主义制度的一种“策略”。它还是一种感知，一种对公民权与自我的看法，即认为自由的个体拥有以直接的、伦理的和理性的方式管理社会事务的能力。自我的这种自我管理向度，是对个体自主权力、健全的自我与智力洞察力的持久性召唤，而那些互相关联的词汇比如“管理”和“活动”往往遮蔽了这一点。这一自我——通过一个人的直接干预社会议题而形成，在坚持其道德权利要求与权力授权方面的持续实践，远高于马克思借助劳动来实现自我认同的意象。因为，直接行动本来就是在个体所能承担的最重要社会角色中培育伦理个性的一种形式：主动的公民权。将其降低为一种纯粹的手段——可以用于或仅限于功能性目的的一种"战略"，往往是一种最狡诈或最具讥讽性形式的工具主义。直接行动是自我对公共领域的改造、它向自我授权的发展并在其成为社会主动参与者的过程中达到顶点。

但是，直接行动也可以通过看起来尊重个体的某些最含糊其辞的特征而走向退化：比如攻击性、傲慢和恐怖主义。不可避免的是，这些特征会反过来反对个体，并往往导致傅立叶称为的有害的"反情感"——机械而绝望地遵从于权威、被委托的权力和个人的被动性。我们已非常熟悉最活跃的"无政府主义"恐怖主义者却变成了权威最虔诚的支持者，正如保罗·布劳斯(Paul Brousse)的经历所表明的那样。直接行动在公民的切身实践中得到了真实的表达——比如他们今天创建的自由主义的组织机构形式以及对日常工作的精心管理。这种谦逊的工作相对于那些声势浩大的行动和华丽不实的计划往往遭到忽视。

个体在管理社会中已经展示的高度权能、他们把决策与管理区分开来的能力(比如雅典和早期瑞士的例子)、他们对自我作为一个社会行为者模式的认知——所有这些特性将会在一个无阶级与非等级制社会中得到彰显。我们没有理由因为历史而感到失望。尽管历史有过最好战、最残酷、最剥削性和最权威主义阶段那样的粗野，人类在其伟大的社会重建、思想与艺术时代也曾达到了难以置信的高度——虽然有着支配与自我中心主义的羁绊。一旦这些羁绊被清除，我们完全可以希望一个史无前例程度的个人与社会觉醒。借助母婴关系，我们定期地播种可以带来无私爱护、相互依赖和关心的人类自然的种子。描绘人类一代又一代更新的源头，每一个儿童从几乎每一个社会中获得的爱，绝非是老生常谈。只有当我们忽视分离可以产生一种攻击性自我中心主义和竞争感的可能性时，当物质不安全产生对自然与人类的恐惧，和当我们沿着等级制和阶级社会的路径走向"成熟"时，上述描述才会成为陈词滥调。

我们必须创造一种新的文化，一种并非仅仅旨在消除我们所面临危机的具体特征而不触及其根源的运动。我们也必须根除我们心理架构中的等级制取向，而不仅仅消除体现社会支配关系的制度。但是，对一种新文化与新制度的需要不能屈从于一个模棱两可的个人救赎观念，以至于使我们成为大量不可救赎的“罪人”中的少数“圣徒”。文化与个性的改变应与我们实现生态社会的努力并行——即一个基于用益权、互补性和不可简约的最低保障的社会，同时要承认一种普遍人性的存在和个体的权利要求。在一种不平等中的平等原则指导下，我们在实现社会内部和谐、社会与自然和谐的过程中，将做到既不忽视个人领域，也不忽视社会领域，既不忽视家庭领域，也不忽视公共领域。

在探讨一种生态社会的总体轮廓之前，我必须首先分析社会事务管理中的个体能力这一概念。要创造一个每一个体都被视为有能力直接参与社会政策形成的社会，就要立刻废除社会等级制与支配。仅仅接受这一概念就意味着，我们致力于把国家权力、权威与主权消解成为一种纯粹的个人授权形式。我们对一个非等级制社会和个人授权的信奉，离这些理想成长为一种确立的感知尚有一段遥远的距离，这是显而易见的；因而，我们需要不断地抗拒心理的等级制难题与社会的支配难题。现实中存在着很多可能推进这种抗拒的思潮运动，即便在我们试图实现制度变革时也会如此。我指的是超越了男性支配或支配本身的心理向度的激进女权主义形式；被视为一种社会观点与个人感知的生态学；作为亲密的、合乎人性规模的联系与互助形式的共同体。尽管这些思潮运动也许周期性地衰退并暂时撤回到我们所关注的背景，但它们已经深刻地渗透到我们时代的社会基础与意识形态之中。

将会进一步强化其对当代意识与实践影响的，是这些思潮运动赋予我们的生态社会设想的意义即功能与方向感。这样一个社会包含着远比非等级制社会制度与感知的组合还要多的内容。在更重要的意义上，它表达的是我们借以与自然进行*社会性联系*的方式。我十分慎重地使用“社会化”这一词汇：我所关心的既不是马克思的劳动理想中如此重要的、备受推崇的“新陈代谢性的”生产过程，也不是环境主义工程师如此偏爱的一种“适当的”技术的设计。我这里所真正关注的，是我们赋予作为社会生态系统的共同体的功能——它们在其所在的生物区域中发挥的作用。我们是仅仅"处于"我们的生态共同体之中，还是将这些共同体植根于它们的生态系统，我们是仅仅将它们作为一个"自然地点"（就像一个弗兰克·赖特所指的住所）的一部分来"设计"，还是使它们功能性地成为一个生态系统的一部分（像一个活着的有机体中的一个器官），事实上，这些选择涉及到我们对技术、伦理和社会制度的十分不同的取向，尽管我们都大而化之地称其为生态的。较为明智的太阳能技师强调，一个家用太阳能系统不是一个家庭的一部分，就像厨房或卫生间一样；它是整个房子本身的一部分，就像一个与自然相互作用的机体一样。在较弱机械论的意义上说，同样的有机整体原则对于我们试图使之一体化的自然世界的生态共同体与生态技术也是适用的。

普遍被接受的是，人类的任何一种活动都会"干预"那"纯洁的"或"原生状的"自然。认为人类及其活动内在地是"非自然的"，而且在某种程度上是自然的"纯洁性"和"原生性"的对立面的观点，是对人类和自然的公然诋毁。它清楚地体现了"文明"的如下意象："人"是一种纯粹的社会性存在，而社会是自然的敌人，其依据是社会生活本身的具体性与特殊性。更糟糕的是，它严重地扭曲了人类是自然的体现这一事实，无论其如何独特和具有破坏性——由此产生的是关于"人类"必须使自己"摆脱"自然（马克思）或"超越"其灵长目起源的神话（萨哈林）。

我们有理由质疑，当人类耕种农作物、放牧动物和砍伐草木时——总之，在"篡改"自然系统时，是否一定应被视为"非自然的"。我们在相关讨论中通常听到的是对人类"干预"自然世界的贬低性曲解。但是，这些看似"破坏性的"行动，也许提高而不是减低了自然的丰产性。在这里，丰产性一词是决定性的——而且我们还可以添加其他词汇，比如多样性、整体性、一体性甚或理性。使自然更加丰产的、多样的、整体性的和一体化的那些事物，也许构成了自然进化中某些值得期待的方面。人类构成了这一不断扩展的自然趋势中的理性代理者——他们甚至可以在实践中得益于它，从而获得种类更加多样与数量更加丰富的食品，这是自然的一种内源性的自我调整，就像鹿通过吃幼树皮而限制了森林增加并保持了草地一样。

对于人类社会来说，承认其健康生活甚至其生存依赖于有意识地促进自然进化的冲动，使之走向一个更加多样化的、形式各异的和丰产的生物圈，并不一定意味着，我们必须把自然降低为一个仅仅为人类操纵的对象——这是一种把自然作为仅仅“为了我们”而存在的“某种东西”的伦理退化。相反，那真正对我们有利的，也许不仅是一种对人类而言值得期待的东西，也是一种对于自然而言值得期待的东西。作为一种自然进化的独特产物，人类把它的推理能力、具有创造性的双手和高度的有意识合作——都是自然史中质的发展，带入了自然，有时是有益的，有时是危害性的。生态伦理可以发挥的最主要作用，也许是一种鉴别性作用——帮助我们区分我们的哪些行动可以有助于自然进化的冲动，哪些却会阻碍它。人类的这种或那种利益也许会卷入到这些行动之中，但并非总是与我们可能作出的伦理判断相关。其中真正起作用的，是那些决定我们判断的伦理指南。

生态社会的概念必须始于一种坚定信念，即社会与自然并非内在对立。依据我们把差异理解为对立与疏离的具体形式的观点，我们已经接受了用人类社会的独特方面去混淆我们关于它与自然的共同性，即人类社会在一个既存生物区与生态系统中的“区位”。更为重要的是，我们已经认可了把“文明”的缺陷——自然和人类的客体化，以及它等级制的、阶级的和剥削性的关系，解释为本质性的社会属性。一种异化的社会已经如此普遍地代表着社会本身，结果，它的反人类与反自然特征只有在我们将这种异化社会与有机社会相比较时才能显现出来。如果没有这种回顾性远见的帮助，我们可能目光短浅地把“文明”的挫败赞美为社会“脱离于”自然的证据。我们的最大缺点与错误将会变成无可辩驳的“成功”，我们最无理性的行动与制度就会变成人类理性与意志的“成果”。人类被驱逐出伊甸园并不意味着，我们必须转而站在自然的对立面；相反，它是一种新的，尤其是生态性功能的隐喻：创造更多的伊甸园之外的丰产的乐园。

冒险对一种生态社会及其运作作出具体描绘是非常诱人的，但我已经声明把这一工作留给我们今天所迫切需要的乌托邦式对话。然而，如果我们的生态社会概念要想拥有整体性的含义与清楚的方向，某些生物与文化律令绝对不能被忽视。或许，自然进化如何发展成为社会进化的最显著实例是如下事实，我们是一种走向联合的强烈自然趋势的继承者。由于儿童时期持续较长的依赖性和这一长时间成长过程所提供的心理可塑性，我们作为一个物种注定了集体生活在一起。除了严重私人化取向的病态，我们拥有一种天生性的偏好联合、关心同类与进行合作的需要。无论在村落还是城镇中，在城邦还是城市中，在公社还是大都市中，我们似乎都受到儿童成长经历的驱使，相信应该生活在一个高度联合性的世界中。

但是，我们在未来生态社会中可以期待达到什么样的联合呢？亲属关系或血缘誓约是人类联合中一种比任何其他形式都更强有力的生物基础，但考虑到我们对一种普遍性人性的现代性信奉，上述任何一种基础都显得过于狭隘与局限。事实上，我们有理由质问，严格意义上的生物属性是不是比自然进化所产生的人类社会属性更加“自然”。我们的自然观念也许可以通过生态事实结构性地整合在一起，从而产生更复杂与微妙的自然现实形式的方式得以更充分地表达。社会本身就是一个恰当的例子，至少就其持久性的基本要素而言，超越了血缘联系的人类联合比极其有限的生物性亲属关系更多地体现了自然进化的复杂形式。如果人类自然是自然的一部分，基于普遍性人类忠诚的联合与我们迄今所能够承认的联合形式相比，也许是一种更丰富、更多样化自然的表现。

无论如何，十分明显的是，与早期人类拥有的传统生态智慧相比——那时我们把社会关系建立在基于个人喜好、文化相似性、情感和谐、性别偏好和智力兴趣等的简单相似性上，我们可以更好地实现生态进步，同时又不会因此降低自然性。比血缘家庭更值得向往的是公社，它根据人们相互间的自主选择而不是基于血缘的义务把个体联合起来。与未经思考的亲缘忠诚要求相比，有意识的文化亲近性是实现联合的一种更具创造性的基础。生态社会的萌芽结构，很可能围绕着公社组织起来——自由创造的、合乎人性规模的和有意识培养的密切关系，而不是依据那具有相当大规模的、依附于血缘律令与共同祖先观念的宗族或部落形式。生态社会所追求的并不是“重新部落化”，而是具有丰富的创造性自由主义特

性的重新共同体化。

在一个更大范围内，由很多小规模的公社组成的大的公社似乎包含着城邦的最好特性，却不具有最终导致其衰败的伦理狭隘主义和政治排斥性。这些较大规模的或复合性的公社——进一步通过生态系统、生物区和生物群落形成邦联化的网络，必须艺术化地适应其周围的自然环境。我们可以想象，它们的广场将会交织着河流，它们的集会场所将会被树林环绕，它们的外观经过深思熟虑并被雅致地美化，它们的土壤被精心养育以促进有利于我们自己、家养动物甚至可能条件下生活在社会边缘的野生动物等生存的植物多样性。我们有理由希望大的公社将会共处、滋养和养育那些本来就属于生态系统一部分的生命形式。

通过分散化并适应于人类向度，这些生态共同体将会遵守自然的"循环法则"，重新利用有机废弃物作为花园复合肥料，并把由此节省的材料用于手工业和工业。我们可以期待的是，它们将会把太阳能、风能、水能和沼气生产设备巧妙地结合在一起，从而组成一个极其多样化的能源生产系统。农业、水产养殖、饲养和狩猎，将被视为手工艺——这将尽可能地扩展到几乎所有类型的使用价值的生产。在高度机械化条件下大规模生产商品的需要几乎消失，因为共同体尤其强调的是质量与持久性。交通工具、衣服、装饰用品和日常用品，通常将会变成代代相传的继承物，而不是转眼就会过时而被丢弃的对象。过去将作为前一代人宝贵的艺术与成果而存在于当代之中。

我们可以期待，更加手工艺性而不是工业性的工作，将会作为公共责任的体现而被时常轮换；共同体成员因而可以面对面地而不是借助电子手段相处。在一个需要拜物教让位于自由选择需要、数量让位于质量、卑鄙的自我中心主义让位于慷慨大度、冷漠让位于关爱的世界中，我们有理由相信，工业化将会被视为对人类心理节奏的侮辱，而体力性艰辛工作将会被重新组织成更加欢快而不是吃力的集体活动。数个生态共同体是否愿意分享和联合使用某些工业设施——比如小规模的铸造车间、机器工厂、电子设备或公用设施，或者它们是否希望回到更传统但技术上更人性化的商品生产手段，是一个留待未来作出判断的问题。当然，不存在生产的必然性法则来要求我们必须维持或扩大大规模主义的、高度集权化的和等级制组织的工厂、车间和办公室，这恰恰与现代工业的价值观相反。基于同样原因，对未来公社如何邦联化组织与协调其共同活动的具体描绘，不是我们现在的任务。我们可以设想的任何制度性关系，在我们真正了解创建与维持它的人们的态度、感知、理想和价值之前，都将只是一种空洞的形式。正如我已经指出的，一种自由主义的制度是一种人类化的制度；因而它纯形式的结构将既不高于也不低于创造它的人们的伦理价值。当然，长期浸透于等级制与支配价值的我们，不能把我们的"疑虑"强加于那些完全摆脱了它们束缚的人。

人类绝对不能丢失的是它的生态方向感和它赋予自己活动的伦理意义。正如我已经指出的，如果我们的选择性技术只依据严格技术性的目标来设计，它们将只有十分有限的社会意义或方向感。同样，如果我们聚集到一起只是为了"度过"我们主导性社会体制中的生存灾难，我们的合作努力可能是严重非道德性的。我们的技术既可以成为我们与自然世界一体化的催化剂，也可以成为将我们二者分离开来的沟壑，它们从未是伦理中立的。"文明"及其意识形态促进了后一取向，而社会生态学必须促进前者的发展。现代威权主义技术，已经被一个自然衰败、严重的屠杀甚至生物自杀的拙劣历史证明是不可持续的。我们可以从它们导致的破坏中所得到的教训需要经过如此细心的筛选，以至于一种可以理解的反应是将其作为一个整体予以否定。但是，我们已经如此深入地陷入其中而难以自拔。我们已经陷入其经济物流、交通与分配体制、全国性劳动分工和巨大的工业机器之中。为了防止我们被其具体性方面所完全淹没，我们必须谨慎地对待它——寻找我们可以真正获得科学与工程知识的坚实基础，避免其致命的武器制造邪路和它权威主义的社会控制技术。

然而，我们必须做到超脱无论我们可以从中挽救什么财富的废墟，并依据一种生态伦理来重新界定我们的技术，这一伦理的"善"的概念开始于我们的多样性、整体性观念和一种导致自我意识的自然——相应地，它的"恶"的概念植根于我们的均质性、等级制观念和一个其感知陷入沉寂麻木的社会。就我们希望使我们自己获得再生而言，我们必须利用技术把自然的活力重新引入到我们麻木的感知。在失去对我们在自然史中根基的洞见后，我们必须十分谨慎地应对作为自然形式的生活手段：观察我

们在太阳与风中的根基，在矿藏与气体中的根基，以及在土壤、植物和动物中的根基。这是一个难以回避的挑战——尤其是，把太阳视为我们能源生产复杂渠道中的一部分，就像我们在植物的光合作用中看到的它的角色一样。

不可避免的是，我会被问及“如何实现这一转变”，好像对等级制出现与解体的反思必须包含着社会变革的方案。对于社会“范式”，人们可以将注意力转向 1968 年 5～6 月法国发生的骚乱或自那之后十年的葡萄牙，或者一代人之前的西班牙等重大事件。在分析这些事件时必须牢记的，不是它们为什么会失败——因为它们的发生从未被期待过，而是它们何以能够在极其困难的条件下产生并持续。自由运动向来难以传播其真正目标，更不用说成功地实现它们，除非历史性力量能够改变人们潜意识的等级制价值观与感知。观念只有当人们准备接受它们时，才能传达给大众。任何一个个体、报纸或图书都不能颠覆一个由主导性社会造就的性格结构，除非这一社会本身遭遇危机。因此，正如马克思曾明智地指出的，观念其实是使我们意识到我们已经无意识地知道的东西。历史可以教给我们的，是我们试图改变客观世界与主观世界的过程中获得的形式、战略和技术——以及失败。

自由主义的变革技术已经被广泛地讨论与尝试。它们的成功能力依然需要其中可以真正实现其目标的现实情景来证实。权威主义的变革技术从未提供成功的“范式”，除非我们完全忽视如下严酷事实，俄国和古巴等发生的所谓“革命”是严重玷污我们整个世纪的巨大反革命。自由主义的组织形式拥有展现其试图创建社会的巨大责任。它们不能容忍目的与手段之间的分离。直接行动——作为未来社会管理中不可或缺的一部分，在变革社会的过程中必须得到同样程度的应用。公社形式——作为未来社会结构中不可或缺的一部分，在改变社会的过程中也必须得到广泛的应用——比如集体企业、亲和团体等等。我们将会在一个未来社会中发现的生态伦理、邦联关系和分散的结构，是由我们试图用来实现这样一个生态社会的价值与网络推动的。

我们从巴黎讨论小组知道，甚至大城市也可以在一个较长时间内实现结构性与制度性地分散化，尽管它们曾经在物流上和经济上是集权化的。如果一个邦联化联系起来和公社取向的未来社会寻求在物流和经济上的分散化，它并不缺乏现成的手段和潜在的才能。就像纽约市已经表明，它可以轻松地在十年以内肢解并变成一片废墟一样，二次大战以后的德国城市表明，它们可以在同样短的时间内从废墟变成活跃（即便是乏味的）的都市。打碎旧世界的手段是现成的，当然同时包含着希望与危险。重建的手段也是如此。废墟本身是我们循环利用一个极其短暂世界中的废弃物来创造一个自由而全新世界的建筑材料的矿井。

【注释】

[1] Robert Briffault, "The evolution of the human species," in V. F. Claverton (ed.), *The Making of Man* (New York: Modern Library, 1931), p. 766.

[2] 拉伯雷对他乌托邦思想的阐释必须作为一个整体来理解。See Francois Rabelais, *Gargantua and Pantagrual* (New York: Pennguin Books, 1955), pp. 149-153.

[3] 得萨德的思想也需要全面理解。See Marquis de Sade, *La Philosophie dans le Boudoir* (The Philosophy of the Bedroom), *in Selected Writings* (New York: British Book Center, n. d.), pp. 235-272.

[4] Charles Fourier, *Harmonian Society: Selected Writings* (Mark Poster ed.) (New York: Doubleday & Co., 1971), p. 2. 波斯特的这个包含一个编者简介的论文集很可能是对傅立叶著作的最经典性选集。还可参见 Frank E. Manuel, *The Prophets of Paris* (New York: Harper & Row, 1962), pp. 197-248.

[5] See Herbert Marcuse, *One-Dimensional Man* (Boston: Beacon Press, 1964), pp. 255-256.

[6] Frank E. Manuel, *The Prophets of Paris*, p. 229, p. 239.

[7] John F. C. Harrison, *Quest for the New Moral World* (New York: Charles Scribner's Son, 1969), p. 48, p. 49.

[8] Herbert Marcuse, *Essay on Liberation* (Boston: Beacon Press, 1969), p. 22.

结 语

在本书中，我试图以一种比掘地派、平等派和狂欢派及其当代继承者更加理论性的方式“颠倒这个世界”。我试图打开我们的世界，并探讨它发展过程中的主要特征。如果它们能够表明，支配的祸患如何弥漫于自有机社会衰败以来人类生活的各个方面，那将是笔者的成功。几乎任何人类文明成就——无论是制度的、技术的、科学的、意识形态的、艺术的或值得尊敬的理性声称，都未能免遭这一祸患。不同于非常时尚的那些观点比如把这一祸患的起源归诸于理性或“野蛮人”与自然“搏斗”的企图，我将其概括为形成中的精英把人类与人类自然置于一种服从性社会条件的邪恶努力。我强调了艺术与想象在表达人类自然中真正人性的、乌托邦的和自由的特性中的解放性作用。

与马克思和弗洛伊德相比——他们将“文明”和“进步”等同于一种压抑性自我控制，我认为，人类学和对历史的清晰解读呈现了一种完全对立于那种贪婪的、霍布斯式人类的意象。心理上的自我克制来自于伴随着等级制而产生的社会冲突与压抑，而不是理性与技术。古埃及和美索不达米亚的浅浮雕揭示了这样一个世界，其中人们不仅被迫拒绝他们最根本的人类愿望和冲动，而且要拒绝其最初级形式的个性感。夏娃、蛇和智慧之树上的果实，并不是支配的原因，而是它的牺牲品。事实上，社会本身——被视为母爱及其它所导致的人类相互依赖的结果——一直在提示着我们，伊甸园在很多方面是相当真实的，而真正的“原罪”与激进的诺斯替教的自我侵害意象之间是极其一致的。

我并不认为，我们可以回到这种冒犯首次发生的原始状态。相反，历史提供了解决等级制与支配难题的希望。知识或诺斯替——以了解并超越我们最初的自我侵害行动，是走向治愈我们的社会统治病态的第一步，就像心理分析中的自我知识是治愈个性压抑病症的第一步一样。但是，没有行动的思想或没有实践的理论，将是对所有社会责任的放弃。

在现时代，我们已经看到了支配在社会领域内的扩展，直至超出人类本身的控制。世界民族国家自二次世界大战以来已经花费数万亿美元研发征服与破坏的手段——用于极其恐怖武器的"国防预算"，而这只是长达一个世纪之久的支配狂热的最新证据。与这种宏大的物质、财富、人类智力和人类劳动的动员相比，其他的所有人类最新成就都相形见绌。我们的艺术、科学、医学、文学、音乐和"慈善"行动，看起来都只是"物质盛筵"后的一些残渣剩余，真正吸引着那具有无限统治欲望体制的是如何瓜分那沾满鲜血的战利品。我们有理由拒绝相信今天的慷慨行动，因为在它看似值得尊敬的行为背后——它的医疗技术、控制论革命、空间计划、农业项目和能源创新，是试图通过暴力、恐惧和监管实现对人类征服的最恶毒动机。

本书追溯了始于史前等级制社会的潜藏性支配领域，而这远早于经济阶级的兴起。等级制不仅隐藏于人类的史前状态，还深藏于其心理架构之中。自由一词的丰富含义在我们的社会化过程中和我们最熟悉的生活体验中，很容易被背叛。这种背叛体现在我们对儿童和妇女的态度中，体现在我们的行为举止和最个性化的关系中，体现在我们的私人想法与日常生活中，体现在我们有序组织自己现实体验的无意识方法中。这种背叛不仅发生在我们的政治与经济制度中，而且发生在我们的卧室、厨房、学校、娱乐地点和道德教育中心比如教堂与心理治疗"场所"中。等级制和支配主宰着我们自我声称的人类解放运动——比如古典意义上的马克思主义，其中"大众"的任何自我行动都遭到怀疑，甚至往往被斥责为"无政府主义背离"。

等级制嘲弄了我们关于人类已经超越"动物性"而达到高度的"自由"与"个体性"的声称。在我们用于拯救人类生命、刻画美丽事物、装扮周围世界的工具中，我们依然受到一种日益专横性感知的腐蚀，它把我们最具创造性的行动降低为一种“胜利”,并把“杰作”一词的含义附加了控制的特性。达达(虚无)主义传统的伟大之处——从其诺斯替奥菲特教派的古代根基到其现代超现实主义的表现(对不受约束权、想象、游戏、幻想、革新、蔑视传统、娱乐和无意识的创造力等的赞美),是它与当代西方社会大学校园中流行的更精致复杂的理论流派比如解释学、结构主义和符号学等相比,更无情地批评了这一“隐藏着的”等级制现实。

这样一个完全遭到等级制、命令和屈从腐蚀的世界,突显了一种规定我们自我理解方式上的权威感:作为被控制的对象,作为被利用的事物。基于这样一种自我意象,我们把自己观察现实的方式扩展到我们关于“外部的”自然的意象。我们动员我们自身的人类自然,开始了一个使我们“摆脱”“外部的”自然的巨大社会工程,结果却发现,我们只是使得我们自身的自然和“外部的”自然日益矿物化与无机化。我们已经过分简化了自然世界、社会和个性——程度是如此严重,以至于复杂生命形式的整体性、社会形式的复杂性和多维度个性的理想已经完全成为问题。

在一个机械唯物论与同样是机械的唯心主义相竞争的时代,我强调了对促进一种整体性概念的多样性感知的需要,并把这种整体性作为自由生态学的根本性原则。作为本书核心目标的这一关注,与更为普遍的对“一体性”的强调形成了鲜明对照。在论证我对目前试图把多样性分解为机械与精神的共同指标趋势的批评时,我很欣慰地发现了自然、社会和个性发展中的丰富多样性。我提供了一种系统性阐释(相当程度上是黑格尔主义的),其中一种现象的历史——无论是主体性、科学,还是技术——构成了对那种现象本身的界定。在这每一个不断发展的领域中,都存在着一些我们必须明智地恢复的认知、洞见和艺术性,以便能够准确地把握现实的各个阶段与侧面。但是,西方思想试图只依据一种主体性、科学和技术模式来理解对现实的体验和行动。我们往往在一种相互排斥的基础上确定我们的现实观念:经济的是一个方面,技术的是另一个方面,而文化的则是第三个方面。因此,极其精妙复杂的进化路线,被从自然与人类进化中的一个有限发展阶段视点概括为“必然的”或“偶然的”,“基础的”或“上层建筑的”。

我试图表明,上述每一种这样的“路线”或“上层建筑”都有其真实性和被历史承认的权利——无疑是与其他的发展“路线”相互依赖的，但它自身作为一个整体是丰富的。我最为关心的是支配的演化和自由的演化之间的相互影响。对于自由，我指的不仅是不平等中的平等，还包括我们主体性、技术、科学和伦理观念的扩大，相应地承认它们的历史和它们在其不同发展“阶段”所提供的远见。我试图表明，自由的这些方面如何构成了一个丰富的、日益整体性的组合，而这只有一种生态性的感知才能把握，而且，它们之间如何相互作用从一个有机社会继续前进，而不失去其多样性整体中的独特性。经济“基础”对文化的支撑，就像文化“基础”对经济的支撑一样重要。事实上，“基础”和“上层建筑”等词汇，对于贯穿着本书的观点来说是外在性的。这些本质上是简约主义的和简单化的词汇，往往体现一种幼稚的现实观，而现实中相互作用的丰富性拒绝对其作出过于粗略与机械化的解释。

前资本主义历史所突显的最重要事实，是男性和女性为了那些围绕着美德、正义和自由的信念而作出的重大牺牲，包括献出自己的生命——这些信念是难以依据他们的物质利益和社会地位加以解释的。值得关注的是犹太人的历史，他们遭到了几乎长达两千年的不停顿迫害；最近几个世纪的爱尔兰人的历史；从宗教改革运动一直持续到巴黎公社的大众化革命运动的历史——所有这些都证实了宗教、民族和社会理想的力量，它们把成千上万的人动员起来并展现为令人难以置信的英雄主义行动。坚持认为他们“从根本上”是受到了他们未曾意识到的“经济因素”的“驱使”——受制于一种隐藏的“经济”的历史辩证法，等于假定这些经济因素在它们的存在或相对人类事务的权威在尚未证实之前就已经是主导性的，甚至在那经济因素看起来很明显的地方，它们在指导人类行为方面的重要性依然是十分模糊的。当约翰·鲍尔和杰拉德·温斯坦利描绘他们那个时代的统治阶级的贪婪时，他们的评论更多的是受到正义和自由的伦理理想而不是物质利益的影响。

对非正义的憎恨之所以更能够激起被压迫者的心理共鸣，并非仅仅因为社会条件变得异常恶劣，而是因为主导的道德正义观念与它们在现实中的退化形成了鲜明对照。基督教中充满着这种对照，因此，它在人类历史中产生革命性千年王国运动方面扮演了一个高度激励性的角色。直

到资本主义用一种“稀缺感”玷污人类历史之前——使它对竞争的卑鄙性信奉成为社会发展的动机，很多这样的理想才开始堕落成为赤裸裸的经济利益。甚至最早的“黑色再分配”运动仍然更多的是努力重建某种生活方式，而不是掠夺性的探险，在这一传统的配发方式中，分享与限制积累是主导性的社会规范。经常发生的是，这些运动所破坏的不仅是给予精英以权威与财产称号的法律文件，还包括他们的宫殿、别墅、家具，甚至是看起来体现其权力的粮仓。

法国大革命，就像汉娜·阿伦特指出的[1]，标志着一种社会变革目标的颠倒，从各种形式的伦理目标转向一个依据物质需要界定的“社会问题”概念。事实上，这种视角的转换发生得也许比阿伦特所认识到的晚得多，尤其是在我们生活的世纪。如果说马克思陶醉于这种新的经济主义的“现实主义”或“唯物主义”认知，那么，饱受两个极端——一方面是“需要拜物教”，而另一方面是我们对伦理意义与共同体的渴望——之间冲突之苦的我们，已经变成一个由于我们的个人与社会无权认知而趋于麻木世界的精神分裂性产物。我们创造了一个“历史规律”或“科学社会主义”的神话，但它更有助于替代我们对意义和共同体追求的屡遭挫折的动力，而不是解释我们怀有的这些目标为什么在现实生活中离我们越来越遥远。

如果没有一种可以将社会发展植根于其中的经济或文化特征的一般性概括，如果不存在一种可以强化对社会现象的智力取向的社会规律，那么，我们用什么来协调我们的社会关系呢？我认为，阐释人类组织活动最有力和最有意义的宏观背景，是自由主义与权威主义之间的区分。我并不是说，这些词汇中的任何一个表达了一种历史的终极感，或者它们不包含任何歧义性。人类历史是否存在与黑格尔的“绝对”或马克思主义的“共产主义”相一致的终点——当然，如果人类不会完全灭绝的话，远不是我们这代人能够证实或否定的问题。人类“真正的历史”将会在它的“社会问题”得以解决后开始的说法，仅仅是一种隐喻。启蒙运动对技术进步的信奉，肯定是我们所拥有的最不可靠的协调体制。甚至在今天这一技术化取向最彻底的世界中——伦理本身已经获得了从属性的“工具性”特征，我们正变得不得不承认，我们最诱人的技术设计——尽管它们“乐观的”或“适宜的”特性，完全可以用于创造战争的“选择性”战略。

我们现在更应强调的是，自由主义和权威主义这些词汇所指的不仅是相互冲突的制度、技术、理性和科学形式，还包括相互冲突的价值观与感知——总之，相互冲突的认识论。我对“自由主义”的界定取决于我对生态系统的描述：多样性中的统一意象、自发性和互补关系，消除所有的等级制和支配。对于“权威主义”，我意指的是作为社会指针的等级制和支配：老人制、家长制、阶级关系、各种精英和国家，尤其是最为社会寄生性的国家资本主义形式。但如果不包括相互冲突的感知、科学、技术、伦理和理性形式，“自由主义”和“权威主义”等术语，将依然是只具有隐含性特征的制度性词汇。如果要使它们二者之间的冲突成为有意义的和革命性的，就必须使它们的蕴涵得以充分展现以涵盖整个经验范围。

置于自由主义和权威主义间这一紧张关系之下的理性，必须被允许明确提出成为一种自由主义理性的要求。从哲学上说，我们过于相信，一种自由主义的理性一定拥有真理和一致性的信条，甚至直觉与矛盾的信条，以至于使对真理的正式的和分析的思想的声称完全无效化。由于直觉和矛盾通过法西斯主义的民间哲学和斯大林的辩证唯物主义等大众哲学形式，过度服务于权威的目的——就像分析理性服务于思想自由的目的那样，我们并不具有伦理尺度以外的其他指南从而使非传统的思维模式一定产生解放性的结论。佛和基督等人物形象既被成功地用于服务于权威的目的，也被成功地用于服务于自由的目的。激进的神秘主义和唯灵论既是反自然主义的和反人类的，也是生态的和千年王国主义的。考虑理性的“标准”时——或者更准确地说，形成一种新的主体性的方法——真正重要的，是我们在何种程度上提出了一个生物多样化的伦理尺度，它基于生命丰富性、互补性美德和日益丰富生活体验的意象，而不是基于一种等级制下养成的、金字塔形的体验观。我们甚至无须放弃亚里士多德的《工具论》，它构成了西方思想的逻辑信条并为其服务达数个世纪之久，或者系统理论，它的循环因果观念把对起点的看法混同于其要得出的结论。我们所需要做的只是把一种具有伦理精神的感知灌输到理性之中，这种感知无论在个性上还是社会上都是解放性的——而不管它是“线性的”还是“循环性的”。理性——它在霍克海默和阿多诺手中遭到的失败在他们同事那里产生了强烈的悲观主义，可以通过一种基于激进的社会生态学的自由主义伦理学得以重新提升。这种伦理学保持了对人类感知作为感知本身在有机与社会进化各个阶段上具体体现的丰富性的开放性。

而且，现实中存在着这种自由主义伦理得以养育的一种客观基础——一个提供意义感却不依存于意见与趣味的反复变化和对工具性效力的需要的领域。撇开那些“民众”、“种族”和无情的“辩证规律”之类的废话暂且不论，自然中似乎存在着一种潜在的目的性，一种先是产生主体性、最后在高度发展的人类形式上产生自我反思能力的不断递进的自组织发展。这一看法也许看起来像一种拟人化的预设，并最终导致一种任意性的相对主义，因而与霍克海默所憎恶的“主观理性”或工具主义没有本质区别。但是，即使这种对“非预设性的”第一原则的哲学要求，也是一种心理预设。我们尚未阐明，为什么与伯特兰·拉塞尔的生命意象和仅仅作为偶然性结果的人类意识相比——自然无意义地和偶然地显现进主体性领域，崇尚自然内在特性的古代信念遭到了更多的质疑。

如果坚持认为我们本身的存在就是一种独立的认识论和本体论——或者一种完整的机体论哲学，因而我们可以经受得住拟人论的指责，这是不是过于空想性的呢？对于自然来说，像形式一样不可或缺的还有情感和从根本上说的功能。我们有选择地称为“自然的”事物，同时包含着形式和作为功能的情感。仅仅诉诸偶然作为一种宏大而精密组织的发展过程的直接原因，并使之适合简单化的数学解释，是用偶然性来终结解释本身的。在一个关于目的论的十分敏感性辩论中，汉斯·乔纳斯曾经追问，仅限于对眼睛结构及其作为视觉来源的刺激的严格物理化学分析，而不结合人们的视力，对于理解视觉是不是真的有意义。因为我们总是能够发现“生物的这种有目的性和它对生命的关切：在所有的植物种类中已是明显存在的，在朦胧的反思中唤醒着的原始意识，低等生物中的回应性应激性；在拥有运动和感觉器官的动物生命的欲望、努力和痛苦中，就更是如此；在人的自我意识、意志和思想中达到完全展现：所有这些都是“物质”自然中目的论侧面的内部性方面……无论如何，生物的目的论结构与行为不仅是一种用于描述的替代性方式：就其体现的有机意识的证据而言，它是物质灵性的外在体现。总而言之，不存在没有目的的生物，也不存在没有灵性的目的，而且，生命只能被生命所理解”[2]（着重号为本书作者所加）。事实上，人们还可以进一步说，生命只能作为生命的一种结果来理解。它永远不能脱离其可知性的潜能，即使仅仅作为感知、需要和自我保持的冲动。

无疑，我们可以给乔纳斯对目的论的看法增添很多内容。我们可以把目的视为潜能的实现——更准确地说，视为一种现象不停地追求其实现，并在其中孕育着很多偶然性和不确定性的最终结果。在这里，目的论所表达的是一种现象的自组织特征，结果它成为了未必一定会成为的事物。我们的目的论观念未必取决于任何形式的“铁的必然性”，或从一开始就“不可避免地”预设了一个现象的最终结果的直线式自我发展。尽管某一具体现象也许不是无规则地自我构成的，偶然性可以阻止其自我实现。因而，它的“目的”呈现为一个主导性趋势而不是一种不可避免的必然性的结果。

但是，如今最诱人的是主张自然拥有自己的自然哲学与伦理学——而不取决于逻辑学家、实证主义者和伽利略科学主义的继承者。正如我已经指出的，我们并不是宇宙中唯一的存在，甚至也不是处在太空的“虚无”中。由于天体物理学最近取得的进展（也许只有哥白尼和开普勒取得的成就可以与之相比），宇宙正在以崭新的方式展现给我们，从而要求一种更加激动人心的精神转向和对待自然现象的更加质化的认知方法。变得日益可信的看法是，整个宇宙是生命的起源——而不仅是我们自己居住的地球或少数像它一样的星球。“大爆炸”——它发生于150亿年前的微弱回声可以通过天体物理学的工具检测到，也许更多的是宇宙在无限长时间内通过扩张与收缩来“呼吸”，而不是一种偶然性“事件”的证据。假如果真如此——当然是基于高度思辨性的理由，我们所面对的也许是宇宙的整个过程而不仅仅是宇宙形成过程中的某一片段。很明显，如果这些过程体现的是一种无休止的宇宙“历史”形式，就像事实上那样，那么，无法超越自身所处的宇宙时代的我们，也许永远不能理解它们的现实

或意义。但并非完全不可理喻的是,我们正在面对的也许是宇宙的广泛而持续的发展,而不仅仅是宇宙的一种不断发生的“呼吸”。

这些观念也许是高度猜测性的,所有元素是在氧与氦元素基础上形成的,它们先是合成为小分子,然后是大分子,最后是这些大分子构成生命甚或精神的成分,遵循着一种挑战拉塞尔关于生命来自太虚空间中突然闪光的人类意象的内在顺序。这一顺序的某些阶段构成了对这样一种看法的强烈挑战,其中“偶然性”一词变成了对事实上的必然性的谨慎替代。弥漫着由氢、碳、氮和氧分子组成的尘埃的宇宙,看起来不可避免地通向有机分子的形成。无线电望远镜已经在星际空间中检测到了氰、一氧化碳、氢氰化合物、甲醛、甲酸、甲醇、乙醛和甲酸盐等。总之,空间作为一种太虚的传统意象,已经让位于一种日益复杂有机化合物形成演进的异常活跃的生物化学基础的空间意象。

然后,只需一步之遥就可以发展到初步发育的、构成生命分子的自组织形式。对含碳球粒陨石(一组有着小型明亮内含物的陨石)的分析,产生了长链芳(族)烃,比如,脂肪酸、氨基酸、卟啉——它们是叶绿素得以形成的合成物。在始于著名的米勒—尤里的“火花隙”的一系列实验室研究中,简单的氨基酸通过以电流穿透一个包含着早期地球大气中气体的容器而产生。通过改变这些气体的构成以便与后来的原始大气理论相一致,其他研究者已经能够生产出长链氨基酸、核糖和葡萄糖、核苷磷酸盐——DNA 的前身。

可以假想(尽管有着相当程度的支持性证据),我们现在已可以追溯,厌氧菌微生物如何发展成了简单的膜状物,而随着其复杂性的增加,它又如何变成了具有高度发达的新陈代谢过程的生命形式。很少理论假设能够像关于基因结构形成的思考那样,生动地揭示无机与有机物之间在不同层面上的相互衔接。这些思考在概念上把我们引入生命本身的最核心性特征:一个复杂的有机大分子组合的自身再生产能力以及它这样做时发生的巨大变化,从而使进化成为可能。早在 1944 年,欧文·施罗丁格(Erwin Schrodinger)就已经提供了理解有机物再生产与进化的线索。在《什么是生命》中,这一杰出的物理学家评论说:“一个活细胞的最核心部分——染色体纤维,也许可以称之为非周期性晶体。”[3](着重号为本书作者所加)

“染色体纤维”并不仅仅重复自己和量地生长，就像那“周期性”晶体一样；相反，它发生重大改变并产生新的形式——变异，这些新形式引发并持续了一种继承性的和进化性的发展。

格雷厄姆·凯恩斯—史密斯(Graham Cairns-Smith)提出了另一个也许有助于阐明早期生命再生产过程性质的假设(只是众多正在和即将被提出的假设之一)。凯恩斯—史密斯强调，DNA 从化学上说过于不稳定，因而很难经受得住早期地球表面的辐射与高温。在一个并不恰当的类比中，凯恩斯—史密斯把 DNA 与“磁带作比较：如果能够提供一个充分保护性的环境、适当加工的原材料和适宜复杂程度的录制设备，它将是十分高效的”。他认为，这种加工设备可以在无机世界内部找到：

> 加上其他方面的一些考虑，这导致[凯恩斯—史密斯]走向一种像印刷机那样的晶体化过程形式的观念，具有某种像图案构成要素那样的晶体瑕疵。为了尽可能明确，一种云母类泥基质就成为最理想的选择。[4]

至少，凯恩斯—史密斯的假设主张，拥有自己的活动方式和遵循着自身的基因进化规律的生命，绝非不可思议地分离于无机世界中的现象。我并不是说，生物学可以简化为物理学，就像社会不能简化为生物学一样。就凯恩斯—史密斯认为某些泥质晶体可以成为有机性再生产材料的模板并进一步向第二期的和更高级的有机遗传性材料形式进化而言也在主张自然或许可以借助某种共同的趋势而统一起来。这些趋势在宇宙现实中有着共同的起源，尽管它们在不同的自组织水平上以不同的方式发挥作用。

我在此要表明的是，物质及其特性不能与生命相分离。亨利·伯格森(Henri Bergson)作为一种“副熵”性因素的生物圈概念——“熵理论”认为宇宙将走向一种更大的熵或无序，看起来为生命的存在提供了一种宇宙性依据。生命形式或许具有这一功能并不意味着，宇宙是由一个先验性造物主从外部“设计”的。但是，它的确表明，“物体”或物质具有内在的自组织倾向，就像牛顿物理学所赋予其的质量和运动属性一样真实有效。

与“物体”的传统属性相比，现实中并不严重缺乏相关的支持性数据，

从而使它新属性的存在成为可能。无论如何,科学必须成为自然事实状况的反映;而在自然中,生命是(借用伯格森的术语)第二热定律的中和性力量——或者说一种"副熵"性因素。物质自组织成为更复杂的形式——形式本身作为功能的关联物的重要性和功能作为自组织的关联物的重要性,意味着其实现稳定性的不懈努力。那种稳定性以及复杂性是物质的一个"目标";那种复杂性而不只是惰性能够带来稳定;最后,那种复杂性是有机进化和生物相互依赖关系的生态学解释的一个首要特征——所有这些概念结合起来是理解自然的重要方式,而不只是神秘性的奇思怪想。这些想法更多地得到了证据而不是那些理论偏见的支持,后者仍然反对承认一个充满意义甚至伦理意义的宇宙。

更为清楚的是:我们不能再满足于承认一种被动的、"僵死的"物质,它们毫无规律地结合成活的物体。事实上,宇宙所证实的是一种不停地努力着的、发展中的——而不仅仅是"运动着的"——的物质,其最具活力和创造性的特性是它不断地自组织成为日益复杂形式的能力。自然的丰产性主要源于增长,而不是位置的空间性"改变"。同样,我们也不能排除形式在这一发展与增长过程中的核心性地位,或把功能作为形式的一种不可分离的关联物。使科学成为可能并使其高度精确逻辑即数学的应用有意义的有序宇宙,预定了形式与功能的相关性。依此而言,数学不仅是作为科学的"语言",而且还是科学中的逻格斯(理性)。这种科学的逻格斯首先是一个可以实现的计划,因为它抓住了内在于自然中的逻格斯——科学探索的"对象"。

一旦我们超越了对科学"语言"的纯工具性态度,我们就可以把更多的属性引入到我们称之为生命的有机物质的阐释。被视为持久性自我维持的或新陈代谢的以及发展的物质现象,生命更明确地确立了另一种属性的存在:共生性。最近的数据显示,皮特·克鲁泡特金关于互助主义的自然主义观点,不仅可以适用于物种内部及其相互间的关系,还可以进一步应用于更复杂的细胞组成形式。正如威廉·特拉格(William Trager)十年前指出的:

自然不同生物间的冲突普遍地被用"生存竞争"和"适者生存"等

词汇来表达。但是，很少人认识到，不同生物间的相互帮助——共生性——同样重要，而真正的“适者”也许是那最能够帮助其他物种生存的生物。[5]

无论是不是有意的，特拉格对“适者”的描述不仅仅是一个杰出生物学家所作出的科学判断；它也是类似于克鲁泡特金从他作为一个自然主义者的著作和作为一个无政府主义者的理想所作出的伦理判断。特拉格强调，“共生性微生物‘几乎完美地’成为承载者经济循环的一部分已经导致了如下假设，某些细胞内的细胞器也许从一开始就是独立的微生物”。相应地，那负责拥有真核或有核细胞——它们的结构不连续，并通过分裂来复制——植物光合作用的叶绿体，具有非常近似于环形细菌的、与众不同的DNA，合成自己的蛋白质并被两个单位的膜状物包围着。

属于同样的情况的是真核细胞的“发电站”，它的线粒体。这一领域最重要的研究可以追溯到20世纪60年代，并且由于林·马古利斯关于细胞进化的论文与著作而取得突出进展。[6]真核细胞是所有复杂的动物和植物生命的结构性单位。原生生物和真菌也具有这些核状的细胞结构。真核生物是需氧的，并包含着清楚存在的亚单位或细胞器。相比之下，原核生物缺乏核仁；它们是厌氧的；它们不像真核生物那样专门化，而且依据马古利斯的说法，它们构成了真核生物的进化先驱。事实上，原生生物是唯一能够在早期地球的大气环境中生存与繁衍的生命形式，因为其中只有自由氧的痕迹。

马古利斯主张并在很大程度上证实了，真核细胞包括着原生细胞的十分有效的共生性结构，并变得与其他构成要素相互依赖。她假定，真核鞭状体源自厌氧的螺旋体；线粒体来自能够呼吸与发酵的原生细菌；植物叶绿体来自“蓝绿水藻”——它最近被重新分类为青藻菌。这一理论认为——现已几乎成为一种生物学常识，将会成为真核细胞的吞噬细胞先驱，吸收了(但没有消化)某些螺旋体、原线粒体和在光合细胞的情况下球状青藻菌与叶绿细菌。因而，多细胞需氧生命形式中的既存门类，起源于一个把各种微生物整合为可称之为一种集群生物或真核细胞的共生性过程。互助主义而不是掠夺，看起来是如今极为普遍存在的高度复杂的需氧生命形式进化的基本原则。

生命及其所有属性如此明显地潜在于物质之中、生物进化深深根植于共生或互助主义表明，把我们的“物体”观念重新概念化为能动的物质是多么重要。正如曼弗雷德·艾根(Manfred Eigen)所指出的，分子性有机组织表明，进化“呈现为一种不可避免的现象，因为存在着具有自催化特性的某些物质和必须维持一定数量的自由能源流动(即太阳能)以补偿稳定的熵生产”[7]。事实上，这种自组织行为超出了生命的出现与进化并延伸到那些看似无机性的因素中，从而产生与维持一种有利于日益复杂的生命形式发展的“环境”。正如马古利斯总结她与詹姆斯·拉伍洛克(James Lovelock)共同提出的盖亚假设时指出的，生命只是被迫适应独立的、地质与气象因素共同决定的“环境”的传统假定，已经不再有效。这种生物与非生物之间的二元主义(它基于生命形式中的偶然性基因变异，决定哪些物种将会进化或毁灭)，正在被一种更具挑战性的观念即生命“在很大程度上创造自己的环境”所替代，就像马古利斯指出的那样，“生物圈为自己控制着大气层、沉积物以及水圈的某些特性”。

通过比较无生命的火星与金星和有生命的地球，马古利斯指出，氧在我们星球上的高度聚集与其他星球上的二氧化碳世界相比是异常性的。不仅如此，“氧在地球空气中的聚集保持恒定地存在于氮、甲烷、氢和其他潜在的反应物中”。事实上，生命在维持自由氧分子和它们在地球空气中的相对稳定性方面，发挥着一种能动的作用。至于地球表面的碱度和相对温和的温度水平，也是这样一种情况。地球空气的独特性和异常性“远不是随机性的。至少在其‘核心’部分，比如热带和温带地区，表面与大气[温度]偏离于从火星与金星各自数值之间推算出来的理论数值，而且其偏差值有利于大多数生物物种。氧含量占到20%，低层大气的平均温度在22摄氏度，而酸碱度刚好大于8。这些星球范围的异常性已经维持了很长时间；地球大气中的化学异常构成已经持续了达数百万年之久，而反向性气体的滞留时间只可以用月和年来测量”。马古利斯得出结论说：

> 极其不可能的是，偶然性本身就可以解释如下事实，即温度、酸碱度和营养因素的聚集能够在如此长的时间内维持一种有利于生命的状态。看起来尤其不可能的是，大气中气体的主要干扰因素十分明显的是生物本身——特别是微生物……看来更为可能的是，生物

通过能动地消耗能源来维持这些条件。[8]

最后，现代综合——借用朱利安·赫克斯利用来描述自20世纪40年代初以来产生的新达尔文主义有机进化模式的词汇，也因观点过于狭窄甚至是机械论的而遭到挑战。源于小规模变异之间相互作用的缓慢进化速度的意象——物种由于逐步适应环境而得以生存，难以再像现存的化石记录显示的那样得到数据支持。进化看起来更多是偶发性的，其标志是偶然发生的剧烈变化，然后又会沉入长期性的停滞状态。高度专门化的类属往往实现物种化并走向灭绝，因为它们只占据着狭隘与有限的生态空间，而相对一般化的类属要变化慢得多并且不太会走向灭绝，因为它们可以生存于更为多样化的环境之中。这种由伊丽莎白·维巴(Elizabeth Vrba)提出的"效果假设"认为，进化是一种内源性的努力而不是外部力量选择的结果。变异更像是生命形式的结构与功能的有目的的重组，而不是隔靴搔痒式的渐进变化。正如一位评论家指出的，"物种选择理论将变化的动因归于环境条件，而效果假设则强调影响物种化和灭绝比率的内部因素"[9]。

小幅度的、渐进的基因点突变观念(一种与维多利亚时代严格偶然性意义上的进化变化心态相一致的理论)，可以仅仅因基因方面的理由而受到挑战。无论是基因还是染色体及其不同形式的组合体，都可以因化学与机械方面的原因而改变。基因性改变包括从"简单的"基因点突变，经过突变性基因和转位因子，到重大的染色体重组。主要来自实验室的数据还表明，基因决定的形态性变化的变动是可能的。小规模的基因变化可以导致或是微小的或是重大的形态变化，而大规模的基因性变化也是如此。

特拉格关于"最适合的"物种也许是那"最有助于其他物种生存的物种"的看法，是重新描绘那由残酷的生存竞争法则主导下的无序争夺这一自然进化传统画面的极佳方式。它可以一直追溯到19世纪晚期的大量著述，强调了物种内部和物种间的合作在促进这一星球上生命的生存中所发挥的的作用。克鲁泡特金著名的《相互帮助》总结了世纪之交的数据，并把"互助主义"这一词汇添加到了关于共生性的生物学词典中。该书的开篇几章概述了当代对主体的研究、他自己在东亚的观察和一系列

关于昆虫、蟹、鸟、哺乳食肉动物的"狩猎联合"、啮齿动物的"社会"等的数据。材料主要是物种内部的;这位一个多世纪前的生物"互助主义者"也未能强调物种间的相互支持系统——对此,我们今天的了解已经远远超出了克鲁泡特金的想象。布赫纳(Buchner)已经撰写了一本关于动物与植物微生物的内共生的巨著(1953),而亨利(Henry)编辑的两卷本的著作《共生性》,将这一领域的研究推进到20世纪60年代中期。物种间共生性的数据——尤其是互助主义,是十分丰富的。甚至超出了克鲁泡特金的《相互帮助》,亨利的著作对互助关系证据的追溯,从根瘤菌和豆科植物的物种间相互支持关系,扩展到植物联合、动物中的共生行为和可以解释星球范围内生物化学关系的复杂机制。

仅仅作为单一物种生存与适应的"适合",很少是在生物学上有意义的。如果停留在这一肤浅层面上,它将变成一种几乎纯个体性的适应过程,而不能解释所有物种对生命支持系统的需要,无论它们是自养的还是他养的。传统的进化理论往往从它的生态系统中抽取一个物种,孤立它,然后以一种相当抽象的方式探讨它的生存。比如,光合生命形式与食草动物之间的相互支持性互相作用——远未提供最简单的"掠夺"形式或异养性的证据,事实上是与来自动物粪便、种子播种和各种生物死亡后回归不断丰富的生态系统的土壤肥沃性不可分离的。甚至那些以食草动物为捕猎对象的大型食肉动物,也发挥着一种有选择地控制大规模动物数量变动的重要功能——清除那些虚弱或年老的动物,因为生命对于这些动物来说已经变成了一种"痛苦"形式。

具有讽刺意味的是,把痛苦与残酷减缩为疼痛与捕食贬低了它们的真实含义,就像把等级制与支配非制度化地消解其社会性内涵、并概括为或多或少具有攻击性的个体在一个动物性集合中形成的暂时性联系贬低了其真实含义一样。一群狼带给一头病老驯鹿的恐惧、疼痛和迅速死亡,并非是自然中痛苦或残酷性的证据,而是已经内在地整合于有机更新与生态稳定性之中的死亡方式。痛苦与残酷性应该属于个体性极度痛苦、不必要的折磨和向受害者施加的道德羞辱等的领域。这些观念不应适用于清除那些已经失去使其生命成为必要的功能的生物。把所有的疼痛与痛苦、所有的捕食与残酷联系起来,是一种十足的曲解。遭受饥饿、心理伤害、不安全、忽视、孤独和战争中死亡的痛苦，以及持久性创伤和终生性疾病造成的痛苦，不能等同于与捕食和未知死亡相联系的短时性疼痛。自然的突发性伤害，很少像人类向健康的生命形式、动物和人施加的高度组织化与系统化的折磨那样残酷——这是只有人属精神的狡诈才可以设想出的痛苦折磨。

无论疼痛、残酷、攻击性还是竞争，都不能令人满意地解释生命的出现与进化。为了提供一种更好的解释，我们还必须转向互助主义和那看起来强化着"最适合物种"的支持系统的"适合"概念。如果我们能够接受生命的自组织特性，那么，互助主义作为其进化动力所起到的决定性作用，将迫使我们依据一个生态系统的支持性结构来重新界定"适合性"。而且，如果我们能够把生命视为一种可以塑造与维持作为其进化的"选择性"来源的环境的现象，那么，一个关键性问题将随之产生：把自然选择当作生物进化的动力还有意义吗？或者，我们应该说"自然的相互作用"以便充分考虑生命在创造那解释其自身进化的"力量"中的作用？当代生物学提供给我们的是一幅有机世界相互依赖性的图画，它们在造就生命形式方面的作用，被证明无疑是比一个达尔文主义者、赫克斯利主义者和现代综合论创建者所能预期的重要得多。生命之所以是必然的，不仅是由于它的自我延续，还因为它的自我形成。"盖亚"和主体性远不只是生命的结果，它们还是生命的内在特性。

一种真实的生态感知的伟大之处——不同于如今盛行的粗俗环境主义，是它提供给我们以最激进的方式概括这些丰产性、支持性相互依赖关系以及它们把多样化作为其稳定性基础的能力。生态感知给予我们一种内在一致的观点，这种观点依据该术语所包含的最具有意义的方式，尤其是伦理性的方式作出相关解释。

从遥远的古希腊时代到文艺复兴早期，自然首先被视为一种伦理取向的源泉，人类思想借以确立其规范性基础和内在一致性的手段。非人自然对于人类自然和社会来说，并不是外在性的。相反，精神是一个宇宙逻格斯中的独特性组成部分，而逻格斯提供着社会与个人对善与恶、正义与非正义、美与丑、爱与恨等观念的客观尺度——事实上，是为无数的价

值观念提供客观标准，通过这些观念人们获得美德和有意义的生活。正义和非正义的观念，渗透在古希腊自然哲学家的宇宙哲学之中。它们以形式各异的术语变体，作为现代自然科学的术语的一部分残存下来——尤其是在像“引力”和“斥力”等词汇之中。

古代宇宙哲学的缺陷一般不在于它的伦理取向，而在于它对待自然的二元主义方法。除了它以实验为代价的对思辨的强调，古代宇宙论最为错误的是它试图把一个自组织的、丰产的自然与一个外在于自然世界本身的生命力结合起来。帕门内迪斯的正义之神，就像伯格森的生命冲动一样，是对自然的自组织特性的替代，而不是去解释一个有序世界的自然内部动力。潜藏的二元论存在于那试图把人类与自然带入伦理共性的一元主义宇宙论中——用于矫正或者在一个失衡的宇宙，或者在一个非理性的社会中的不平衡性的借助物。真理披着神秘的上帝或圣灵的外衣，因为自然从未被相信可以在自发性的基础上自我发展，就像“文明”遗留给我们的国家也不可能被相信可以管理自己的事务。

这些古代主义认识——拥有形式各异的神学特征和清楚表达的目的论色彩，被正确地视为社会性反动的陷阱。事实上，它们明确无误地玷污了亚里士多德和黑格尔的著作，就像它们麻醉了中世纪学院派的精神一样。但是，古典自然哲学的错误不在于它试图从自然中提炼一种伦理学的计划，而在于一种支配精神，它从一开始就以一种主管性的、往往是权威主义的“超自然”协调者身份来发挥着某种毒化作用，这一超级协调者负责确定并矫正自然中出现的不平衡或“非正义”。因此，古代的上帝一直存在，不管这些早期宇宙论看起来是多么理性主义的；它们必须被纯洁化，以便使自然与人类之间的伦理联系更加有意义和民主化。但可悲的是，后来的文艺复兴思想几乎没有做到比它的先驱更民主化，而且无论科学领域中的伽利略还是哲学领域中的笛卡儿都没有令人满意地完成这一非常需要的手术。他们以及后来的继承者把自然与精神领域分离开来，以科学主义和认识论的偏见重新制造了他们自己的神灵，这些偏见同时受到了支配和他们所批判的古代传统的侵蚀。

今天，我们拥有允许自然——而不是正义之神、上帝、精神或生命冲动等，以其固有的伦理方式展示给我们的可能性。互助主义因其在促进自然多样性进化方面的功能，是一种内在的善。我们既不需要正义之神，也不需要"科学客观性"的教规，来证实共同体在自然与社会中的积极性角色。同样，自由是一种内在的善，它的权利要求因为汉斯·乔纳斯所称的生命形式的"灵性"、它们的"有机身份"和"形式的冒险性"而被确证。[10]清晰可见的作用力、冒险，甚至自我承认——每一种生物都在其"不稳定的新陈代谢"过程中这样做以维持自身，表明了发生在最初级生物中的身份感与选择性活动，对此乔纳斯恰当地称之为"萌芽的自由"的证据。

最后，亚原子的粒子经过日益增加的复杂性与多样性逐步进化到有意识的、自我反思性的生命形式即人类，让我们不得不思考一种宽泛意义上的目的和物质自身中潜藏的、最终产生精神与智力的主体性的存在。在物质性的反应中，在最不充分发展的微生物感知中，在神经、神经节、脊髓的形成和大脑的分层化发展中，人们可以感觉到如此连贯性的与强烈的精神进化过程，以至于情不自禁地希望用曼弗雷德·埃根的术语"不可避免的"来描绘它。很难让人信服的是，我们可以仅用偶然性来解释生命形式神经性地回应这些刺激的能力；发展高度组织的神经系统的能力；能够先是大致作出预见，然后是把这种预见清楚而象征性地概念化的能力。精神的真正历史也许开始于物质自身的特性，或许在最简单的晶体延续它们自身的潜藏的或掩蔽的努力中，在 DNA 从未被注意的化学物质进化到它分享无机世界中已经存在的复制原则的过程中，在非生命及生命分子作为现实中内在的自组织特征（我们称之为"性能"）的结果而物种化的过程中。

因此，我们关于自然的研究——除了各种古代哲学和认识论偏见，展示了一种内在伦理性的自我进化图式或"气质"。互助主义、自由和主体性，并非只是严格意义上的人类价值或关切。因为它们还呈现在——尽管只是萌芽状态地——更大范围的宇宙与有机过程中，后者既不需要亚里士多德的上帝来推动，也不需要黑格尔的精神来赋予其生命活力。如果社会生态学能够不仅提供作为一个合作社会诸方面的互助主义、自由和主体性之统一的内在一致的焦点——这一新型社会将不存在支配并受反思与理性主导，那么，它将能够消除自然主义伦理从一开始就受到的玷污；它将赋予人类与自然以一种共同的伦理声音。我们将不再需要一种

笛卡儿主义的——或最近新康德主义的——二元论形式，它将自然变得沉默并把精神孤立于其周围更大范围的现象世界。使共同体变得堕落，窒息处于一种自组织现实走向更大复杂性与理性过程核心的自发性，剥夺自由——这些行动将会有悖于自然本身的特性，否定我们在这一进化过程中所获得的遗产，并消解我们在生命世界中的合法性与功能。实际上，如果我们不能实现一种生态社会并形成一种生态伦理，处于危险之中的将不仅是根植于伦理的合法性——它极其严重的生态后果暂且不论。

由社会生态学的多样性中的统一性、自发性和非等级制关系等原则内在地结合起来的互助主义、自组织性、自由和主体性，本身就是目的。除了它们赋予我们作为自然的自我反思声音之物种的生态责任，它们还对我们的性质作出了明确界定。自然并不是为了我们的利用而“存在”；它只是使我们以及我们的独特性在生态上合法化。像“存在”概念一样，这些社会生态学原则不需要阐释，只需要证实。它们是一种伦理性目的论的构成要素，而不是可以调整为适合某一个体需要的游戏规则。

有悖于这一目的论特质的现实社会，提出了它作为一个有意义与理性的存在实体的现实性问题。“文明”已经留给我们一个作为“对立极”和“挑战对象”的他物观念和作为一个为了自我身份而持续“作战”的有机“灵性”的观念。这种观念威胁着完全颠覆人类的生态合法性和社会作为我们周围世界中一个潜在理性向度的现实性。受困于一个自然与我们人类持续对立的虚假观念，我们已经把人类自身重新定义为，斗争是和平的条件，控制是自觉意识的条件，支配是自由的条件，对立是和解的条件。在这一内源性自我破坏的背景下，我们正在迅速构建一个瓦尔哈拉殿堂，它将几乎肯定变成一个我们反击拉格纳洛克的大火惨剧的陷阱而不是一个堡垒。

但是，从他物概念和生命的灵性中还可以作出一种完全不同的哲学与社会学解读——至少在精神上非常类似于温图人和霍皮人所做的那样。在一个生命本身使得自己有助于进化的世界中——在一个更大视野的生态自然观看来有利于进化，我们可以形成一种由多样性滋养的互补性伦理，而不是保护个体灵性免遭他物的威胁和侵略的伦理。事实上，生命的灵性可以视为有机平衡的一种表达，而不仅仅是对熵和所有活动目标的抵制。熵本身是一个更大范围宇宙新陈代谢的特征，而生命是它的合成代谢向度。最后，自我可以视为一体化、共同体、支持和在没有失去其个体身份与个性自发性的前提下进行分享的结果。

因此，我们面临着两个不同的选择。我们可以尝试使充满敌意的铜器时代奥丁武士精神镇静下来，安抚他以及他的追随者，并或许可以利用理性与反思的呼吸来使瓦尔哈拉城变得清新。我们可以修补那曾经把世界连接在一起，但现已变得破碎的条约，并尽可能地继续利用它们。在足够长的时间内，奥丁或许可以被说服，放下他手中的矛，脱掉他的盔甲，并转向那理性理解与话语的甜蜜之声。

或者，我们可以采取一种激进的转向：推翻奥丁，他的单盲是一个毫无希望的扭曲社会的证据。我们可以抛弃那使一种内在分裂的社会变得"和谐化"的契约神话，它是挪威史诗有选择地编制的。相应地，我们的责任将是创造基于自我反思性和新型伦理的一个新世界和一种新感知，而我们作为自然进化不停地趋向意识的结果是这种反思性与伦理的天然继承者。我们可以重新声称作为自然世界中完整精神的合法性——作为一种帮助自然多样性、把自然本身的工作与非人类自然中不可能充分的效率、确定性与方向感结合起来的理性。

我们今天所了解的"文明"比它所声称代表的自然更加沉默寡言，比它声称控制的要素性力量更加盲目。事实上，"文明"生活在它周围世界的敌意中和它本身的极端憎恨中。它令人沮丧的城市、废弃的土地、毒化的空气与水体和卑鄙的贪婪，构成了它令人憎恶的非道德化的司空见惯性的标志。这样一个卑劣的世界已经变得几乎不可救药，至少在现行的制度与伦理框架之内是如此。拉格纳洛克的大火洗涤了挪威人的世界。而威胁吞噬我们星球的大火，也许使其处于顽固地敌视生命的状态——宇宙退化的一个铁证。即使仅仅由于这一星球的历史、包括其中充满了诺言、希望和创造性的人类历史，它也有理由拥有一个比看起来即将面临的更好的命运。

【注释】

[1] Hannah Arendt, *On Revolution*(New York: Viking Press, 1965), pp. 36-52.

[2] Hans Jonas, *The Phenomenon of Life*(New York: Delta Books, 1966), p. 90.

[3] Erwin Schrodinger, *What Is Life? Mind and Matter*(New York: Cambridge University Press, 1944), p. 5.

[4] Graham Cairns-Smith, "Genes made of clay," in *The New Scientist*, October 24, 1974, p. 276.

[5] William Trager, *Symbiosis*(New York: Van Nostrand Reinhold Co., 1970), p. vii.

[6] See Lynn Margulis, *Symbiosis in Cell Evolution*(San Francisco: W. H. Freeman and Co., 1981).

[7] Manfred Eigen, "Molecular self-organization and the early stages of evolution," in *Quarterly Review of Biophysics*, 4/2-3(1971), p. 202.

[8] Lynn Margulis, *Symbiosis in Cell Evolution*, pp. 348-349.

[9] Vrba cited in Robert Lewin, "Evolutionary theory under fire," *Science*, 210/1(1980), p. 885.

[10] Hans Jonas, *The Phenomenon of Life*, p. 82.

The Ecology of Freedom: The Emergence and Dissolution of Hierarchy